असली लाल किताब का सरल अध्ययन

सौरमंडल के सात ग्रह और दो छायाग्रह राहु–केतु भूवासियों को अपने शुभाशुभ प्रभाव से प्रभावित करते हैं। ज्योतिषशास्त्र भविष्य को समझने का एक विज्ञान है। इस विज्ञान को जटिल समझकर सामान्यजन इसमें रुचि नहीं लेते हैं। इसकी जटिलता को दूर करने के लिए अनेक वर्षों पूर्व उर्दू–फारसी भाषा में एक पुस्तक ***लाल किताब*** *लिखी गई थी। यह पुस्तक जन्मपत्री का फल सरल ढंग से बताती है। उर्दू–फारसी में होने के कारण हिन्दी पाठक इसके अमूल्य सिद्धान्तों को जान नहीं पाता है।* ***असली लाल किताब का सरल अध्ययन*** *भारत प्रसिद्ध ज्योतिषाचार्य* ***डॉ० उमेश पुरी 'ज्ञानेश्वर'*** *ने कई वर्षों के परिश्रम के बाद आपके लिए पुस्तक रूप में लिखा है। उन्हें आशा है आप इसे पढ़कर नवग्रहों के कुप्रभाव से बच सकेंगे क्योंकि जन्मकुण्डली का फल जानना आपके लिए आसान जो हो जायेगा। पुस्तक पढ़कर अपना व अपने साथियों के अतिरिक्त परिवार व परिजनों का भविष्य जानने का इससे अच्छा अवसर फिर नहीं मिलेगा।*

समर्पण

जन्मकुण्डली का फल स्वयं जानने के इच्छुकों को स्नेह-समर्पित !

—उमेश पुरी 'ज्ञानेश्वर'

व्यावहारिक ज्योतिष पुस्तक माला — सत्तरह

असली

लाल किताब का सरल अध्ययन

(लाल किताब को फटाफट समझाने वाली अनोखी पुस्तक)

लेखक

डॉ. उमेश पुरी 'ज्ञानेश्वर'

बी०एस०-सी०, एम० ए०, पी०-एच० डी०,
ज्योतिष बृहस्पति, ज्योतिष भास्कर

मूल्य

रणधीर प्रकाशन, हरिद्वार — 249401

प्रकाशक : **रणधीर प्रकाशन**
रेलवे रोड (आरती होटल के पीछे) हरिद्वार
फोन : (01334) 226297

वितरक : **रणधीर बुक सेल्स**
रेलवे रोड, हरिद्वार
फोन : (01334) 228510

दिल्ली विक्रेता : **गगन बुक डिपो**
4694, बल्लीमारान, दिल्ली-110006
फोन : (011) 23950635

जम्मू विक्रेता : **पुस्तक संसार**
167, नुमाइश का मैदान, जम्मू तवी (ज.का.)

संस्करण : **सन् 2005**

मुद्रक : **राजा ऑफसेट प्रिंटर्स**, दिल्ली-92

ISBN : 81-86955-23-2

ASLI LAL KITAB KA SARAL ADHYAYAN

(Lal Kitab Ko Fatafat Samjhane Wali Anokhi Pustak)

Written By : Dr. Umesh Puri 'Gyaneshwar'
Published By : Randhir Prakashan, Hardwar (India)

पूर्वकथन

मनुष्य जिज्ञासु है। मनुष्य की जिज्ञासा जितनी प्राचीन है, ज्योतिष का ज्ञान भी उतना ही प्राचीन है। इस ज्ञान को पाने में हमारे विद्वानों, ऋषियों व मुनियों ने अपना पूर्ण जीवन ही इस शास्त्र के विकास में लगा दिया। यह ज्ञान उन्होंने अनेक शताब्दियों में प्राप्त किया है।

ज्योतिष जैसे गूढ़ विषय को समझ पाना सरल नहीं है। इसका कलेवर विशाल है। लाल किताब के रचयिता ने ज्योतिष के विस्तृत ज्ञान को संक्षिप्त करके अपने अनोखे व अद्‌भुत सिद्धान्त रचे, इन सिद्धान्तों को उन्होंने अपनी उर्दू–फारसी पुस्तक 'लाल किताब' में लिखा है। इस पुस्तक का प्रमुख विषय फलादेश है जिसके आधार पर आप किसी भी जन्मकुण्डली का फल जान सकते हैं। इस पुस्तक में जन्मकुण्डली में वर्णित दोषों के सरल उपाय भी दिए गए हैं। साथ–साथ हस्तरेखा संबंधी ज्ञान भी इस पुस्तक में लिखा है। यह पुस्तक उर्दू–फारसी भाषा में होने के कारण हिन्दी भाषा के पाठक इसके अनमोल ज्ञान से वंचित है। कुछ पुस्तक विक्रेता व प्रकाशक इस पुस्तक की हस्तलिखित प्रति मूल उर्दू–फारसी पुस्तक से अनुदित हिन्दी प्रति की इलेक्ट्रोस्टेट प्रतियाँ भारी मूल्य में बेचकर पाठक का शोषण कर रहे हैं। इस शोषण से पाठकों को बचाने एवं मूल सिद्धान्तों को सरल ढंग से समझाने के लक्ष्य को निर्धारित करके 'लाल किताब का सरल अध्ययन' लिखने का संकल्प किया गया। ईश्वरीय अनुकम्पा एवं विद्वानों व परिजनों के सहयोग से अनेक वर्षों के कठिन परिश्रम के उपरान्त इस कार्य को पूर्ण करने में सफल हुआ। बाजार में कुछ प्रकाशित पुस्तकें भी उपलब्ध हैं, पर उनमें उर्दू–फारसी के मूल शब्द देवनागरी लिपि में दिए गए है जिससे पाठकों को समझने में असुविधा होती है। लाल किताब का सरल अध्ययन पुस्तक लिखते समय इस बात का विशेष ध्यान रखा गया है कि उर्दू के कठिन शब्द पुस्तक में न आएं।

विद्वान लेखक ने फलित ज्योतिष की पुस्तक का नाम 'लाल किताब' ही क्यों रखा? जब इस पर विचार किया गया तो यही ज्ञात हुआ कि सूर्य देव ज्योतिष के आदि आचार्य हैं। संसार के प्रारम्भ और ब्रह्माण्ड के रिक्त आकाश में जो बुध का आकार है में सर्वप्रथम अन्धकार (शनि) का आधिपत्य मानकर उसमें प्रकाश (सूर्य) की रश्मियों की चमक की कल्पना की गई है। यह प्रकाश सूर्य का है। सूर्य ताम्रवर्ण लाल रंग की तरह होता है। सूर्य देव जो ज्योतिष के आदि आचार्य हैं के लाल रंग को शुभ मानते हुए अपनी पुस्तक का नाम ही 'लाल किताब' रख दिया। उनके अनुसार ज्योतिष कोई जादू नहीं, सांसारिक लेखा–जोखा है न ही ईश्वर का दावा है। यह तो रक्षा व शक्ति प्राप्ति का विषय है नाकि दूसरों का अहित करने का। मान लीजिए भाग्य के मैदान में कोई नाली पीछे से आ रही है और उस नाली के मार्ग में कोई पत्थर गिर जाए और पानी बहने के मार्ग को रोक दे तो उस पत्थर को हटाकर रुके पानी को बहाने का प्रयास किया जा सकता है। परन्तु भाग्य के मैदान में न तो वृद्धि और न कोई ह्रास किया जा सकता है। वह यह भी कहते हैं कि ज्योतिष द्वारा ज्ञात बात की परीक्षा से पूर्व उस पर सन्देह करना ज्योतिष के ज्ञान के लिए शुभ न होगा। पुस्तक के पूर्ण ज्ञान के बिना काल्पनिक तथ्यों से सन्देह ही उत्पन्न होगा। इस पुस्तक के ज्ञान को पाने के लिए सर्वप्रथम अपनी कुण्डली न देखें और न ही प्राचीन शास्त्रीय ज्योतिष की आलोचना करें। मूर्ख, निन्दक, उपहास उड़ाने वाले एवं कूपमण्डूक

पर दुःख तो आता है पर सांसारिक लोगों को लाभ पहुँचाना मानवता है।

लाल किताब के सम्पूर्ण विषय को इस पुस्तक में सरल ढंग से समझाया गया है। इतना अवश्य है कि लाल किताब में वर्णित हस्तरेखा के ज्ञान को एक अलग पुस्तक में सरल ढंग से समझाएंगे। 'लाल किताब और हस्तरेखा के अनुपम सिद्धान्त' पुस्तक शीघ्र ही आपके हाथों में होगी, ऐसा विश्वास है। इस पुस्तक में हस्तरेखा से कुण्डली बनाने का विषय भी समझाया जायेगा। ज्योतिष प्रेमियों के लिए प्राचीन 'लाल किताब' पर सरल अध्ययन प्रकाशित करने का श्रेय और अर्थ साध्य कार्य को करने में प्रकाशक श्री रणधीर सिंह जी ने जो रुचि और उत्साह दिखाया है उसके लिए उनका आभार प्रकट करना अपना पुनीत कर्त्तव्य समझता हूँ।

जन्मकुण्डली के फल बतलाने वाली इस अद्भुत पुस्तक 'असली लाल किताब का सरल अध्ययन' आपके लिए कितनी उपयोगी बन पड़ेगी इसका निर्णय तो आप ही करेंगे। हमारा तो यही कहना है कि जन्मकुण्डली का फल जानकर अपनी भावी योजनाओं का प्रारूप निर्धारित करके कर्मपथ पर आगे बढ़ते हुए अपने लक्ष्य को प्राप्त करें। पुस्तक में वर्णित ज्ञान को जितना व्यवहार में लायेंगे उतना सार्थक एवं उपयोगी पायेंगे। इस पुस्तक को सरल व्यावहारिक एवं बोधगम्य बनाने का प्रयास किया गया है।

अन्ततः उन मनीषियों एवं विद्वानों के प्रति आभार व्यक्त करता हूँ जिनके ज्ञान का उपयोग इस अनुपम कार्य को करने में कर सका। बन्धु-बान्धवों व मित्रजनों का भी ऋणी हूँ, जिन्होंने अपनी सामर्थ्य के अनुरूप सहयोग एवं अमूल्य सुझाव दिए।

आपके सुझावों का सहर्ष स्वागत है। बातचीत में और अधिक समय व्यय न करके अब आपको जन्मकुण्डली के फलित करने का अनुपम ज्ञान पुस्तक रूप में सौंपकर आपसे विदा लेते हैं। आप पुस्तक के विषय को पढ़कर समझिए और व्यवहार में लाकर अपना और अपने विश्वस्त मित्रों, सहचरों व परिचितों की बाधाएँ दूर करके उनका उन्नति पथ-प्रशस्त करें।

आपका अपना

डॉ॰ उमेश पुरी

(डॉ॰ उमेश पुरी 'ज्ञानेश्वर')

अनुक्रम

❖	**समपर्ण**	**2**
❖	**पूर्वकथन**	**5—8**
❖	**अनुक्रम**	**9—12**
1.	**लाल किताब के मूल सिद्धान्त**	**13—84**
	स्थायी भाव	13
	ग्रह चक्रम्	15
	पुरुष, स्त्री एवं नपुंसक ग्रह	15
	राहु-केतु	15
	ग्रहों के कारक भाव	15
	ग्रहों की मित्रता-शत्रुता	16
	सदैव स्मरण रखें	17
	ग्रहों के दल	18
	ग्रह काल	18
	ग्रह काल चक्रम्	19
	वार्षिक ग्रह प्रभाव चक्रम्	20
	ग्रहों की आयु	20
	ग्रह की आयु का प्रभाव	21
	ग्रहों का बल	22
	अतिरिक्त चालीस दिन	23
	पैंतीस वर्षीय चक्र	23
	ग्रह प्रभाव चक्रम्	23
	नव ग्रह प्रभाव चक्रम्	24
	ग्रहखण्ड प्रभाव चक्रम्	24
	साथी ग्रह	25
	धार्मिक ग्रह	25
	रतान्ध ग्रह	25
	अन्धा ग्रह	25
	शंकित ग्रह	25
	पापी ग्रह	25
	शत्रुता से प्रभावित ग्रह किसकी बलि लेते हैं ?	25
	स्वग्रह	27
	भावग्रह	27
	स्पष्ट ग्रह	27
	उच्च व नीच ग्रह	27
	वयस्क व अवयस्क जन्मकुण्डली	28
	ग्रह और राशि का सम्बन्ध	29
	जन्म कुण्डली के भावों के मध्य की दीवार	30
	राहु-केतु पर विशेष तथ्य	30
	राशि और ग्रह	31
	लाल किताब का मूल सिद्धान्त	31

कुण्डली के भाव एवं अवस्था 32
सुप्त भाव व सुप्त ग्रह 32
जागृत ग्रह व जागृत भाव 32
ग्रहों की दृष्टि 33
अदृष्ट अकेला ग्रह शुभाशुभ चक्रम् 39
अकेला ग्रह क्या प्रभाव देगा 40
ग्रहों का विशेष प्रभाव 40
ग्रहों के अशुभ होने पर दिखाई देने वाले सांकेतिक लक्षण व उपाय 41
ग्रहों को सहायता कैसे दें 42
ग्रहों का प्रभाव 47
मानव जीवन में ग्रहों की परिवर्तित होती अवस्थाएं 49
रहस्यमयी ऋण और उसका उपाय 52
लाल किताब की चन्द्र कुण्डली कैसे बनाएं 56
फलित करने की रीति 59
वर्ष कुण्डली लाल किताब के आधार पर कैसे बनाएं 60
वर्ष कुण्डली ज्ञान चक्रम् 63
मास कुण्डली 71
दिन कुण्डली 72
घण्टा कुण्डली 73
मिनट कुण्डली 73
सैकेण्ड कुण्डली 74
ग्रहों को अभीष्ट भाव में पहुंचाने की सरल रीति 78
बनावटी (नकली ग्रह) 82
शुभ ग्रह कौन हैं ? 83
अशुभ ग्रह कौन हैं ? 83
ग्रहों का पारस्परिक संबंध 83

2. सूर्य ग्रह का परिचय, द्वादश भाव में फल व उपाय 85—108
पहले भाव में स्थित सूर्य का फल व उपाय 88
दूसरे भाव में स्थित सूर्य का फल व उपाय 90
तीसरे भाव में स्थित सूर्य का फल व उपाय 92
चौथे भाव में स्थित सूर्य का फल व उपाय 93
पांचवें भाव में स्थित सूर्य का फल व उपाय 95
छठे भाव में स्थित सूर्य का फल व उपाय 97
सातवें भाव में स्थित सूर्य का फल व उपाय 99
आठवें भाव में स्थित सूर्य का फल व उपाय 101
नौंवे भाव में स्थित सूर्य का फल व उपाय 103
दसवें भाव में स्थित सूर्य का फल व उपाय 104
ग्यारहवें भाव में स्थित सूर्य का फल व उपाय 106
बारहवें भाव में स्थित सूर्य का फल व उपाय 107

3. चन्द्र ग्रह का परिचय, द्वादश भाव में फल व उपाय 109—136
पहले भाव में स्थित चन्द्र का फल व उपाय 112
दूसरे भाव में स्थित चन्द्र का फल व उपाय 115

तीसरे भाव में स्थित चन्द्र का फल व उपाय 117
चौथे भाव में स्थित चन्द्र का फल व उपाय 119
पांचवें भाव में स्थित चन्द्र का फल व उपाय 121
छठे भाव में स्थित चन्द्र का फल व उपाय 122
सातवें भाव में स्थित चन्द्र का फल व उपाय 124
आठवें भाव में स्थित चन्द्र का फल व उपाय 126
नौवे भाव में स्थित चन्द्र का फल व उपाय 128
दसवें भाव में स्थित चन्द्र का फल व उपाय 130
ग्यारहवें भाव में स्थित चन्द्र का फल व उपाय 132
बारहवें भाव में स्थित चन्द्र का फल व उपाय 134

4. मंगल ग्रह का परिचय, द्वादश भाव में फल व उपाय 137—166
पहले भाव में स्थित मंगल का फल व उपाय 140
दूसरे भाव में स्थित मंगल का फल व उपाय 144
तीसरे भाव में स्थित मंगल का फल व उपाय 145
चौथे भाव में स्थित मंगल का फल व उपाय 147
पांचवे भाव में स्थित मंगल का फल व उपाय 151
छठे भाव में स्थित मंगल का फल व उपाय 153
सातवें भाव में स्थित मंगल का फल व उपाय 156
आठवे भाव में स्थित मंगल का फल व उपाय 158
नौवें भाव में स्थित मंगल का फल व उपाय 160
दसवें भाव में स्थित मंगल का फल व उपाय 161
ग्यारहवें भाव में स्थित मंगल का फल व उपाय 163
बारहवें भाव में स्थित मंगल का फल व उपाय 165

5. बुध ग्रह का परिचय, द्वादश भाव में फल व उपाय 167—190
पहले भाव में स्थित बुध का फल व उपाय 170
दूसरे भाव में स्थित बुध का फल व उपाय 171
तीसरे भाव में स्थित बुध का फल व उपाय 174
चौथे भाव में स्थित बुध का फल व उपाय 176
पांचवे भाव में स्थित बुध का फल व उपाय 178
छठे भाव में स्थित बुध का फल व उपाय 179
सातवें भाव में स्थित बुध का फल व उपाय 181
आठवे भाव में स्थित बुध का फल व उपाय 183
नौवें भाव में स्थित बुध का फल व उपाय 184
दसवें भाव में स्थित बुध का फल व उपाय 186
ग्यारहवें भाव में स्थित बुध का फल व उपाय 187
बारहवें भाव में स्थित बुध का फल व उपाय 188

6. गुरु ग्रह का परिचय, द्वादश भाव में फल व उपाय 191—218
पहले भाव में स्थित गुरु का फल व उपाय 194
दूसरे भाव में स्थित गुरु का फल व उपाय 197
तीसरे भाव में स्थित गुरु का फल व उपाय 199
चौथे भाव में स्थित गुरु का फल व उपाय 201
पांचवे भाव में स्थित गुरु का फल व उपाय 203

छठे भाव में स्थित गुरु का फल व उपाय 205
सातवें भाव में स्थित गुरु का फल व उपाय 206
आठवे भाव में स्थित गुरु का फल व उपाय 208
नौवें भाव में स्थित गुरु का फल व उपाय 211
दसवें भाव में स्थित गुरु का फल व उपाय 213
ग्यारहवें भाव में स्थित गुरु का फल व उपाय 215
बारहवें भाव में स्थित गुरु का फल व उपाय 217

7. शुक्र ग्रह का परिचय, द्वादश भाव में फल व उपाय 219—240

पहले भाव में स्थित शुक्र का फल व उपाय 222
दूसरे भाव में स्थित शुक्र का फल व उपाय 224
तीसरे भाव में स्थित शुक्र का फल व उपाय 226
चौथे भाव में स्थित शुक्र का फल व उपाय 227
पांचवे भाव में स्थित शुक्र का फल व उपाय 229
छठे भाव में स्थित शुक्र का फल व उपाय 230
सातवें भाव में स्थित शुक्र का फल व उपाय 232
आठवे भाव में स्थित शुक्र का फल व उपाय 234
नौवें भाव में स्थित शुक्र का फल व उपाय 235
दसवें भाव में स्थित शुक्र का फल व उपाय 236
ग्यारहवें भाव में स्थित शुक्र का फल व उपाय 238
बारहवें भाव में स्थित शुक्र का फल व उपाय 239

8. शनि ग्रह का परिचय, द्वादश भाव में फल व उपाय 241—262

पहले भाव में स्थित शनि का फल व उपाय 246
दूसरे भाव में स्थित शनि का फल व उपाय 247
तीसरे भाव में स्थित शनि का फल व उपाय 249
चौथे भाव में स्थित शनि का फल व उपाय 250
पांचवें भाव में स्थित शनि का फल व उपाय 252
छठे भाव में स्थित शनि का फल व उपाय 253
सातवें भाव में स्थित शनि का फल व उपाय 255
आठवें भाव में स्थित शनि का फल व उपाय 256
नौवें भाव में स्थित शनि का फल व उपाय 257
दसवें भाव में स्थित शनि का फल व उपाय 259
ग्यारहवें भाव में स्थित शनि का फल व उपाय 260
बारहवें भाव में स्थित शनि का फल व उपाय 261

9. राहु ग्रह का परिचय, द्वादश भाव में फल व उपाय 263—282

पहले भाव में स्थित राहु का फल व उपाय 266
दूसरे भाव में स्थित राहु का फल व उपाय 268
तीसरे भाव में स्थित राहु का फल व उपाय 269
चौथे भाव में स्थित राहु का फल व उपाय 270
पांचवें भाव में स्थित राहु का फल व उपाय 272
छठे भाव में स्थित राहु का फल व उपाय 273
सातवें भाव में स्थित राहु का फल व उपाय 274
आठवें भाव में स्थित राहु का फल व उपाय 275

नौवें भाव में स्थित राहु का फल व उपाय 277
दसवें भाव में स्थित राहु का फल व उपाय 278
ग्यारहवें भाव में स्थित राहु का फल व उपाय 279
बारहवें भाव में स्थित राहु का फल व उपाय 281
10. केतु ग्रह का परिचय, द्वादश भाव में फल व उपाय 283—300
पहले भाव में स्थित केतु का फल व उपाय 286
दूसरे भाव में स्थित केतु का फल व उपाय 287
तीसरे भाव में स्थित केतु का फल व उपाय 288
चौथे भाव में स्थित केतु का फल व उपाय 289
पांचवें भाव में स्थित केतु का फल व उपाय 290
छठे भाव में स्थित केतु का फल व उपाय 291
सातवें भाव में स्थित केतु का फल व उपाय 292
आठवें भाव में स्थित केतु का फल व उपाय 293
नौवें भाव में स्थित केतु का फल व उपाय 295
दसवें भाव में स्थित केतु का फल व उपाय 296
ग्यारहवें भाव में स्थित केतु का फल व उपाय 297
बारहवें भाव में स्थित केतु का फल व उपाय 298
11. ग्रह युतियों का फल कैसे कहें ? 301—331
दो ग्रहों की युति का फल व उपाय 301
तीन ग्रहों की युति का फल व उपाय 320
चार ग्रहों की युति का फल व उपाय 328
पांच ग्रहों की युति का फल व उपाय 330
सभी ग्रह एकत्र हों 331
12. लाल किताब और भवन संबंधी विचार 332—340
भवन के किस भाव पर किस ग्रह का प्रभाव 332
भवन की शुभाशुभ स्थिति विचारें। 332
भवन निर्माण शुभ समय में करें। 332
भवन पर शनि का प्रभाव 333
भवन के कोणों का विचार 335
क्षेत्र संबंधी शुभाशुभ विचार 336
मुख्य द्वार संबंधी शुभाशुभ विचार 338
शहतीर संबंधी शुभाशुभ विचार 338
कड़ियों संबंधी शुभाशुभ विचार 338
भवन संबंधी अन्य शुभाशुभ विचार 338
13. रोग संबंधी शुभाशुभ विचार कैसे करें ? 341—344
रोग संबंधी विचार के सूत्र 341
ग्रह और रोग का पारस्परिक संबंध 342
एक या दो ग्रहों की युति संबंधी रोग 342
दूसरे भाव का विषैला प्रभाव 343
14. आयु संबंधी विचार कैसे करें ? 345—352
आयु विचार कैसे करें ? 345
भाव की आयु 346

ग्रहों की आयु 346
चन्द्र से आयु 347
ग्रहों की स्थिति के अनुसार आयु 347
अल्पायु योग 347
दीर्घायु योग 347
ध्यान रखें ! 348
कद और आयु 350
शेष आयु कैसे जाने 350
मृत्यु का अन्तिम वर्ष व दिन 351
मृत्यु कैसे होगी 351

15. यात्रा योग विचार **353—355**
किस ग्रह से क्या विचारें 353
केतु और यात्रा विचार 353
यात्रा संबंधी अशुभ प्रभाव 355

16. विवाह संबंधी विचार कैसे करें ? **356—363**
विवाह का समय 356
विवाह के लिए अशुभ समय 357
विवाह के लिए शुभ समय 357
विवाह संबंधी योग 358
उपाय से सुख उठाएं 362

17. सन्तान सुख कैसे विचारें ? **364—370**
ग्रह और सन्तान का पारस्परिक संबंध 364
सन्तान जन्म संबंधी विचार 365
ग्रहों के स्थापित होने पर 366
जातक निस्सन्तान नहीं होगा 366
सन्तान का माता-पिता के सुख संबंधी योग 367
निस्सन्तान, हिजड़ा व बांझ होने व अन्य योग 367
सन्तान संबंधी उपाय 370

18. आय-व्यय विचार **371—375**
माया के तीन नाम 371
आय-व्यय विचार 371
धन की स्थिति 372
औसत आय कैसे जानें 374
दान संबंधी विचार 374

19. मिश्रित प्रकरण **376—384**
भाग्य और उसका प्रभाव 376
ग्रह और व्यक्ति 377
नवग्रह प्रभावी भवन 379
ग्रहों की वस्तुएं, व्यापार और संबंधी 380
कुण्डली के भाव से क्या विचारें 382

1 लाल किताब के मूलभूत सिद्धान्त

लाल किताब में जीवन के ठोस यथार्थ को आधार बनाया गया है। लाल किताब के सिद्धान्तों को प्रयोग में लाने से पूर्व निम्नलिखित नियमों को कंठस्थ कर लें—

1. लग्न में मेष (1) को स्थायी मानकर जन्मकुण्डली में 12 स्थायी भाव मान लिए गए जोकि निम्नवत् हैं—

स्थायी भाव

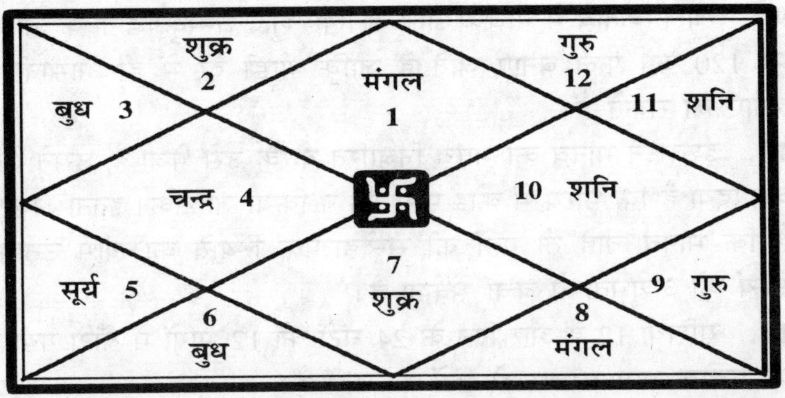

इस प्रकार सदैव के लिए पहले भाव का स्वामी मंगल, दूसरे भाव का स्वामी शुक्र, तीसरे भाव का स्वामी बुध, चौथे भाव का स्वामी चन्द्रमा, पाँचवें भाव का स्वामी सूर्य, छठे भाव का स्वामी बुध, सातवें भाव का स्वामी शुक्र, आठवें भाव का स्वामी मंगल, नौवें भाव का स्वामी गुरु, दसवें व ग्याहरवें भाव का स्वामी शनि एवं बारहवें भाव का स्वामी गुरु होता है।

2. लाल किताब में फलित समझाते समय सामान्य कष्ट की अपेक्षा अधिक कष्ट की चर्चा अधिक की गयी है।

3. जन्मकुण्डली में एक साथ बैठे ग्रह वर्षफल में भी उसी रूप में ग्रहण किए गए हैं, मात्र भाव बदला है। ग्रहों को बन्धन में नहीं रखा गया है,

राहु-केतु, सूर्य-बुध, सूर्य-शुक्र वर्षकुण्डली में कहीं भी हो सकते हैं।

4. लाल किताब के किसी तथ्य व उपाय को व्यवहार में लाने से पूर्व मन में सन्देह करना इसके ज्ञान की प्राप्ति में बाधक होगा।

5. लाल किताब के सिद्धान्त के अतिरिक्त अपने मन से गढ़ी गई कोई भी बात या तथ्य सन्देह ही उत्पन्न करेगा।

6. जन्मकुण्डली बनाना आना चाहिए। ज्योतिष सीखने से पूर्व ही अपनी कुण्डली देखने लग जाना ज्योतिष सीखने में बाधक है।

7. लाल किताब के ज्ञान को व्यवहार में लाएं परन्तु अन्य शास्त्रीय ज्योतिष के ज्ञान की आलोचना कदापि न करें।

8. निंदा करने वाले, हंसी-मजाक करने वाले एवं अल्पज्ञानी लोगों पर दुःख तो आता है, परन्तु दूसरों को लाभ पहुँचाना मानवता है।

9. लाल किताब में भविष्य ज्ञान के लिए शुद्ध जन्मकुण्डली के आधार पर 120 वर्ष फल बनाए जाते हैं जोकि थोड़ी देर में ही आसानी से बनाए जा सकते हैं।

10. ईश्वर ने मानव का भाग्य निर्धारित करके उसे भेजा है, उसने ऐसा कर दिया है कि भाग्य में कोई परिवर्तन न किया जा सके। इतना अवश्य है कि मानव चाहे तो ग्रहों की सन्देहात्मक स्थिति का लाभ उठाकर स्वयं को अशुभता से बचा सकता है।

11. राशियाँ 12 हैं और दिन के 24 घंटों को 12 भागों में बाँटा गया है, पर प्रत्येक भाग बराबर दो घंटों का नहीं है।

12. ब्रह्माण्ड के खाली आकाश में बुध का प्रभाव है जहाँ सर्वत्र अन्धेरा (शनि) मानकर उसमें प्रकाश (सूर्य) की रश्मियाँ उत्पन्न हुईं। प्रकाश (सूर्य) और अन्धेरा (शनि) दोनों के साथ-साथ वायु (गुरु) भी है जोकि अन्धेरे और प्रकाश दोनों में होती है। जैसे एक काँच के सन्दूक में वायु होगी और सन्दूक से बाहर भी वायु होगी। यहाँ बुध रूपी शीशा प्रकाश और अन्धेरे को अन्दर-बाहर आने-जाने की छूट देगा, पर वह बुध (शीशा) वायु को अन्दर से बाहर और बाहर से अन्दर आने-जाने नहीं देगा। इसी कारण गुरु की बुध से शत्रुता होगी। बुध के आकाश में भाग्य को अभिव्यक्ति देने वाला ग्रह गोचर बुध की सहायता से सूर्य व शनि को एक साथ या अलग-अलग रहने की शक्ति प्रदान करेगा। बुध का शीशा

गुरु के दोनों रूपों में गांठ (बाधा) लगा देगा। ये गांठ (बाधा) ही ग्रह है। वस्तुतः आकाश सबके लिए (ग्रह) क्षेत्र है अर्थात् ज्ञान (बुध) सर्वत्र गांठें लगा रहा है। अलग-अलग वस्तुओं को एकत्र करने की अवस्था को ग्रह (गांठ) कहते हैं। गुरु (हवा) और बुध (आकाश) को एकत्र करने वाली शक्ति ग्रह है। यूँ कह लें—ईश्वर की शक्ति का मूल नाम ग्रह है। नौ ग्रह हैं—सूर्य, चन्द्र, मंगल, बुध, गुरु, शुक्र, शनि, राहु व केतु जोकि बारह भावों में चक्कर लगा सकते हैं।

प्रत्येक ग्रह अपना शुभ या अशुभ प्रभाव जीवन के अलग-अलग वर्षों में डालते हैं। ग्रह नौ हैं और उनके नाम इस प्रकार हैं, देखें—ग्रह चक्रम्।

ग्रह चक्रम्

ग्रह	फारसी	अंग्रेजी	रंग	वार
सूर्य	शमश	SUN	ताम्रवर्ण	रविवार
चन्द्र	कमर	MOON	सफेद (दूध)	सोमवार
मंगल शुभ	मुरेयख	MARS (+)	रक्तवर्ण	मंगलवार
मंगल अशुभ	मुरेयख	MARS (–)	रक्तवर्ण	मंगलवार
बुध	अतारद	MERCURY	हरा	बुधवार
गुरु	मुश्तरी	JUPITER	पीला	गुरुवार
शुक्र	जुहरा	VENUS	सफेद (दही)	शुक्रवार
शनि	जुहल	SATURN	काला	शनिवार
राहु	रास	DRAGON'S HEAD	नीला	गुरुवार की सायं
केतु	दुम्ब	DRAGON'S TAIL	चितकबरा	रविवार प्रातः

13. पुरुष, स्त्री व नपुंसक ग्रह—सूर्य, मंगल एवं गुरु ग्रह **पुरुष ग्रह** हैं, चन्द्र, शुक्र ग्रह **स्त्री ग्रह** हैं और बुध, शनि, राहु व केतु **नपुंसक** ग्रह हैं।

14. राहु-केतु—राहु-केतु को जन्मकुण्डली में कोई स्थायी भाव नहीं दिया गया है। राहु ने व्यक्ति को सिर से पकड़ा जबकि केतु ने पैरों से। केतु को जन्मकुण्डली में छठे भाव (पाताल) में शुभता का स्वामी माना गया है और राहु को जन्मकुंडली के बारहवें भाव (आकाश) में अशुभता का स्वामी माना गया है। राहु व केतु को पाप के नाम से जाना जाता है। राहु-केतु किसी भी प्रकार से शनि को मिले तो शनि पापी हो जाता है।

15. ग्रहों के कारक भाव—ग्रहों के कारक भाव अगले पृष्ठ पर दी गई सारिणी **'ग्रहों के कारक भाव'** के अनुसार समझें—

ग्रहों के कारक भाव

ग्रह	भाव
सूर्य	पहला (1)
चन्द्र	चौथा (4)
मंगल	तीसरा (3), आठवाँ (8)
बुध	सातवां (7)
गुरु	दूसरा (2), पाँचवां (5), नौवां (9), ग्याहरवां (11)
शुक्र	सातवां (7)
शनि	आठवां (8), दसवां (10)
राहु	बारहवां (12)
केतु	छठा (6)

ग्रहों के कारक भाव

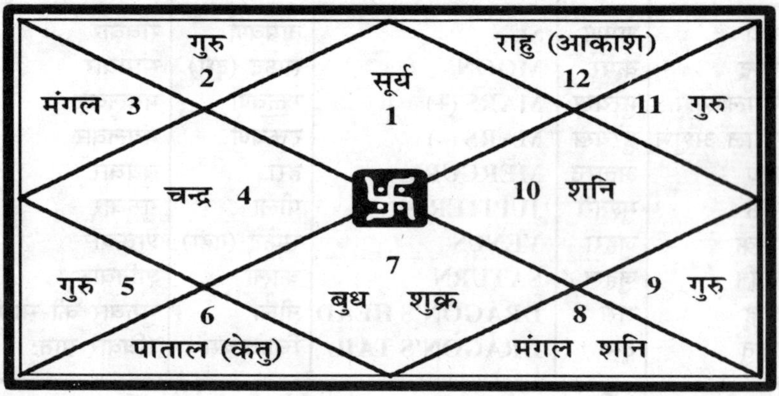

16. ग्रहों की मित्रता-शत्रुता—(1) सूर्य—सूर्य के लिए चन्द्र, गुरु, मंगल मित्र हैं, बुध सूर्य के साथ सम रहेगा एवं शुक्र व शनि शत्रु हैं। सूर्य को राहु से ग्रहण व केतु से मध्यम सम्बन्ध रहेगा। बुध सूर्य के साथ मौन रहता है। **(2) चन्द्र**—चन्द्र के लिए सूर्य व बुध मित्र हैं, शुक्र, शनि, मंगल व गुरु से सम संबंध रखता है। चन्द्र को केतु से ग्रहण व राहु से मध्यम संबंध रहेगा। **(3) मंगल**—मंगल के लिए सूर्य, चन्द्र व गुरु मित्र हैं, बुध व केतु शत्रु हैं एवं राहु व शनि सम हैं। राहु मंगल के साथ मौन रहता है। **(4) बुध**—बुध के लिए सूर्य, शुक्र व राहु मित्र हैं, चन्द्र शत्रु है और शनि, केतु, मंगल व गुरु सम

हैं। **(5) गुरु**—गुरु के लिए सूर्य, मंगल व चन्द्र मित्र हैं, शुक्र व बुध शत्रु हैं और राहु, केतु व शनि सम हैं। **(6) शुक्र**—शुक्र के लिए शनि, बुध व केतु मित्र हैं, सूर्य, चंन्द्र व राहु शत्रु हैं एवं मंगल व गुरु सम हैं। **(7) शनि**—शनि के लिए बुध, शुक्र व राहु मित्र हैं, सूर्य, चन्द्र व मंगल शत्रु हैं और केतु व गुरु सम हैं। **(8) राहु**—राहु के लिए बुध, शनि व केतु मित्र हैं, सूर्य, शुक्र व मंगल शत्रु हैं और गुरु व चन्द्र सम हैं। **(9) केतु**—केतु के लिए शुक्र व राहु मित्र हैं, चन्द्र व मंगल शत्रु हैं और सूर्य, बुध, शनि व गुरु सम हैं।

एक दृष्टि में नवग्रहों की शत्रुता-मित्रता देखने के लिए देखें—'ग्रह मैत्री चक्रम्'।

ग्रह मैत्री चक्रम्

ग्रह	मित्र	शत्रु	सम
सूर्य	चन्द्र, गुरु, मंगल	शुक्र, शनि	बुध, सूर्य
	* सूर्य का राहु से ग्रहण व केतु से मध्यम सम्बन्ध रहता है।		
चन्द्र	सूर्य, बुध	×	शुक्र, शनि, मंगल, गुरु
	* चन्द्र को केतु से ग्रहण व राहु से मध्यम सम्बन्ध रहता है।		
मंगल	सूर्य, चन्द्र, गुरु	बुध, केतु	शुक्र, शनि
	* राहु, मंगल के साथ मौन रहता है।		
बुध	सूर्य, शुक्र, राहु	चन्द्र	शनि, केतु, मंगल, गुरु
	* बुध सूर्य के साथ मौन रहता है।		
गुरु	सूर्य, मंगल, चन्द्र	शुक्र, बुध	राहु, केतु, शनि
शुक्र	शनि, बुध, केतु	सूर्य, चन्द्र, राहु	मंगल, गुरु
शनि	बुध, शुक्र, राहु	सूर्य, चन्द्र, मंगल	केतु, गुरु
राहु	बुध, शनि, केतु	सूर्य, शुक्र, मंगल	गुरु, चन्द्र
केतु	शुक्र, राहु	चन्द्र, मंगल	सूर्य, बुध, गुरु, शनि

सदैव स्मरण रखें !

- ❑ चन्द्र के लिए शुक्र सम है, परन्तु शुक्र चन्द्र से शत्रुता रखता है।
- ❑ शुक्र के लिए गुरु सम है, परन्तु शुक्र गुरु से शत्रुता रखता है।
- ❑ मंगल के लिए शनि सम है, परन्तु मंगल शनि से शत्रुता रखता है।

- बुध चन्द्र का मित्र है, परन्तु चन्द्र बुध से शत्रुता रखता है।
- राहु के साथ गुरु मौन रहता है, जबकि भाव दो में राहु और गुरु हों तो राहु गुरु के अधीन रहता है।
- बुध गुरु का शत्रु है, चन्द्र बुध का शत्रु है—किन्तु भाव 4 व 2 में बुध या चन्द्र या बुध-गुरु या चन्द्र-बुध की युति हो तो ये परस्पर शत्रुता करने की अपेक्षा आर्थिक रूप से सहायता ही करेंगे।

17. ग्रहों के दल—ग्रहों को दो दलों में विभाजित किया जा सकता है—1. शत्रु दल व 2. मित्र दल।

(1) शत्रु दल—इस प्रकार हैं—

शनि का शत्रु	—	सूर्य
सूर्य का शत्रु	—	शुक्र
शुक्र का शत्रु	—	गुरु
गुरु का शत्रु	—	बुध
बुध का शत्रु	—	चन्द्र
चन्द्र का शत्रु	—	केतु
केतु का शत्रु	—	अशुभ मंगल
सबका शत्रु	—	राहु

(2) मित्र दल—इस प्रकार हैं—

सूर्य का मित्र	—	चन्द्र
चन्द्र का मित्र	—	गुरु
गुरु का मित्र	—	मंगल (शुभ)
मंगल (शुभ) का मित्र	—	राहु
राहु का मित्र	—	बुध
बुध का मित्र	—	शनि
शनि का मित्र	—	शुक्र
सबका मित्र	—	केतु

18. ग्रह काल—ग्रहों से संबंधी काल का ज्ञान फलित करते समय उपयोगी है। अतः वर्ष विशेष के अनुसार फलित करते समय इस ज्ञान की पग-पग पर आवश्यकता पड़ेगी। इसे भली-भांति जानने के लिये अगले पृष्ठ पर दिया गया **'ग्रह काल चक्रम्'** देखें।

ग्रह काल चक्रम्

ग्रह	दिन	वर्ष	आयु वर्ष	महादशा वर्ष	सामान्य चक्र	प्रभाव का समय	प्रभाव की गति
सूर्य	22	22	100	6	2	प्रारम्भ में	रथ सदृश
चन्द्र	24	24	85	10	1	अन्त में	अश्व सदृश
मंगल (शुभ)	24	13	90	3	2	प्रारम्भ में	चीता सदृश
मंगल (अशुभ)	32	15 (28)	90	4	4	प्रारम्भ में	हिरण सदृश
बुध	68	34	80	17	2	सदैव	मेढ़ा सदृश
गुरु	32	16	75	16	6	मध्य में	बब्बर शेर सदृश
शुक्र	50	25	85	20	3	मध्य में	बैल सदृश
शनि	72	36	90	19	6	×	मछली सदृश
राहु	40	42	90	18	6	×	हाथी सदृश
केतु	43	48	80	7	3	अन्त में	सुअर व कुत्ता सदृश

- प्रत्येक ग्रह अपने काल का आधा (1/2) या चौथाई (1/4) भाग पर भी अपना प्रभाव देता है। जैसे—राहु के 42 वर्ष व केतु के 48 वर्ष तो दोनों का मिश्रित काल 42 + 48 = 90 ÷ 2 = 45 वर्ष होगा।
- **सूर्य-राहु** की युति हो तो सूर्यग्रहण एवं **चन्द्र-केतु** की युति हो तो चन्द्रग्रहण के कारण तीन वर्ष आयु कम होगी।
- शनि आयु के 10, 19 व 37वें वर्ष में शुभ प्रभाव देगा और 9वें वर्ष में धन-सम्पत्ति देगा। 18वाँ वर्ष पिता पर एवं 27वाँ वर्ष माता, घर व पशु पर अशुभ प्रभाव देगा। शनि 36 से 39वें वर्ष के मध्य सामान्य प्रभाव देता है।
- बुध 23वें वर्ष में और मंगल 31वें वर्ष में भाग्योदय देता है और शनि ग्रह अपने-अपने वर्ष में ही भाग्योदय देते हैं।

19. वर्षफल में कौन से काल में किस ग्रह का प्रभाव रहता है। मान

लो एक वर्ष (12 मास) को 3 भागों में विभाजित किया तो चार-चार वर्ष के तीन खण्ड बने। इन तीन खण्डों पर ग्रहों का प्रभाव क्रमशः इस प्रकार रहेगा—देखें 'वार्षिक ग्रह प्रभाव चक्रम्'।

वार्षिक ग्रह प्रभाव चक्रम्

ग्रह	प्रथम खण्ड (चार मास प्रारम्भ)	द्वितीय खण्ड (चार मास मध्य)	तृतीय खण्ड (चार मास अन्त)
सूर्य	सूर्य	चन्द्र	मंगल
चन्द्र	गुरु	सूर्य	चन्द्र
मंगल	मंगल	शनि	शुक्र
बुध	चन्द्र	मंगल	बुध
गुरु	केतु	गुरु	सूर्य
शुक्र	मंगल	शुक्र	बुध
शनि	राहु	बुध	शनि
राहु	मंगल	केतु	राहु
केतु	शनि	राहु	केतु

उदाहरण—मान लो 40वें वर्ष के वर्षफल में गुरु 5वें भाव में है तो उस वर्ष के प्रथम चार मास में पाँचवें भाव पर केतु का प्रभाव, अगले चार माह में गुरु का अपना प्रभाव एवं अन्तिम चार माह में सूर्य का प्रभाव रहेगा। इसी प्रकार प्रत्येक ग्रह के लिए वर्ष कुंडली के भावानुसार समझना चाहिए।

20. ग्रहों की आयु किस ग्रह के साथ कितने वर्ष होगी—

(i) **सूर्य**—सूर्य किसी भी ग्रह के साथ हो तो 22 वर्ष आयु होगी। सूर्य राहु के साथ हो तो शून्य (0) वर्ष आयु होगी। सूर्य केतु के साथ हो तो आयु 11 वर्ष होगी।

(ii) **चन्द्र की आयु**—चन्द्र किसी भी ग्रह के साथ हो तो आयु 24 वर्ष होगी। चन्द्र, गुरु, बुध, शुक्र, राहु के साथ हो तो आयु 12 वर्ष होती। चन्द्र शनि के साथ हो तो आयु 8 वर्ष होगी।

(iii) **मंगल की आयु—मंगल शुभ हो तो** किसी भी ग्रह के साथ होने पर आयु 13 वर्ष होगी। **मंगल अशुभ हो तो** किसी भी ग्रह

के साथ होने पर आयु 15 वर्ष होगी। कुल आयु 13 + 15 = 28 वर्ष है।

(vi) **बुध की आयु**—बुध किसी भी ग्रह के साथ हो तो आयु 34 वर्ष होगी। बुध, सूर्य, मंगल के साथ हो तो आयु 17 वर्ष होगी।

(v) **गुरु की आयु**—गुरु किसी भी ग्रह के साथ हो तो आयु 16 वर्ष होगी।

(vi) **शुक्र की आयु**—शुक्र किसी भी ग्रह के साथ हो तो आयु 25 वर्ष होगी। शुक्र गुरु के साथ हो तो धन के लिए आयु 60 वर्ष होगी। शुक्र सूर्य के साथ हो तो आयु 34 वर्ष होगी। शुक्र शुभ मंगल के साथ हो तो आयु 8 वर्ष होगी।

(vii) **शनि की आयु**—शनि किसी भी ग्रह के साथ हो तो आयु 36 वर्ष होगी। शनि गुरु के साथ हो तो आयु (पिता के लिए) 18 वर्ष और धन के लिए आयु 27 वर्ष होगी। शनि सूर्य के साथ हो तो 24 वर्ष होगी। शनि बुध के साथ हो तो आयु 45 वर्ष होगी।

(viii) **राहु की आयु**—राहु किसी भी ग्रह के साथ हो तो आयु 42 वर्ष होगी। राहु मंगल शुभ के साथ हो तो आयु शून्य (0) वर्ष होगी। राहु केतु के साथ हो तो आयु 45 वर्ष होगी (यह वर्षफल में ही हो सकती है।)

(ix) **केतु की आयु**—केतु किसी भी ग्रह के साथ हो तो आयु 48 वर्ष होगी। केतु गुरु के साथ हो तो आयु 40 वर्ष होगी। केतु सूर्य या मंगल शुभ के साथ हो तो आयु 24 वर्ष होगी। केतु राहु के साथ हो तो आयु 45 वर्ष होगी (यह वर्षफल में ही हो सकती है)।

ग्रह की आयु का प्रभाव

1. प्रत्येक ग्रह बली हो तो अपनी पूर्णायु तक प्रभाव देता रहेगा या जो उसकी आयु होगी। जैसे सूर्य की 22 वर्ष, चन्द्रमा की 24 वर्ष, गुरु की 16 वर्ष आदि।
2. ग्रहों की आयु का अपना-अपना लक्ष्य 120 वर्ष है।
3. प्रत्येक ग्रह अपनी आयु के प्रारम्भ, मध्य और अन्त पर अपना प्रभाव डालता है। यह प्रभाव इस प्रकार समझें—

ग्रह	प्रारम्भ में प्रभाव	मध्य में प्रभाव	अन्त में प्रभाव
सूर्य	सूर्य	चन्द्र	मंगल
चन्द्र	गुरु	सूर्य	चन्द्र
मंगल	मंगल	शनि	शुक्र
बुध	चन्द्र	मंगल	बुध
गुरु	केतु	गुरु	सूर्य
शुक्र	मंगल	शुक्र	बुध
शनि	राहु	बुध	शनि
राहु	मंगल	केतु	राहु
केतु	शनि	राहु	केतु

टिप्पणी—ग्रहों की आयु को तीन भागों में विभाजित करके क्रमशः प्रारम्भ, मध्य व अन्त समझें।

21. **ग्रहों का बल**—सूर्य, चन्द्र, शुक्र, गुरु, मंगल, बुध, शनि, राहु, केतु, क्रमानुसार उत्तरोत्तर निर्बल है। कहने का तात्पर्य यह है कि सूर्य सर्वाधिक बली, चन्द्र उससे कम बली, शुक्र उससे कम बली गुरु उससे कम बली, मंगल उससे कम बली, बुध उससे कम बली, शनि उससे कम बली, राहु उससे कम बली एवं केतु सर्वाधिक निर्बल है।

जब ग्रह परस्पर टकराएँ और उनमें मित्रता या शत्रुता हो तो ग्रह का बल प्रतिशत में निम्नलिखित होगा—

ग्रह	बल प्रतिशत में
सूर्य	100%
चन्द्र	88.88%
मंगल	55.55%
बुध	44.44%
गुरु	66.66%
शुक्र	77.77%
शनि	33.33%
राहु	22.22%
केतु	11.11%

यह प्रतिशत में बल फलित करते समय या उपाय करते समय सहायक होगा।

22. अतिरिक्त चालीस दिन—शुभाशुभ ग्रहों का प्रभाव अभीष्ट समय से पूर्व नहीं मिलेगा। अभीष्ट समय से पूर्व या बाद में पड़ने वाले प्रभाव में ये अतिरिक्त चालीस दिन महत्वपूर्ण हो सकते हैं।

एक ग्रह का प्रभाव समाप्त हो रहा हो और दूसरे ग्रह का प्रारम्भ हो रहा हो तो इन दोनों के मध्य में 40 दिन अतिरिक्त होंगे। कहने का तात्पर्य यह है कि अशुभ ग्रह के समय के समाप्त हो जाने के बाद भी 40 दिन तक उसका प्रभाव अशुभ हो सकता है और शुभ ग्रह जिसका समय प्रारम्भ होने वला है। उसका प्रभाव 40 दिन पूर्व ही मिल सकता है। मिश्रित प्रभाव के मात्र 40 दिन ही होंगे। दोनों ग्रहों (अशुभ व शुभ) का अलग-अलग 40-40 दिन प्रभाव न होगा।

ज्योतिष के ज्ञान में 28 नक्षत्र एवं 12 राशियों की गणना को त्याज्य दिया है, वस्तुतः दोनों की कुल संख्या 40 दिन अल्पमत और अधिकतम 43 अतिरिक्त दिन तक किसी भी उपाय का प्रभाव पूर्ण होगा। इसका संकेत शुभाशुभ ग्रहों के संकेतों द्वारा उपाय करने पर मिलने लगेगा।

23. पैंतीस वर्षीय चक्र—प्रत्येक ग्रह के सामान्य चक्र का योग 35 है। नवग्रह 35 वर्षों में अपना एक चक्र पूर्ण कर लेते हैं। जो ग्रह प्रथम चक्र में कुप्रभाव देते हैं, वे ग्रह द्वितीय चक्र में कुप्रभाव नहीं देते हैं। यहाँ यह भी अनिवार्य नहीं है कि वे शुभ प्रभाव अवश्य देंगे। समस्त ग्रहों का 35 वर्षीय भ्रमण ही 'पैंतीस वर्षीय चक्र' है। यदि जातक की आयु 120 वर्ष हो तो ये चक्र तीन बार आ सकते हैं।

एक सौ बीस वर्ष (120) में प्रत्येक वर्ष में किन ग्रह का प्रभाव होगा इसके लिए देखें—'ग्रह प्रभाव चक्रम्'।

ग्रह प्रभाव चक्रम्

ग्रह	गुरु	सूर्य	चन्द्र	शुक्र	मंगल	बुध	शनि	राहु	केतु
वर्ष	6	2	1	3	6	2	6	6	3
जीवन वर्ष								1-4	5-7
	8-13	14-15	16	17-19	20-25	26-27	28-33	34-39	40-42
	43-48	49-50	51	52-54	55-60	61-62	63-68	69-74	75-77
	78-83	84-85	86	87-89	90-95	96-97	98-103	104-109	110-112
	113-118	119-120	121	122-124	125-130	131-132	133-138	139-144	145-147

यह जान लें कि 12 वर्ष तक बच्चे के भाग्य का कोई विश्वास नहीं है और 70 वर्ष की आयु के बाद भी व्यक्ति कै भाग्य का कोई विश्वास नहीं है।

पैंतीस वर्ष में समस्त ग्रह एक चक्र पूर्ण कर लेते हैं। यहाँ एक सारिणी दे रहे हैं जिससे आप 120 वर्षों में पड़ने वाले ग्रहों के प्रभाव को सामुद्रिक के अनुसार ज्ञात कर सकेंगे, देखें—'नवग्रह प्रभाव चक्रम्'

नवग्रह प्रभाव चक्रम्

प्रभाव डालने वाला ग्रह	पहला चक्र	दूसरा चक्र	तीसरा चक्र	चौथा चक्र
शनि	1-6	36-41	71-76	106-111
राहु	7-12	42-47	77-82	112-117
केतु	13-15	48-50	83-85	118-120
गुरु	16-21	51-56	86-91	—
सूर्य	22-23	57-58	92-93	—
चन्द्र	24	59	94	—
शुक्र	25-27	60-62	95-97	—
मंगल	28-33	63-68	98-103	—
बुध	34-35	69-70	104-105	—

पैंतीस वर्षीय चक्र में ग्रहों का प्रभाव तीन खण्डों में किस प्रकार पड़ेगा। इसके लिए देखें—'ग्रह खण्ड प्रभाव चक्रम्'।

ग्रह खण्ड प्रभाव चक्रम्

ग्रह चक्र वर्ष	प्रारम्भ प्रथम खण्ड	मध्य द्वितीय खण्ड	अन्त तृतीय खण्ड
गुरु 6 वर्ष	केतु 2 वर्ष	गुरु 2 वर्ष	सूर्य 2 वर्ष
सूर्य 2 वर्ष	सूर्य 8 मास	चन्द्रे 8 मास	मंगल 8 मास
चन्द्र 1 वर्ष	गुरु 4 मास	सूर्य 4 मास	चन्द्र 4 मास
शुक्र 3 वर्ष	मंगल 1 वर्ष	शुक्र 1 वर्ष	बुध 1 वर्ष
मंगल 6 वर्ष	मंगल 2 वर्ष	शनि 2 वर्ष	शुक्र 2 वर्ष

ग्रह चक्र वर्ष	प्रारम्भ प्रथम खण्ड	मध्य द्वितीय खण्ड	अन्त तृतीय खण्ड
बुध 2 वर्ष	चन्द्र 8 मास	मंगल 8 मास	बुध 8 मास
शनि 6 वर्ष	राहु 2 वर्ष	बुध 2 वर्ष	शनि 2 वर्ष
राहु 6 वर्ष	मंगल 2 वर्ष	केतु 2 वर्ष	राहु 2 वर्ष
केतु 3 वर्ष	शनि 1 वर्ष	राहु 1 वर्ष	केतु 1 वर्ष

24. साथी ग्रह—जब ग्रह निज भाव को छोड़कर किसी और ग्रह के भाव में स्थित हो तो वह साथी ग्रह कहलाता है जैसे—गुरु बारहवें भाव का स्वामी है, यदि वह पहले भाव में स्थित हो और पहले भाव का स्वामी मंगल बारहवें भाव में स्थित हो तो वे दोनों (गुरु व मंगल) साथी ग्रह कहे जायेंगे।

25. धार्मिक ग्रह—राहु-केतु चौथे भाव में या चन्द्र के साथ किसी भी भाव में और शनि ग्याहरवें भाव में या गुरु के साथ किसी भी भाव में हो तो पापी ग्रह (राहु, केतु, शनि) का कुप्रभाव न होगा क्योंकि सभी ग्रह धार्मिक हो जायेंगे। यह आवश्यक नहीं कि पापी ग्रह शुभ फल भी दें, हालांकि कुप्रभाव नहीं देंगे।

26. रतान्ध ग्रह—चौथे भाव में सूर्य और सातवें भाव में शनि ग्रह रतान्ध कहलाता है।

27. अन्धा ग्रह—दसवें भाव में शत्रु ग्रह स्थित हो या नीच ग्रह से प्रभावित हो तो शनि सहित सभी ग्रह चाहे उच्च भावस्थ हों, अन्धे ग्रहों की तरह फल प्रदान करेंगे।

28. शंकित ग्रह—जब कोई ग्रह अपने भाव, उच्च राशि, स्थायी भाव को छोड़कर किसी अन्य भाव में स्थित हो जाए तब उसे 'शंकित ग्रह' कहेंगे। शंकित ग्रह के कुप्रभाव से बचने के लिए इस सन्देहात्मक स्थिति का लाभ उठाया जा सकता है।

29. पापी ग्रह—राहु, केतु, शनि पाप ग्रह हैं। मंगल अशुभ भी पापी है।

30. शत्रुता से प्रभावित ग्रह किसकी बलि लेते हैं—जिस प्रकार अपराधी के स्थान पर निर्दोष दण्ड पाता है उसी प्रकार ग्रह भी जटिल स्थिति में अन्य ग्रहों की बलि ले लेते हैं।

(i) **शनि**—शत्रुओं से रक्षा हेतु शनि ने राहु-केतु को अभिकर्त्ता (Agent)

बना रखा है। उसके अभिकर्त्ता शत्रुता से रक्षा के लिए शनि के स्थान पर किसी अन्य ग्रह की तुरन्त बलि ले लेते हैं। राहु-केतु बनावटी शुक्र हैं। जब भी शनि को सूर्य से खतरा होता है तो तुरन्त शुक्र (स्त्री) की बलि ले लेते हैं। कहने का तात्पर्य यह है कि सूर्य-शनि की शत्रुता में शुक्र अकाल मृत्यु को पाता है। इस स्थिति में सूर्य-शनि तो बचे रहेंगे क्योंकि ये पिता-पुत्र है, पर स्त्री (शुक्र) मारी जायेगी। उदाहरणतः सूर्य छठे (6) भाव में हो और शनि बारहवें (12) हो तो स्त्री पर स्त्री मरती जाती है।

(ii) **बुध**—बुध ने अपनी रक्षा हेतु शुक्र से मित्रता कर रखी है और अपनी समस्त परेशानियाँ शुक्र पर डाल देता है।

(iii) **मंगल**—अशुभ मंगल (भाई) निज रक्षा हेतु अपनी बाधाएँ केतु (लड़के) पर डालता है। शेर, कुत्ते मरवा ही देगा। उदातरणतः सूर्य छठे भाव में हो और मंगल दसवें भाव में हो तो लड़के पर लड़के मरते जाएं या भाई भतीजे को मरवा देगा।

(iv) **शुक्र**—स्त्री स्वभाव का ग्रह है। वह अपनी समस्त बाधाएँ निज रक्षा के लिए माता पर डाल देता है। चन्द्र-शुक्र किसी न किसी तरह परस्पर शत्रु हों तो माता अन्धी हो जाती है।

(v) **गुरु**—गुरु अपनी रक्षा हेतु साथी केतु की बलि ले लेता है। मान लो कि गुरु पाँचवें भाव में हो और केतु किसी अन्य भाव में हों तो गुरु की दशा में केतु अपने छठे भाव का अशुभ फल देगा नाकि सन्तान का जोकि पाँचवें भाव से मिलती है। सभी मामा केतु की महादशा में सात वर्षों तक कष्ट उठाते हैं।

(vi) **सूर्य**—सूर्य अपनी रक्षा के लिए केतु की बलि ले लेता है।

(vii) **चन्द्र**—चन्द्र मित्र ग्रहों (गुरु, सूर्य, मंगल) की बलि ले लेता है।

(viii) **राहु-केतु**—ये स्वयं निभाते हैं। अतः अपने से सम्बन्धित वस्तुओं पर ही कुप्रभाव डालते हैं। **टिप्पणी**—सूर्य, मंगल व गुरु न्यायप्रिय हैं, इसलिए एक-दूसरे की सहायता तो करते हैं और एक-दूसरे को कष्ट में भी नहीं देख सकते। लेकिन स्वयं जब भी कष्ट में होते हैं तो अपनी रक्षा के लिए निर्धन व निर्दोष केतु की बलि ले लेते हैं।

31. स्वग्रह—अपनी राशि में स्थित ग्रह 'स्वग्रह' हैं। कहने का तात्पर्य यही है कि सूर्य पाँचवें भाव में, **चन्द्र** चौथे भाव में, **मंगल** पहले व आठवें भाव में, **बुध** तीसरे व छठे भाव में, **गुरु** नौवें व बारहवें भाव में, **शुक्र** दूसरे व सातवें भाव में और **शनि** दसवें व ग्यारहवें भाव में स्थित हो तो 'स्वग्रह' कहे जाते हैं।

32. भावग्रह अर्थात् कारक ग्रह—यह जान लें कि 15वें सूत्र में जो ग्रहों के कारक भाव बताए गए हैं, उनमें ग्रह कारक होता है। कारक भाव में स्थित ग्रह 'भाव ग्रह' या 'कारक ग्रह' के नाम से जाना जायेगा। इसके शुभाशुभ प्रभाव को कोई शक्ति नहीं रोक सकती।

33. स्पष्ट ग्रह—जो ग्रह अपना पूर्ण प्रभाव (बिना किसी शत्रु के प्रभाव के) दे रहा हो तो उसे 'स्पष्ट ग्रह' कहेंगे। स्पष्ट ग्रह पूर्णतः समर्थ होने के कारण अपना स्पष्ट और पूर्ण प्रभाव देता है। इसके शुभाशुभ प्रभाव को भी कोई शक्ति रोक नहीं सकती है।

34. उच्च व नीच ग्रह—उच्च ग्रह पूर्णतः शुभ एवं बली होते हैं और अपना शुभफल 100 प्रतिशत देते हैं। देखें—उच्च ग्रह कुण्डली।

उच्च ग्रह कुण्डली

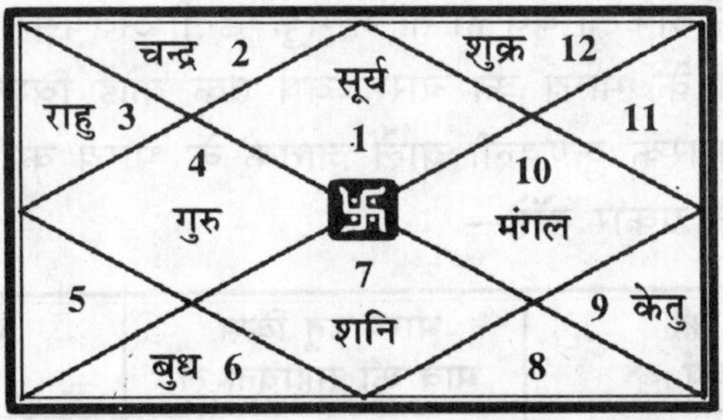

नीच ग्रह पूर्णतः अशुभ एवं निर्बल होते हैं और अपना अशुभफल 100 प्रतिशत देते हैं। देखें—नीच ग्रह कुण्डली।

नीच ग्रह कुण्डली

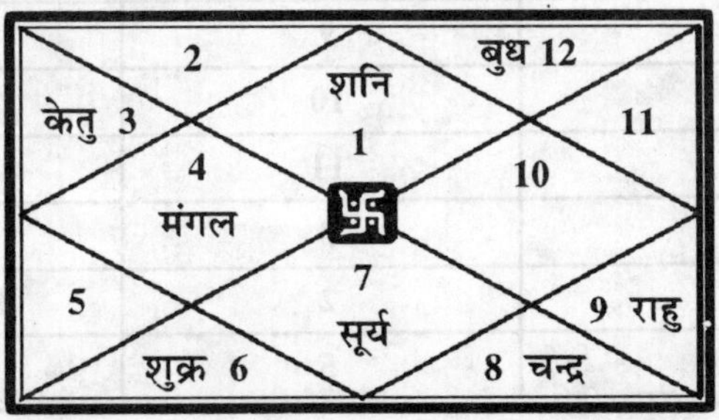

कोई ग्रह ऐसे भावों में स्थित हो जो उसके लिए उच्च भाव माना गया है और उसका शत्रु ग्रह उसके सामने के भाव में स्थित हो तो वह ग्रह अपना उच्च फल नहीं देगा अपितु कुप्रभाव (कुफल) देगा।

उच्च ग्रह	शत्रु ग्रह के साथ
सूर्य मेष (1) में	शुक्र, राहु, केतु, शनि सातवें हो।
चन्द्र वृष (2) में	बुध, शुक्र, छठे या बारहवें हो।
मंगल मकर (10) में	बुध, केतु दूसरे हो।
गुरु कर्क (4) में	शुक्र, बुध दसवें हो।
शुक्र मीन (12) में	सूर्य, चन्द्र, राहु दूसरे हो।
शनि तुला (7) में	चन्द्र, सूर्य, मंगल पहले हो।
राहु मिथुन (3) व कन्या (6) में	शुक्र, सूर्य, मंगल बारहवें हो।
केतु धनु (9) व मीन (12) में	चन्द्र, मंगल दूसरे हो।

35. वयस्क व अवयस्क जन्म कुण्डली—जब सूर्य पहले, पाँचवें, ग्याहरवें भाव में हो या बुध छठे भाव में हो तो जन्मकुण्डली वयस्क होगी।

जब 1, 4, 7, 10वाँ भाव रिक्त हो या उनमें मात्र पाप ग्रह स्थित हों या केन्द्र में अकेला बुध हो तो जन्मकुण्डली अवयस्क होगी। अवयस्क जन्मकुण्डली के भाग्य का बारह वर्ष तक कोई विश्वास नहीं करना चाहिए। अवयस्क कुण्डली वाले जातक के भाग्य का स्वामी आयु के अनुरूप निम्न प्रकार होंगे—

जातक की आयु वर्ष	भाग्य हेतु किस भाव की सहायता लें	भाव स्वामी ग्रह
1	7	शुक्र
2	4	चन्द्र
3	9	गुरु
4	10	शनि
5	11	शनि
6	3	बुध
7	2	शुक्र
8	5	सूर्य

जातक की आयु वर्ष	भाग्य हेतु किस भाव की सहायता लें	भाव स्वामी ग्रह
9	6	बुध, केतु
10	12	शुक्र, राहु
11	1	मंगल
12	8	मंगल

36. ग्रह और राशि का सम्बन्ध—सात ग्रह और बारह राशि होती हैं। 12 × 7 = 84 अर्थात् चौरासी योनि का चक्कर या अहोरात्र (एक दिन) में 84 लाख श्वास की अद्‌भुत बात है।

प्रत्येक सात वर्ष या आठ वर्ष बाद ग्रहों का प्रभाव जो मिल चुका है कि पुनरावृत्ति होती है।

दूसरे भाव में कोई ग्रह नीच नहीं होता है, जबकि आठवें भाव में कोई ग्रह उच्च नहीं होता है। इसी प्रकार पाँचवें व ग्याहरवें भाव में भी कोई ग्रह उच्च-नीच नहीं होता है।

जगत् माता है तो मानव उसका बच्चा है। मृत्यु को कोई नही मार सकता, पर चन्द्र मार सकता हैं क्योंकि उसमें दैवीय शक्ति विद्यमान है।

ग्रह-राशि संबंध को आप सरलता से 'ग्रह राशि संबंध चक्रम्' से समझ सकते है। देखें—'ग्रह राशि संबंध चक्रम्'।

ग्रह राशि संबंध चक्रम्

राशि	1	2	3	4	5	6	7	8	9	10	11	12
नाम	मेष	वृष	मिथुन	कर्क	सिंह	कन्या	तुला	वृश्चिक	धनु	मकर	कुंभ	मीन
स्वामी	मंगल	शुक्र	बुध	चन्द्र	सूर्य	बुध	शुक्र	मंगल	गुरु	शनि	शनि	गुरु
उच्च ग्रह	सूर्य	चन्द्र	राहु	गुरु	—	बुध, राहु	शनि	—	केतु	मंगल	—	शुक्र, केतु
नीच ग्रह	शनि	—	केतु	मंगल	—	शुक्र, केतु	सूर्य	चन्द्र	राहु	गुरु	—	बुध, राहु
कारक ग्रह	सूर्य	गुरु	मंगल	चन्द्र	गुरु	केतु	बुध, शुक्र	मंगल, शनि	गुरु	शनि	गुरु	राहु
भाग्य-कारी ग्रह	मंगल	चन्द्र	बुध	चन्द्र	सूर्य	राहु	शुक्र	चन्द्र	गुरु	शनि	गुरु	राहु

ग्रहफल का गह	मंगल	राहु केतु	शनि	चन्द्र	गुरु सूर्य	बुध केतु	शुक्र	मंगल	गुरु	शनि	गुरु शनि	राहु
राशिफल का ग्रह	राहु	—	शनि	मंगल, शुक्र, केतु	—	पुरुष ग्रह शनि	सूर्य, राहु, गुरु	—	शनि	बुध, केतु	—	बुध

37. जन्म कुण्डली के भावों के मध्य की दीवार—भावों को जोड़ने वाली सन्धि (दीवार) मित्रों को मिलाती है परन्तु शत्रुओं को नहीं मिलाती है। यदि दो मित्र ग्रह लगातार भावों में स्थित हों तो वे सहयोगी होंगे जो एक दूसरे का कभी बुरा नहीं करेंगे।

किन्तु यह ध्यान रखें यदि शत्रु ग्रह लगातार दो भावों में बैठे हों तो यह दीवार (सन्धि) उन्हें सहयोगी नहीं बनने देगी अपितु अलग-अलग रखेगी।

38. राहु-केतु पर विशेष तथ्य—राहु बारहवें भाव में नीच का है और उसका कारक भाव भी है। इसी प्रकार केतु छठे भाव में नीच का है और उसका कारक भाव भी है।

राहु व गुरु शत्रु नहीं हैं। राहु-गुरु की युति हो तो गुरु मौन रहेगा। बारहवाँ भाव आकाश होने के कारण राहु का रंग नीला माना गया है। गुरु की हवा को जब-जब आसमान का साथ मिलता है तब-तब हवा आसमान की ओर होती जायेगी अर्थात् हल्की होती जायेगी और सांसारिक जनों को सांस लेने में परेशानी उत्पन्न करेगी। किन्तु यही गुरु की हवा जब नीचे की ओर होती जायेगी तो वह केतु के साथ होगी और प्रत्येक की सहायता करेगी।

इस सिद्धान्त के आधार पर राहु-गुरु में गुरु मौन होगा एवं राहु कुप्रभाव देगा या दमा, सांस या दम घुटने जैसी स्थिति का रोग होगा।

यदि इसके विरोध में राहु को बुध के खाली आकाश में खुला क्षेत्र मिल जाए तो उसका (राहु) शुभ प्रभाव होगा। कहने का तात्पर्य यह है कि राहु को बुध के भाव छठे का साथ मिले तो उसका शुभफल होता है। वैसे भी राहु बुध का मित्र है। राहु-बुध की युति छठे भाव में हो तो दोनों का शुभ फल होता है। बुध और राहु का बारहवें भाव में होना दोनों का अशुभ फल देता है।

यह जान लें कि बुध जन्मकुण्डली में जैसा भी होगा राहु वैसा ही प्रभाव 12वें भाव में देगा। इसी प्रकार गुरु जन्मकुण्डली में जैसा भी होगा केतु वैसा ही प्रभाव छठे भाव में देगा।

केतु छठे भाव में और राहु 12वें भाव में नीच होते हैं और भाव के स्वामी भी। उनकी शंकित परिस्थिति के लिए जब राहु को बुध और केतु को गुरु की सहायता मिलती है अर्थात् राहु 3रे या 6ठे भाव में हो और केतु 9वें या 12वें भाव में हो तो दोनों ही उच्च होंगे या नीच। राहु 9वें या 12वें भाव में और केतु 3रे या 6ठे भाव में नीच का होगा।

भाव छह और बारह के स्वामी ग्रह—भाव छह का स्वामी बुध व केतु को माना गया है। जब भाव 6 रिक्त हो और बुध 3रे भाव में हो तो छठे (खाली भाव) भाव का स्वामी केतु को लेंगे। किन्तु जब बुध भाव 3 में हो और भाव 6 (रिक्त) के लिए बुध-केतु में से स्वामी वही होगा जो दोनों में शुभ होगा।

भाव 12 का स्वामी राहु और गुरु को माना गया है। जब 12वाँ भाव खाली हो तथा गुरु भाव 9 में न हो तो 12वें भाव का स्वामी राहु होगा। किन्तु जब गुरु 9वें भाव में हो तो भाव 12 के लिए दोनों का नकली ग्रह बुध स्वामी लेंगे।

इसी प्रकार बुध राहु के भाव 12 में नीच का होगा क्योंकि बारह का भाव उसके शत्रु ग्रह गुरु का है। जब बुध केतु के भाव 6 में हो तो उच्च का होगा क्योंकि यह राशि बुध की अपनी है। बुध-केतु बराबर के ग्रह है। दोनों ही शुक्र के मित्र हैं। बुध पर इनका कोई प्रभाव नहीं होगा। लेकिन केतु-शुक्र दोनों ही छठे भाव में नीच होंगे।

गुरु के भाव में राहु गुरु के साथ अशुभ फल देता है। बुध के भाव में केतु बुध के साथ नीच फल देगा। किन्तु गुरु-केतु की युति हो तो केतु उच्च फल देगा। केतु-गुरु के साथ बराबर का फल देता है। राहु केतु को अपने आधीन रखने वाला ग्रह है।

39. **राशि और ग्रह**—राशि भूमि है तो ग्रह उसका भवन। जन्मकुण्डली में राशि और ग्रहों की जगह निश्चित है।

40. **लाल किताब का मूल सिद्धान्त**—प्राचीन ज्योतिष के अनुसार जन्मकुण्डली बनाकर उसमें अंकित समस्त राशि अंक लुप्त कर दिए

गए और ग्रह जहाँ जिस भाव में स्थित थे, वहीं रहने दिए। बाद में लग्न (प्रथम) भाव में मेष राशि का अंक 1 अंकित कर दिया और क्रम से सभी भावों में 1, 2, 3, 4....10, 11, 12 आदि अंकित कर दिए। **वस्तुत: जन्मकुण्डली के अंक मिटाकर मेषादि राशियों के क्रम से लग्न में बारहवें भाव तक 1 से 12 अंक लिखकर सदा के लिए स्थायी भाव मान लिए। अब कुण्डली में अंक भी लिखे हों तो अंक पहले भाव से बारहवें भाव तक 1 से 12 ही होंगे। इसी कुण्डली से समस्त फलित देखा जाता है।**

41. कुण्डली के भाव एवं अवस्था—जन्म कुण्डली में भाव 1 से 3 भाव तक 25 वर्ष, भाव 4 से 6 तक 50 वर्ष, भाव 7 से 9 तक 75 वर्ष एवं भाव 10 से 12 तक 100 वर्ष माने गए हैं।

प्रथम अवस्था	—	1 से 25 वर्ष तक
द्वितीय अवस्था	—	20 से 50 वर्ष तक
तृतीय अवस्था	—	51 से 75 वर्ष तक
चतुर्थ अवस्था	—	76 से 100 वर्ष तक।

42 सुप्त भाव व सुप्त ग्रह—जिस भाव में कोई ग्रह न हो या जिस भाव पर किसी ग्रह की दृष्टि न हो तो वह भाव सुप्त होगा।

ग्रह की दृष्टि जिस भाव पर पड़ रही है, वहाँ मुकाबले पर कोई ग्रह न हों अपितु स्वयं हो जोकि पहले भाव का हो तो सुप्त ग्रह कहा जायेगा।

43. जाग्रत ग्रह व जाग्रत भाव—यह जान लें कि जन्मकुण्डली में 1 से 6ठे भाव तक पूर्वार्द्ध और 7 से 12वें भाव तक को उत्तरार्द्ध है। निज भाव में स्थित ग्रह को जाग्रत ग्रह कहते हैं। जैसे शुक्र सातवें भाव में स्थित हो तो वह जाग्रत ग्रह कहा जायेगा। सुप्त ग्रह या भाव अपना शुभ फल नहीं देता है।

यदि भाव सुप्त हो तो उसे कौन सा ग्रह जगाएगा यह जानने के लिए देखें—'सुप्त भाव जाग्रत चक्रम्'। जैसे—पहला भाव सुप्त होगा तो उसे मंगल ग्रह जगाएगा, दूसरा भाव सुप्त होगा तो उसे चन्द्र ग्रह जगाएगा, तीसरा भाव सुप्त होगा तो उसे बुध ग्रह जगाएगा, चौथा भाव सुप्त होगा तो उसे चन्द्र ग्रह जगाएगा, इसी प्रकार अन्य भावों के लिये सारिणी देखें।

भाव 10 में कोई ग्रह न हो तो दूसरे (2) भाव के ग्रह सुप्त (सोए) होंगे। भाव 2 में कोई ग्रह न हो तो भाव 10 व 9 के ग्रह सुप्त होंगे। सुप्त ग्रह कब जागेंगे, यह जानने के लिए देखें—'सुप्त ग्रह जाग्रत चक्रम्'।

सुप्त भाव जाग्रत चक्रम्

सुप्त भाव	1	2	3	4	5	6	7	8	9	10	11	12
कौन सा ग्रह जगाएगा	मंगल	चन्द्र	बुध	चन्द्र	सूर्य	राहु	शुक्र	चन्द्र	शनि	शनि	गुरु	केतु

सुप्त ग्रह जाग्रत चक्रम्

ग्रह	कब जागेगा	किस आयु में	किस वर्ष अशुभ फल देगा
सूर्य	सरकारी कार्य या संबंधों पर	22 वर्ष के उपरान्त	2, 8, 9 या 24वें
चन्द्र	शिक्षा के समय	24 वर्ष के उपरान्त	1 या 25वें
मंगल	औरत संबंधी कार्यों पर	28 वर्ष के उपरान्त	6 या 34वें
बुध	व्यापार, बहन या लड़की के विवाह पर	34 वर्ष के उपरान्त	2 या 36वें
गुरु	सामान्य व्यापार प्रारम्भ करते समय	16 वर्ष के उपरान्त	6 या 22वें
शुक्र	विवाहोपरान्त	25 वर्ष के उपरान्त	3 या 28वें
शनि	मकान संबंधी कार्यों पर	36 वर्ष के उपरान्त	6 या 42वें
राहु	ससुराल संबंधी	42 वर्ष के उपरान्त	2, 44 या 48वें
केतु	सन्तान के जन्म पर	48 वर्ष के उपरान्त	3 या 51वें

टिप्पणी—(1)जब पूर्वार्द्ध में कोई कोई ग्रह न हो तो उत्तरार्द्ध के ग्रह सुप्त होते हैं और जब उत्तरार्द्ध में कोई ग्रह न हो तो पूर्वार्द्ध के ग्रह सुप्त होते हैं। (2) जहाँ ग्रह की दृष्टि पड़ती है, वह भाव खाली हो तो वहाँ दृष्टि का कोई प्रभाव नहीं होता है। (3) सुप्त भाव या ग्रह निष्फल होते हैं चाहे उच्च दृष्टि कितनी भी हो।

44. ग्रहों की दृष्टि—(i) ग्रह जिस पर दृष्टि डालता है उस पर अपना

प्रभाव डालता है। दृष्टि डालने वाले ग्रह को **'दृष्टा'** और जिस पर दृष्टि पड़े उसे **'दृश्य'** कहते हैं। **(ii)** जब ग्रह की दृष्टि 100 प्रतिशत होती है तो ऐसे में दृष्टा और दृश्य ग्रह अत्यधिक समीप या एक हो जाते हैं या मिल जाते हैं। **(iii)** जब्र ग्रह की दृष्टि 50 प्रतिशत होती है तो ऐसे में दृष्टा और दृश्य ग्रह के बीच का अन्तर आधा हो जाता है या दोनों की आधी शक्ति परस्पर मिल जाती है। **(iv)** जब ग्रह की दृष्टि 25 प्रतिशत होती है तो ऐसे में दृष्टा और दृश्य ग्रह के बीच का अन्तर तीन चौथाई रहता है या दोनों की एक चौथाई शक्ति परस्पर मिल पाती है। **(v)** प्रत्येक ग्रह की पूर्ण दृष्टि सातवीं होती है। **(vi)** पणकर (2, 5, 8, 11) भाव का उच्च ग्रह अपनी राशि में उत्तम प्रभाव देगा। **(vii)** दृष्टा ग्रह दृश्य ग्रह पर तो अपना प्रभाव डालता है, परन्तु दृश्य ग्रह दृष्टा ग्रह पर कोई प्रभाव नहीं डालता है। **(viii)** दृष्टि को सरलता से समझने के लिए देखें—दृष्टि चक्रम्।

दृष्टि चक्रम्

किस भाव की	किस भाव पर	दृष्टि की शक्ति
1 **4**	**7** **10**	**100 प्रतिशत** **पूर्ण**
3 **5**	**9, 11** **9**	**50 प्रतिशत** **अर्ध**
2 **6** **8**	**6** **12** **2**	**25 प्रतिशत** **एक चौथाई**

टिप्पणी—(1) यदि ग्रह को लालटेन (Lamp) मान लें और प्रत्येक भाव के द्वार किसी न किसी ओर से खुले माने गए हैं या एक भाव में जलती लालटेन का प्रकाश उस के द्वार से दूसरे भाव में जाता माना गया है, इसे ही दृष्टि कहा गया है। **(2)** आठवाँ मृत्यु का भाव उल्टा देखता है। दूसरे भाव में आठवें भाव से आने वाले समस्त प्रभाव में पापी ग्रह राहु केतु व शनि का भाग भी मिला होता है। ये अपने से आठवें वर्ष में अशुभ फल करते हैं। **(3)** छठा भाव 12वें को देखता है परन्तु बारहवां

भाव 12 छठे को नहीं देखता है। जबकि बुध 12वें होकर छठे भाव को देखता है क्योंकि बुध को आकाश माना है। वस्तुतः 6ठे पाताल और बारहवें आसमान में भी खाली आकाश होता है। **(4)** भाव 3 भाव 9 को, भाव 6 भाव 12 को, भाव 8 भाव 2 को, भाव 2 भाव 6 को देखता है। अतः 8 और 6ठे भाव का 25 प्रतिशत प्रभाव होगा। 6ठा भाव 12वें भाव को देखे तो 8वें भाव का प्रभाव 12वें भाव पर चला जायेगा। दूसरे भाव का 100 प्रतिशत प्रभाव होगा, परन्तु 2रे और 6ठे भाव के द्वारा 8वें भाव का 25 प्रतिशत प्रभाव होगा। दूसरा भाव 12वें भाव को 25 प्रतिशत देखता है। बुध 9वें भाव से तीसरे भाव के द्वारा 6ठे भाव को देखता हुआ सभी ग्रहों का फल व्यर्थ कर देता है, अब चाहे बुध अकेला ही उनके मुकाबले पर क्यों न हो, उसे इस बात की चिन्ता भी नहीं रहती की मुकाबले में उसके मित्र भी है। **(5)** अब 'दृष्टि चक्रम्' दे रहे हैं। इस चक्र में इस चिह्न (⟶) से तात्पर्य यह है कि भाव को देख सकता है और इस चिह्न (⟵) से तात्पर्य यह है कि भाव से देखा जा सकता है। **(6)** दृष्टि डालते समय पूर्व के भावों के ग्रह बाद के भावों के ग्रहों से शत्रुता-मित्रता करते हैं सिर्फ भाव 8 को छोड़कर जोकि भाव 2 को पीछे की ओर देखता है। **(7) सामान्य दृष्टि** से तात्पर्य ग्रहों की वही दृष्टि होगी जोकि सामान्य परिस्थति में होती है। देखें—'भाव दृष्टि कुंडली'। **(8) टकराव** से तात्पर्य यह है कि अपने से आठों को ग्रह ऐसी टक्कर मारेंगे कि जड़ तक हिला देंगे। टकराव लेने वाले ग्रह मित्र या शत्रु होकर झगड़ेंगे और परिणाम स्वरूप टक्कर मारकर जड़ हिलायेंगे। देखें—टकराव कुंडली। **(9) नींव** से तात्पर्य है कि ग्रह चाहे मित्र हो या शत्रु परस्पर सहायता देंगे या दोनों के सिद्धान्त एक होंगे। अपने से नौवें से नींव का सम्बन्ध बनेगा। देखें—नीव कुंडली। **(10) विश्वासघात** से तात्पर्य यह है कि ग्रह अपने से दसवें से विश्वासघात करेगा। विश्वासघाती ग्रह दुगनी शक्ति के होंगे। देखें—विश्वासघात कुंडली। **(11) साझी दीवार** से तात्पर्य यही है कि अलग-अलग भावों में स्थित दो मित्र ग्रह परस्पर एक ही होते हैं। शत्रु ग्रह सदैव अलग-अलग ही माने जाते हैं और भाव की दीवार के कारण अलग-अलग स्थित होने से परस्पर लड़ नहीं सकते हैं। साझी चोट भी ग्रह देते हैं और ग्रह परस्पर सहायता भी

देते हैं। देखें—परस्पर सहायता एवं साझी दीवार कुंडली। **(12) अचानक चोट** से तात्पर्य यह है कि ग्रह परस्पर मित्र हों या शत्रु अचानक ऐसी चोट मारेंगे कि चोट खाने वाला यह भी नहीं समझ पाता कि चोट किसने मारी। अचानक चोट ऐसी होगी कि मानो अनायास हानि हो गई जिसकी कोई आशा नहीं थी। देखें—अचानक चोट कुंडली। **(13)** प्राचीन ज्योतिष के अनुसार भाव दृष्टि हर सातवें भाव पर होती है। देखें—प्राचीन दृष्टि कुंडली।

भाव दृष्टि कुंडली

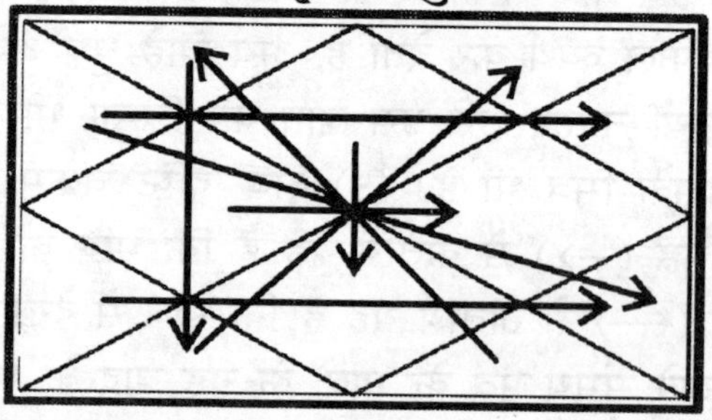

परस्पर सहायता कुंडली

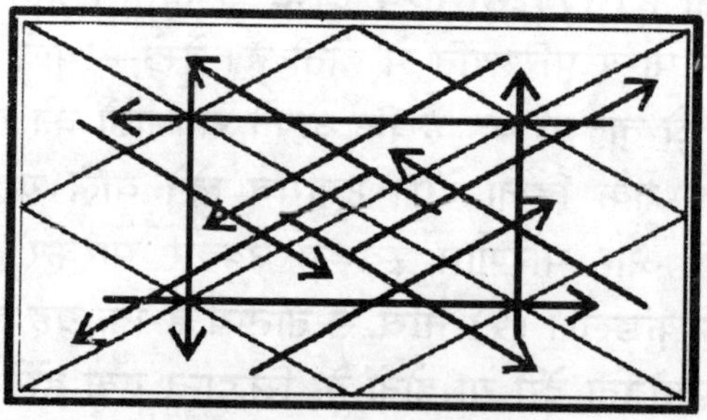

टकराव कुंडली

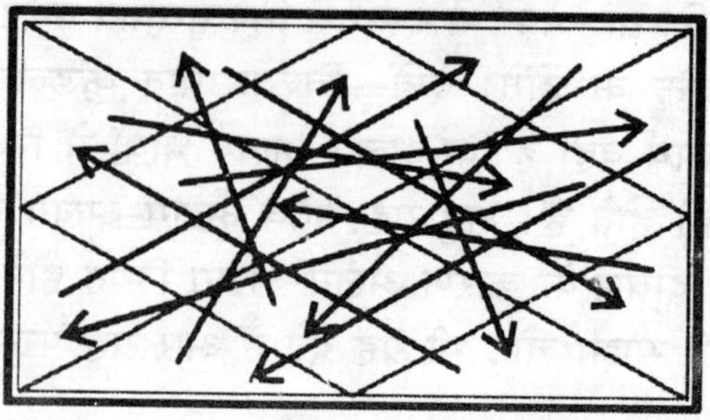

नींव कुंडली

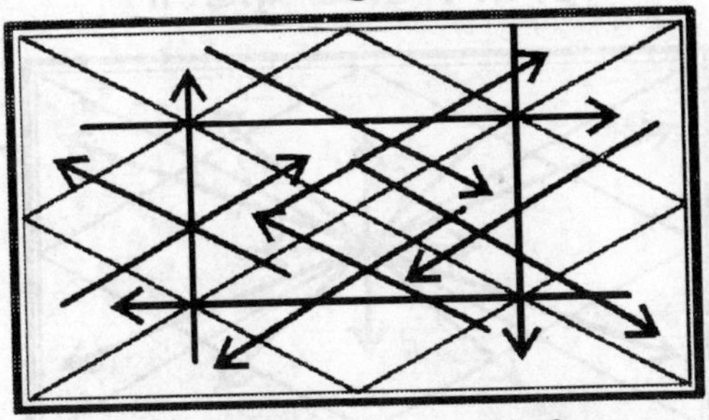

विश्वासघात कुंडली

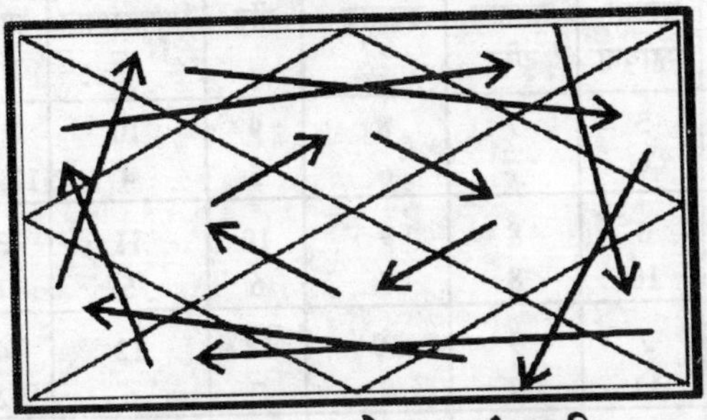

अचानक चोट कुंडली

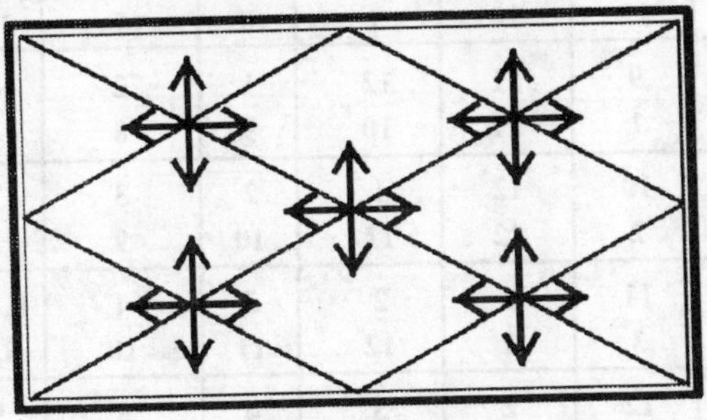

साझी दीवार

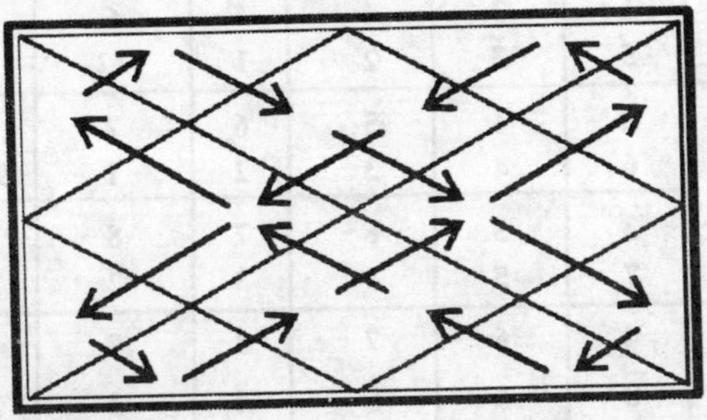

प्राचीन दृष्टि कुंडली

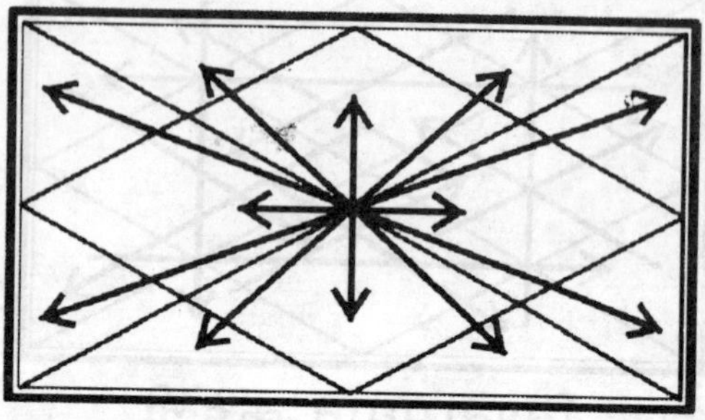

भाव	दृष्टि का प्रकार	परस्पर सहायता	सामान्य दृष्टि	टकराव	नींव	विश्वासघात	साझी चोट	अचानक चोट
1	→ ←	5 9	7 7	8 6	9 5	10 4	2, 4 12, 10	3, 7, 11
2	→ ←	6 10	8 8	9 7	10 6	11 5	3 1	4
3	→ ←	7 11	9 9	10 8	11 7	12 6	4 2	1
4	→ ←	8 12	10 10	11 9	12 8	1 7	5, 7 3, 1	10, 6, 2
5	→ ←	9 1	11 11	12 10	1 9	2 8	6 4	7
6	→ ←	10 2	12 12	1 11	2 10	3 9	7 5	4
7	→ ←	11 3	1 1	2 12	3 11	4 10	8, 10 6, 4	1, 5, 9
8	→ ←	12 4	2 2	3 1	4 12	5 11	9 7	10
9	→ ←	1 5	3 3	4 2	5 1	6 12	10 8	7
10	→ ←	2 6	4 4	5 3	6 2	7 1	11, 1 9, 7	4, 8, 12
11	→ ←	3 7	5 5	6 4	7 3	8 2	12 10	1
12	→ ←	4 8	6 6	7 5	8 4	9 3	1 11	10

(14) महादशा के समय ग्रहों की दृष्टि निम्न प्रकार समझनी चाहिए—

ग्रह	दृष्टि
सूर्य, चन्द्र, बुध, शुक्र	7वें भाव पर
मंगल	4, 7, 8
शनि	3, 7, 10
गुरु	5, 7, 9

दृष्टि देखते समय ग्रह जहाँ जिस भाव में स्थित हो वहीं से गिनना चाहिए।

45. जब ग्रह अकेला हो और किंसी ग्रह से दृष्ट न हो तो उसे अदृष्ट अकेला ग्रह कहेंगे। ऐसा ग्रह सामान्यतः किन भावों में अशुभ एवं किन भावों में शुभ होगा बताते है। देखें—'अदृष्ट अकेला ग्रह शुभाशुभ भाव चक्रम्'।

अदृष्ट अकेला ग्रह शुभाशुभ चक्रम्

अदृष्ट अकेला ग्रह	सामान्यतः अशुभ भाव	सामान्यतः शुभ भाव
सूर्य	6, 7, 10	1 से 5, 8, 9, 11, 12
चन्द्र	6, 8, 10 से 12	1 से 5, 7, 9
मंगल	4, 8	1 से 3, 5 से 7, 9 से 12
बुध	3, 8 से 12, सदैव अशुभ न होंगे।	1, 2, 4, 5, 6, 7
गुरु	6, 7, 10 अशुभ गुरु को केतु से सहायता मिलेगी।	1 से 5, 8, 9, 12
शुक्र	1, 6, 9	2 से 5, 7, 8, 10, 11, 12
शनि	1, 4, 5, 6,	3, 2, 7 से 12
राहु	1, 2, 5, 7 से 12	3, 4, 6
केतु	3 से 6, 8	1, 2, 7, 9 से 12

टिप्पणी—1. यहाँ अशुभ से तात्पर्य है कि ग्रह ऐसे भाव में हो जहाँ नीच या शत्रुओं से युत हो। 2. यहाँ शुभ से तात्पर्य है कि ग्रह अपने भाव का स्वामी हो या मित्र क्षेत्री हो या उच्च भाव में हो।

46. अकेला ग्रह क्या प्रभाव देगा—जब ग्रह अकेला किसी भाव में स्थित हो तो उसका क्या प्रभाव होता है अब इसकी चर्चा करेंगे।

❋ **सूर्य**—अकेला हो तो निज परिश्रम से जातक धनी बन जाता है।

❋ **चन्द्र**—अकेला हो तो दया व नम्रतापूर्वक व्यवहार से अपनी फांसी की सजा तक माफ करा लेता है और कुल को नष्ट नहीं होने देता है।

❋ **मंगल**—अकेला हो तो जातक चिड़ियाघर का कैदी या बकरियों में पलने वाले सिंह सदृश होता है।

❋ **बुध**—अकेला हो तो जातक लालची एवं देश-विदेश में व्यर्थ भ्रमण करने वाला होता है।

❋ **गुरु**—अकेला हो तो कभी भी अशुभ प्रभाव नहीं होने देगा।

❋ **शुक्र**—अकेला हो तो कभी अशुभ नहीं होगा और यदि अशुभ होगा तो किसी के साथ होने पर ही होगा।

❋ **शनि**—अकेला हो तो अकेले सूर्य के साथी बुध की तरह कार्य करेगा।

❋ **राहु**—अकेला हो तो रक्षक होगा, पर आर्थिक रूप से ऐसा होगा इसकी कोई शर्त नहीं होगी। अन्य ग्रहों की कोई परवाह नहीं करेगा।

❋ **केतु**—अकेला हो तो हर समय राहु के इशारे पर चलेगा, न धनी बनायेगा तो न निर्धन ही रखेगा। उसका यही सिद्धान्त होगा कि मैंने अपनी शक्ति तुमको समर्पित कर दी है, अब तुम जानो।

47. ग्रहों का विशेष प्रभाव—भाव में ग्रह के स्थित होने पर वह किस ग्रह को प्रभावित करेगा और उसका क्या फल होगा अब यह बताते हैं।

1. **पहले भाव में राहु स्थित हो**—तो उसका प्रभाव सूर्य पर पड़ेगा और सूर्य जिस भाव में स्थित होगा उस भाव में सूर्य ग्रहण की स्थिति होगी।
2. **पहले भाव में केतु स्थित हो**—तो उसका प्रभाव सूर्य पर पड़ेगा और सूर्य उच्च ग्रह की तरह फल देगा।
3. **दूसरे भाव में बुध स्थित हो**—तो उसका प्रभाव गुरु पर पड़ेगा और प्रत्येक प्रकार से हानि करेगा।
4. **चौथे भाव में बुध स्थित हो**—तो उसका प्रभाव चन्द्र पर पड़ेगा और प्रत्येक प्रकार से हानि करेगा।

5. **छठे भाव में मंगल स्थित हो**—तो उसका प्रभाव सूर्य व केतु पर पड़ेगा। सूर्य उच्च ग्रह की तरह फल देगा जबकि केतु हानि करेगा।
6. **ग्याहरवें भाव में राहु स्थित हो**—तो उसका प्रभाव गुरु पर पड़ेगा और प्रत्येक प्रकार से हानि करेगा।
7. **ग्याहरवें भाव में केतु स्थित हो**—तो उसका प्रभाव चन्द्र पर पड़ेगा और तब हानि करेगा जब बुध नौंवे भाव में न हो।
8. **ग्याहरवें भाव में गुरु स्थित हो**—तो उसका प्रभाव राहु पर पड़ेगा और हानि करेगा, ऐसे में बुध भी अशुभ हो।
9. **बारहवें भाव में चन्द्र स्थित हो**—तो उसका प्रभाव केतु पर पड़ेगा और हानि करेगा।

48. ग्रहों के अशुभ होने पर दिखायी देने वाले सांकेतिक लक्षण और उपाय—जब कोई ग्रह अशुभ होने लगेगा तो जातक में सांकेतिक लक्षण फलरूप में दिखायी देने लगेंगे, उनसे आप यह जान सकते हैं कि कौन सा ग्रह अशुभ चल रहा है। इस अशुभ ग्रह का क्या उपाय करें जो यह अपना कुप्रभाव न दे ?

(i) **सूर्य अशुभ होने के सांकेतिक लक्षण**—शरीर के अंग अकड़ जाएं और कठिनाई से हिले, मुख में हर समय थूक आता रहे। लाल गाय या भूरी भैंस खो जाए या मर जाए।

उपाय—मुँह में मीठा डालकर कुछ घूंट जल पीकर कार्य करना शुभ रहेगा

(ii) **चन्द्र अशुभ होने के सांकेतिक लक्षण**—घरेलू दुधारू पशु या घोड़े की मृत्यु हो जाए। नल कुआँ व तालाब सूख जाए। महसूस करने की शक्ति का ह्रास हो जाए।

उपाय—दूसरों के चरण स्पर्श करके आशीर्वाद लें।

(iii) **मंगल अशुभ होने के सांकेतिक लक्षण** बच्चे जन्म लेकर मर जाएं। आँख कानी हो जाए। शरीर के जोड़ काम न करें। शक्ति होने पर भ सन्तान न हो। रक्त की कमी हो जाए। क्रोध अधिक आये। लड़ाई-झगड़े अधिक हों।

उपाय—सफेद सुरमा नेत्रों में लगाएं।

(iv) **बुध अशुभ होने के सांकेतिक लक्षण**—दाँत झड़ जाएं। सूँघने की शक्ति चली जाए। संभोग शक्ति क्षीण हो जाए।

उपाय—दांत साफ रखें एवं नाक छिदवाएं।

(v) **गुरु अशुभ होने के सांकेतिक लक्षण**—चोटी के स्थान पर सिर के बाल उड़ जाएं। गले में माला पहनने की आदत बन जाए। सोना खो जाए या चोरी चला जाए। शिक्षा बिना कारण रूक जाए। अपयश व व्यर्थ की अफवाहें उड़ें।

उपाय—माथे या पगड़ी पर पीला तिलक लगाएं। केसर का तिलक भी लगा सकते हैं। कोई भी कार्य आरम्भ करने से पूर्व नाक अवश्य साफ करें। नाक का पानी स्वतः शुष्क हो जाना सहायक है।

(vi) **शुक्र अशुभ होने के लक्षण**—अंगूठा बिना रोग के बेकार हो जाए। त्वचा में विकार हो जाए। स्वप्न दोष होता रहे।

उपाय—कपड़ों को सलीके व ढ़ंग से साफ ही पहनें।

(vii) **शनि अशुभ होने के सांकेतिक लक्षण**—मकान गिर जाए। शरीर के बाल झड़ जाएं विशेषकर पलकों एवं भौहों के। भैंस मर जाए। आग लग जाए।

उपाय—कीकर की दातून करें। 43 दिनों तक लगातार कौओं को रोटी दें। लोहे का दान करें।

(viii) **राहु अशुभ होने के सांकेतिक लक्षण**—काला कुत्ता मर जाए या खो जाए। हाथों के नाखुन झड़ जाएं। दिमाग खराब हो जाए अर्थात् काम न करे। शत्रुओं में वृद्धि हो।

उपाय—संयुक्त परिवार में रहें। ससुराल से सम्बन्ध न बिगाड़ें। सिर पर चोटी रखें।

(ix) **केतु अशुभ होने के सांकेतिक लक्षण**—पैरो के नाखुन झड़ जाएं। मूत्र या जोड़ों की बीमारी हो। सन्तान को कष्ट या रोग हो।

उपाय—कान छिदवाएं। कुत्ता पालें।

49. ग्रहों को सहायता कैसे दें ? राशि शरीर है तो ग्रह आत्मा। ग्रह के फल का उपाय ज्योतिष शास्त्र में नहीं होता है। ग्रह व राशि की संदेहात्मक स्थिति का उपाय और ग्रहों के विश्वासघात से रक्षा करना मनुष्य के वश में है। अब यहाँ कुछ महत्वपूर्ण ज्ञान बता रहे हैं जिसको

व्यवहार में लाकर ग्रहों की सहायता कर सकते हैं अथवा दूजों को ग्रहों का उपाय बताने में उचित मार्गदर्शन दे सकते हैं।

☒ पापी ग्रह (राहु, केतु व शनि) सभी को चोट देते हैं पर उनको चोट देने के लिए उनका अपना पाप (राहु, केतु) भारी पड़ता है।

☒ राहु के अशुभ प्रभाव को केतु के उपाय द्वारा दूर कर सकते हैं। इसी प्रकार केतु के अशुभ प्रभाव को राहु के उपाय द्वारा दूर कर सकते हैं।

☒ पापी ग्रहों का उपाय उनसे सम्बन्धित वस्तुओं को रखने, पालने, उनसे आशीर्वाद या क्षमा मांगने से ही होगा।

☒ शुक्र ग्रह की सहायता के लिए अपने भोजन में से गाय को कुछ भाग दें। ऐसा करने पर धान्य, सुख बढ़ेगा।

☒ शनि की सहायता के लिए कौए को रोटी का टुकड़ा डालें। ऐसा करने पर धन हानि रुकेगी।

☒ केतु की सहायता के लिए कुत्ते को रोटी का टुकड़ा डालें। ऐसा करने पर सन्तान होगी।

☒ प्रत्येक ग्रह की अशुभता के पार्श्व में दो ग्रह होते हैं। इन दोनों में से एक की अशुभता दूर करने पर शुभ फल मिलने लगते हैं। इसके लिए ऐसे ग्रह के प्रभाव को बढ़ाएं जो पाप ग्रह की अशुभता को शुभता में परिवर्तित कर दें। जैसे—शनि अशुभ हो जाए तो उसकी अशुभता के पार्श्व में शुक्र व गुरु हैं, इनमें से गुरु को हटाने के लिए बुध के प्रभाव को बढ़ाएं। शुक्र-बुध मिलने पर शनि शुभ हो जाता है।

☒ अशुभ मंगल के कुप्रभाव से मृगछाला बचाती है। तन्दूर में लगी मीठी रोटी बनाकर बाँटने से अशुभ मंगल का कुप्रभाव दूर होता है।

☒ बुध, शुक्र व शनि के अशुभ प्रभाव को गाय ग्रास से दूर कर सकते हैं। गाय ग्रास से तात्पर्य यह है कि अपनी प्रतिदिन के भोजन/खुराक में से तीन टुकड़े निकालकर एक टुकड़ा गाय को, एक टुकड़ा कुत्ते को और एक टुकड़ा कौवे को खाने के लिए दें।

☒ राहु का अशुभ प्रभाव को दूर करने के लिए जौ या अनाज को किसी बड़े स्थान में बोझ के नीचे दबाने पर या दूध से धोकर बहते पानी में बहाना चाहिए।

☒ यदि क्षय रोग का ताप (बुखार) तंग करे तो जौ को गाय के मूत्र में धोकर लाल वस्त्र में बाँधकर रखें और गाय के मूत्र से ही दान्त साफ करें।

☒ अन्य ग्रह से सम्बन्धित वस्तुओं को बढ़ाने से अशुभ ग्रह का कुप्रभाव दूर होता है।

☒ यदि पुत्र-पुत्री दोनों पिता के लिए अशुभ हों तो लड़की के गले में तांबे का टुकड़ा डालना शुभ होगा।

☒ यदि मंगल 1, 3, 8 वें भाव में हो तो उसका उपाय कदापि न करें। ऐसे में बुध का उपाय करना लाभप्रद रहेगा।

☒ जब सामान्य उपाय प्रभावशाली न हो तो नीचे लिखे उपाए करें जोकि अतिशीघ्र प्रभावी होंगे—

➠ **सूर्य**—बहते पानी में गुड़ बहाएं।

➠ **चन्द्र**—दूध या पानी का भरा बर्तन सिरहाने रखकर सोएँ और अगले दिन कीकर की जड़ में सारा जल डाल दें।

➠ **मंगल**—मंगल शुभ हो तो मिठाई या मीठा भोजन दान करें या बताशे बहते पानी में डालें। मंगल अशुभ हो तो रेवड़ियाँ बहते पानी में बहाएं।

➠ **बुध**—तांबे की पत्तर में छिद्र करके बहते पानी में बहा दें।

➠ **गुरु**—केसर खाएं या नाभि व जीभ पर लगाएं।

➠ **शुक्र**—गोदान करें या ज्वार व चरी का दान करें।

➠ **शनि**—तेल में छाया देखकर दान करें।

➠ **राहु**—मूली दान करे या कोयला बहते पानी में बहाएँ।

➠ **केतु**—कुत्ते को रोटियाँ डालें।

टिप्पणी—ध्यान रखें लाल किताब में बताए गए किसी भी उपाय को कम से कम 40 दिन और अधिक से अधिक 43 दिन तक करें। उपाय प्रत्येक आठवें दिन, 40 या 43 सप्ताह तक करें। उपाय में बीच में कोई बाधा या नागा नहीं आनी चाहिए क्योंकि 39 या 42 वें दिन भी भूल से उपाय छूट जाए तो पुनः प्रारम्भ से उपाय करना पड़ेगा। इतना अवश्य है कि जब नागा हो जाए तब चावल दूध से धोकर पास में रख लें, ऐसा करने से पूर्व में किए गए उपाय व्यर्थ नहीं जायेंगे। उपाय सूर्योदय से

सूर्यास्त काल के मध्य में ही करें। रात्रि में उपाय न करें। उपाय जब चाहें तभी प्रारम्भ कर सकते हैं, परन्तु 40 या 43 दिन तक अवश्य करें। उपाय किसी के लिए कोई भी कर सकता है, परन्तु वो ही कर सकता जिसका व्यक्ति से रक्त का सम्बन्ध हो। मरने से पूर्व आशीर्वाद मिल जाने पर मृत्योपरान्त उस ग्रह से सम्बन्धित व्यक्ति को लाभ पहुँचाएगा।

☒ विवाह के समय अर्थात् विवाह होने से पूर्व ही अशुभ ग्रहों का उपाय अवश्य कर लेना चाहिए। पुरुष को तो अवश्य अशुभ ग्रहों का उपाय कर लेना चाहिए क्योंकि पुरुष के ग्रह विवाहोपरान्त स्त्री को प्रभावित करते हैं।

☒ पितृऋण, अशुभ ग्रह व सन्तान प्राप्ति के लिए जो ग्रह अशुभ या निर्बल हो उस का उपाय करें। उपाय ग्रहानुसार निम्न प्रकार समझें—● **सूर्य** अशुभ या निर्बल हो तो हरिपूजन या हरिवंश पुराण का पाठ करें। ● **चन्द्र** अशुभ या निर्बल हो तो शिव उपासना करें। ● **मंगल** अशुभ या निर्बल हो तो गायत्री मन्त्र का पाठ करें। ● **बुध** अशुभ या निर्बल हो तो दुर्गा उपासना व दुर्गा सप्तशती का पाठ करें। ● **गुरु** अशुभ या निर्बल हो तो हरिपूजन या हरिवंश पुराण का पाठ करें। ● **शुक्र** अशुभ या निर्बल हो तो दूजों का पालन-पोषण करें। ● **शनि** अशुभ या निर्बल हो तो राजा या बड़ों की उपासना करें। ● **राहु** अशुभ या निर्बल हो तो कन्या दान करें। ● **केतु** अशुभ या निर्बल हो तो कपिला गाय का दान करें। **टिप्पणी**—आप सूर्य के लिए विष्णु, चन्द्रमा के लिए शिव, मंगल के लिए हनुमान, बुध के लिए दुर्गा, गुरु के लिए ब्रह्मा, शुक्र के लिए लक्ष्मी, शनि के लिए भैरव, राहु के लिए सरस्वती एवं केतु के लिए गणेश जी की उपासना भी कर सकते हैं।

यदि ग्रह अधिक नीच फल करे तो उससे सम्बन्धित वस्तुओं का दान करें। ग्रहों का दान दिन में ही करें, रात्रि को कदापि न करें। **सूर्य** के लिए तांबा और गेहूँ का दान, **चन्द्र** के लिए चावल, दूध व चांदी का दान, **मंगल** के लिए मसूर व लाल मूंग की दाल का दान, **बुध** के लिए साबुत मूंग का दान, **गुरु** के लिए चने की दाल व स्वर्ण का दान, **शुक्र** के लिए घी, दही, कर्पूर व मोती का दान, **शनि** के

लिए लोहा या काले उड़द का दान, **राहु** के लिए सरसों व नीलम का दान एवं **केतु** के लिए तिल का दान करें।

☒ **अशुभ ग्रह का कुप्रभाव दूर करके शुभ में बदलने के लिए क्या करें—राहु अशुभ हो तो** केतु का उपाय करें। केतु की नब्ज (नाड़ी) भाव 10 में होगी। **केतु अशुभ हो तो** राहु का उपाय करें। पापी ग्रहों की वस्तुओं को पास रखने से भी उनका उपाय हो जायेगा। **शनि अशुभ हो तो** आर्थिक स्थिति सुधारने के लिए कौवे को रोटी डालें एवं सन्तान की अशुभता दूर करने के लिए कुत्ते को रोटी डालें। **शुक्र अशुभ हो तो** अपने भोजन में से गाय को हिस्सा दें। **मंगल अशुभ हो तो** मृगछाला प्रयोग में लाएँ। तन्दूर में लगी मीठी रोटी कुत्तों को दे या भिखारियों में बाँटे। जौ को दूध में डुबोकर बहते पानी में बहा दें। बुखार हो तो जौ गाय के मूत्र में धोकर लाल रंग के कपड़े में बाँधे। गाय के मूत्र से दांत साफ करें। रेवड़ियाँ या गुड़ बहते पानी में बहाएँ। केसर नाभि पर लगाएँ।

☒ **अशुभ ग्रहों के लिए इस प्रकार भी उपाय कर सकते हैं**—सूर्य अशुभ हो तो तांबे के दो टुकड़े बराबर भार के लेकर उसी प्रकार दान करें जिस प्रकार लड़की का करते हैं। बाद में एक टुकड़ा बहते पानी में बहा दें और दूसरा टुकड़ा पूर्णायू तक अपने पास संभालकर रखें उसे किसी भी मूल्य पर बेचे नहीं। ऐसा करने पर सूर्य का अशुभ प्रभाव कम होगा। ऐसा टुकड़ा चोर भी नहीं चुरा सकता है। यदि ऐसा टुकड़ा खो जाए तो पुनः तांबे का टुकड़ा बना लें, दूसरी बार पानी में बहाने की आवश्यकता नहीं है। शेष ग्रहों के लिए इस प्रकार करें—● **चन्द्र** अशुभ हो तो सूर्य की तरह सच्चा मोती, चांदी या चावल स्थापित करें ● **मंगल** अशुभ हो तो सूर्य की तरह लाल पत्थर स्थापित करें। ● **बुध** अशुभ हो तो सूर्य की तरह हीरा या सीप स्थापित करें। ● **गुरु** अशुभ हो तो सूर्य की तरह स्वर्ण या केसर स्थापित करें। ● **शुक्र** अशुभ हो तो सूर्य की तरह सफेद मोती स्थापित करें। ● **शनि** अशुभ हो तो सूर्य की तरह लोहा, काला नमक या काला सुरमा स्थापित करें। ● **राहु** अशुभ हो तो चन्द्र ग्रह की तरह करें।

पर नीलम कभी न स्थापित करें। ● **केतु** अशुभ हो तो सूर्य की तरह दोरंगा पत्थर स्थापित करें।

☒ यदि बुध 12 वें भाव में हो तो लोहे का छल्ला जिसमें ज़ोड़ हो जातक के हाथ का स्पर्श कराकर नदी में बहा दें और वैसा ही दूसरा छल्ला मध्यमिका में धारण कर लें तो बुध सदैव सहायक रहेगा।

50. ग्रहों का प्रभाव—प्रत्येक ग्रह का कारक भाव व स्थायी भाव, उच्च-नीच स्थिति आदि निश्चित है, अब ग्रह चाहें किसी भी भाव में किरायेदार या अतिथि बने।

यदि ग्रह की अवधि समाप्त हो गई है तो ग्रह रुपी जलता दीपक बुझ जायेगा। प्रत्येक ग्रह स्वराशि में शुभ फल देगा अब चाहे वह राशि किसी दूसरे ग्रह का कारक भाव क्यों न हो।

ग्रह जिस भाव में स्थित हो उसमें उस ग्रह की वस्तुएँ स्थापित करने से ग्रह का प्रभाव बढ़ता है। उदाहरणतः केतु 9वें भाव में हो तो कुत्ता या दोहता 9 वें स्थापित करने पर केतु के प्रभाव बढ़ेगा।

दूसरे भाव में शुक्र की राशि होती है और यह गुरु का कारक भाव है। यहाँ शुक्र होने पर शुभ फल मिलेगा।

तीसरे भाव में बुध की राशि होती है और यह मंगल का कारक भाव है। यहाँ बुध का शुभ फल मिलेगा जबकि मंगल शुभ हो।

पाँचवें भाव में सूर्य की राशि होती है और यह गुरु व सूर्य का कारक भाव है। यहाँ सूर्य का शुभ फल ही मिलेगा।

छठे भाव में बुध व केतु की राशि होती है और यह केतु का कारक भाव है। यहाँ बुध का शुभ फल, केतु का केतु की वस्तुओं पर अशुभ प्रभाव परन्तु दूजों पर शुभ प्रभाव होता है। यदि बुध-केतु साथ में हों तो बुध का अच्छा और केतु का अपनी वस्तुओं के लिए अशुभ प्रभाव होता है।

सातवें भाव में शुक्र की राशि होती हैं और यह शुक्र व बुध का कारक भाव है। यहाँ शुक्र का शुभ फल और बुध अन्य को भी सहायता देता है।

आठवें भाव में मंगल की राशि होती है और यह मंगल, शनि व चन्द्र का कारक भाव है। यदि तीनों ग्रह अलग-अलग स्थित हों तो शुभ फल देते हैं, वरना अशुभ ही देते हैं।

ग्याहरवें भाव में शनि की राशि होती है और यह गुरु का स्थायी भाव है। यहाँ शनि का शुभ फल होता है पर शेष ग्रह अशुभ ही होते है।

अशुभ ग्रह आठवें भाव में आने पर ही अशुभ होगा। वर्ष फल में भी इसी प्रकार विचारना चाहिए।

दसवाँ भाव विश्वासघाती भाव है। इस भाव में आए ग्रह विश्वासघाती होते हैं। विश्वासघाती ग्रह दूसरे और ग्याहरवें भाव में लाभदायी होते हैं।

जन्मकुण्डली में ग्रह शुभाशुभ जैसा भी होता है तो वह तभी फल देता है जब वह अपनी राशि या कारक भाव में आता है। जन्मकुण्डली में उच्च ग्रह तभी उच्च फल देता है जब वह वर्षकुण्डली में भी उच्च का हो। गुरु जन्मकुण्डली में उच्च का हो तो वर्षकुंडली में भी दूसरे व चौथे भाव में जब आयेगा तब शुभफल देगा।

राहु चौथे भाव में अशुभ फल नहीं करता। लेकिन जिस वर्ष की वर्ष कुंडली में राहु चौथे भाव में हो तो राहु के कार्य (घर की छत बदलवाना, कोयले की बोरियाँ संग्रह करना, नया शौचालय बनवाना और काने व्यक्ति को भागीदार बनाना) करने पर झगड़ा होता है। इसी प्रकार चौथे भाव में गुरु वर्षकुंडली या जन्मकुंडली में हो तो जातक पीपल का वृक्ष कटवाए या साधु को सताए तो बर्बाद हो जाए अर्थात् स्वर्ण मिट्टी हो जाए। केतु बारहवें भाव में हो तो कुत्ता मरवाने पर अशुभ फल मिले।

पुरुष ग्रह (सूर्य, गुरु, मंगल) दिन में प्रभावशाली होंगे, स्त्री ग्रह (चन्द्र, शुक्र) रात्रि में प्रभावशाली होंगे और नपुंसक ग्रह (बुध, शनि, राहु व केतु) प्रातः और सायं के समय प्रभावशाली होते हैं।

51. कोई भी ग्रह शुभाशुभ किसी भी भाव में स्थित हो वह नीचे लिखे भावों में भी फल देगा। जैसे गुरु-शुक्र जन्मकुण्डली में अशुभ हो तो दूसरे भाव में भी अशुभ फल देगा। इसी प्रकार अन्य ग्रहों के लिए समझना चाहिए।

भाव	**ग्रह**
पहला	**बुध (सूर्य, मंगल, शनि)**
दूसरा	**(गुरु) शुक्र**
तीसरा	**(बुध) मंगल, शनि**
चौथा	**(गुरु) सूर्य का चन्द्र से सम्बन्ध**
पांचवां	**(गुरु) सूर्य, राहु, केतु का सम्बन्ध**

छठा	(बुध) केतु, शुक्र
सातवां	(शुक्र) बुध
आठवां	(मंगल) शनि, चन्द्र का सम्बन्ध
नौवां	(गुरु)
दसवां	(शनि) राहु, केतु के दायें-बायें मिले सम्बन्ध
ग्याहरवां	(शनि) गुरु का साथ
बारहवां	(राहु) गुरु से शनि का सम्बन्ध

52. मानव जीवन में ग्रहों की परिवर्तित होती अवस्थाएँ—गर्भ में बन्द हवा होती है जहाँ बच्चा भ्रूण से पूर्ण शरीर के रूप में विकसित होता है और जन्म लेकर गर्भ से बाहर खुली हवा रूपी संसार में आता है। नवजात शिशु शरीर से नर्म और भोला-भाला होता है। अभी सात ग्रह धीरे-धीरे अपना प्रभाव डालते हैं, फलस्वरुप मिश्रित विचार शिशु में उत्पन्न हो रहे हैं। जब गुरु से शिक्षा ग्रहण की तो खुली हवा का पूर्ण प्रभाव पड़ने लगा। धर्म कर्म सीखा, मान-अपमान का अन्तर ज्ञात हुआ और शरीर विकसित होने लगा तो गुरु ग्रह की आयु 16 वर्ष पूर्ण हुई। स्वयं धन कमाना प्रारम्भ किया तो 22 वर्ष सूर्य की आयु पूर्ण हुई या यह कह लें कि शिशु बच्चा किशोर वय से गुजरकर बालिग हुआ। निज अर्जित धन से माता की सेवा करी तो चन्द्र की आयु 24 वर्ष आ गयी। विवाह हुआ स्त्री से सम्बन्ध बना, परिवार बढ़ा व बच्चों की वृद्धि हुई तो शुक्र की आयु 25 वर्ष पूर्ण हो गयी। भाई-बन्धु की सेवा, शारीरिक कष्ट, रोग, झगड़ा आदि करते हुए मंगल की आयु 28 पूर्ण हो गयी। बौद्धिक कार्य, व्यापार और धन अर्जन करते हुए बुध की आयु 34 वर्ष पूर्ण हो गयी। चतुरता से ग्रह, जमीन-जायदायद, धन एकत्र किया तो शनि की आयु 36 वर्ष पूर्ण हुई। सांसारिक सन्देह व नकली विचारों का प्रभाव बढ़ा तो राहु की आयु 42 वर्ष पूर्ण हुई। जब स्वयं को सांसारिक संघर्ष से निकाल पाने में असमर्थ रहा तो इधर-उधर भटकते हुए केतु की आयु 48 वर्ष पूर्ण हुई। कहने का तात्पर्य यह है कि नवजात शिशु 12 राशि के चार चक्र पूर्णकर के इस रुप में सुख-समृद्धि व संघर्ष के उपरान्त पहुँच सका।

53. लाल किताब की ग्रह गाथा—सूर्य कभी मार्ग नहीं बदलता है। सूर्योदय के बाद सूर्य जैसे-जैसे ऊँचा होता है संसार को प्रकाशित करता

है। ऐसे भी कह सकते हैं कि मंगल अपनी किरणों से संसार और वसुन्धरा शुक्र के मध्य शक्ति के साथ तन गया। सांसारिक व्यक्ति के हृदय (चन्द्र) ने अपना प्रभाव बढ़ाने के लिए अपने अश्व को सूर्य के रथ में जोत दिया। गुरु की वायु (इन्द्र) ने परलोक से इस संसार की ओर बढ़ना प्रारम्भ किया और सूर्य की आज्ञा की पूर्णतः के लिए अपने पीले सिंह को सूर्य को प्रणाम करने के लिए भेजा, जो पहले भाव मेष के मंगल को उच्च कर रहा है जिसके सामने मुकाबले के लिए शुक्र की भूमि सबको एक आंख से देखने वाली कानी स्त्री है। मंगल उस पर कभी आक्रमण नहीं करता है और सूर्य व गुरु को लौटकर बताता है कि कानी अबला स्त्री (शुक्र) की वास्तविकता क्या है। मंगल न्याय का स्वामी है। गुरु दया का देवता है जो किसी से शत्रुता नहीं करता है। सूर्य न्याय व दया करने वाला है, क्योंकि उसके भीतर चन्द्र रूपी शक्तिदायी हृदय स्थित है जो सबकुछ देख रहा है। यहाँ न्याय होता है कि पैरों में पड़ी कानी स्त्री पर मंगल द्वारा आक्रमण करना वीरोचित कार्य नहीं है। मौन बुध धीरे-धीरे अपना क्षेत्र बढ़ाता है जिसमें मिथुन राशि उत्पन्न होती है अर्थात् बुध शुक्र की अपने घर में पालन-पोषण करने लगता है। फलतः स्त्री-पुरुष का युगल बन जाता है। दूसरी ओर शनि जिसने शुक्र को देखने के लिए अपनी आँख उधार में दी थी। शनि की इस शैतानी आँख ने शुक्र को अपने पिता के विरुद्ध सिखा-पढ़ा दिया जिससे भोली-भाली स्त्री रूपी शुक्र ने सूर्य व गुरु को नीचा दिखा दिया। ऐसे में सर्वत्र अशुभ फल होने लगा। तब मंगल वर्गाकार राहु के रूप में बदल गया जिससे मस्तिष्क में नकली बातें घर करने लगीं। तब मंगल की शक्ति क्षीण होने लगी तो (सूर्य व गुरु जो सबके पिता है के कारण) कानी अबला स्त्री शुक्र को मारने के लिए तत्पर हो उठा। ऐसे में यदि वो अकेला हो तो कायरता के कार्य कर जाए, पर न कर पाने के कारण मौन है। मंगल की उपस्थिति में राहु भी मौन है। ऐसे में स्त्री-पुरुष का युगल कामदेव को अन्तः में छिपाए फिर रहा है। मंगल अपनी शत्रुता त्यागने को भी तैयार नहीं है और उसने अवसरानुकूल कभी भी काबू में आ जाने पर स्त्री को मारने का सिद्धान्त बना लिया। केतु की सहायता या कामदेव की कृपा और मंगल की सलाह पर किरणें वसुन्धरा पर शुक्र को मारने या नीचा दिखाने की अपेक्षा उसे

चमकाने के लिए लौटने लगीं। इसमें भी सभी ग्रहों को शनि की कूटनीति का आभास हुआ। गुरु रूपी हवा आज्ञाकारी हो गई है। मंगल लड़ने को तत्पर नहीं है। सूर्य की आज्ञा से गुरु मंगल की किरणों को इधर-उधर करता है जिससे शुक्र का कुछ अहित न हो सके। गुरु की वायु वेग में है। शुक्र की माया (जो महाठगनी है) के झगड़े और धूल के कण उड़कर सबकी आँखों में पड़ने लगे, परन्तु उसकी अपनी आँख निरन्तर देख रही है क्योंकि उसके पास शनि की ऋण में लगी हुई आँख जो है। इस लिए सांसारिक झंझावत झगड़े व संघर्ष है। इस सबसे वही बच सका है जिसने शनि से आँख न मिलायी हो। शुक्र से वसुन्धरा के कणों में ताप बढ़ा अर्थात् स्त्री की मुस्कान और नयनों की चंचलता के कारण अनेक झगड़े होने लगे। मंगल ने दृश्य दिखाया और चन्द्र ने तमाशा देखा।

सारा संसार शुक्र और सूर्य की परस्पर शत्रुता के कारण इतना दुःखी हुआ कि शुक्र सूर्य को दबा देने के लिए पूर्णतः सक्रिय हो गया, इसमें गुरु की वायु का वेग भी उसकी वसुन्धरा के धूल कणों को उड़ाकर सहयोग देने लगे। सभी परेशान होने लगे। सूर्य का ताप भी कम होने लगा पर फिर भी कोई सूर्य का कुछ नहीं बिगाड़ सका, अपितु अपना ही अहित कर बैठे। सूर्य का रथ धीरे-धीरे छिपने लगा। शनि चौकीदार की तरह पहरा देने लगा। सूर्य किरणें लुप्त हो गयीं, मंगल भी चला गया। मंगल की अनुपस्थिति में राहु आ गया और रात्रि हो गई। सूर्य की चमक गुरु की शीतल वायु के साथ चन्द्र की शक्ति से पुनः दिखने लगी, गर्मी घटी, सर्दी बढ़ी और वसुन्धरा को शक्ति मिली। राहु ने रात्रि समाप्त की तो पुनः ठंडी हवा चलने लगी जिस पर रात्रि के बाद दिन का अन्तर अर्थात् सन्धि पर केतु निकल आया। दिन की समाप्ति और रात्रि के प्रारम्भ की सन्धि पर राहु था।

अब पुनः नए सूर्य के आने की आशा हुई। नवजात शिशु को ज्यों-ज्यों हवा लगने लगी बुद्धि आने लगी। नवजात पौधे व वृक्षों के पत्तों का रंग पीला होता है। बन्द बर्तन में पैदा हुए पौधे इस बात को स्पष्ट करते हैं। सब्ज रंग हरा बुध का है। गुरु की हवा बुद्धि तो देगी पर पीली से हरी करेगी अर्थात् गुरु का प्रभाव कम होता जायेगा और बुध के प्रभाव से मनुष्य धन की पीछे रात-दिन भागता रहेगा, क्योंकि बुध की

गुरु से शत्रुता है। माता कहती है बच्चा बड़ा हुआ परन्तु गुरु की आयु घटती जाती है। जन्म के समय तो गुरु की पूर्णायु होती है। गुरु के पीले रंग में हरा रंग बुध का मिलने पर रूप बदलता है तो नीला रंग राहु का मिलने पर मस्तिष्क में सक्रियता आती है अर्थात् शुभ (बुध, गुरु) में अशुभ (राहु) का भी कुछ अंश आकर मिल गया। अन्ततः सभी कुछ उलझन से युक्त हो गया। विचार शक्ति प्रबल तो हुई, किन्तु शुक्र का प्रभाव ऐसा है कि राहु व गुरु बराबर हैं, दोनों कभी शत्रुता नहीं करते क्योंकि दोनों राहु (नीला) व गुरु (पीला) को मिलाने पर हरा (बुध) रंग बन जाता है और पीला रंग बिल्कुल समाप्त हो जाता है। कहने का तात्पर्य यही है कि बुद्धि आ जाने पर ईश्वर का लिखा भूल जाता है। यहाँ तक बुध की बुद्धि का गोल वृत्त गुरु के शीर्ष पर आया तो गुरु की वायु का ऐसा चक्र चला कि उसे रिक्त आकाश की ओर जाना पड़ा। भाग्य का विश्वास ही नहीं रहा। इतने में सूर्य आकाश से विलुप्त हो गया, रात्रि हो गई, ताप समाप्त होने से ठंड हो गई। गर्मी की घबराहट समाप्त होकर शान्ति होने लगी। चन्द्रोदय हो गया, दिन के थके हुए सोने के लिए तत्पर हो उठे। कई प्रकार की असुविधाएँ होने लगी। बालक यौवन की वायु से गर्मी-सर्दी अनुभव करने लगा और माता-पिता की छत्र-छाया में आराम करने लगा और बन्द मुट्ठी के आकाश की वायु श्वास का कार्य करने लगी। प्रत्येक श्वास के आने-जाने में व्यक्ति के भाग्य का सम्बन्ध है। इसीलिए कोई भी बुद्धिमान (बुध का स्वामी) विश्वास के साथ यह नहीं कह सकता कि अगला श्वास आयेगा या नहीं। प्रत्येक मनुष्य की यही मनोकांक्षा रहती है कि एक श्वास बाहर आने पर तुरन्त दूसरा श्वास अन्दर आ जाए। भाग्य ने एक ओर आग लगायी तो दूसरी ओर सहायता की। 24 घंटे में 12 राशि व 7 ग्रह के चक्कर से 84 लाख श्वास पूरे होते हैं ओर इस जगत की चौरासी योनि को पूर्ण करता चला आ रहा है। यदि उसकी वायु न रहे तो बुध के वृत्त में मात्र बढ़ाव ही रहेगा। दूसरे दृष्टिकोण से सोचें तो अण्डे में से गुरु की पीली जर्दी निकल जाने पर शेष बचे अण्डे जैसी स्थिति होगी।

54. रहस्यमयी ऋण और उसका उपाय—कभी-कभी जातक पर बड़े-बूढ़ों के पाप का रहस्यमयी प्रभाव रहता हैं। कहने का तात्पर्य यह है

कि पाप कोई करे और दण्ड कोई पाए, किन्तु यह दण्ड कोई निकट सम्बन्धी ही पाता है। रहस्यमयी ऋण सदैव जन्म कुण्डली से ही विचारें। इस ऋण का उपाय रक्त के सम्बन्धी (लड़की, पोती, बहू, बहन, पोता, बाबा, परदादा, बुआ, स्त्री, भांजा-भांजी, नाती-नातिन आदि) ही कर सकते हैं। अब प्रत्येक ग्रह के ऋण नवग्रहों के अनुरूप बताते हैं—

(i) **सूर्य से स्व ऋण—जब पाचवें भाव में शुक्र या पापी ग्रह हों तो स्व ऋण होगा।** नास्तिक रहकर प्राचीन परम्पराओं पर मूत्र करने की वृत्ति के कारण अन्त बुरा होने की स्थिति होगी। जातक के घर में भूमिगत अग्निकुंड होगा या छत में से प्रकाश के अनेक मार्ग होंगे। राजभय, मुकदमें, कर और दण्ड, हृदय रोग, स्वास्थ्य कमजोर, व्यर्थ का संघर्ष, निर्दोष होते हुए भी दण्ड की स्थिति भुगतनी पड़ेगी। **उपाय—कुटुम्ब में जहाँ तक रक्त का सम्बन्ध हो वहाँ तक सभी का भाग लेकर यज्ञ करने पर ही इस ऋण से मुक्ति होगी।**

(ii) **चन्द्र मातृ-ऋण—जब चौथे भाव में केतु स्थित हो तो मातृ ऋण होगा।** माता के प्रति लापरवाह रहना अर्थात् उसके सुख-दुःख का ध्यान न रखना। माता को अपनी सन्तान के उत्पन्न हो जाने के बाद बेघर कर देना। घर के पास के कुएँ, तालाब, नाले आदि को पूजने की अपेक्षा घर की गन्दगी फैंकने के स्थान के रुप में प्रयोग करना। प्रत्येक प्रकार की सहायता न मिलना, धन व्यर्थ में खर्च हो जाए, सभी प्रयास निष्फल हो जाएँ, धन रोग, ऋण या कर में देना पड़े, कभी भी शान्ति व प्रसन्नता से किसी से दूध पिया या पिलाया हो ऐसा स्मरण नहीं आता। **उपाय—कुटुम्ब के प्रत्येक सदस्य से बराबर भाग चाँदी लेकर बहते पानी में एक ही दिन बहाने पर मातृ ऋण से मुक्ति मिलती है।**

(iii) **मंगल से सम्बन्धी-ऋण—पहले व आठवें भाव में बुध व केतु ग्रह हों तो सम्बन्धी-ऋण होगा।** प्रत्येक प्रकार की सफलता, उन्नति, सुख-समृद्धि मिलने के बाद अचानक सर्वस्व स्वाहा हो जाए। तब इतने दुःख मिलें कि उनकी कल्पना करने से भी रुह काँप जाए। मित्र भी शत्रु हो जाएं, कहीं से कोई सहायता न मिले।

28 से 36 वें वर्ष के मध्य में यह सब भोगना पड़े। 28 वर्ष आते ही सब सुख समाप्त हो गए। **उपाय—कुटुम्ब में प्रत्येक सदस्य से धन एकत्र करके वैद्य को कार्य करने के लिए दान में देने पर इस ऋण से मुक्ति मिलेगी।**

(iv) **बुध से बहिन का ऋण—तीसरे या छठे भाव में चन्द्रमा हो तो बहिन का ऋण होगा।** लड़की या बहिन की हत्या करी हो या उन पर अत्याचार किया हो। युवावस्था में धोखा दिया हो। खोए हुए कम आयु के मायूस बच्चों को उठाकर बेचा हो या लालच वश उन को बदला हो। लड़की उत्पन्न हो या लड़का उनके परेशानियों का सामना करना पड़े आर्थिक रूप से बिल्कुल टूट जाना पड़े। 48 वर्ष तक जीवन के संघर्ष ने जीने की इच्छा को भी मार दिया। सुसराल और ननिहाल वाले न रहे और सहायक या मेहरबानी करने वाले तो ऐसे गायब हुए जैसे गधे के सिर से सींग। **उपाय—सम्पूर्ण कुटम्ब के व्यक्ति पीले रंग की कौड़ियों एक स्थान पर एकत्र करके जला लें और उनसे प्राप्त राख को बहते पानी में बहा दें।**

(v) **गुरु से पितृ-ऋण—दूसरे, पांचवें, नौवें व बारहवें भाव में शुक्र, बुध व राहु स्थित हो तो पिता का ऋण होता है।** निस्संतान या किसी और कारणवश कुटम्ब का कुल पुरोहित परिवर्तित किया गया हो । पड़ौस के मन्दिर या पीपल को बर्बाद कर चुके हों या करते हों। जब तक बाल सफेद न हों तब तक ही घर में सम्पन्नता रहे, वरना कार्यों में बाधा, दुःख, निराशा, मानहानि, पीतल जंग लगा लोहा और सोना पीतल हो जाए अर्थात आर्थिक रूप से तबाह हो जाएं। **उपाय—कुटम्ब के प्रत्येक सदस्य से एक-एक पैसा एकत्र करके मन्दिर में दे दें या कुटम्ब के घर से सोलह कदम के अन्दर पड़ने वाले मन्दिर या पीपल के पेड़ की देखभाल करने पर पिता के ऋण से मुक्ति मिलेगी।**

(vi) **शुक्र से स्त्री का ऋण—दूसरे सातवें भाव में सूर्य, राहु व चन्द्रमा स्थित हो तो स्त्री का ऋण होता है।** लालचवश गर्भवती स्त्री की हत्या या कुटम्ब में मारपीट की होगी। घर में मांगलिक

कार्य या विवाह हो रहा हो तो निकटतम संबंधी के यहाँ अर्थी उठ रही होगी। सुख में दुःख व विवाह में मृत्यु या प्रत्येक ने आँसू बहाए हों पर यह न ज्ञात हो कि क्यों ऐसा हुआ। **उपाय—कुटम्ब के प्रत्येक सदस्य से आवश्यक खर्च के लिए धन एकत्र करके सौ गायों को भोजन कराने पर स्त्री ऋण से मुक्ति मिलती है।**

(vii) **शनि से निर्दयी का ऋण—दसवें व ग्याहरवें भाव में सूर्य, चन्द्र व मंगल स्थित हो तो निर्दयी का ऋण होता है।** जीव हत्या की हो या किसी का मकान धोखे से ले लिया पर उसका मूल्य न चुकाया गया हो। घर का मुख्य मार्ग दक्षिण में होगा या निस्संतान से भूमि लेकर घर बनाया गया होगा। मार्ग या कुएँ की छत पर घर बनाया होगा। कार्य स्थल पर आग लग जाए और बुझाने का प्रबन्ध न हो। आग में जलने वालों को अस्पताल पहुँचाने का साधन न मिले। मकान बनाते समय वर्षा आ जाए और रूके नहीं। ससुराल व बच्चों को पुलिस तंग करें। योग्य सन्तान भी अयोग्य बना दी जाए। घर के लोग आराम से न सोएं। जो आराम से सोए वो पुनः न उठे। अनेक प्रकार से परेशानी व कुटम्ब के सदस्य कम होते जा रहे हों—इसका पता ही न चले। **उपाय—कुटम्ब के सभी सदस्य धन एकत्र करके सौ मजदूरों को एक दिन भोजन कराएं या सौ स्थानों की मछलियों को एकत्र करके कुटम्ब के सभी सदस्य भोजन कराए।**

(viii) **राहु से अजन्मे का ऋण—बारहवें भाव में सूर्य, शुक्र व मंगल हो तो अजन्मे का ऋण होगा।** ससुराल से धोखा हो या सम्बन्धियों द्वारा विश्वासघात की घटनाएं इस प्रकार की गई हों कि कुटम्ब तबाह हो जाए। घर के मुख्य द्वार की दहलीज के नीचे से गन्दे पानी का निकास होगा या घर की दक्षिणी दीवार के साथ उजड़ा हुआ कब्रिस्तान या भड़भूजे की भट्टी होगी। अचानक आग लग जाए या धोखे से धन हानि हो, सम्बन्धियों में 16 से 21वें वर्ष की आयु के व्यक्ति के सिर पर चोट या रोग के कारण युवावस्था में वृद्ध होना पड़े। सोच विचार के कार्य करने पर भी हानि हो, रक्त के सम्बन्धी भी परेशान रहें, मुकदमें में हार, निर्दोष

होते हुए भी जेल या जुर्माना हो जाए, बच्चे देखने में सुन्दर पर रोगी हों। **उपाय— कुटम्ब के प्रत्येक सदस्य से एक-एक नारियल एकत्र करके एक ही दिन में बहते पानी में बहा देने पर इस ऋण से मुक्ति मिलेगी।**

(ix) **केतु से ईश्वरीय ऋण—छठे भाव में चन्द्र, मंगल हो तो ईश्वरीय ऋण होता है।** दूसरे की नर सन्तान छुपाना मरवाना, कुत्तों को मरवाना या लालचवश दूजों के कुल को नष्ट करना या करा देना। कुटम्ब में लड़का न हो और यदि हो तो वह रोगी हो जाए, अपना कुटम्ब बच जाए तो माया का कुटम्ब बर्बाद हो जाए। जमा धन यात्राओं में खो जाए। जिस पर विश्वास किया वही विश्वासघात करे। **उपाय— कुटम्ब के प्रत्येक सदस्य से धन एकत्र करके एक ही दिन में सौ कुत्तों को भोजन कराओ। गृह-प्रवेश करते समय दायीं ओर के घर में कोई विधवा हो तो उससे आशीर्वाद लेने पर इस ऋण से मुक्ति मिलेगी।**

55. **लाल किताब की चन्द्रकुण्डली कैसे बनाएँ**—सामान्य ज्योतिष में जन्मकुण्डली में चन्द्रमा जिस राशि पर स्थित हो वही जन्मराशि कही जाती है। मान ले कोई जन्म कुण्डली इस प्रकार है—

जन्मकुण्डली

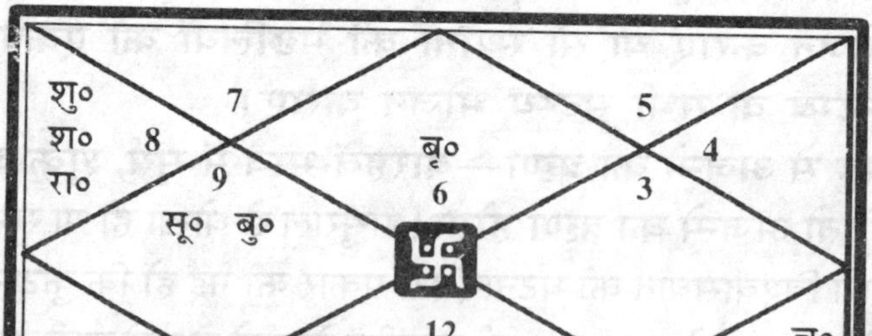

उपर्युक्त जन्मकुण्डली में चन्द्रमा वृष राशि पर नौवें भाव में स्थित है। इसे प्रथम भाव में रखकर पुनः जन्म कुण्डली के अनुसार ग्रह स्थापित कर के साधारण ज्योतिष की चन्द्रकुण्डली बनायी जाती है जो कि अग्र प्रकार है—

चन्द्र कुण्डली

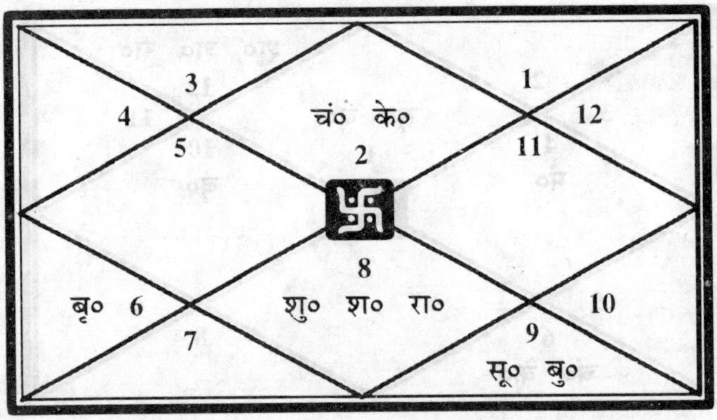

साधारण ज्योतिष से बनी चन्द्र कुण्डली में प्रथम भाव में लग्न राशि का अंक लिखकर कुण्डली पूरी कर लें। यहाँ ग्रह नहीं बदले जायेंगे, ग्रह चन्द्र कुण्डली के भावों की तरह रहेंगे। उपर्युक्त जन्मकुण्डली का लग्न कन्या है अर्थात् छठी राशि हुई इसे चन्द्र कुण्डली के पहले भाव में रखकर कुण्डली बनायी तो निम्न प्रकार बनी—

चन्द्र कुण्डली में लग्न राशि स्थापित करो

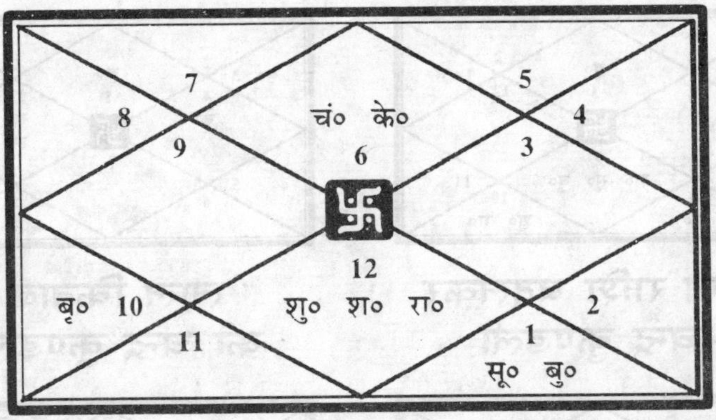

अब तीसरी कुण्डली जो बने उसमें देखें की मेष राशि कहाँ पर है। मेष राशि को पुनः लग्न (पहले भाव) में स्थापित करके तीसरी कुण्डली में ग्रह जहाँ पर भी जिस राशि में हों उसी प्रकार रखकर कुण्डली पूर्ण करने पर लाल किताब की चन्द्र कुण्डली बन जायेगी। जन्मकुण्डली की लाल किताब की चन्द्र कुण्डली इस प्रकार बनी—

लाल किताब की चन्द्र कुण्डली

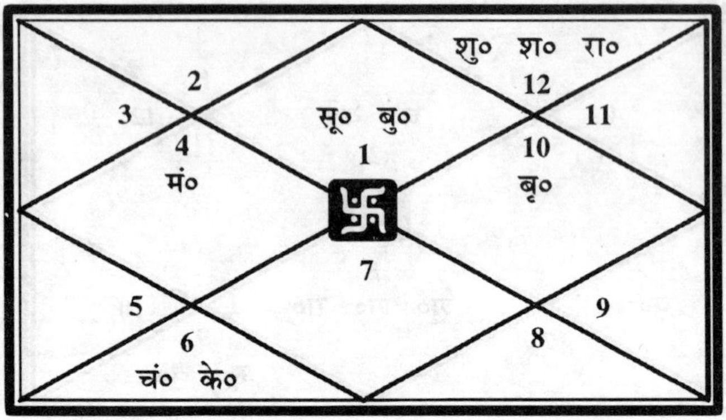

अतः उपर्युक्त उदाहरण से स्पष्ट है कि जन्मकुण्डली से साधारण चन्द्रकुण्डली बनाकर उसमें लग्न राशि के अंक स्थापित करके देखें कि मेष राशि कहाँ पर है, मेष राशि को पुनः पहले भाव में लिखकर कुण्डली पूर्ण कर लें और ग्रह जिस अंक पर हों उसी के अनुरूप स्थापित कर लें। एक उदाहरण और देकर बताते हैं।

जन्म कुण्डली

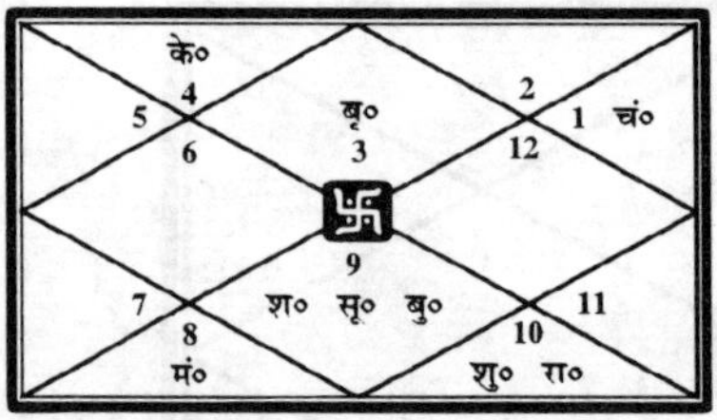

साधारण चन्द्र कुण्डली

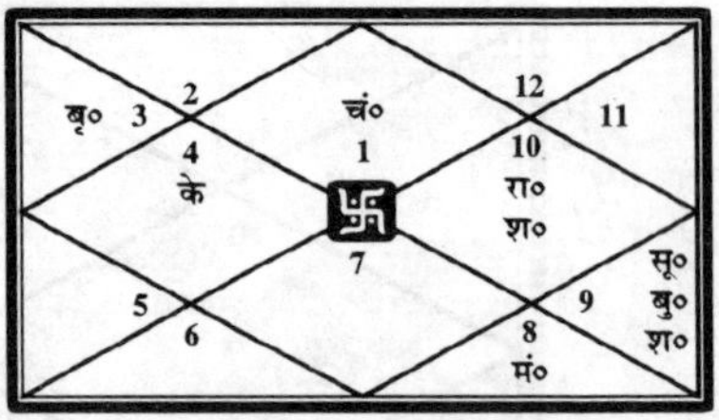

लग्न राशि बदलकर चन्द्र कुण्डली

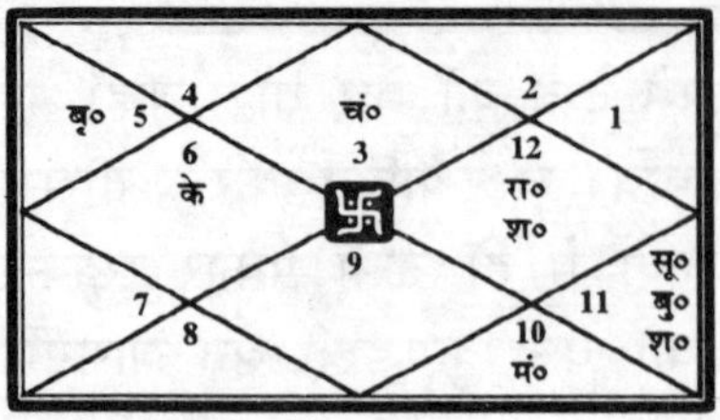

लाल किताब की चन्द्र कुण्डली

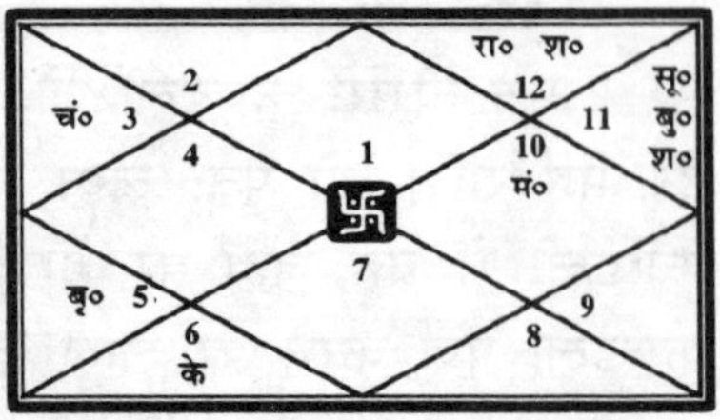

लाल किताब की चन्द्रकुण्डली से जातक की पत्नी का भविष्य उसी प्रकार देखेंगे जिस प्रकार जन्मकुण्डली से जातक का देखा था। वर्षफल भी उसी प्रकार देखेंगे जिस प्रकार जातक का देखा था। यहाँ अन्तर मात्र इतना है कि विवाह से पूर्व चन्द्रकुण्डली सरलता से जातक को फल देगी, परन्तु विवाहोपरान्त विवाह के दिन से स्त्री का पूर्ण फल देगी और जातक पुरुष को सहायता देगी।

56. फलित करने की रीति—एक ही ग्रह के आधार पर किया गया फलित सन्देह उत्पन्न करना है और फलितज्ञ और भविष्य जानने वाले को धोखे में रखता है।

प्राचीन ज्योतिष से बनी जन्मकुण्डली को लेकर उसके सभी राशि अंक हटा दें, परन्तु ग्रह जिस भाव में हैं, उन्हें वहीं रहने दें। बाद में इस कुण्डली में लग्न से द्वादश भाव तक 1 से 12 तक के अंक स्थापित कर दें, अब जो कुण्डली नए रूप में हमारे सम्मुख होगी, लाल किताब से फलित सिद्धान्तों को इस कुण्डली पर व्यवहार में लाकर, जातक का भविष्य निर्धारित करें। एक या एक से अधिक ग्रहों की युति होने पर उन ग्रहों का अलग-अलग एवं मिश्रित फल समन्वय से देखेंगे क्योंकि कभी-कभी ग्रह अलग-अलग अशुभ फल देते हैं, परन्तु एक साथ बैठने पर अच्छा फल देते हैं। जैसे-बुध व मंगल ग्रह अलग-अलग आठवें भाव में स्थित हों तो अशुभ फल करते हैं, परन्तु एक साथ मंगल-बुध आठवें भाव में स्थित हों तो शुभ फल करने हैं।

एक या एक से अधिक ग्रहों की युति का फल, एक साथ स्थित होने का फल एवं अलग-अलग जो फल हो उन्हें देखकर समन्वय युक्त फल कहें, अपने मन से फल न कहें।

यह मान लें कि प्रत्येक भाव एक घर है और उस घर के स्वामी के अनुसार ही उस घर के गुण-अवगुण होंगे। इसके अतिरिक्त उस घर पर जिस ग्रह का कारक प्रभाव है उसका भी पूर्ण प्रभाव होगा। इन दोनों ग्रहों की परस्पर मित्रता-शत्रुता भी उस भाव के फल पर प्रभाव डालती है। यदि परस्पर शत्रुता हो तो भाव का फल अशुभ और परस्पर मित्रता है तो भाव का फल शुभ होगा। यहाँ तीसरा ग्रह जो उस भाव में स्थित होता है, उसका भी इनसे कैसा संबंध है इससे भी फलित प्रभावित होता

है। उदाहरणतः मान लो ग्याहरवें भाव का स्वामी शनि है, यह भाव गुरु का कारक भाव है और यदि इसमें राहु ग्रह स्थापित है जो ग्याहरवें भाव से सम्बन्धित है, यह भाव आय और सभी आवश्यकताओं का स्रोत है जिस पर गुरु का अधिपत्य है। आप इस प्रकार समझ सकते हैं कि ग्याहरवें भाव की धरती शनि की है और उस पर घर गुरु का है। यहां राहु स्थित होने के कारण उसने घर पर कब्जा कर रखा हैं। राहु शनि का दूत है और इसका अशुभ से सम्बन्ध है, इसलिए इस घर में ऐसा भूकम्प आयेगा कि गुरु का स्वर्णिम वर्ण नीला हो जायेगा और वह घर कहाँ गया इसका भी पता नहीं चलेगा। गुरु नष्ट हो जाने से राहु का अशुभ धुँआ चहुँ ओर फैल गया। यहाँ गुरु का प्रभाव बढ़ाने के लिए सोना धारण करना या पीला धागा धारण करना अत्यावश्यक है। इस प्रकार प्रत्येक भाव और उसमें स्थित ग्रहों का फल सम्यक विश्लेषण के बाद करना चाहिए।

57. वर्ष कुण्डली लाल किताब के आधार पर कैसे बनाएं— प्रत्येक वर्ष का वर्षफल ज्ञात करने के लिए लाल किताब के आधार पर वर्ष कुण्डली कैसे बनाएँ, अब यह बताते है। वर्ष कुण्डली से पूर्ण वर्ष का लेखा जोखा सरलता से जाना जा सकता है। जीवन में वर्षफल का विशेष महत्त्व होता है। प्रत्येक वर्ष की कुण्डली में ग्रह भिन्न-भिन्न भावों में होते हैं। प्राचीन ज्योतिष की वर्ष कुण्डली और लाल किताब की वर्ष कुण्डली में अन्तर है। लाल किताब की वर्ष कुण्डली शीघ्र और तुरन्त बनायी जा सकती है। प्राचीन ज्योतिष की वर्ष कुण्डली बनाने में समय लगता है। जन्म कुण्डली के ग्रह प्रत्येक वर्ष में एक साथ ही भाव बदलते हैं, जबकि प्राचीन ज्योतिष में ग्रह गोचर में अभीष्ट वर्ष में जहाँ पर हों उसके अनुरूप भाव बदलते है।

वर्ष कुण्डली बनाने के लिए यहाँ 120 वर्षों का 'वर्ष कुण्डली चक्रम्' दे रहे हैं जिसके आधार पर आप सरलता से किसी भी वर्ष की वर्ष कुण्डली दो-तीन मिनट में बना सकेंगे। वर्ष कुण्डली चक्रम् के शीर्ष में भाव संख्या और बायी ओर खड़ी रेखा में आयु वर्ष और प्रत्येक आयु वर्ष के सामने चक्रम् में देखें जन्म कुण्डली के पहले भाव में स्थित ग्रह पहले वर्ष की वर्ष कुण्डली में पहले भाव में ही रहेंगे। दूसरे वर्ष में पहले भाव के ग्रह चौथे भाव में रहेंगे। इसी प्रकार आप जन्म कुण्डली

के किसी भी भाव में स्थित ग्रह वर्ष कुण्डली के किसी भाव में रहेंगे 'वर्ष कुण्डली ज्ञान चक्रम्' से सरलता से जान सकते है।

लाल किताब के आधार पर वर्ष कुण्डली बनाने के लिए आपको जातक की जन्म कुण्डली का जन्म लग्न चाहिए और 'वर्ष कुण्डली ज्ञान चक्रम्'। तदोपरान्त यह ज्ञात करे कि आपको किस वर्ष की वर्ष कुण्डली बनानी है। मान लो किसी व्यक्ति का जन्म 15/12/1956 को हुआ है और उसका जन्म लग्न निम्न प्रकार है—

जन्म लग्न

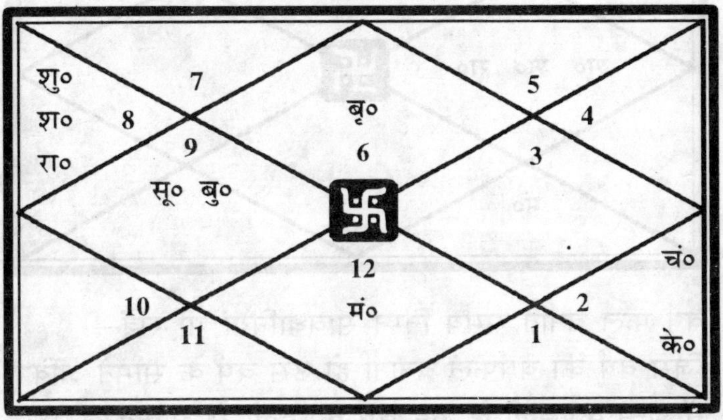

मान लो कि 40वें वर्ष की कुण्डली बनानी है। 'वर्ष कुण्डली ज्ञान चक्रम्' के 40वें वर्ष के सामने की पंक्ति में देखें कि जन्म कुण्डली के किस भाव के ग्रह वर्ष कुण्डली के किस भाव में रहेंगे।

'वर्ष कुण्डली चक्रम्' के 40वें वर्ष के सामने की पंक्ति में निम्न प्रकार अंकित है—

	भाव											
वर्ष	1	2	3	4	5	6	7	8	9	10	11	12
40	3	9	4	1	11	8	6	12	2	5	7	10

अतः स्पष्ट है कि जन्म कुण्डली के पहले भाव के ग्रह वर्ष कुण्डली के तीसरे भाव में, दूसरे भाव के ग्रह नौवे भाव में, तीसरे भाव के ग्रह चौथे भाव में, चौथे भाव के ग्रह पहले भाव में, पाँचवें भाव के

ग्रह ग्याहरवें भाव में, छठे भाव के ग्रह आठवें भाव में, सातवें भाव के ग्रह छठे भाव में, आठवें भाव के ग्रह बारहवें भाव में, नौवें भाव के ग्रह दूसरे भाव में, दसवें भाव के ग्रह पाँचवें भाव में, ग्याहरवें भाव के ग्रह सातवें भाव में और बारहवें भाव के ग्रह दसवें भाव में रखे जायेंगे।

40वें वर्ष की वर्ष कुण्डली

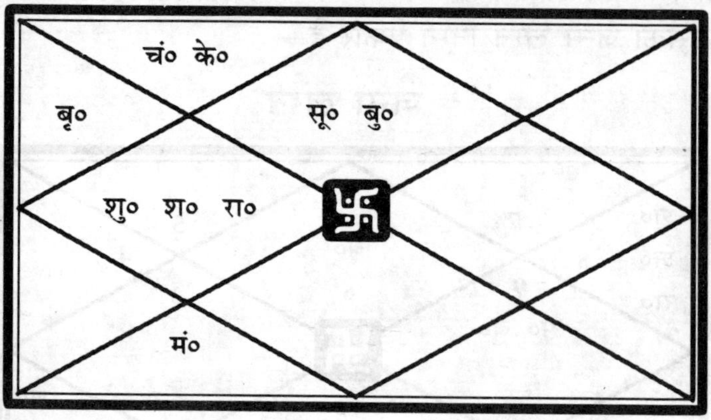

वर्ष फल बनाते समय निम्न सावधानियां भी रखें—

- ☆ जिस वर्ष का वर्षफल बनाना हो उस वर्ष के सामने अंकित भावों में जन्म कुण्डली के ग्रह वर्ष कुण्डली में अंकित करें।
- ☆ यदि जन्म कुण्डली में स्थित ग्रह चार-पाँच या दो-तीन एक साथ स्थित हैं तो वर्ष कुण्डली में भी वे एक साथ ही स्थित होंगे।
- ☆ वर्ष कुण्डली बनाते समय लग्न को ही पहला भाव मानना है और जो ग्रह उनमें पड़े हैं उन्हें वर्ष कुण्डली बनाते समय 'वर्ष कुण्डली ज्ञान चक्रम्' से भाव ज्ञात करके रखना है।

एक उदाहरण बनाकर समझा दिया है। इसी प्रकार आप किसी भी जन्म कुण्डली के किसी भी वर्ष की वर्ष कुण्डली बना सकते हैं

अब वर्ष कुण्डली बनाने के लिए 'वर्ष कुण्डली ज्ञान चक्रम्' बनाकर दे रहे हैं। देखें—'वर्ष कुण्डली ज्ञान चक्रम्' पृष्ठ 63पर।

58. वर्षफल विचार के समय तेरह सूत्रों को ध्यान में रखें।

✿ **सूत्र एक**—जिस वर्ष का फल देखना है उस वर्ष के अंक को जितनी संख्या के भाव में ग्रह स्थित हो उससे भाग देने पर जो

वर्ष कुण्डली ज्ञान चक्रम्—1

आयु	जन्म कुण्डली के भाव											
वर्ष	1	2	3	4	5	6	7	8	9	10	11	12
1	1	9	10	3	5	2	11	7	6	12	4	8
2	4	1	12	9	3	7	5	6	2	8	10	11
3	9	4	1	2	8	3	10	5	7	11	12	6
4	3	8	4	1	10	9	6	11	5	7	2	12
5	11	3	8	4	1	5	9	2	12	6	7	10
6	5	12	3	8	4	11	2	9	1	10	6	7
7	7	6	9	5	12	4	1	10	11	2	8	3
8	2	7	6	12	9	10	3	1	8	5	11	4
9	12	2	7	6	11	1	8	4	10	3	5	9
10	10	11	2	7	6	12	4	8	3	1	9	5
11	8	5	11	10	7	6	12	3	9	4	1	2
12	6	10	5	11	2	8	7	12	4	9	3	1
13	1	5	10	8	11	6	7	2	12	3	9	4
14	4	1	3	2	5	7	8	11	6	12	10	9
15	9	4	1	6	8	5	2	7	11	10	12	3
16	3	9	4	1	12	8	6	5	2	7	11	10
17	11	3	9	4	1	10	5	6	7	8	2	12
18	5	11	6	9	4	1	12	8	10	2	3	7
19	7	10	11	3	9	4	1	12	8	5	6	2
20	2	7	5	12	3	9	10	1	4	6	8	11
21	12	2	8	5	10	3	9	4	1	11	7	6
22	10	12	2	7	6	11	3	9	5	1	4	8
23	8	6	12	10	7	2	11	3	9	4	1	5
24	6	8	7	11	2	12	4	10	3	9	5	1

वर्ष कुण्डली ज्ञान चक्रम्—2

आयु	जन्म कुण्डली के भाव											
वर्ष	1	2	3	4	5	6	7	8	9	10	11	12
25	1	6	10	3	2	8	7	4	11	5	12	9
26	4	1	3	8	6	7	2	11	12	9	5	10
27	9	4	1	5	10	11	12	7	6	8	2	3
28	3	9	4	1	11	5	6	8	7	2	10	12
29	11	3	9	4	1	6	8	2	10	12	7	5
30	5	11	8	9	4	1	3	12	2	10	6	7
31	7	5	11	12	9	4	1	10	8	6	3	2
32	2	7	5	11	3	12	10	6	4	1	9	8
33	12	2	6	10	8	3	9	1	5	7	4	11
34	10	12	2	7	5	9	11	3	1	4	8	6
35	8	10	12	6	7	2	4	5	9	3	11	1
36	6	8	7	2	12	10	5	9	3	11	1	4
37	1	3	10	6	9	12	7	5	11	2	4	8
38	4	1	3	8	6	5	2	7	12	10	11	9
39	9	4	1	12	8	2	10	11	6	3	5	7
40	3	9	4	1	11	8	6	12	2	5	7	10
41	11	7	9	4	1	6	8	2	10	12	3	5
42	5	11	8	9	12	1	3	4	7	6	10	2
43	7	5	11	2	3	4	1	10	8	9	12	6
44	2	10	5	3	4	9	12	8	1	7	6	11
45	12	2	6	5	10	7	9	1	3	11	8	4
46	10	12	2	7	5	3	11	6	4	8	9	1
47	8	6	12	10	7	11	4	9	5	1	2	3
48	6	8	7	11	2	10	5	3	9	4	1	4

वर्ष कुण्डली ज्ञान चक्रम्—3

आयु वर्ष	जन्म कुण्डली के भाव 1	2	3	4	5	6	7	8	9	10	11	12
49	1	7	10	6	12	2	8	4	11	9	3	5
50	4	1	8	3	6	12	5	11	2	7	10	9
51	9	4	1	2	8	3	12	6	7	10	5	11
52	3	9	4	1	11	7	2	12	5	8	6	10
53	11	10	7	4	1	6	3	9	12	5	8	2
54	5	11	3	9	4	1	6	2	10	12	7	8
55	7	5	11	8	3	9	1	10	6	4	2	12
56	2	3	5	11	9	4	10	1	8	6	12	7
57	12	2	6	5	10	8	9	7	4	11	1	3
58	10	12	2	7	5	11	4	8	3	1	9	6
59	8	6	12	10	7	5	11	3	9	2	4	1
60	6	8	9	12	2	10	7	5	1	3	11	4
61	1	11	10	6	12	2	4	7	8	9	5	3
62	4	1	6	8	3	12	2	10	9	5	7	11
63	9	4	1	2	8	6	12	11	7	3	10	5
64	3	9	4	1	6	8	7	12	5	2	11	10
65	11	2	9	4	1	5	8	3	10	12	6	7
66	5	10	3	9	2	1	6	8	11	7	12	4
67	7	5	11	3	10	4	1	9	12	6	8	2
68	2	3	5	11	9	7	10	1	6	8	4	12
69	12	8	7	5	11	3	9	4	1	10	2	6
70	10	12	2	7	5	11	3	6	4	1	9	8
71	8	6	12	10	7	9	11	5	2	4	3	1
72	6	7	8	12	4	10	5	2	3	11	1	9

वर्ष कुण्डली ज्ञान चक्रम्—4

आयु	जन्म कुण्डली के भाव											
वर्ष	1	2	3	4	5	6	7	8	9	10	11	12
73	1	4	10	12	11	7	8	2	5	9	3	
74	4	2	3	8	6	12	1	11	7	10	5	9
75	9	10	1	3	8	6	2	7	5	4	12	11
76	3	9	6	1	2	8	5	12	11	7	10	4
77	11	3	9	4	1	2	8	10	12	6	7	5
78	5	11	4	9	7	1	6	2	10	12	3	8
79	7	5	11	2	9	4	12	6	3	1	8	10
80	2	8	5	11	4	7	10	3	1	9	6	12
81	12	1	7	5	11	10	9	4	8	3	2	6
82	10	12	2	7	5	3	4	9	6	8	11	1
83	8	6	12	10	3	5	11	1	9	2	4	7
84	6	7	8	12	10	9	3	5	4	11	1	2
85	1	3	10	6	12	2	8	11	5	4	9	7
86	4	1	8	3	6	12	11	2	7	9	10	5
87	9	4	1	7	3	8	12	5	2	6	11	10
88	3	9	4	1	8	10	2	7	12	5	6	11
89	11	10	9	4	1	6	7	12	3	8	5	2
90	5	11	6	9	4	1	3	8	10	2	7	12
91	7	5	11	2	10	4	6	9	8	3	12	1
92	2	7	5	11	9	3	10	4	1	12	8	6
93	12	8	7	5	2	11	9	1	6	10	3	4
94	10	12	2	8	11	5	4	6	9	7	1	3
95	8	6	12	10	5	7	1	3	4	11	2	9
96	6	2	3	12	7	9	5	10	11	1	4	8

वर्ष कुण्डली ज्ञान चक्रम्—5

आयु	जन्म कुण्डली के भाव											
वर्ष	1	2	3	4	5	6	7	8	9	10	11	12
97	1	9	10	6	12	2	7	5	3	4	8	11
98	4	1	6	8	10	12	11	2	9	7	3	5
99	9	4	1	2	6	8	12	11	5	3	10	7
100	3	10	8	1	5	7	6	12	2	9	11	4
101	11	3	9	4	1	6	8	10	7	5	12	2
102	5	11	3	9	4	1	2	6	8	12	7	10
103	7	5	11	3	9	4	1	8	12	10	2	6
104	2	7	5	11	3	9	10	1	6	8	4	12
105	12	2	4	5	11	3	9	7	10	6	1	8
106	10	12	2	7	8	5	3	9	4	11	6	1
107	8	6	12	10	7	11	4	3	1	2	5	9
108	6	8	7	12	2	10	5	4	11	1	9	3
109	1	9	10	6	12	2	7	11	5	3	4	8
110	4	1	6	8	10	12	3	5	7	2	11	9
111	9	4	1	2	5	8	12	10	6	7	3	11
112	3	10	8	9	11	7	4	1	2	12	6	5
113	11	3	9	4	1	6	2	7	10	5	8	12
114	5	11	3	1	4	10	6	8	12	9	7	2
115	7	5	11	3	9	4	1	12	8	10	2	6
116	2	7	5	11	3	9	10	6	4	8	12	1
117	12	2	4	5	6	1	8	9	3	11	10	7
118	10	12	2	7	8	11	9	3	1	6	5	4
119	8	6	12	10	7	5	11	2	9	4	1	3
120	6	8	7	12	2	3	5	4	11	1	9	10

शेष रहे उस संख्या के भाव में ग्रह अपना प्रभाव डालेगा। यदि शेष शून्य बचे तो उसी भाव का फल मिलेगा जिसमें की ग्रह स्थित है।

उदाहरणतः मान लो कि किसी कुण्डली में सूर्य ग्याहरवें भाव में है और आयु का 52वाँ वर्ष चल रहा है। 52 को 11 से भाग दिया तो शेष 8 रहा, अतः स्पष्ट है कि 52वें वर्ष में सूर्य आठवें भाव में मानकर सूर्य संबंधी वस्तुओं का प्रभाव जाना जायेगा। इसी प्रकार अभीष्ट वर्ष में प्रत्येक भाव का फल देखना चाहिए। यहाँ यह ध्यान रखें कि जिस ग्रह से संबंधित वस्तुओं या फल का विचार करना है उसी को इस प्रकार देखें।

शेष ग्रह तो कुण्डली के अनुसार ही रहेंगे। सभी ग्रहों का विचार करने पर जो कुण्डली बनेगी वह वर्ष विशेष का प्रभाव देखने के काम आयेगी।

✿ **सूत्र दो**—जन्म पत्री के बारह भावों को बारह माह मानकर फल कहें। कुण्डली के पहले भाव को वैशाख, दूसरे भाव को ज्येष्ठ समझें। अतः निम्न प्रकार समझें—

भाव	मास
पहला	वैशाख
दूसरा	ज्येष्ठ
तीसरा	आषाढ़
चौथा	श्रावण
पांचवां	भाद्रपद
छठा	आश्विन
सातवां	कार्तिक
आठवां	मार्गशीर्ष
नौवां	पौष
दसवां	माघ
ग्याहरवां	फाल्गुन
बारहवां	चैत्र

कहने का तात्पर्य यह है कि कुण्डली के जिस-जिस भाव में जो ग्रह स्थित हो और वर्ष विशेष में जिस भाव में आए तो उसी मास के अनुरूप उसका फल समझें। मान लो कोई ग्रह दूसरे भाव में स्थित है तो उसका प्रभाव ज्येष्ठ मास में मिलेगा अर्थात किसी वर्ष विशेष में जब कोई ग्रह जैसे बुध दूसरे भाव में आ जाए तो उसका प्रभाव ज्येष्ठ मास में जातक पर पड़ेगा।

❁ **सूत्र तीन**—इसी प्रकार कुण्डली के जो भाव रिक्त हों उनमें वर्षफल के अनुसार जो ग्रह अपना प्रभाव उस मास में देगा जिसमें सूर्य वर्ष कुण्डली के अनुसार स्थित है। जैसे कुण्डली में भाव चार रिक्त है और वर्ष कुण्डली के अनुसार मंगल चौथे भाव में है और सूर्य आठवें भाव में है तो ऐसे में मंगल का प्रभाव जन्म दिनांक से गणना करके आठवें माह में मिलेगा। वर्ष का प्रारम्भ और अन्त हिन्दी महीनों के अनुसार लेना चाहिए अर्थात वर्ष का प्रारम्भ सूर्य के मेष राशि के प्रवेश से माने। सूर्य की सक्रान्ति के विचार से 12 मास होते हैं। सूर्य जब मेष राशि में प्रवेश करता है तो सौर वैशाख मास प्रारम्भ होता है, वृष में प्रवेश करता है तो ज्येष्ठ, मिथुन में प्रवेश करता है तो आषाढ़, कर्क में प्रवेश करता है तो श्रावण, सिंह में प्रवेश करता है तो भाद्रपद, कन्या में प्रवेश करता है तो आश्विन, तुला में प्रवेश करता है तो कार्तिक, वृश्चिक में प्रवेश करता है तो मार्गशीर्ष, धनु में प्रवेश करता है तो पौष, मकर में प्रवेश करता है तो माघ, कुम्भ में प्रवेश करता है तो फाल्गुन और मीन राशि में प्रवेश करता है तो चैत्र मास होता है। इन मासों की तारीख सूर्य के अंश के अनुसार होती है। उदाहरणतः मान लो कि सूर्य सिंह राशि के 17 अंश पर है तो भाद्रपद मास की 17 तारीख हुई। राशि अनुसार मास के लिए अगले पृष्ठ पर देखें—कुण्डली राशि-भाव मास चक्रम्।

यह ध्यान रखें अग्रेजी, हिन्दी और मास् की तारीखें परस्पर एक समान नहीं होती हैं। ज्योतिष सूर्य के आधार पर चलता है।

❁ **सूत्र चार**—वर्षफल में जिस प्रकार फल ज्ञात करना हो अर्थात् मासिक, दैनिक, घंटादि जैसा भी फल देखना हो उसी के अनुसार ग्रह को कुण्डली (वर्ष, या जन्मकुण्डली) में घुमाएं।

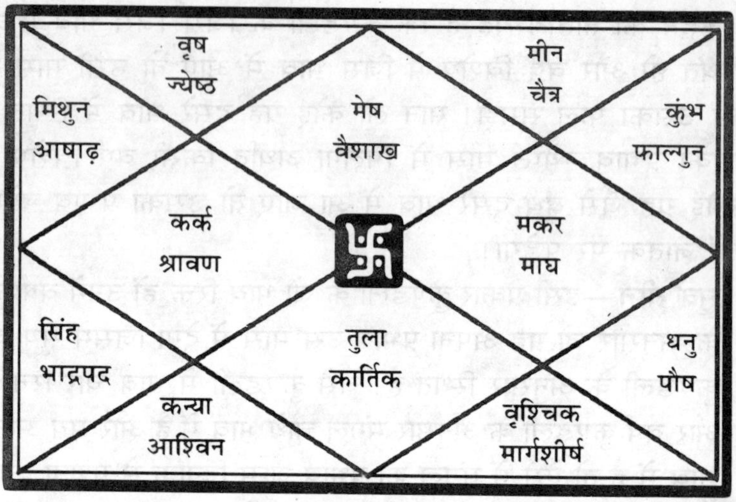

वर्ष कुण्डली में **मासिक या मास फल** के लिए **सूर्य को** घुमाकर मास कुण्डली बनाकर देखें।

मास कुण्डली में **दैनिक या दिन फल** के लिए **मंगल को** घुमाकर दिन कुण्डली बनाकर देखें।

दिन कुण्डली में **घंटे या घंटा फल** के लिए **गुरु को** घुमाकर घण्टा कुण्डली बनाकर देखें।

घण्टा कुण्डली में **मिनटों या मिनट फल** के लिए **शनि को** घुमाकर मिनट कुण्डली बनाकर देखें।

मिनट कुण्डली में **सैकण्डों या सैकण्ड फल** के लिए **बुध को** घुमाकर सैकण्ड कुण्डली बनाकर देखें।

यह सिद्धान्त छोटा, किशोर, युवा या वृद्ध के लिए एक प्रकार से ही लागू होगा। यह भी अच्छी तरह जान लें कि वर्ष का मुख्य प्रभाव उस मास में होगा जिस भाव में वर्ष कुण्डली में सूर्य बैठा होगा। सूर्य मेष राशि में वैशाख प्रतिपदा से आता है इसलिए सूर्य के अनुसार ही सभी गणना करनी चाहिए।

अब उदाहरण देकर समझाते हैं मान लो कोई जातक जिसकी जन्म कुण्डली है उसका 40वाँ वर्ष 15.12.1995 को रात्रि 1 बजकर 38 मिनट पर प्रारम्भ होता है। वर्ष कुण्डली बनाना बता चुके हैं। अब यहाँ मास, दिन घण्टा, मिनट, सैकण्ड, कुण्डली बनाना बतायेंगे।

जन्म कुण्डली

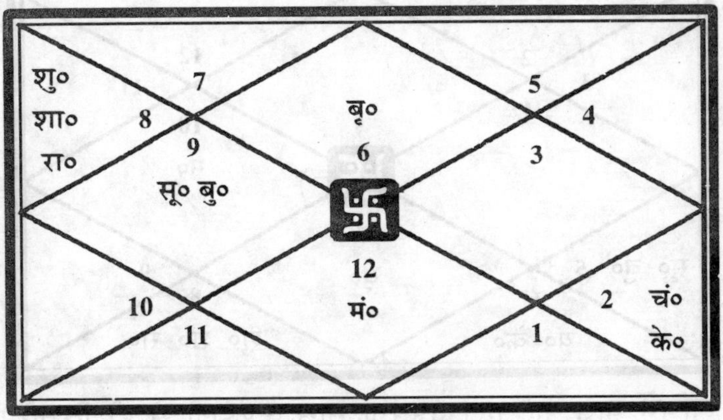

वर्ष कुण्डली

(40वें वर्ष की)

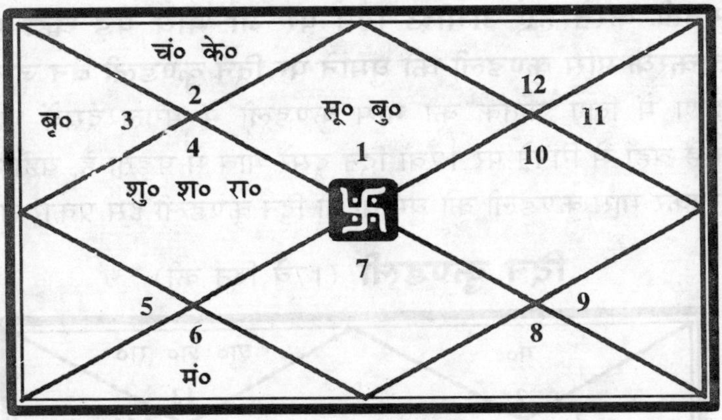

मास कुण्डली

उपर्युक्त जातक का पांचवां मास 15.4.1996 को रात्रि 1 बजकर 38 मिनट के बाद प्रारम्भ होगा। मास फल के लिए सूर्य को घुमाना है। मास कुण्डली (पांचवें मास) के लिए सूर्य को पांचवा भाव देकर वर्ष कुण्डली को घुमाया तो मास् कुण्डली इस प्रकार बनेगी—

मास कुण्डली (पांचवें मास की)

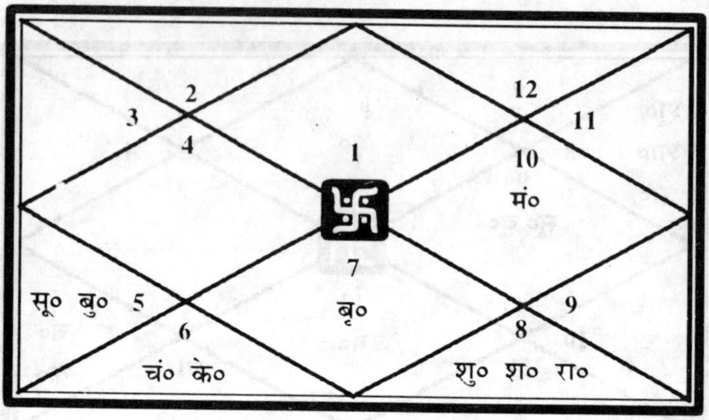

पांचवें मास का फल उपर्युक्त मास कुण्डली से ही विचारेंगे।

दिन कुण्डली

मान लो पांचवें मास के 17वें दिन की दिन कुण्डली बनानी है **इसके लिए मास कुण्डली में जिस स्थान पर मंगल स्थित है वहाँ से गिनती करते हुए अभीष्ट दिन पर जो भाव पड़े वहाँ मंगल स्थित करके मास कुण्डली को घुमाने पर दिन कुण्डली बन जायेगी।** उदाहरण में लिए जातक की मास कुण्डली में मंगल दसवें भाव में स्थित है वहाँ से गिनने पर 17वाँ दिन दूसरे भाव में पड़ता है, यहाँ मंगल को रखकर मास कुण्डली को घुमाया तो दिन कुण्डली इस प्रकार बनी—

दिन कुण्डली (17वें दिन की)

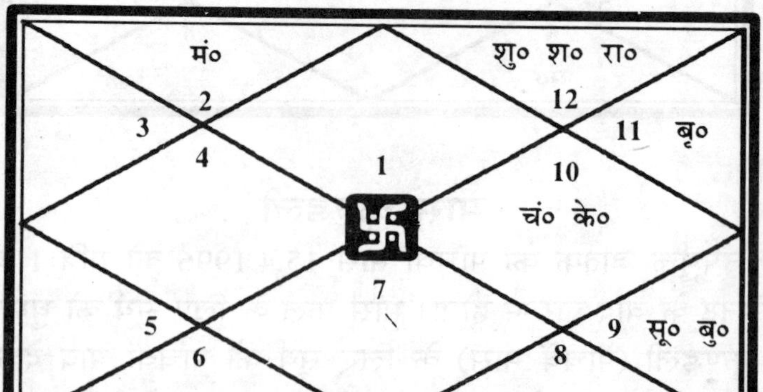

17वें दिन का फल दिन कुण्डली से विचारा जायेगा।

घण्टा कुण्डली

मान लो कि पांचवें मास के 17वें दिन के 23 वें घंटे की घण्टा कुण्डली बनानी है **इसके लिए दिन कुण्डली में गुरु जहाँ स्थित हो वहाँ से गिनती करते हुए अभीष्ट घण्टा जिस भाव में पड़े वहाँ गुरु स्थित करके दिन कुण्डली को घुमा देने पर घण्टा कुण्डली बन जायेगी।** उदाहरण में लिए जातक की दिन कुण्डली में गुरु ग्याहरवें भाव में है वहां से गिनने पर 23वाँ घण्टा नौवें भाव में पड़ा, यहाँ गुरु स्थित करके दिन कुण्डली को घुमाने पर घण्टा कुण्डली इस प्रकार बनी—

घण्टा कुण्डली (23वें घण्टे की)

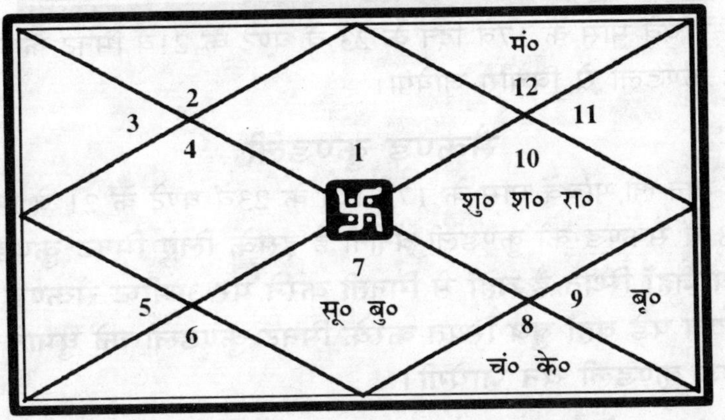

पांचवें मास के 17वें दिन के 23 वे घण्टे का फल घण्टा कुण्डली से विचारा जायेगा।

मिनट कुण्डली

मान लो पांचवें मास के 17वें दिन के 23वें घंटे के 21वें मिनट के लिए मिनट कुण्डली बनानी है। **इसके लिए घण्टा कुण्डली में शनि जहाँ स्थित है वहाँ से गिनती करते हुए अभीष्ट मिनट पर जो भाव पड़े वहाँ शनि स्थित करके कुण्डली को घुमाने पर मिनट कुण्डली बन जायेगी।** उदाहरण में लिए जातक की घण्टा कुण्डली में शनि दसवें भाव में स्थित है वहाँ से गिनने पर 21वाँ मिनट छठें भाव में पड़ा, यहाँ शनि स्थित करके घण्टा

कुण्डली को घुमाने पर मिनट कुण्डली इस प्रकार बनी—

मिनट कुण्डली (21वें मिनट की)

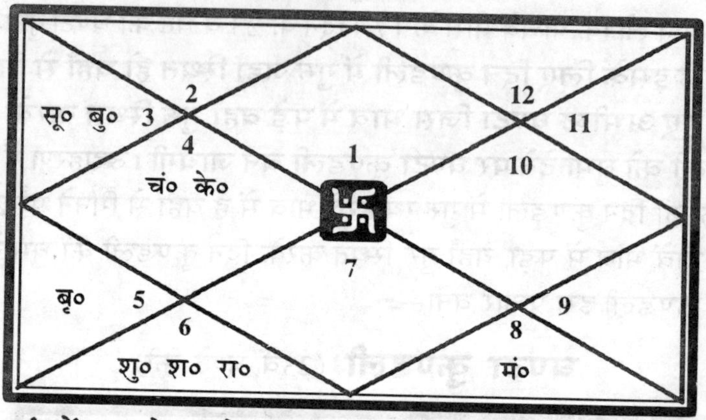

पांचवें मास के 17वें दिन के 23 वें घण्टे के 21वें मिनट का फल मिनट कुण्डली से विचारा जायेगा।

सैकण्ड कुण्डली

मान लो पांचवें मास के 17वें दिन के 23वें घण्टे के 21 वे मिनट के 28 वें सैकण्ड की कुण्डली बनानी है **इसके लिए मिनट कुण्डली में बुध जहाँ स्थित है वहाँ से गिनती करने पर अभीष्ट सैकण्ड पर जो भाव पड़े वहाँ बुध स्थित करके मिनट कुण्डली को घुमाने पर सैकण्ड कुण्डली बन जायेगी।**

सैकण्ड कुण्डली (28वें सैकण्ड की)

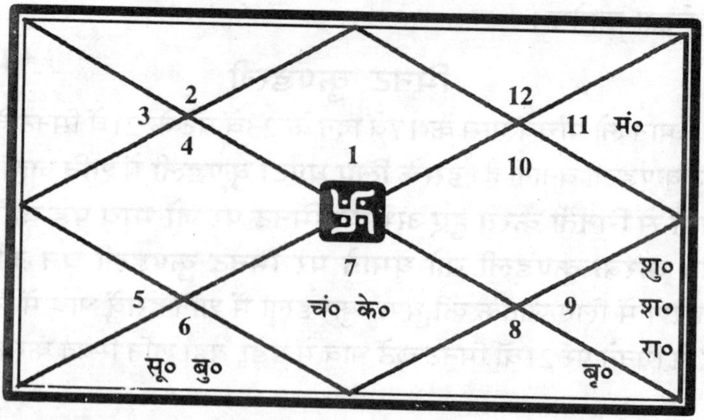

उदाहरण में लिए जातक की अभिष्ट कुण्डली में बुध तीसरे भाव में स्थित हैं वहाँ से गिनने पर 28 वाँ सैकण्ड छठे भाव में पड़ा यहाँ बुध स्थित करके मिनट कुण्डली को घुमाया तो सैकण्ड कुण्डली पिछले पृष्ठानुसार बनी।

पांचवें मास के 17 वें दिन के 23वें घण्टे के 21वें मिनट के 28 वें सैकण्ड का फल सैकण्ड कुण्डली से विचारा जायेगा।

✿ **सूत्र छह**—कुण्डली अनेक प्रकार की होती हैं।

(i) **अंधी कुण्डली** वह होती है जिसमें 10वें भाव में अन्धे ग्रह होते हैं अर्थात् बुध-गुरु, बुध-चन्द्र या बुध-मंगल दसवें भाव में हो तो अन्धी कुण्डली होती है। अंधी कुण्डली के अशुभ प्रभाव के समय केतु का उपाय करने या संध्या समय कार्य करने पर शुभ फल होता है। एक साथ दस अन्धों को दान या भोजन कराने से अशुभ प्रभाव दूर होता है और सहायता मिलती है।

(ii) **वयस्क कुण्डली**—यदि बुध छठे भाव में हो या सूर्य 1, 5 या 11 वे भाव में हो तो कुण्डली वयस्क होती है। वयस्क कुण्डली जिसकी होगी उसे बारह वर्ष के बाद पूर्व जन्म के कुप्रभाव का भय न होगा।

(iii) **अवयस्क कुण्डली**—जिस कुण्डली के केन्द्र भाव (1,,4,7,10,) रिक्त हों या शुक्र-गुरु, शुक्र-सूर्य, शुक्र-चन्द्र, शुक्र-राहु, सूर्य-शनि, शनि-चन्द्र, शनि-मंगल, राहु-सूर्य, राहु-चन्द्र, राहु-मंगल, राहु-गुरु, केतु-सूर्य, केतु-चन्द्र या केतु-मंगल एकत्र हों तो अवयस्क कुण्डली होती है। ऐसे जातक को दूसरों की सहायता से ही जीवन जीना होता है क्योंकि बच्चा तो एक दिन वयस्क हो जाता है परन्तु अवयस्क कुण्डली जीवन भर अवयस्क ही रहती है।

(vi) **धार्मिक टेवा**—जिस कुण्डली में 11वें भाव में शनि या साथ में गुरु स्थित हो या चन्द्रमा 10वें या चौथे भाव में हो तो जातक की कुण्डली धार्मिक होती है और वह दूसरों की सहायता करता है व औरों को सुख देता है।

✿ **सूत्र सात**--भाव दो के ग्रह सदैव उच्च जैसा फल देते हैं यदि आठवाँ भाव रिक्त हो। दूसरे भाव में स्थित ग्रह जातक को वृद्धावस्था में अपना शुभ प्रभाव देते हैं।

✿ **सूत्र आठ**—सूर्य छठे भाव में हो तो लड़के के जन्म के बाद शुभ फल ही देगा।

✿ **सूत्र नौ**—सूर्य-मंगल कुण्डली में कही भी एक साथ बैठे हों यदि पहला भाव रिक्त हो तो भी पहले भाव का प्रभाव देंगे अर्थात् पहले भाव से सम्बन्धित फल प्राप्त होगा।

शुक्र-गुरु की युति हो तो तीसरे भाव का फल मिलेगा, **मंगल-शुक्र** की युति हो तो चौथे भाव का फल मिलेगा, **सूर्य-गुरु** की युति हो तो पांचवें भाव का फल मिलेगा, **बुध-केतु** की युति हो तो छठे भाव का फल मिलेगा, शुक्र-बुध की युति हो तो सातवें भाव का फल मिलेगा, **मंगल-शनि-चन्द्र** की युति हो तो आठवें भाव का फल मिलेगा, **बुध-शनि** की युति हो तो नौवें भाव का फल मिलेगा, **शनि** हो तो दसवें भाव का फल मिलेगा, **गुरु शनि** की युति हो तो ग्याहरवें भाव का फल मिलेगा। इन भावों का फल रिक्त होने के बाद भी मिलेगा, अतः चाहे युति किसी भी भाव में हो।

✿ **सूत्र दस**— जब दो या दो से अधिक ग्रह एक ही भाव में हों तो उनसे शत्रुता रखने वाले ग्रह अपनी शत्रुता छोड़ देंगे पर मित्रता को न छोड़ेंगे, अब चाहे वह कितने ही शत्रुओं के साथ एक ही भाव में अपने मित्रों के साथ मिलकर स्थित हों।

✿ **सूत्र ग्यारह**— स्त्री ग्रह चन्द्र या शुक्र के साथ या चन्द्र-शुक्र-बुध के साथ पुरुष ग्रह स्थित हों तो इनका शुभ फल मिलता है।

✿ **सूत्र बारह**— यदि ग्याहरवां भाव रिक्त हो तो राजा स्वछन्द (जिस पर कोई अंकुश न हो) और यदि आठवां भाव रिक्त हो तो मन्त्री ऐसा होगा जिसके पास किसी भी बात का कोई तर्क नहीं होगा।

✿ **सूत्र तेरह**—**(1)** महादशा के समय मित्र ग्रह किसी प्रकार की सहायता नहीं करेंगे, परन्तु शत्रु ग्रह कटे पर नमक छिड़केंगे।

(2) किसी भी ग्रह का निरन्तर अशुभता का समय महादशा का समय होगा और 35वें साल के एक ही चक्र में मात्र एक ग्रह महादशा में हो सकता है और भाग्य संबंधी समय सम्पूर्ण जीवन में अधिकतम 39 वर्ष हो सकता है।

(3) एक महादशा की समाप्ति और दूसरी महादशा के प्रारम्भ काल

के मध्य किसी भी प्रकार का अशुभ प्रभाव नहीं होगा। महादशा के समय ग्रहों की दृष्टियां निम्न प्रकार होगी—मंगल की 4, 8, 7वीं शनि की 3, 10, 7वीं, गुरु की 5, 9, 7वीं एवं शेष सभी ग्रह अपने से सातवें देखेंगे।

(4) महादशा का चक्र 120 वर्ष का इस प्रकार है—

ग्रह	दशा वर्ष
गुरु	16
सूर्य	6
चन्द्र	10
शुक्र	20
मंगल	7
बुध	17
शनि	19
राहु	18
केतु	7
योग	120

(5) यह ध्यान रखें कि भाग्य का ग्रह राशि स्वामी का ग्रह, उच्च, शुभ ग्रह की महादशा कभी न आयेगी। जब कोई ग्रह 1, 4, 7, 10 वें हो और अन्य भावों में कोई उच्च ग्रह हो अर्थात् चन्द्र नौंवे भाव में, राहु तीसरे भाव में, राहु या बुध छठे भाव में, केतु नौवें भाव में और शुक्र या केतु बारहवें भाव में हो या चौथे भाव में चन्द्रमा हो तो इसकी महादशा कभी न होगी।

(6) महादशा में विश्वासघाती ग्रह परिस्थिति बदलतें हैं। प्रत्येक सातवें वर्ष राहु और आठवें वर्ष 8वें भाव का ग्रह भी ऐसा ही करेगा।

(7) महादशा के समय का फल और स्त्री का फल लाल किताब की चन्द्रकुण्डली से देखा जायेगा। गुरु के महादशा वर्ष 16 हैं, किन्तु गुरु 1, 2, 8, 9, 10, 14वें वर्ष में विशेष फल या प्रभाव देगा।

(8) जिस ग्रह की महादशा हो चुकी है तो निम्न भाव में कोई ग्रह स्थित हो तो उसका प्रभाव इस प्रकार होगा —

ग्रह	भाव											
	1	2	3	4	5	6	7	8	9	10	11	12
सूर्य	—	—	—	—	—	—	सूर्य	—	—	—	—	बुध
चन्द्र	शनि	—	—	मंगल	—	शुक्र	—	चन्द्र	—	गुरु	—	—
मंगल	शनि	—	—	मंगल	—	शुक्र	—	—	राहु	—	—	राहु
बुध	शनि	—	केतु	मंगल	—	केतु	—	—	—	गुरु	—	बुध
गुरु	शनि	—	केतु	—	—	केतु	—	—	राहु	गुरु	—	राहु
शुक्र	—	—	—	मंगल	—	शुक्र	—	—	—	गुरु	—	—
शनि	शनि	—	केतु	—	—	केतु	—	—	—	गुरु	—	—
राहु	—	—	—	—	—	—	—	चन्द्र	राहु	गुरु	—	राहु
केतु	मंगल	—	केतु	—	—	केतु	सूर्य	—	—	गुरु	—	बुध

59. ग्रहों को अभीष्ट भाव में पहुँचाने की सरल रीति—ग्रहों से मनोनुकूल फल प्राप्त करने के लिए उसे अभीष्ट भाव में पहुँचाना होता है। ग्रह विशेष की वस्तुओं को नीचे लिखी रीति से स्थापित करने पर वह अभिष्ट भाव में पहुँच जाता है।

(i) **ग्रह को पहले भाव में पहुँचाने के लिए**—उस ग्रह से सम्बन्धित वस्तुओं को गले में धारण करें या उन वस्तुओं का तिलक लगाएं।

(ii) **ग्रह को दूसरे भाव में पहुँचाने के लिए**—उस ग्रह से सम्बन्धित वस्तुओं को मन्दिर या धर्म स्थान (मस्जिद, गुरुद्वारा, चर्च) में दान में दें या स्थापित करें।

(iii) **ग्रह को तीसरे भाव में पहुँचाने के लिए**—उस ग्रह से सम्बन्धित धातु में रत्न को जड़वाकर अंगुलियों में धारण करें।

(vi) **ग्रह को चौथे भाव में पहुँचाने के लिए**—उस ग्रह से सम्बन्धित वस्तुएं बहते पानी में बहाएं।

(v) **ग्रह को पांचवें भाव में पहुँचाने के लिए**—उस ग्रह से सम्बन्धित वस्तुओं को स्कूल, विद्यालय, कालेज या शिक्षा स्थान में पहुँचाएं या स्थापित करें।

(vi) **ग्रह को छठे भाव में पहुँचाने के लिए**—उस ग्रह से सम्बन्धित वस्तुओं को कुएं में डालें।

(vii) **ग्रह को सातवें भाव में पहुँचाने के लिए**—उस ग्रह से सम्बन्धित वस्तुओं को भूमि में दबाएं।

(viii) **ग्रह के आठवें भाव में पहुँचाने के लिए**—उस ग्रह से सम्बन्धित वस्तुओं को श्मशान में दबाएं।

(ix) **ग्रह को नौवें भाव में पहुँचाने के लिए**—उस ग्रह से सम्बन्धित वस्तुओं को मन्दिर के पास दबाएं या मन्दिर में दें या शरीर पर धारण करें।

(x) **ग्रह को दसवें भाव में पहुँचाने के लिए**—उस ग्रह से सम्बन्धित वस्तुओं को पिता को खिलाएं या पहिनने के लिए दें या सरकारी कार्यालय के पास या उसकी जमीन में उस जगह दबाएं जहाँ सरकारी भवन की छाया पड़ती हो।

(xi) **ग्रह को ग्याहरवें भाव में पहुँचाने के लिए**—उस ग्रह से सम्बन्धित वस्तु को कहीं भी पहुँचाने की आवश्यकता नहीं होती क्योंकि इस भाव में कोई भी ग्रह उच्च या नीच नहीं होता है। वस्तुतः किसी उपाय की आवश्यकता नहीं हैं।

(xii) **ग्रह को बारहवें भाव में पहुँचाने के लिए**—उस ग्रह से सम्बन्धित वस्तुओं को अपने घर की छत पर स्थापित करें या रखें।

60. ग्रहों को शान्त करने की रीति—यहाँ ग्रहों को शान्त करने की सरल रीतियां बता रहे हैं—

(i) जब कोई ग्रह अपने कारक भाव को छोड़कर दूसरे ग्रह के कारक भाव में स्थित हो जाए तो जिस ग्रह के भाव में स्थित हो उस ग्रह का उपाय करने पर ग्रह का अशुभ प्रभाव समाप्त हो जाता है। जैसे—जब शनि ग्याहरवें भाव में स्थित हो तो शनि का शुभ प्रभाव प्राप्त करने के लिए 9 व 11वें भाव का कारक ग्रह गुरु का उपाय करना चाहिए या गुरु की वस्तुएं स्थापित करनी चाहिए। बुध तीसरे व राहु चौथे भाव में स्थित हो तो तीसरे भाव के कारक ग्रह मंगल का उपाय करने पर इसका शुभ फल मिलता है। चौथे भाव का कारक ग्रह चन्द्र का उपाय करनें पर राहु का शुभ प्रभाव मिलता है। कहने का तात्पर्य यह है कि जो ग्रह जिस भाव में अशुभ हो तो इसका शुभ फल पाने के लिए उस भाव के कारक

ग्रह का उपाय करना चाहिए।

(ii) जो ग्रह किसी भाव में अशुभ हो रहा हो तो उसके सामने वाले भाव में उसका शत्रु ग्रह स्थापित करने पर उसका अशुभ प्रभाव दूर हो जाता है। जैसे बुध 12वें भाव में नीच का है तो उसके सामने वाले छठे भाव में बुध के शत्रु ग्रह शुक्र या राहु की वस्तुएं कुएं में डालने से बुध की नीचता दूर होती है।

(iii) उच्च ग्रह की वस्तुओं का दान देना और नीचे ग्रह की वस्तुओं का दान लेना हानिकारक है।

(iv) ग्रहानुसार इन स्थितियों में यह सब आपके लिए वर्जित हैं, इसे कदापि न करें—**(1)शनि पहले भाव में हो और बृहस्पति पांचवें भाव में हो तो** भिखारी को तांबे का सिक्का या बर्तन कदापि न दें। यदि देंगे तो सन्तान नष्ट हो जायेगी या कष्ट में रहेगी। **(2)चन्द्र चौथे भाव में हो और गुरु दसवें भाव में हो तो** मन्दिर या पूजास्थल कदापि न बनवाएं। यदि बनवाएंगे तो झूठे आरोपों में सजा या फांसी तक हो सकती है। **(3)शुक्र नौवे भाव में हो तो** अनाथ बच्चों को न गोद लें और न अपने पास में रखें। यदि अनाथ बच्चों को गोद लेंगे या पास में रखेंगे तो सर्व प्रकार से अपना अहित ही करेंगे। **(4)गुरु सातवें भाव में हो तो** किसी को वस्त्र दान में न दें वरना स्वयं अपने वस्त्र खो बैठेंगे अर्थात् वस्त्रहीन होने की स्थिति आ जायेगी। **(5)शनि आठवें भाव में हो तो** सराय, धर्मशाला, यात्री निवास न बनवाएं यदि बनवायेंगे तो गृहहीन हो जायेंगे तथा निर्धनता में जीवन जीना पड़ेगा। **(6)चन्द्रमा छठे भाव में हो तो** दूध या पानी का दान न करें, कुआं या तालाब न खुदवाएं या नल न लगवाएं और मरम्मत तक न करवाएं। यदि कराएंगे तो दिन-प्रतिदिन परिवार घटता रहेगा और मृत्यु सिर पर मंडराती रहेंगी। माता को कष्ट होगा सन्तान न हो तो खरगोश पालें एक खरगोश मर जाए तो दूसरा पालें। **(7) चन्द्रमा बारहवें भाव में हो तो** धर्मात्मा या साधु को भोजन न खिलाएं, उसे दूध न पिलाएं, बच्चों को निशुल्क शिक्षा न दें, स्कूल या पाठशाला न खोलें। यदि ऐसा

करेंगे तो आजीवन कष्ट पायेंगे और अन्त समय कोई पानी पिलाने वाला भी न होगा।

61. अशुभ ग्रह तभी प्रभाव डालता है जब वह वर्ष कुण्डली में भी अशुभ प्रभाव देने वाले भावों में जाता है। इसी प्रकार शुभ ग्रह शुभ फल तभी देता है जब वह वर्ष कुण्डली में भी शुभ प्रभाव देने वाले भावो में जाता है ?

62. **चन्द्र केतु की युति कुण्डली में हो तो** माता पुत्र दोनों कष्ट में हों। **गुरु छठे भाव में हो तो** पिता को श्वास रोग हो और स्वर्ण खो जाए। **बुध दूसरे भाव में हो तो** घर में पड़े सूत के गोले खोल दें क्योंकि भाग्य उनमें लिपटा हुआ है। **गुरु सातवें भाव में हो तो** पिता से वैचारिक मतभेद रहेंगे और निभेगी भी नहीं। मूंगा धारण करना लाभप्रद रहेगा। **सूर्य-शुक्र की युति हो तो** पत्नि से वैचारिक मतभेद हों, पत्नि को रक्त विकार या रोग हो और आप्रेशन से भी मृत्यु हो सकती है। **शुक्र दूसरे भाव में हो तो** जातक ससुराल के लिए निकम्मा हो और विधवा स्त्री से प्रेम करे तो बर्बादी का कारण बनेगा। **केतु नौवें भाव में हो तो** माता व ननिहाल पर भारी हो अर्थात् उनके लिए कष्टकारी हो। **सूर्य छठे भाव में और बुध बारहवें भाव में हो तो** पत्नि की मुत्यु हो जाए। **शुक्र तीसरे भाव में हो तो** अपना घर न बनवाएं यदि बनवायेंगे तो उजड़ जायेगा। शनि व गुरु की युति जन्म पत्री या वर्ष कुण्डली में हो तो घर तो अवश्य बने पर पत्नी कष्ट हो जाए। **शनि व चन्द्र की युति हो तो** पर आँखों का आपरेशन अवश्य हो। **शुक्र केतु की युति हो तो** विवाह न करने पर जीवन में अन्धकार हो जाने की प्रबल संभावना है। **शनि केतु की युति हो और पांचवा भाव अशुभ हो तो** सन्तान उत्पत्ति में बाधा आए।

63. चतुर्थी, नवमी एवं चतुर्दशी तिथियां शुभ कार्यों के लिए वर्जित हैं, इनमें प्रारम्भ किए गए कार्य कभी पूर्ण नहीं होते हैं।

64. जिन भावों में ग्रह अच्छा फल देते हैं। उन भावों में उपाय द्वारा ग्रह स्थापित करने पर ग्रहों के कुप्रभाव से बचा जा सकता है।

65. उपाय उस प्रकार रक्षा करता है जिस प्रकार वर्षा में छाता या बरसाती हमें भीगने से बचाती है

66. ग्रह यदि कारक भावों के हैं तो उनका शुभाशुभ प्रभाव अवश्य पड़ता है जिसे उपाय द्वारा भी नहीं रोका जा सकता है।

ग्रहों के कारक भाव इस प्रकार हैं—

ग्रह	कारक भाव
सूर्य	1
चन्द्र	4
मंगल	3, 8
बुध	7
गुरु	2, 5, 9, 11
शुक्र	7
शनि	8, 10
राहु	12
केतु	6, 11

67. बनावटी (नकली) ग्रह—दो ग्रहों की युति से बनावटी (नकली) ग्रह बन जाते हैं जो कि इस प्रकार हैं—

इनकी युति होने पर	बनावटी ग्रह	उसका वर्ण
बुध व शुक्र	सूर्य	गुड़ सदृश
सूर्य व बुध	चन्द्र	दूध सदृश
सूर्य व बुध	मंगल शुभ	लाल
सूर्य व शनि	मंगल अशुभ	लाल
गुरु व राहु	बुध	हरा
सूर्य व बुध	गुरु	पीला
राहु व केतु	शुक्र	दही सदृश
शुक्र व गुरु	शनि केतु सदृश	काला
मंगल व गुरु	शनि राहु सदृश	काला
मंगल व शनि (उच्च)	राहु	सफेद-काला
सूर्य व शनि (नीच)	राहु	सफेद-काला

67. शुभ ग्रह कौन है ?— चन्द्र, बुध, शुक्र, केतु व गुरु शुभ ग्रह हैं। यह भी स्मरण कर लें—

- अपने घर या राशि में स्थित ग्रह शुभ होने के कारण अच्छा फल देते हैं।
- उच्च राशि में स्थित ग्रह जातक को प्रतापी बनाते हैं। ग्रह निम्न राशियों में उच्च होते हैं—सूर्य मेष में, चन्द्र वृष में, मंगल मकर में, बुध कन्या में, गुरु कर्क में, शुक्र मीन राशि में, शनि तुला राशि में, राहु मिथुन राशि में और केतु धनु राशि में।
- 9, 10 व 11वें भाव में ग्रह अच्छा फल देते हैं।
- भाव एक (लग्न) में शुभ ग्रह हो या शुभ ग्रह से दृष्ट हो तो जातक स्वस्थ व दीर्घायु होता है।
- बारहवें भाव का स्वामी नौवें भाव में स्थित हो तो आजीवन जातक खर्चे के भार से बचा रहता है।
- अशुभ भाव में कोई ग्रह अपनी रशि में स्थित हो तो अशुभ फल नहीं करता।

68. अशुभ ग्रह कौन है ? सूर्य, मंगल, शनि और राहु उत्तरोत्तर अधिक पापी ग्रह हैं। यह भी स्मरण कर लें—

- ग्रह नीच भावों में स्थित होने पर अशुभ फल करते हैं। इन राशियों में ग्रह नीच के होते हैं—सूर्य तुला राशि में, चन्द्र वृश्चिक राशि में, मंगल कर्क राशि में, बुध मीन राशि में, गुरु मकर राशि में, शुक्र कन्या राशि में, शनि मेष राशि में, राहु धनु राशि में और केतु मिथुन राशि में।
- किसी त्रिक भाव (6, 8, 12) के स्वामी अशुभ फल करते हैं। किसी भाव का स्वामी 6, 8 या 12 में स्थित हो तो उस भाव संबंधी फल की हानि करता है।
- सूर्य के साथ स्थित ग्रह अस्त होते हैं। अस्त ग्रह निष्फल होते हैं। अस्त ग्रह का प्रभाव तब अधिक होता है जब यह स्थिति सिंह राशि में होती है ?

69. ग्रहों का पारस्परिक संबंध— दो ग्रह एक राशि में स्थित हों तो उनका पारस्परिक संबंध होता है। ग्रह अपने से सातवें भाव को पूर्ण दृष्टि से देखते हैं।

70. यह जान लें कि तीसरे भाव में छठा भाव और छठे भाव की अपेक्षा 11वाँ भाव अधिक बली होता है। पहले की अपेक्षा 9 भाव, चौथे भाव की अपेक्षा 7वाँ भाव और सातवें भाव की अपेक्षा 10वाँ भाव अधिक बली होता है।

इस अध्याय में वर्णित लाल किताब के महत्वपूर्ण सिद्धान्तों को भली-भाँति समझकर स्मरण कर लेना चाहिए क्योंकि इनके व्यवहारिक प्रयोग से आप लाल किताब द्वारा फल जानना सीख सकेंगे। यह ध्यान रखें कि किसी एक सिद्धान्त के आधार पर कुण्डली का फल न करें। अचूक फल ज्ञान के लिए सभी सिद्धान्तों को जन्म कुण्डली पर प्रयोग में लाएं और व्यक्ति विशेष का फल ज्ञात करें। इन सिद्धान्तों के अतिरिक्त प्राचीन ज्योतिष के सिद्धान्तों को प्रयोग में न लाएं। इस अध्याय में दिए गए सिद्धान्त और अन्य अध्यायों में दिए गए नवग्रह संबधी फल किसी भी कुण्डली का फल कहने के लिए उपयुक्त है। अब अगले नौ अध्यायों में नवग्रहों के प्रत्येक भाव का फल और उनके अशुभ फल दूर करने के उपाय बतायेंगे।

2 सूर्य ग्रह का परिचय, द्वादश भाव में फल व उपाय

विष्णु का चित्र

सूर्य को लाल किताब में सबका पालक एवं तपस्वी राजा अर्थात् भगवान विष्णु कहा गया है। आकाश में प्रकाश, भू-ताप, सत्य, पालन-पोषण और उन्नति की शक्ति को सूर्य कहा गया है। सूर्य का होना दिन और न होना रात है। मनुष्य की काया में आत्मा, निज तन से दूजों की सहायता करने की शक्ति को भी सूर्य कहा गया है। ठंड (चन्द्र) प्रकाश व गर्मी (सूर्य), लाली (मंगल) और खाली आकाश (बुध) इसके आवश्यक भाग हैं। समय की हवा संसार के गुरु, गुरु का ज्ञान सांसारिक

बुद्धि और भाग्य की नींव इसकी देन है। सूर्य का इधर-उधर हुए बिना एक ही पथ पर निरन्तर अपना अन्त बताए बिना चलते रहना और वसुन्धरा पर रात-दिन करते जाना भी एक आश्चर्य है।

सूर्य को फारसी में **शमश,** अंग्रेजी में SUN कहते हैं। इसका वार रविवार है और रंग **ताम्र** (ताँबा) सदृश है। सूर्य **पुरुष** ग्रह है और इसका कारक भाव **पहला** है।

सूर्य के लिए चन्द्र, गुरु, मंगल **मित्र** हैं, बुध सूर्य के साथ इसका **सम** सम्बन्ध रहता है और शुक्र व शनि इसके **शत्रु** हैं।

सूर्य को राहु से ग्रहण व केतु से मध्यम सम्बन्ध रहेगा। बुध सूर्य के साथ मौन रहेगा।

सूर्य का काल 22 दिन, 22 वर्ष, आयु 100 वर्ष, महादशा वर्ष 6, सामान्य चक्र दो, इसका प्रभाव प्रारम्भ में एवं प्रभाव की गति रथ सदृश होती है।

सूर्य की आयु किसी भी ग्रह के साथ होने पर 22 वर्ष होगी। सूर्य राहु के साथ हो तो शून्य वर्ष एवं केतु के साथ हो तो 11 वर्ष होगी।

सूर्य नव ग्रहों में सर्वाधिक बली है।

सूर्य का प्रभाव 14, 15, 49, 50, 84, 85, 119 व 120वें वर्ष में रहता है। इसी प्रकार सूर्य का पहला चक्र 22-23, दूसरा चक्र 57-58 एवं तीसरा चक्र 92-93 वर्ष में पड़ता है। सूर्य अपने प्रत्येक चक्र के दो वर्षों में प्रथम 8 मास तक सूर्य का, अगले 8 मास तक चन्द्र का और अगले आठ मास तक मंगल का प्रभाव देता है।

चौथे भाव में स्थित सूर्य रतान्ध होता है।

सूर्य अपनी रक्षा के लिए केतु की बलि ले लेता है।

सूर्य पाँचवें भाव में स्वगृही होता है।

सूर्य **मेष** राशि में **उच्च** का और **तुला** राशि में **नीच** का होता है। यदि सूर्य मेष में हो और उसके सामने सातवें भाव में तुला राशि पर शुक्र, राहु, केतु व शनि ग्रह स्थित हों तो सूर्य उनका फल न देकर अत्यन्त कुप्रभाव देगा।

सूर्य एक वर्ष के तीन खण्ड करने पर प्रथम खण्ड में अपना प्रभाव (सूर्य का) चार मास तक देगा, द्वितीय खण्ड में अगले चार मास तक चन्द्र

का प्रभाव देगा और तृतीय खण्ड में अगले चार मास तक मंगल का प्रभाव देगा। सूर्य 22वें दिन व 22वें वर्ष में विशेष प्रभावशाली होता है।

पाँचवां भाव सुप्त हो तो उसे सूर्य ग्रह जगायेगा। सूर्य सरकारी कार्य या संबंधों पर और 22वें वर्ष के उपरान्त जागता है। सूर्य 2, 8, 9 या 24वें वर्ष में अशुभ फल देता है।

सूर्य 6, 7, 10वें भाव में अशुभ और 1, 5, 8, 9, 11, 12वें भाव में शुभ फल करता है।

सूर्य अकेला किसी भाव में स्थित हो तो जातक निज परिश्रम से ही धनी बनता है।

सूर्य अशुभ होने पर जातक का शरीर अकड़ जाता है और अत्यन्त कठिनाई से हिलता है। मुख में हर समय थूक आता रहता है। यदि घर पर लाल गाय या भूरी भैंस है तो वह खो जायेगी या मर जायेगी। यदि ऐसा है तो प्रत्येक कार्य मीठा खाकर एवं जल पीकर करें। बहते पानी में गुड़ बहाएँ। सूर्य अशुभ या निर्बल हो तो हरिपूजन या हरिवंश पुराण का पाठ करें। विष्णु की उपासना और ताँबा व गेहूँ का दान भी कर सकते हैं। सूर्य अशुभ हो तो ताँबे के दो टुकड़े करके एक टुकड़ा बहते पानी में बहा दें और दूसरा टुकड़ा जीवन भर संभालकर रखें। यदि टुकड़ा चोरी हो जाए तो पुनः ताँबे का टुकड़ा पास में रखें। दूसरी बार पानी में बहाने की आवश्यकता नहीं है।

सूर्य अशुभ हो तो पहले भाव का भी अशुभ फल मिलेगा। सूर्य का चन्द्र से संबंध हो तो चौथे भाव का अशुभ फल मिलेगा। सूर्य का राहु से संबंध हो तो पाँचवें भाव का अशुभ फल देगा।

सूर्य का स्व-ऋण भी होता है जब पाँचवें भाव में शुक्र या पापी ग्रह स्थित होता है। यदि ऐसा हो तो कुटुम्ब में जहाँ तक रक्त का संबंध हो वहाँ तक सभी से धन का थोड़ा-थोड़ा भाग लेकर यज्ञ करने पर इस ऋण से मुक्ति मिल जायेगी।

सूर्य छठे भाव में हो तो लड़के के जन्म के बाद से ही शुभ फल मिलता है।

अब सूर्य का कुण्डली के 12 भावों का अलग-अलग शुभाशुभ स्थिति का फल और उपाय बतायेंगे।

पहले भाव में स्थित सूर्य का फल एवं उपाय

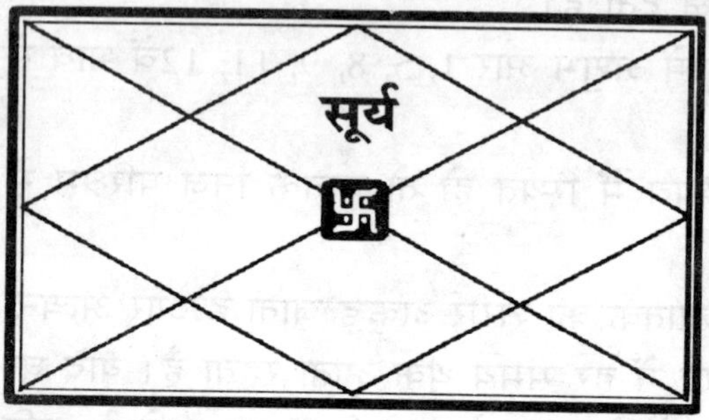

यदि जन्मकुण्डली में सूर्य पहले भाव में स्थित हो तो उसका क्या फल होगा इसकी चर्चा यहां करेंगे। सूर्य जन्मकुण्डली के पहले भाव में शुभ होगा या अशुभ अर्थात् इन दोनों में से एक स्थिति में होगा। अब इन दोनों स्थितियों का अलग-अलग फल और इसका उपाय भी बतलायेंगे।

सूर्य पहले भाव में शुभ स्थिति में हो तो—

☺ जातक धर्मार्थ घर बनवाए और कुएँ खुदवाने का सुकार्य करे। परम्परागत विचारों का अनुसरण करने वाला और धर्म कार्यों में रुचि रखने वाला होगा। राजा सदृश जीवन बीतेगा।

☺ जातक के भाई-बहिन अधिक नहीं होंगे। पिता की अन्तिम समय तक पूर्ण सेवा और भरपूर सहायता करेगा। उसे अपने पुत्र से इस सबकी कोई आशा नहीं होगी।

☺ जातक को पिता से धन चाहे न मिले परन्तु पुत्र को जमापूंजी अवश्य दे जायेगा।

☺ मद्यपान नहीं करेगा। निर्धनों की सहायता करने के लिए हर समय तैयार रहेगा।

☺ जातक का स्वभाव दोधारी तलवार सदृश होगा और उसका क्रोध सर्प-सदृश होगा।

☺ उसकी आजीविका का साधत् कभी बन्द न होगा और वह अपने प्रयासों से ही धनवान बनेगा अर्थात् वह स्वनिर्मित (Self Made) होगा।

☺ राज्य से दीर्घकाल तक लाभ होगा, यात्रा से भी धन लाभ होगा और ईमानदारी से प्राप्त धन बढ़ता ही रहेगा।

- ☺ शरीर स्वस्थ एवं आत्मिक रूप से सबल होगा।
- ☺ सन्तान कम होगी। पत्नी और बच्चों का सुख अन्त तक रहेगा।
- ☺ उसे आँखों देखे पर विश्वास होगा। कानों से सुने पर कदापि विश्वास न करेगा।
- ☺ परोपकार व सेवा भावना सन्तोष, धन व उन्नति का आधार स्तम्भ होगी।
- ☺ सूर्य पहले भाव में भिन्न ग्रहों के साथ हो तो धनार्जन अत्यधिक होगा, परन्तु धन का सुख नहीं होगा।
- ☺ जातक उत्तम पद से युक्त, भाग्यवान, आजीविका उत्तम एवं कभी अशुभ न होगा, यदि चन्द्र दूसरे, शनि ग्यारहवें, शुक्र, बुध परस्पर दृष्ट हों व सूर्य तो पहले भाव में रहेगा ही।
- ☺ जब सूर्य पहले व बुध सातवें भाव में हो तो जातक धर्मात्मा, ईमानदार और बुद्धिमान होगा और शुक्र का फल भी शुभ मिलेगा।

सूर्य पहले भाव में अशुभ स्थिति में हो तो—

- ☹ पिता बाल्यकाल में ही स्वर्गवासी हो जाए। स्त्री का स्वास्थ्य ठीक न रहे, यदि दिन में स्त्री के संग भोग करे तो पत्नी को क्षय रोग हो जाए। ऐसा तभी होगा जब सूर्य पहले भाव में अशुभ और शुक्र सातवें भाव में हो।
- ☹ यदि सूर्य पहले भाव में अशुभ और मंगल पांचवें भाव में हो तो एक के बाद एक कई पुत्र मरें।
- ☹ सूर्य पहले भाव में अशुभ हो और उसके मित्र ग्रह भी अशुभ हों तो बाजार में साख न रहे, जीवन में अन्धेरा हो जाए, आत्महत्या करने तक की स्थिति बन जाए और भाग्य जलती आग सदृश हो जाए।
- ☹ सूर्य पहले भाव में अशुभ और आठवें भाव में शनि हो तो एक के बाद एक अनेक पत्नियाँ मरें।
- ☹ सूर्य पहले भाव में अशुभ और सातवाँ भाव रिक्त हो तो 24 वर्ष से पूर्व विवाह करना शुभ होगा। यदि विवाह नहीं करेगा तो 24 वाँ वर्ष प्रत्येक प्रकार से अशुभ बीतेगा।

उपाय—

☑ *विवाह 24 वर्ष से पूर्व ही करें।*

☑ *दिन में स्त्री के साथ भोग कदापि न करे।*

☑ *पैतृक घर में हैंड पम्प लगवाना शुभ रहेगा। प्राकृतिक पानी का साधन पैतृक घर में स्थापित करने के 10 वर्ष बाद भाग्योदय होगा।*

दूसरे भाव में स्थित सूर्य का फल एवं उपाय

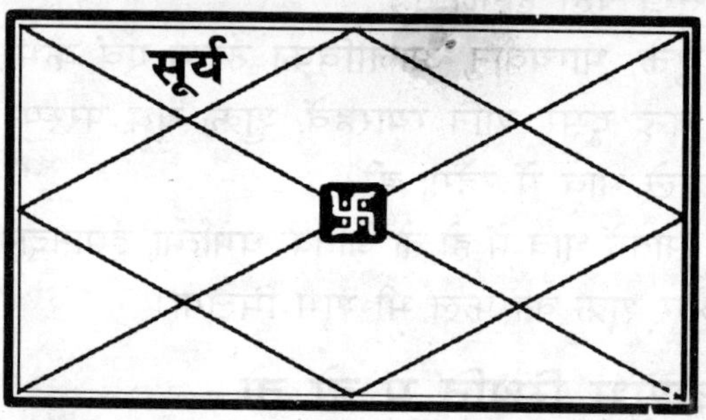

यदि जन्मकुण्डली में सूर्य दूसरे भाव में स्थित हो तो उसका क्या फल होगा इसकी चर्चा यहां करेंगे। सूर्य जन्मकुण्डली के दूसरे भाव में शुभ होगा या अशुभ अर्थात् इन दोनों में से एक स्थिति में होगा। अब इन दोनों स्थितियों का अलग-अलग फल और इसका उपाय भी बतलायेंगे।

सूर्य दूसरे भाव में शुभ स्थिति में हो तो—

☺ जब दूसरे भाव में सूर्य-गुरु की युति हो, पर शनि से युत या दृष्ट न हो तो मामा या ननिहाल धनी होगा, लड़की के सम्बन्धी भी सम्पन्न होंगे, शत्रु 11वें दिन, 11वें मास या 11वें वर्ष की आयु में नष्ट होगा, सूर्य गुरु सदृश होगा, वाहन व चौपाए पशु का सुख होगा। अपने भुजबल पर विश्वास होगा, माता-पिता, मामा, बहन, लड़की, ससुराल, सन्तान व इनके सम्बन्धियों को सहायता देने वाला होगा।

☺ जातक निज हाथों से कार्य करने वाला और योग्य होगा। उसकी योग्यता आजीविका कमाने में काम आयेगी।

☺ जब सूर्य दूसरे व चन्द्र छठे भाव में हो तो सूर्य का प्रभाव अधिक शुभ होगा।

☺ जब सूर्य दूसरे व बुध आठवें भाव में हो जातक बहादुर होगा और हाथ के कार्य को व्यापार से अच्छा समझेगा।

☺ जब सूर्य दूसरे व राहु आठवें भाव में हो तो जातक योग्य होगा।

☺ जब सूर्य दूसरे व केतु आठवें भाव में हो तो जातक सत्यवादी और सत्य को चाहने वाला होगा।

☺ जब सूर्य दूसरे व बुध नौवें भाव में हो तो जातक बहरुपिया व प्रसिद्धि पाने का इच्छुक होगा।

☺ जब सूर्य दूसरे व राहु नौवें भाव में हो तो जातक चित्रकार व पेंटर या कला सम्बन्धी कार्य करने वाला होगा।

☺ जब सूर्य दूसरे व केतु नौवें या बुध दसवें भाव में हो तो जातक तकनीकी कार्य का जानकार अर्थात् टैक्नीशियन होगा।

☺ जब सूर्य दूसरे भाव में और मंगल नौवें भाव में स्थित हो तो जातक शौकीन (Fashionable) होगा।

☺ जब सूर्य दूसरे भाव में हो और आठवाँ भाव रिक्त हो तो सूर्य दूसरे भाव का शुभ फल प्रदान करेगा।

☺ जब सूर्य दूसरे भाव में हो और शनि दसवें भाव में स्थित हो तो जातक सम्मानित व बुद्धि से तेज होगा।

☺ जब सूर्य दूसरे भाव में और शनि ग्यारहवें भाव में स्थित हो तो जातक कभी प्रसन्न तो कभी दुःखी, हर समय मनोदशा (Mood) बदलने वाला होगा।

सूर्य दूसरे भाव में अशुभ स्थिति में हो तो—

☹ दूसरे भाव का सूर्य अपने शत्रु ग्रह की वस्तुओं (स्त्री, धन, विधवा या प्रेमिका, गाय, स्वाद, माता, बुआ, मौसी व गुदा आदि) पर अशुभ प्रभाव देता है। धन, स्त्री और सम्पत्ति के झगड़े तबाही का कारण बनेंगे। स्त्री, माता, भाभी व बहनों की संख्या घटेगी, इससे बचने के लिए शनि का उपाय करना लाभप्रद रहेगा।

☹ जैसे-जैसे धन, स्त्री व सम्पत्ति के झगड़े बढ़ते जाएं समझ लें कि वैसे-वैसे सूर्य अशुभ होता जा रहा है।

☹ जब सूर्य दूसरे भाव में अशुभ एवं आठवें भाव में चन्द्रमा हो तो दान कभी न लें वरना बर्बाद हो जायेंगे। स्वयं धन अर्जित करके जीवन जीना सीखें।

☹ जब सूर्य दूसरे भाव में अशुभ, मंगल पहले भाव में और चन्द्रमा बारहवें भाव में हो तो जातक सर्वप्रकार से दुःखी व तंगी में होगा

अर्थात् सूर्य, मंगल, चन्द्र तीनों ग्रह अशुभ फल दे रहे होंगे।

☹ जब सूर्य दूसरे भाव में अशुभ और मंगल आठवें भाव में हो तो जातक लालची होगा।

उपाय—

☑ *नारियल, तेल, बादाम को मन्दिर या धर्मस्थल में देते रहने से सूर्य का अशुभ प्रभाव दूर होगा।*

☑ *दान कभी न लें, अपितु स्वयं अर्जित धन से जीवन जीयें।*

तीसरे भाव में स्थित सूर्य का फल एवं उपाय

यदि जन्मकुण्डली में सूर्य तीसरे भाव में स्थित हो तो उसका क्या फल होगा इसकी चर्चा यहां करेंगे। सूर्य जन्मकुण्डली के तीसरे भाव में शुभ होगा या अशुभ अर्थात् इन दोनों स्थितियों में से एक स्थिति में होगा। अब इन दोनों स्थितियों का अलग-अलग फल और इसका उपाय भी बतलायेंगे।

सूर्य तीसरे भाव में शुभ स्थिति में हो तो—

☺ जातक धनी, स्वयं कमाकर जीवनयापन करने वाला एवं सुन्दर होगा। सूर्य तीसरे भाव में शुभ होने पर चन्द्र, मंगल, बुध व शुक्र का फल भी शुभ होगा। सन्तान दीर्घायु होगी। भाग्यवान और ईश्वर की अनुकम्पा प्राप्त होगी। बौद्धिक कार्यों से लाभ, चोरी व चोरी के माल से दूर रहेगा। ज्योतिष व गणित में पारंगत होगा। चाल-चलन ठीक न रखने पर स्वास्थ्य और भाग्य से खराब हो जायेगा।

☺ जब सूर्य तीसरे भाव में हो और चन्द्रमा भी शुभ हो तो अन्तिम समय तक जातक निर्धन न होगा। चन्द्रमा की वस्तुओं का फल शुभ एवं माता दीर्घायु हो।

☺ जब सूर्य, बुध तीसरे भाव में हो तो भाई-भतीजे से लाभ होगा परन्तु यह आवश्यक नहीं कि बुध की वस्तुएँ भी शुभ फल दें।

सूर्य तीसरे भाव में अशुभ स्थिति में हो तो—

☹ सूर्य तीसरे भाव में अशुभ एवं चन्द्र भी अशुभ हो तो दिन-दहाड़े चोरी होगी।

☹ सूर्य तीसरे भाव में अशुभ एवं नौवां भाव भी अशुभ हो तो पिता व दादा निर्धन होंगे।

☹ सूर्य तीसरे भाव में अशुभ एवं पहला भाव भी अशुभ हो तो पड़ौसी बर्बाद होंगे।

☹ सूर्य तीसरे भाव में अशुभ एवं बुध या पाप ग्रह अशुभ हों तो मामा के लिए अशुभ हो।

उपाय—

☑ *चाल-चलन ठीक रखें।*

☑ *कभी भी बुरे कार्य या पाप न करें।*

चौथे भाव में स्थित सूर्य का फल एवं उपाय

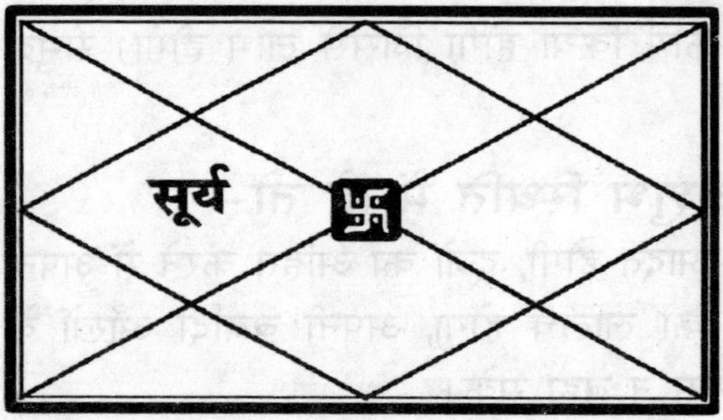

यदि जन्मकुण्डली में सूर्य चौथे भाव में स्थित हो तो उसका क्या फल होगा इसकी चर्चा यहां करेंगे। सूर्य जन्मकुण्डली के चौथे भाव में शुभ होगा या अशुभ अर्थात् इन दोनों में से एक स्थिति में होगा। अब इन दोनों स्थितियों का अलग-अलग फल और इसका उपाय भी बतलायेंगे।

सूर्य चौथे भाव में शुभ स्थिति में हो तो—

☺ जातक अपना गुजारा चाहे कैसे करे, मरते समय धन अवश्य छोड़

जायेगा। सन्तान व परिवार के सदस्य करोड़पति होंगे। वह स्वयं दयालु, बुद्धिमान और शासक होगा। माता-पिता की सेवा का अवसर कम मिलेगा। आजीविका व धन चन्द्र और गुरु स्थित भावों से होगी। मंगल शुभ हो तो परिवार व कुटम्ब सम्पन्न हो। स्वास्थ्य अच्छा रहे व धन का आगमन निरन्तर रहे और संग्रह भी होता रहे।

☺ जब सूर्य चौथे भाव में और चन्द्र चौथे भाव में हो तो नई शोध के कारण भरपूर लाभ हो।

☺ जब सूर्य चौथे भाव में और बुध दसवें भाव में हो तो जातक राजकीय यात्रा से लाभ कमाए और उत्तम व्यापारी हो।

☺ जब सूर्य चौथे भाव में और मंगल स्थापित हो तो जातक स्वभाव से नम्र एवं धैर्यवान हो।

☺ सूर्य चौथे व गुरु दसवें भाव में हो तो गुरु का नीच फल नहीं मिलेगा।

☺ सूर्य चौथे व बुध साथ में हो तो जातक यात्रा से लाभ पाए व उत्तम व्यापारी हो।

☺ सूर्य चौथे, शुक्र व चन्द्र उसके साथी हों तो उत्तम भाग्य, माता-पिता से लाभ और भले कार्य करने वाला जातक हो।

☺ सूर्य चौथे भाव में, मंगल व चन्द्र शुभ एवं गुरु चौथे भाव में हो तो जातक को सोने-चांदी के कार्य से लाभ होगा। उसके बुजुर्गों ने ऐसी कोई खोज या कार्य किया होगा जिससे लाभ होगा। समुद्री यात्रा से लाभ होगा।

सूर्य चौथे भाव में अशुभ स्थिति में हो तो—

☹ जातक की चोरी की आदत होगी, दूजों का अहित करने में अपनी ही हानि होगी, धन का लालच होगा, अपनी बर्बादी आँखों के सामने देखकर भी आँसू न बहा सके।

☹ जब सूर्य चौथे भाव में अशुभ हो और सातवें भाव में शनि हो तो जातक को रात में न दिखे अर्थात् रतौंधी (Night bliudness) का नेत्ररोग हो।

☹ जब सूर्य चौथे भाव में अशुभ हो और शेष पापी ग्रह भी अशुभ हों तो जातक की सन्तान ठीक न हो अर्थात् सन्तान से सुख न मिले।

☹ जब सूर्य चौथे भाव में अशुभ हो और मंगल दसवें हो तो जातक काना होगा पर भाग्यशाली होगा।

☹ जब सूर्य चौथे भाव में अशुभ हो, चन्द्रमा पहले या दूसरे हो, शुक्र पाँचवें हो और शनि सातवें हो तो जातक नपुंसक व मूर्ख होगा अर्थात् बिन बुलाया अतिथि होगा।

☹ जब सूर्य चौथे भाव में अशुभ हो और उसके सामने दसवें भाव में चन्द्र, गुरु या बुध में से कोई एक ग्रह स्थित हो तो मंगल को छोड़कर सभी ग्रह अशुभ फल देंगे। **उपाय में पैतृक घर में यज्ञ, निशुल्क भोजन या भिक्षा अंधों को देने से शुभ फल होगा।**

☹ जब सूर्य चौथे भाव में अशुभ हो, चन्द्रमा शुभ और गुरु चौथे भाव में हो तथा मंगल अशुभ हो तो विवाह एवं सन्तान की दृष्टि से हर प्रकार से अशुभ होगा।

☹ जब सूर्य चौथे भाव में अशुभ हो और गुरु दसवें भाव में हो तो सोना चोरी हो जाए, शनि व लोहे का कार्य हानिकारक हो, छुपे हुए झगड़े होंगे एवं माता-पिता संबंधी कार्य शुभ फल दायक हों।

उपाय—

☑ ***पैतृक गृह में अन्धों को भिक्षा दें, यज्ञ कराएँ, निशुल्क भोजन कराएँ तो शुभफल होगा।***

☑ ***लोहे व लकड़ी का कार्य कदापि न करें।***

☑ ***सोना, चांदी व कपड़े का कार्य अवश्य करें।***

पाँचवें भाव में स्थित सूर्य का फल एवं उपाय

यदि जन्मकुण्डली में सूर्य पाँचवें भाव में स्थित हो तो उसका क्या फल होगा इसकी चर्चा यहां करेंगे। सूर्य जन्मकुण्डली के पाँचवें भाव में शुभ होगा या अशुभ अर्थात् इन दोनों में से एक

स्थिति में होगा। अब इन दोनों स्थितियों का अलग-अलग फल और उसका उपाय भी बतलायेंगे।

सूर्य पाँचवें भाव में शुभ हो तो—

☺ सन्तान उत्पन्न होने के दिन से रसोई में खाने-पीने के सामान में वृद्धि होगी। पूर्व में स्थित रसोईघर शुभ फल देने वाला होगा। राजा बना तो परोपकारी होगा। साधु बना तो दीर्घायु होगा अर्थात् उसका बेड़ा पार राजा या साधु द्वारा होगा। वृद्धावस्था उत्तम होगी। भेड़िये तथा बकरी को एक स्थान पर रखने की सामर्थ्य वाला होगा। सन्तान और परिवार की उन्नति का स्वामी होगा।

☺ सूर्य पाँचवें भाव में हो, मंगल पहले या आठवें हो, पापी ग्रह (राहु, केतु, शनि) नौवें या ग्यारहवें भाव में हों तो राजा की तरह जीवनयापन होता है।

☺ सूर्य पांचवे और शनि ग्यारहवें भाव में हो तो सर्वप्रकार से उन्नति होगी, सन्तान सुखी और माता-पिता दीर्घायु होंगे।

☺ सूर्य पांचवें भाव में शत्रु ग्रह के साथ हो तो राज्य व प्रत्येक स्थान पर जातक का सम्मान होता है।

☺ सूर्य पांचवें हो और गुरु शुभ हो तो सभी इच्छाएँ पूर्ण होंगी।

☺ सूर्य पांचवें एवं गुरु 9 या 12वें भाव में हो तो शत्रु पराजित होते हैं और सन्तान का भला नहीं होता है।

सूर्य पांचवें भाव में अशुभ हो तो—

☹ सूर्य पांचवें भाव में अशुभ और गुरु दसवें भाव में हो तो विवाह के बाद एक-एक करके कई बार स्त्री मरे, यदि विवाह करता जाए।

☹ सूर्य पांचवें भाव में अशुभ और शनि तीसरे भाव में हो तो एक के बाद एक कई पुत्र मरें।

उपाय—

☑ ***लाल मुँह के बन्दर की सेवा करें।***

☑ ***पक्षी, मुर्गा और बच्चों का पालन-पोषण करने से सूर्य की अशुभता दूर होती है।***

☑ ***सन्तान उत्पन्न करने में विलम्ब न करें।***

☑ ***घर में रसोई पूर्व दिशा में बनाएं।***

छठे भाव में स्थित सूर्य का फल एवं उपाय

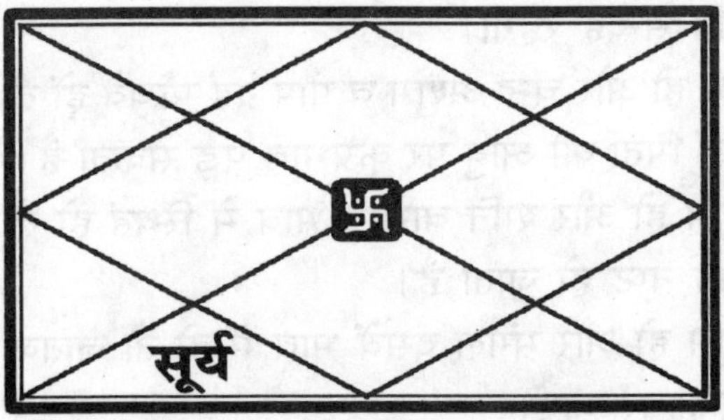

यदि जन्मकुण्डली में सूर्य छठे भाव में स्थित हो तो उसका क्या फल होगा इसकी चर्चा यहां करेंगे। सूर्य जन्मकुण्डली के छठे भाव में शुभ होगा या अशुभ अर्थात् इन दोनों में से एक स्थिति में होगा। अब इन दोनों स्थितियों का अलग-अलग फल और इसका उपाय भी बतलायेंगे।

सूर्य छठे भाव में शुभ स्थिति में हो तो—

☺ जातक भाग्यशाली होता है। उसकी आजीविका को कोई बन्द नहीं कर सकता है। राज्य से लाभ पाने वाला, क्रोधी स्वभाव वाला और मान-सम्मान वाला होगा। पत्नी सुन्दर होगी पर उसे उसकी योग्यता की परवाह नहीं होगी। चाल-चलन खराब होने पर भी धन की कमी न होगी। राज्य में अच्छी पहुँच रखने वाला होगा। काम-धन्धा एक बार अवश्य कमजोर होगा, पर सन्तान के उत्पन्न होने के बाद पुनः ठीक हो जायेगा। छूटा हुआ कार्य पुनः मिल जायेगा।

☺ जब सूर्य छठे भाव में हो और दूसरे भाव में चन्द्र, मंगल या गुरु हो तो घर में पुराने सिद्धान्तों को चलाना लाभप्रद रहेगा।

☺ सूर्य छठे भाव में हो और केतु पहले या सातवें भाव में हो तो राज्य लाभ, पुत्र अवश्य उत्पन्न होगा। 48वें वर्ष के उपरान्त अशुभ समय अपने आप शुभ में बदल जायेगा।

सूर्य छठे भाव में अशुभ स्थिति में हो तो—

☹ ननिहाल, पुत्र आदि पर कुप्रभाव डालेगा। रात्रि में नींद न आना और बुढ़ापे में आँखों की रोशनी कम और सन्तान ठीक नहीं होगी। पुत्र, मामा व अपने स्वास्थ्य पर कुप्रभाव डालेगा।

- ☹ सूर्य छठे भाव में अशुभ हो और दूसरा भाव रिक्त हो तो 22वें वर्ष में जातक व पिता में से एक सरकारी नौकरी पा सकेगा। यदि दोनों सरकारी नौकरी कर रहे हैं तो एक शहर में एक साथ नहीं रह सकेंगे। जातक पिता पर भारी होगा। साढ़े ग्यारह या 23वें वर्ष से पिता की आयु के प्रति सन्देह रहेगा।
- ☹ सूर्य छठे भाव में अशुभ हो और चन्द्र अशुभ व पाप ग्रह पाँचवे हों तो 11, 21 व 22वें वर्ष में पिता की आयु पर कुप्रभाव पड़ सकता है।
- ☹ सूर्य छठे भाव में अशुभ हो और शनि बारहवें भाव में स्थित हो तो जातक की स्त्री व धन नष्ट हो जाता है।
- ☹ सूर्य छठे भाव में अशुभ हो और मंगल दसवें भाव में हो तो जातक के पुत्र एक-एक करके मर जाएं।
- ☹ सूर्य छठे भाव में अशुभ हो और बुध बारहवें भाव में हो तो राजकीय संबंध बिगड़ जाने के कारण राजभय बना रहे और रक्तचाप भी बढ़ा रहे।
- ☹ सूर्य छठे भाव में अशुभ हो और पहले भाव में राहु या शनि स्थित हो तो भाग्य को ग्रहण लग जाए। जन्म समय माता-पिता की स्थिति खराब होगी। 42 से 47वें वर्ष या 48 से 50वें वर्ष के मध्य समय अत्यन्त खराब बीतेगा।
- ☹ सूर्य छठे भाव में अशुभ हो और दूसरे भाव में राहु व आठवें भाव में शनि हो राज्यभय व स्वास्थ्य ठीक न रहेगा।
- ☹ सूर्य छठे भाव में अशुभ हो और चन्द्रमा बारहवें भाव में हो तो जातक काना या उसकी स्त्री कानी होगी।
- ☹ सूर्य छठे भाव में अशुभ हो और पहले भाव में राहु व सातवें भाव में केतु स्थित हो तो जातक का जन्म घर से बाहर या ननिहाल में होगा। पैतृक घर की पिछली दीवार में प्रकाश के लिए रोशनदान या खिड़की बनाने पर भाग्य सो जाए।

उपाय—

- ☑ ***पैतृक रीति-रिवाजों को कदापि बन्द न करें, सदैव पालन करें। यदि बन्द कर देंगे तो घर में बरकत व प्रसन्नता समाप्त हो जायेगी।***
- ☑ ***दूसरों द्वारा धर्मस्थल पर दी गई दान की वस्तुएँ अपने पास रखना सूर्य को शुभता प्रदान करेगा।***

- ☑ *रात में अपने सिरहाने चन्द्रमा की वस्तुएँ (पानी आदि) रखकर सोने से सन्तान न मरे।*
- ☑ *घर में भूमिगत भट्टी न बनवाएं।*
- ☑ *मन्दिर या किसी धर्मस्थल पर कुत्ते का भोजन रखने या धर्मस्थल में कुछ न कुछ देते रहने से पिता दीर्घायु, स्वास्थ्य ठीक और धन हानि से बचा रहे।*
- ☑ *रात्रि का भोजन खा लेने के बाद चूल्हे की आग को दूध से बुझाएं।*
- ☑ *चान्दी या गंगाजल घर में लाकर रखें।*
- ☑ *बुध का उपाय करें।*
- ☑ *बन्दर को गुड़ या सूर्य की वस्तुएँ दें।*
- ☑ *बाजरा या सूर्य की वस्तुएँ दान करें।*

सातवें भाव में स्थित सूर्य का फल एवं उपाय

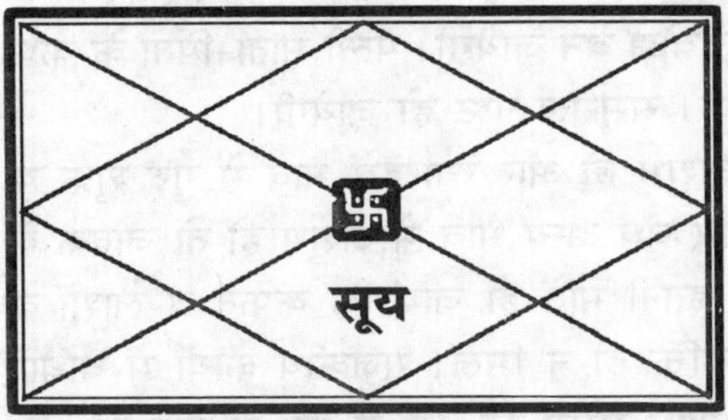

यदि जन्मकुण्डली में सूर्य सातवें भाव में स्थित हो तो उसका क्या फल होगा इसकी चर्चा यहां करेंगे। सूर्य जन्मकुण्डली के सातवें भाव में शुभ होगा या अशुभ अर्थात् इन दोनों में से एक स्थिति में होगा। अब इन दोनों स्थितियों का अलग-अलग फल और इसका उपाया भी बतलायेंगे।

सूर्य सातवें भाव में शुभ स्थिति में हो तो—

- ☺ सूर्य सातवें भाव में हो और बुध, गुरु या शुक्र दूसरे, तीसरे या पांचवें भाव में हो तो आजीविका घर से बाहर परदेश में होने पर भी मृत्यु अपने पैतृक घर में ही होगी।
- ☺ सूर्य सातवें भाव में हो और गुरु, मंगल या चन्द्रमा दूसरे भाव में हो तो जातक सरकार में मन्त्री होगा।

☺ सूर्य सातवें भाव में हो और बुध, उच्च या बुध पांचवें या सातवें भाव पर मंगल की दृष्टि हो तो आय तो अच्छी होगी पर यह आवश्यक नहीं कि वह बुद्धिमान भी हो।

☺ सूर्य सातवें भाव में हो तो क्षयरोग, आत्महत्या, अग्निकांड, भवन आदि के रूप में परेशानियाँ आयेंगी। गृहस्थी से तंग होकर सन्यासी बने, क्रोध बहुत आए जिसके पीछे स्वार्थ ही हो।

☺ सूर्य सातवें भाव में हो और शनि, बुध या केतु दूसरे भाव में हों तो परायी परेशानियाँ गले पड़ जाएं।

सूर्य सातवें भाव में अशुभ स्थिति में हो तो—

☹ सूर्य सातवें भाव में अशुभ हो और बुध से युक्त या दृष्ट न हो तो जन्म समय कितना भी भाग्यशाली हो, बोलना शुरू करते ही भाग्य निर्बल हो जाएगा।

☹ सूर्य सातवें भाव में अशुभ हो और बुध नौवें भाव में हो तो जातक का कोई विश्वास न करें।

☹ सूर्य सातवें भाव में अशुभ हो और दूसरे शुक्र या पाप ग्रह स्थित हों तो जातक की गृहस्थी बोझ बन जायेगी। पत्नी माता-पिता के कष्ट को लेकर दुःखी रहेगी। ससुराल नष्ट हो जायेगी।

☹ सूर्य सातवें भाव में अशुभ हो और ग्यारहवें भाव में गुरु शुक्र या पाप ग्रह स्थित हो और बुध अन्य भाव में अशुभ हो तो जातक के परिवार में एक साथ इतनी मौतें हो जाएं कि कफन व लाशों के क्रियाकर्म के लिए व्यक्ति ही न मिलें। राजकीय कार्यों में बाधाएँ आएं, 34 वर्ष तक अशुभ समय रहे, घर में क्षय व दमा रहे और रोग का कोई इलाज न हो पाए। पितृ ऋण का बोझ बना रहे। आग, गबन व गृहस्थी की परेशानियों में आत्महत्या की सोचे। पागलपन, स्वार्थ और क्रोध से सब कुछ नष्ट हो जाए।

☹ सूर्य सातवें भाव में अशुभ हो तो जातक नमक अधिक खाए, क्रोध अधिक करे व अपयश भी बढ़े और शुक्र संबंधी सुखों को समाप्त करे और अपना भी अशुभ फल दे।

☹ सूर्य सातवें भाव में अशुभ हो, केतु पहले भाव में हो या बुध ग्यारहवें भाव में हो तो पोते या नाती के जन्म पर स्वास्थ्य खराब होगा।

☹ सूर्य सातवें भाव में हो तो अशुभ ही होता है और उस दिन से उत्तम होगा जब आठवें भाव का ग्रह दूसरे भाव में आ जायेगा। इसी प्रकार जब आयु के 13, 29, 41, 54, 69, 72, 78, 86, 98, 119 वर्ष में भाव एक रिक्त होगा।

☹ सूर्य सातवें भाव में, मंगल या शनि 2 या 12वें भाव में तथा चन्द्रमा पहले भाव में हो फुलबहरी रोग होता है।

उपाय—

☑ *गुरु का उपाय करें।*

☑ *दूध से आग बुझाएं। यह तब तक करें जब शनि पहले भाव में हो।*

☑ *ताँबे का चौकोर टुकड़ा भूमि के नीचे दबाएँ (ऐसा तब करे जब पुत्र तंग हो)।*

☑ *नमक कम खाएँ।*

☑ *कोई भी कार्य थोड़ा मीठा मुख में डालकर या पानी के कुछ घूँट पीकर प्रारम्भ करना शुभ रहेगा।*

☑ *काली या बिना सींग वाली गाय की सेवा करना शुभ रहेगा। यह ध्यान रखें कि सफेद गाय न हो।*

☑ *भोजन करने से पूर्व रोटी के टुकड़े की आहुति अग्नि में डालना पारिवारिक सुख के लिए उत्तम है।*

☑ *सांसारिक व्यवहार उत्तम रखें।*

आठवें भाव में स्थित सूर्य का फल एवं उपाय

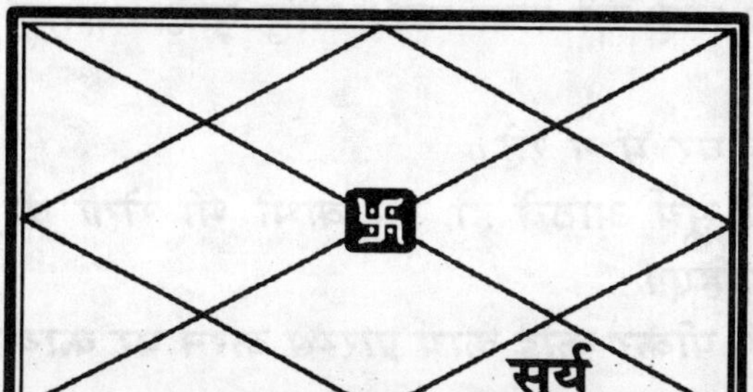

यदि जन्मकुण्डली में सूर्य आठवें भाव में हो तो उसका क्या फल होगा इसकी चर्चा यहां करेंगे। सूर्य जन्म कुण्डली के आठवें भाव में शुभ होगा या अशुभ अर्थात् इन दोनों में से एक स्थिति

में होगा। अब इन दोनों स्थितियों का अलग-अलग फल और इसका उपाय भी बतलायेंगे।

सूर्य आठवें भाव में शुभ स्थिति में हो तो—

☺ सूर्य की पूँजी सांसारिक अशुभता और शत्रुओं को नष्ट कर देगी। 22वें वर्ष से राजकीय लाभ एवं उन्नति होगी।

☺ मंगल व शनि का अशुभ प्रभाव नहीं होगा। सूर्य व उसके मित्रों का फल भी शुभ होगा। ऐसा तभी होगा जब सूर्य आठवें भाव में, मित्र ग्रह पहले भाव में या साथ में स्थित हो या मंगल शुभ हो।

☺ आठवें शुभ सूर्य होने पर जातक तपस्वी, सत्यवादी व राजा या राजा सृदश होगा। उसका कोई कुछ नहीं बिगाड़ सकेगा वैसे भी सांच को आंच नहीं होती है।

सूर्य आठवें भाव में अशुभ स्थिति में हो तो—

☹ सूर्य आठवें भाव में अशुभ हो और दूसरे भाव में बुध हो तो आर्थिक स्थिति कमजोर होगी।

☹ सूर्य आठवें भाव में अशुभ और गुरु भी अशुभ हो तो दूजों की मृत्यु आने पर रक्षा करे पर अपना भाग्य दुर्भाग्य में बदल जाए।

☹ सूर्य आठवें भाव में हो और शनि तीसरे व गुरु पहले या पांचवें अशुभ हो या मंगल अशुभ हो तो अल्पायु हो। घर में दरवाजा दक्षिण में हो तो परेशान, बड़ा भाई न हो तो मंगल भी अशुभ होगा।

☹ जातक क्रोधी, धैर्यहीन, स्त्रियों का प्रेमी व उलझनों से त्रस्त या रोगी रहे।

उपाय—

☑ *घर में सफेद गाय न रखें।*

☑ *काली गाय या बड़े भाई की सेवा करें। आयु वृद्धि अर्थात् दीर्घायु होगी।*

☑ *दक्षिण द्वार से युक्त घर में न रहे।*

☑ *जिसकी कुण्डली में सूर्य आठवें हो उसे कभी भी रोगी के पास नहीं बैठना चाहिए।*

☑ *मीठा खाकर व पानी पीकर कोई कार्य प्रारम्भ करने पर कार्य सिद्ध होगा।*

नौवें भाव में स्थित सूर्य का फल एवं उपाय

यदि जन्मकुण्डली में सूर्य नौवें भाव में हो तो उसका क्या फल होगा इसकी चर्चा यहां करेंगे। सूर्य जन्म कुण्डली के नौवें भाव में शुभ होगा या अशुभ अर्थात् इन दोनों में से एक स्थिति में होगा। अब इन दोनों स्थितियों का अलग-अलग फल और इसका उपाय भी बतलायेंगे।

सूर्य नौवें भाव में शुभ स्थिति में हो तो—

☺ जातक दीर्घायु, भोला, भाग्यशाली व अच्छे विचारों वाला होगा। सूर्य सदैव सहायता करेगा। दृढ़ निश्चयी होना श्रेष्ठ है। कुटम्ब बड़ा होगा और पोते-पोतियों का सुख देखे। परिवार के लिए वह अपना सर्वस्व निछावर करने को तत्पर रहेगा, पर अपने लिए उनसे कोई उम्मीद (आशा) नहीं रखेगा। कभी भूखा नहीं मरेगा। सात पीढ़ियों का सहायक व रक्षक होगा। परोपकार के सिद्धान्त पर घर-बाहर को चलायेगा। राजकीय संबंध निर्बल व गुरु भी अशुभ हो तो भी दूजों का भला करने वाला होगा। भाई-बहिन व भाई का फल उत्तम होगा। माता-पिता सरकारी कर्मचारी होंगे। कुटम्ब के कार्यों के लिए धन का व्यय अधिक होगा। बहन का सुख मिलेगा, पुत्र होगा। सर्वप्रकार से अच्छा होगा।

☺ सूर्य का जब मित्र ग्रहों से भी संबंध होगा तो कुटम्ब, पिता, दादा व अपनी दीर्घायु होगी।

☺ सूर्य नौवें व बुध पांचवें हो तो भाग्योदय 34वें वर्ष में होगा।

सूर्य नौवें भाव में अशुभ स्थिति में हो तो—

☹ सूर्य नौवें भाव में अशुभ हो तो जातक दुष्ट, भाईयों से दुःखी होगा।

☹ सूर्य नौवें भाव में अशुभ, बुध से युत या बुध 3रे या 5वें हो तो सूर्य का अशुभ प्रभाव अधिक होगा।

☹ न अधिक क्रोध करे और न अधिक नम्र रहे, जबकि सूर्य नौवें व राहु 1, 3, 5वें हो।

उपाय—

☑ *चन्द्रमा की वस्तुओं का दान करें। दान कभी न लें।*
☑ *मुफ्तखोर न बनें। मुफ्त में चांदी या चावल तो कदापि न लें।*
☑ *घर में बड़े-बड़े पुराने पीतल के बर्तन रखे रहने दें, उन्हें ना बेचें।*
☑ *दूजों से मजाक या दिल्लगी कभी न करें।*
☑ *पापकर्म से बचें।*

दसवें भाव में स्थित सूर्य का फल एवं उपाय

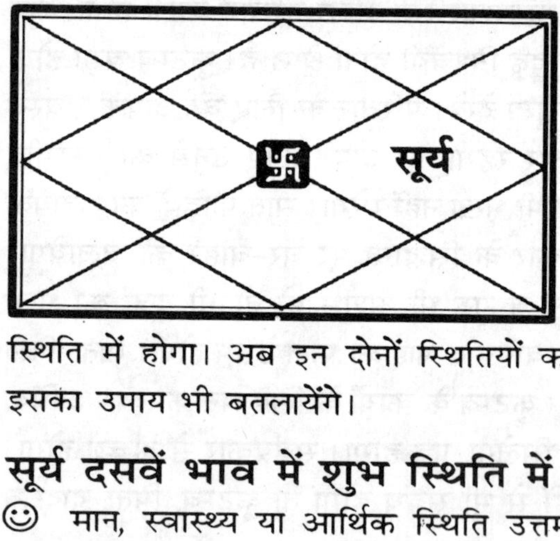

यदि जन्मकुण्डली में सूर्य दसवें भाव में स्थित हो तो उसका क्या फल होगा इसकी चर्चा यहां करेंगे। सूर्य जन्मकुण्डली के दसवें भाव में शुभ होगा या अशुभ अर्थात् इन दोनों में से एक स्थिति में होगा। अब इन दोनों स्थितियों का अलग-अलग फल और इसका उपाय भी बतलायेंगे।

सूर्य दसवें भाव में शुभ स्थिति में हो तो—

☺ मान, स्वास्थ्य या आर्थिक स्थिति उत्तम, लेकिन दूजों पर सन्देह बहुत करेगा या मन में सदैव वहम रहेगा। नौकरों या सेवकों व वाहन का सुख रहेगा। राज्य में अधिकारी होगा।

सूर्य दसवें भाव में अशुभ स्थिति में हो तो—

☹ सूर्य दसवें हो और पुरुष ग्रह की सहायता न मिले तथा चन्द्रमा

पांचवें हो तो अल्पायु, दुःखी, धर्म की हानि या सन्तान को नष्ट होते देखेगा।

☹ सूर्य दसवें हो, चन्द्रमा पांचवे भाव में हो तथा किसी पुरुष ग्रह की दृष्टि या सहायता न मिलती हो तो आयु 12 दिन ही होगी अर्थात् अल्पायु होगा।

☹ सूर्य दसवें भाव में और चन्द्रमा चौथे भाव में हो तो राजकीय सुख उत्तम होगा। माता, घोड़ा व पगड़ी के साथ-साथ गुरु भी निष्फल होगा।

☹ सूर्य दसवें भाव में, शुक्र चौथे व शनि अशुभ हो तो पिता बचपन में ही मर जाए।

☹ सूर्य दसवें भाव में और चन्द्रमा दूसरे भाव में स्थित हो तो जातक की माता 24वें वर्ष में दुःखी हो या मर जाए।

☹ सूर्य दसवें भाव में और 6ठे या 8वें भाव में कोई पाप ग्रह स्थित हो तो 34वें वर्ष तक किसी प्रकार का सुख न मिले। स्वयं, संतान व पिता तक दुःखी रहे।

☹ सूर्य दसवें व शनि अशुभ हो तो पिता को कष्ट आर्थिक तंगी व परिवार से दूर रहना पड़े। शनि संबंधी वस्तुओं का सुख न मिले।

☹ सूर्य दसवें व चौथा भाव रिक्त हो तो राजकीय लाभ न हो।

उपाय—

☑ *सफेद या शर्बती रंग की टोपी या पगड़ी से सदैव सिर ढककर रखें।*

☑ *काले, नीले कपड़े कदापि न पहनें।*

☑ *अपने दोषों का या परेशानियों का कभी भी ढिंढोरा न पीटें।*

☑ *सिर कभी नंगा न रक्खें।*

☑ *गंगाजल घर पर लाकर रखें। कुँआ या हैंडपम्प लगवाएँ। प्याऊ खोलें।*

☑ *नदी, नाले या समुद्र के बहते पानी में 40 या 43 दिन तक तांबे का पैसा लगातार बहाएँ।*

ग्यारहवें भाव में स्थित सूर्य का फल एवं उपाय

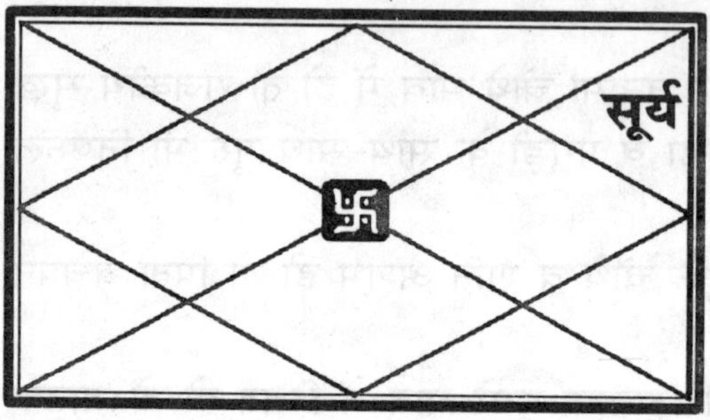

यदि जन्मकुण्डली में सूर्य ग्यारहवें भाव में स्थित हो तो उसका क्या फल होगा इसकी चर्चा यहां करेंगे। सूर्य जन्मकुण्डली के ग्यारहवें भाव में शुभ होगा या अशुभ अर्थात् इन दोनों में से एक स्थिति में होगा। अब इन दोनों स्थितियों का अलग-अलग फल और इसका उपाय भी बतलायेंगे।

सूर्य ग्यारहवें भाव में शुभ स्थिति में हो तो—

☺ सूर्य ग्यारहवें भाव में हो और मांसाहारी न हो तो पुत्र सुख जल्दी और अच्छा रहेगा। वैसे तो धार्मिक प्रवृत्ति होगी, परन्तु अपने सुख का अधिक ध्यान रखेगा। दीर्घायु होगा। पुत्र तीन होंगे। परिवार का मुखिया होगा। राजसुख उत्तम रहेगा।

सूर्य ग्यारहवें भाव में अशुभ स्थिति में हो तो—

☹ यदि सूर्य ग्यारहवें भाव में अशुभ हो, चन्द्र 8वें भाव में हो, बुध तीसरे भाव में हो और शनि अशुभ हो तो जातक झूठा, हरामखोर व दीर्घायु होगा पर सूर्य व बुध का अशुभ फल मिलेगा।

☹ सूर्य ग्यारहवें भाव में हो, चन्द्रमा 5वें हो और पुरुष ग्रहों की दृष्टि या सहायता सूर्य को न मिले तो निस्संतान होगा और अल्पायु होगा।

उपाय—

☑ *ऐसे कार्य न करें जिससे शनि अशुभ हो जाए।*

☑ *रात को 5 मूली या बादाम सिरहाने रखकर अगले दिन प्रातः धर्मस्थल या मन्दिर में दे देने पर आयु बढ़े व सन्तान उत्पन्न हो।*

☑ *माँस न खाएँ, यदि खाएँगें तो निस्संतान रहेंगे।*

☑ *वायदा ना तोड़े, झूठी गवाही न दें, धोखाधड़ी, शराब या मांस का सेवन न करें।*

बारहवें भाव में स्थित सूर्य का फल एवं उपाय

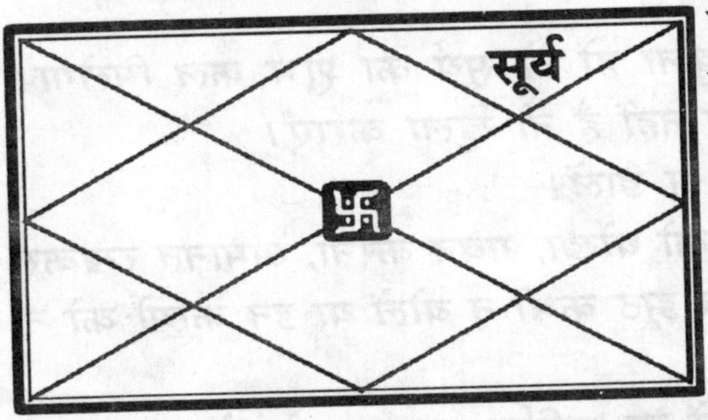

यदि जन्मकुण्डली में सूर्य बारहवें भाव में स्थित हो तो उसका क्या फल होगा इसकी चर्चा यहां करेंगे। सूर्य जन्मकुण्डली के बारहवें भाव में शुभ होगा या अशुभ अर्थात् इन दोनों में से एक स्थिति में होगा। अब इन दोनों स्थितियों का अलग-अलग फल और इसका उपाय बतलायेंगे।

सूर्य बारहवें भाव में शुभ स्थिति में हो तो—

☺ सूर्य-शनि परस्पर झगड़ेंगे नहीं, शुक्र-बुध अशुभ न होंगे, स्त्री-पुरुष सुखी रहेंगे। कैसी भी स्थिति में हो संतानयुक्त, धर्मप्रिय व सुखी होगा। धर्म में जितनी रुचि होगी उतना सम्पन्न होगा। गृहस्थ सुख भी बढ़ेगा।

☺ सूर्य बारहवें हो और शनि छठे हो तो शुक्र का शुभ फल मिलेगा।

☺ सूर्य बारहवें हो और केतु दूसरे भाव में हो तो 24वें वर्ष से जातक स्वयं धन अर्जित करने वाला एवं सुखी गृहस्थी का स्वामी होगा।

☺ सूर्य बारहवें हो, शुक्र-बुध की युति हो तो आजीविका कभी बन्द न हो, राजकीय लाभ चाहे न हो पर व्यापार से लाभ होगा।

सूर्य बारहवें भाव में अशुभ स्थिति में हो तो—

☹ उदास, मस्तिष्क में दोष हो, दूसरों की आग से जलने वाला होता है। अपयश, राज्यभय, दस्तकारी संबंधी कार्यों या मशीनों में बाधा या हानि, राहु या ससुराल की सहायता या उनके कार्य करने से भी हानि हो।

☹ सूर्य बारहवें भाव में हो और चन्द्रमा छठे हो तो जातक या उसकी स्त्री या दोनों काने होते हैं।

☹ सूर्य बारहवें भाव में हो और पाप ग्रह पहले भाव में हो तो न रात को नींद मिले और न प्रातः का नाश्ता। सूर्य का अशुभ फल मिलें।

उपाय—

☑ *राहु संबंधी कार्यों को न करें। ससुराल से अधिक संबंध न रखें।*

☑ *घर का बरामदा खुला हो तो सूर्य का शुभ फल मिलेगा। यदि बरामदा खुला नहीं है तो खुला कराएँ।*

☑ *पराई आग में हाथ न डालें।*

☑ *झूठी गवाही, दूजों को धोखा, गबन करना, अमानत रखकर मना करना, ईर्ष्या व झूठ कभी न बोलें या इन कार्यों को न करें।*

☑ *धर्म का विस्तार करें या धार्मिक कार्य करते रहें।*

☑ *घर में अंधेरा न रक्खें या ऐसा घर बनाएँ जिसमें सूर्य का प्रकाश आता रहे।*

☑ *आटा पीसने की चक्की घर पर रक्खें।*

☑ *शत्रुओं को क्षमा करें।*

3 चन्द्र ग्रह का परिचय, द्वादश भाव में फल व उपाय

शिव का चित्र

चन्द्र हृदय का स्वामी है और सूर्य से प्रकाश लेता है। सूर्य चन्द्र को चाहे कितना क्रोधित होकर आज्ञा दे पर वह शान्ति से सुनकर उसे पूर्ण करता है। चन्द्र का प्रयास यही रहता है कि वह सूर्य के चरणों में ही रहे। सूर्य की चमक से दबी हुई आँखों (शनि) और मस्तिष्क (बुध) को शान्ति चन्द्र से मिलती है। चाँदी की तरह चमकती चाँदनी रात चन्द्र का शासन क्षेत्र है। यहाँ प्रारम्भ में राहु और अन्त में केतु है, मध्य में शनि इनका रक्षक है। पापी समूह (राहु, केतु, शनि) एक साथ निज जन्मदात्री और जगत् माता के राज्य में प्रत्येक के

आराम और माता के दूध में विष मिलाने को तत्पर रहते हैं। अब चाहे दूध (चन्द्र) और विष (पापी ग्रह) एक दूजे में मिल रहे हों, फिर भी सहृदयी चन्द्र (माता) जगत् में समुद्र के जल में सूर्य की छाया अवश्य होगी जिसकी शैतानी हेतु–जगत् की वायु या मानव श्वास का स्वामी गुरु सर्वत्र विद्यमान है।

सूर्योदय से पूर्व ब्रह्मवेला का स्वामी केतु और सूर्यास्त के उपरान्त सांध्यवेला का स्वामी राहु है, जबकि सम्पूर्ण रात्रि का स्वामी शनि है। चन्द्र के प्रभाव में गुरु, सूर्य चन्द्र तीनों का प्रभाव सम्मिलित है।

आठवें भाव का चन्द्रमा दीर्घायु बनाता है और मृत्यु से रक्षा करता है। सातवें भाव का चन्द्रमा धन–सम्पत्ति, अन्न आदि के लिए उत्तम है। तीसरे भाव का चन्द्रमा युद्ध के मैदान में विजय श्री दिलाता है। चन्द्र अशुभ या निर्बल होने पर शुक्र के कार्यों व वस्तुओं से लाभ नहीं होता है, अपितु चन्द्र की वस्तुएँ लाभदायक सिद्ध होंगी जबकि उसमें दूध की सफेदी न मिली हो। कहने का तात्पर्य है कि पानी की बर्फ लाभदायी हो, परन्तु दूध की बर्फ हानिप्रद हो।

चन्द्र को फारसी में **कमर,** अंग्रेजी में MOON कहते हैं। इसका वार **सोमवार** है और रंग **सफेद दूध सदृश** है। चन्द्र **स्त्री** ग्रह है और इसका कारक भाव **चौथा** है।

चन्द्र के लिए सूर्य व बुध **मित्र** हैं, शुक्र, शनि, मंगल व गुरु से सम सम्बन्ध रखता है। चन्द्र को केतु से ग्रहण व राहु से मध्यम सम्बन्ध रहता है।

चन्द्र का काल 24 दिन, 24 वर्ष, आयु 100 वर्ष, महादशा वर्ष 10, सामान्य चक्र एक, इसका प्रभाव प्रारम्भ में एवं प्रभाव की गति अश्व सदृश होती है।

चन्द्र की आयु किसी भी ग्रह के साथ होने पर 24 वर्ष होगी। चन्द्र, गुरु, बुध, शुक्र, राहु के साथ होने पर आयु 12 वर्ष होगी। चन्द्र शनि के साथ हो तो आयु 8 वर्ष होगी।

चन्द्र सूर्य को छोड़कर अन्य ग्रहों से सर्वाधिक बली है।

चन्द्र का प्रभाव 16, 51, 86 व 121वें वर्ष में रहता है। इसी प्रकार इसका पहला चक्र 24 वर्ष में, दूसरा चक्र 59 वर्ष में और तीसरा 94 वर्ष में होता है।

राहु–केतु चन्द्रमा के साथ किसी भी भाव में कुप्रभाव नहीं देते हैं, पर यह भी आवश्यक नहीं है कि वे शुभ फल भी दें।

चन्द्र चौथे भाव में स्वगृही होता है।

चन्द्र अपनी रक्षा के लिए मित्रग्रहों (सूर्य, मंगल, गुरु) की बलि ले लेता है।

चन्द्र वृष राशि में **उच्च** का और वृश्चिक राशि में **नीच** का होता है। बुध, शुक्र छठे या बारहवें भाव में हो तो चन्द्र उच्च फल न देकर अत्यन्त कुप्रभाव देगा।

चन्द्र एक वर्ष के तीन खण्ड करने पर प्रथम खण्ड में गुरु का प्रभाव चार मास तक देगा, द्वितीय खण्ड में अगले चार मास तक सूर्य का प्रभाव और तृतीय खण्ड में अपना प्रभाव (चन्द्र का) चार मास तक देगा। चन्द्र 24वें दिन व 24वें वर्ष में विशेष प्रभावशाली होता है।

दूसरा, चौथा और आठवाँ भाव सुप्त हो तो उसे चन्द्र ग्रह जगायेगा। चन्द्र शिक्षा संबंधी कार्यों पर और 24वें वर्ष के उपरान्त जागता है। चन्द्र पहले या 25वें वर्ष में अशुभ फल देता है।

चन्द्र 6, 8, 10, 11, 12वें भाव में अशुभ और 1, 2, 3, 4, 5, 7, 9वें भाव में शुभ फल करता है।

चन्द्र अकेला किसी भाव में हो तो जातक दया व नम्रतापूर्वक व्यवहार से प्राप्त दण्ड (फाँसी) तक माफ करा देता है और कुल को नष्ट नहीं होने देता है।

बारहवें भाव में चन्द्र ग्रह स्थित हो तो उसका प्रभाव केतु पर पड़ेगा और हानि ही करेगा।

चन्द्र अशुभ होने पर घरेलू दुधारू पशु या घोड़े की मृत्यु हो जाती है। घर का नल, कुआँ व तालाब सूख जाए। महसूस करने की शक्ति का ह्रास हो जाता है। दूसरों के चरण स्पर्श करके आशीर्वाद लेने से चन्द्र की अशुभता दूर होती है। दूध या पानी का भरा बर्तन सिरहाने रखकर सोएँ और अगले दिन कीकर की जड़ में सारा जल डाल दें। चन्द्र अशुभ या निर्बल हो तो शिव उपासना करें। चावल, दूध, व पानी या दो मोती या चांदी के दो टुकड़े लेकर एक मोती या चांदी का टुकड़ा बहते पानी में बहा दें और दूसरा मोती या चांदी का टुकड़ा जीवन भर संभालकर रखें। यदि मोती या चांदी का टुकड़ा चोरी हो जाए तो पुनः मोती या चांदी का टुकड़ा पास में रखें। दूसरी बार पानी में बहाने की आवश्यकता नहीं है।

स्त्री ग्रह चन्द्र रात्रि में प्रभावशाली होता है।

सूर्य का चन्द्र से संबंध हो तो चौथे भाव का अशुभ फल मिलता है। चन्द्र के अशुभ होने पर चौथे भाव का भी अशुभ फल मिलता है। चन्द्र का शनि से संबंध हो तो आठवें का अशुभ फल मिलता है।

चन्द्र का मातृ-ऋण तभी होता है जब चौथे भाव में केतु स्थित होता है। यदि ऐसा हो तो कुटुम्ब के प्रत्येक सदस्य से बराबर भाग चाँदी लेकर एक दिन में एक साथ बहते पानी में बहाने से इस ऋण से मुक्ति मिलती है।

चन्द्रमा छठे भाव में हो तो दूध या पानी का दान कदापि न करें। कुआँ या तालाब न खुदवाएं या नल न लगवाएँ और मरम्मत तक न कराएँ। यदि करेंगे तो दिन-प्रतिदिन परिवार घटेगा और मृत्यु सिर पर मंडरायेगी। माता को कष्ट होगा। सन्तान न हो तो खरगोश पालें, एक खरगोश मर जाए तो दूसरा पालें।

चन्द्रमा बारहवें भाव में हो तो धर्मात्मा या साधु को भोजन न खिलाएँ, उसे दूध न पिलाएं। बच्चों को निशुल्क शिक्षा न दें, स्कूल या पाठशाला न खोलें। यदि ऐसा करेंगे तो आजीवन कष्ट पायेंगे और अन्त समय कोई पानी पिलाने वाला भी न मिलेगा। **चन्द्र-केतु** की युति होने पर माता-पुत्र दोनों को कष्ट रहता है।

अब चन्द्र का कुण्डली के 12 भावों का अलग-अलग शुभाशुभ स्थिति का फल और उपाय बतायेंगे।

पहले भाव में स्थित चन्द्र का फल एवं उपाय

यदि जन्मकुण्डली में चन्द्र प्रथम (लग्न) भाव में हो तो उसका क्या फल होगा, इसकी चर्चा यहाँ करेंगे। चन्द्र जन्मकुण्डली के पहले भाव में शुभ होगा या अशुभ अर्थात् इन दोनों में से एक

स्थिति में होगा। अब इन दोनों स्थितियों का अलग-अलग फल और इसका उपाय भी बतलायेंगे।

चन्द्र पहले भाव में शुभ स्थिति में हो तो—

☺ दीर्घायु माता के आशीष और दयालुता से सुख-समृद्धि की वृद्धि होगी। भाग्यशाली और मान-सम्मान व राज्य में उन्नति मिलेगी।

☺ 24 से 27 वे वर्ष के मध्य माता से अलग होना पड़े। माता को कष्ट होगा। ऐसे में मंगल की वस्तुएँ भूमि में दबाने से लाभ मिलेगा।

☺ परिवार के साथ यात्रा पर जाना हो तो नदी या गंगा के बहते जल में तांबे का सिक्का डालने से यात्रा शुभ होगी।

☺ विद्या का पूर्ण लाभ मिलेगा और विद्या के लिए किया गया व्यय व्यर्थ नहीं जायेगा। विद्या सहायक होगी और राज्य में विशेष सम्मान दिलायेगी।

☺ जातक के जन्म से पूर्व उसके अनेक भाई मर गए होंगे और वह स्वयं अनेक प्रयासों के उपरान्त उत्पन्न हुआ होगा।

☺ 24वें वर्ष से पूर्व मकान एवं 28वें वर्ष से पूर्व विवाह करने से चन्द्रमा अशुभ फल देगा और सन्तान सुख नहीं रहेगा।

☺ चन्द्र पहले भाव में और सूर्य, मंगल या गुरु चौथे या दसवें भाव में हो तो समुद्री यात्रा से लाभ होता है।

☺ चन्द्र पहले भाव में हो और 7-8 भाव उत्तम हो तो जली हुई रेत में से धन लाभ की स्थिति बनेगी।

☺ चन्द्र पहले भाव में स्थापित हो तो पैतृक सम्पत्ति आसानी से मिले और उसमें वृद्धि हो। यहाँ तक परायी अमानत भी पास रह जाए।

☺ जब चन्द्रमा पहले भाव में, गुरु चौथे भाव में और शनि दसवें भाव में हो तो धनवृद्धि होगी और वाहन सुख प्राप्त होगा।

☺ जब चन्द्रमा पहले भाव में और शुक्र सातवें भाव में हो तो संतान को कष्ट होगा ? कष्ट से बचने के लिए विवाह के दिन से कुत्तों को घर पर पालें।

☺ जब चन्द्रमा पहले भाव में, शुक्र-बध या मंगल-बुध सातवें भाव में हों तो सूखी रेत की खाण्ड बनेगी अर्थात् उत्तम जीवन व्यतीत होगा, लेकिन आठवां भाव अशुभ हो तो उपर्युक्त फल विपरीत होगा अर्थात् जीवन उत्तम नहीं बीतेगा।

☺ जब चन्द्रमा पहले भाव में और बुध सातवें भाव में हो तो जातक अल्प बुद्धि, धनी और राज्य व समुद्री यात्राओं से लाभ हो।

चन्द्र पहले भाव में अशुभ स्थिति में हो तो—

☹ जब चन्द्रमा पहले भाव में अशुभ और सूर्य-शनि की युति छठे भाव में हो तो जातक निर्धन होगा।

☹ जब चन्द्रमा पहले भाव में अशुभ मंगल व बुध अशुभ या आठवें भाव अशुभ हो तो जातक दिन-रात दुःखी और विश्रामरहित हो।

☹ चन्द्रमा पहले भाव में अशुभ और ग्यारहवें भाव में गुरु हो तो हर समय शुक्र संबंधी कार्यों को करने से कष्ट व दुःख बढ़ेगा।

☹ शुक्र को 24वें वर्ष से पूर्व स्थापित न करें अर्थात् विवाह न करें और न घर में गाय, नौकर, स्त्री, नौकरानी आदि स्थापित न करें वरना 25वां वर्ष अशुभ बीतेगा। ऐसे में मंगल की वस्तुएँ भूमि में दबाने से अशुभता दूर होगी।

उपाय—

☑ *चांदी के बर्तनों में दूध या पानी पीने से सन्तान सुख बढ़े।*

☑ *कांच के बर्तनों में दूध या पानी न पीएं वरना परिवार घटेगा।*

☑ *दूध न बेचें, अपितु दूध का दान दें या दूध मुफ्त पिलाने से चन्द्रमा का शुभ फल मिलता है।*

☑ *पलंग के चारों पाए में ताँबे की कील गाड़ने पर रात्रि को विश्राम मिलेगा और अच्छी नींद आएगी।*

☑ *बढ़ के वृक्ष पर जल चढ़ाएंगे तो सम्मान और शन्ति मिलेगी।*

☑ *माता के चरण स्पर्श करके सदैव आशीर्वाद लें। यदि ऐसा नहीं करेंगे तो आजीविका ठीक से न होगी और आर्थिक हानि एवं परेशानी होगी।*

☑ *माता की मृत्यु से पूर्व ही आशीर्वाद रूप में चन्द्रमा की वस्तुएँ चावल, चांदी आदि लेकर रखें।*

☑ *माता के स्वास्थ्य के लिए माता को साथ रखें और मंगल की वस्तुएँ भूमि के नीचे दबाएं।*

☑ *24वें वर्ष से पूर्व विवाह न करें या शुक्र संबंधी कार्य न करें।*

☑ *वर्षा का जल और चन्द्रमा की वस्तुएँ किसी न किसी रूप में स्थापित करें।*

दूसरे भाव में स्थित चन्द्र का फल एवं उपाय

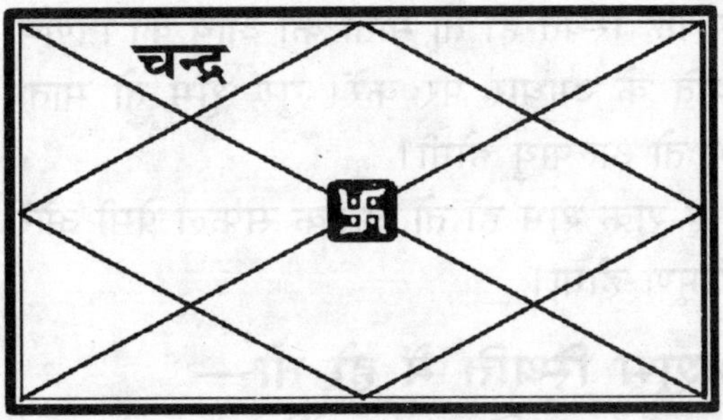

यदि जन्मकुण्डली में चन्द्र द्वितीय भाव में स्थित हो तो उसका क्या फल होगा, इसकी चर्चा यहाँ करेंगे। चन्द्र जन्मकुण्डली के द्वितीय भाव में शुभ होगा या अशुभ अर्थात इन दोनों में से एक स्थिति में होगा। अब इन दोनों स्थितियों का अलग-अलग फल और इसका उपाय भी बतलायेंगे।

चन्द्र दूसरे भाव में शुभ स्थिति में हो तो—

☺ जातक के बहिन नहीं होगी, पर भाई अवश्य होंगे। यदि अपने नहीं होते तो पत्नी के अवश्य होंगे। वह धनी, माता-पिता का सुख, संतान सुख एवं शत्रु से कभी पराभव नहीं होगा यदि गुरु भी शुभ हो। चन्द्रमा की वस्तुओं को स्थापित करने से पैतृक सम्पत्ति में से अपना हिस्सा अवश्य मिलेगा। सन्तान का ग्रह योग अशुभ होने पर भी वंश बेल रुकेगी नहीं, अपितु फलती-फूलती रहेगी। गुरु व बुध, (चाहे नौवें भाव में हो) अशुभ फल नहीं देंगे। माता का सुख पूर्ण होगा और अल्प या 48वें वर्ष तक मिलेगा ही। यह भी हो सकता है माता 72वें वर्ष तक ममता लुटाती रहे। घर में वृद्धा (दादी आदि) की सेवा से परिवार में कभी कमी न आए। दीर्घायु के लिए स्व-निर्मित घर की नींव या नीचे चांदी की वस्तुएँ दबानी चाहिएं।

☺ विद्या पूर्ण होगी और भाग्य वृद्धि में सहायक होगी। चन्द्र की वस्तुओं का व्यापार लाभप्रद रहेगा। यह आवश्यक नहीं की जातक शिक्षक हो।

☺ जब चन्द्र दूसरे भाव में और 4, 6, 8, 9, 10, 12वें भाव में राहु, केतु, शनि आदि पापी ग्रह न हों तो माता की ममता 48 वर्ष की आयु तक अवश्य मिलेगी।

☺ चन्द्रमा की वस्तुएँ स्थापित करने से या 24वें वर्ष से अपनी व ससुराल की आर्थिक स्थिति अच्छी होगी।

☺ चन्द्रमा दूसरे भाव में हो और 4, 6, 8, 9, 10, 12वें भाव में राहु, केतु व शनि आदि पाप ग्रह स्थित हों तो माता की आयु का निर्णय गुरु की शुभाशुभ स्थिति के आधार पर करें। गुरु शुभ तो माता दीर्घायु और गुरु अशुभ तो अल्पायु होगी।

☺ चन्द्र दूसरे भाव में हो व शुक्र शुभ हो तो जातक सफल प्रेमी और सांसारिक सुखों से परिपूर्ण होगा।

चन्द्र दूसरे भाव में अशुभ स्थिति में हो तो—

☹ घर में घंटा न स्थापित करें वरना निःसन्तान रहेंगे।

☹ चन्द्रमा दूसरे भाव में अशुभ हो और बारहवें भाव में केतु हो तो जातक को विद्या व सन्तान का सुख एक साथ नहीं मिलेगा। दोनों में से एक का सुख मिलेगा विद्या या सन्तान।

☹ चन्द्रमा दूसरे भाव में अशुभ हो और 1, 2, 7, 10, 11वाँ भाव अशुभ हो तो चन्द्रमा 12वें भाव का फल देगा और गुरु-शुक्र भी अशुभ फल देंगे। ऐसा जातक दूजों के लिए किसी काम का न होगा।

☹ चन्द्रमा दूसरे भाव में अशुभ और सूर्य पहले भाव में हो तो जातक की 25 से 34 व 25 से 75 वर्ष की अवधि सर्व प्रकार से अशुभ होगी। हो सकता है आयु 25 या 50 वर्ष ही हो।

☹ चन्द्रमा दूसरे भाव में अशुभ और दसवें भाव में शनि स्थित हो तो वृद्धावस्था अशुभ और आयु का 25वाँ वर्ष अशुभ व्यतीत होगा।

☹ चन्द्रमा दूसरे भाव में अशुभ और बुध छठे भाव में हो तो दृष्टि निर्बल और शनि का प्रभाव अशुभ होगा।

☹ चन्द्रमा दूसरे भाव में अशुभ और गुरु 11वें भाव में स्थित हो तो वृद्धावस्था अशुभ और 90वाँ वर्ष अशुभ बीतेगा।

☹ चन्द्रमा दूसरे भाव में अशुभ और 9, 10 व 12वें भाव से पाप ग्रह हों तो 9, 18, 36वें वर्ष में माता को मृत्यु तुल्य कष्ट या माता की ममता समाप्त हो सकती है।

☹ चन्द्रमा दूसरे भाव में अशुभ और बुध 3रे, गुरु 9वें भाव में हो तो अनेक बाधाओं व झगड़ों के बाद व्यापार में वृद्धि होगी।

उपाय—

☑ ***हरे रंग का वस्त्र 43 दिन तक निरन्तर कन्याओं को दें।***

☑ ***घर की नींव में चांदी की वस्तुएँ दबाएँ।***

☑ ***माता से आशीर्वाद के रूप में चन्द्रमा की वस्तुएँ प्राप्त करें।***

☑ ***परिवार में वृद्धा स्त्री जो भी हो तो उसकी सेवा करें।***

☑ ***घर का फर्श कच्ची मिट्टी का रखें।***

☑ ***चन्द्रमा की वस्तुएँ स्थापित करें।***

तीसरे भाव में स्थित चन्द्र का फल एवं उपाय

यदि जन्मकुण्डली में चन्द्र तीसरे भाव में हो तो उसका क्या फल होगा, इसकी चर्चा यहाँ करेंगे। चन्द्र जन्म कुण्डली के तीसरे भाव में शुभ होगा या अशुभ अर्थात् इन दोनों में से एक स्थिति में होगा। अब इन दोनों स्थितियों का अलग-अलग फल और इसका उपाय भी बतलायेंगे।

चन्द्र तीसरे भाव में शुभ स्थिति में हो तो—

☺ तीसरे भाव का चन्द्रमा शुभ हो तो जातक शन्तिदाता, साधु हो तो ऋद्धि-सिद्धि का स्वामी, गृहस्थ हो तो धन-सम्पत्ति का स्वामी। यदि जातक जन्म से निर्धन या अनाथ है तो उसे ईश्वरीय सहायता मिलेगी और साधन-सम्पन्न हो जायेगा।

☺ तीसरे भाव में चन्द्रमा और बुध शुभ हो तो जातक साहसी, झूठे प्रेम से घृणा करने वाला, आज़ीविका से सम्पन्न, शत्रु पर विजय पाने वाला होता है। यदि राहु-केतु अशुभ नहीं है तो चन्द्रमा मृत्यु का रक्षक होगा। बुध की पूजा शुभ होगी। बुध अशुभ होने पर तो चन्द्रमा अत्यधिक अशुभ फल देगा।

☺ तीसरे भाव में चन्द्रमा और 9 व 11वाँ भाव रिक्त हो तो शुक्र व मंगल शुभ प्रभाव देंगे। यदि परिवार में पुरुष न रहें तो भी स्त्रियाँ दुःखी न होंगी।

☺ जैसे-जैसे विद्या बढ़ेगी पिता की आर्थिक स्थिति निर्बल होती जायेगी। विद्या में फिर भी बाधा नहीं आएगी। विद्या अपना मूल्य अवश्य देगी। कुण्डली में केतु शुभ हो और चन्द्रमा को हानि न कर रहा तो विद्या फलीभूत होगी। यदि केतु अशुभ होगा तो विद्या काम न आयेगी और विद्या अर्जित धन परिवार में वृद्धि नही करेगा।

☺ तीसरे भाव में चन्द्रमा शुभ होने पर जातक मधुरभाषी, परिश्रमी, सच्चरित्र, भाईयों का सुख पाने वाला होता है।

☺ यदि चन्द्र तीसरे, सूर्य पहले, शनि ग्यारहवें, बुध पांचवें गुरु नौवें और चौथा भाव शुभ हो तो माता-पिता का सुख उत्तम, राजा सदृश एवं शान्त स्वभाव का होगा।

☺ जब चन्द्र तीसरे और बुध ग्यारहवें हो तो आयु लगभग 80 वर्ष हो।

☺ जब चन्द्र तीसरे व मंगल चौथे हो तो जातक धनी, सुबुद्धि, साहसी और संकीर्ण हृदय का स्वामी होता है।

चन्द्र तीसरे भाव में अशुभ स्थिति में हो तो—

☹ जब चन्द्र तीसरे भाव में अशुभ हो तो आठवें भाव में स्थित अशुभ ग्रह की आयु में धन हानि अवश्य होगी।

☹ जब चन्द्रमा तीसरे भाव में अशुभ हो तो मंगल कदापि नष्ट न करें अर्थात् लड़की का धन या बकरी का दूध विष तुल्य होगा। धन की वृद्धि के लिए लड़की के जन्म परे चन्द्रमा की वस्तुएँ दान में दें। बुध की पूजा करें। सुसराल के साथ संबंध रखने या कन्यादान से अशुभ से रक्षा होगी। अशुभ से बचाव व परिवार की वृद्धि हेतु लड़के के जन्म पर सूर्य की वस्तुओं का दान दें।

उपाय—

☑ *कन्या के जन्म पर चन्द्रमा की वस्तुएँ और पुत्र के जन्म पर सूर्य की वस्तुएँ दान में दें।*

☑ *सामान्यतः सूर्य का दान लाभप्रद है।*

☑ *लड़की का धन प्रयोग में न लाएँ।*

☑ *घर में स्त्रिओं की सेवा, पूजा और पालना उन्नतिकारक होगी।*

चौथे भाव में स्थित चन्द्र का फल एवं उपाय

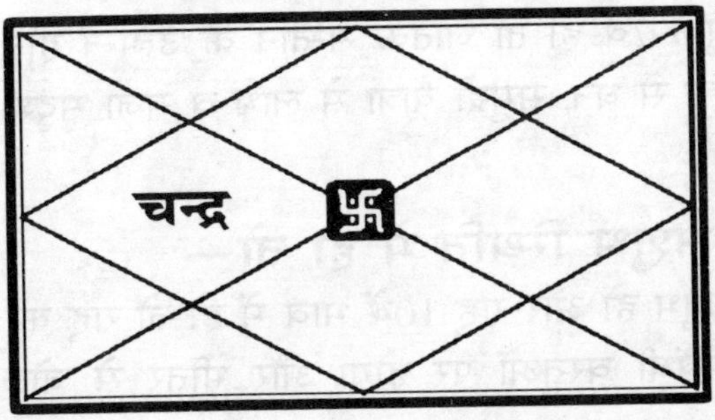

यदि जन्मकुण्डली में चन्द्र चौथे भाव में हो तो उसका क्या फल होगा, इसकी चर्चा यहाँ करेंगे। चन्द्र जन्म कुण्डली के चौथे भाव में शुभ होगा। या अशुभ अर्थात् इन दोनों में से एक स्थिति में होगा। अब इन दोनों स्थितियों का अलग-अलग फल और इसका उपाय भी बतलायेंगे।

चन्द्र चौथे भाव में शुभ स्थिति में हो तो—

☺ चन्द्र चौथे भाव में अकेला व शुभ हो तो कोष कभी रिक्त न हो। माता सगी हो या सौतेली कुटुम्ब सुख उत्तम है। माता का साथ रहने से अधिक उन्नति होगी। आयु 85 से 96 वर्ष के लगभग होगी। शुभ कार्य करने से पूर्व दूध का घड़ा भरकर रख लेना अच्छा होगा। शुक्र, बुध, राहु, केतु अशुभ फल न करेंगे। केन्द्र भावों (1, 4, 7, 10) का भी शुभ फल होगा। शुक्ल पक्ष का जन्म हो तो वृद्धावस्था अच्छी बीते, कृष्णपक्ष का जन्म हो तो बाल्यकाल अच्छा बीते। पापी ग्रहों की युति हो तो विष जैसा फल हो।

☺ विद्या सदैव सहायक और फलीभूत होगी। विद्या पूर्ण करने में सहायता मिलती रहेगी।

☺ जब चन्द्रमा चौथे भाव में और गुरु छठे भाव में हो तो जातक को पैतृक कार्य शुभफल देंगे। पुरानी धरोहर लेने वाला लौटकर ही न आएगा।

☺ चन्द्रमा चौथे व शनि 9 या 11वें भाव में हो तो जातक भला व उत्तम कुटुम्ब से होगा।

☺ जब चन्द्रमा चौथे भाव में चार ग्रहों के साथ हो तो आर्थिक स्थिति सुदृढ़ होगी। पुरुष ग्रह पुत्र सदृश एवं स्त्री ग्रह कन्या सदृश सहायता करेंगे।

☺ जब चन्द्र चौथे, सूर्य-गुरु पांचवें या गुरु 2 या 9वें और सूर्य 5वें हो अथवा शुक्र या मंगल या बुध दसवें हो अथवा अकेला चन्द्र चौथे हो अथवा अकेला शुक्र 7वें हो तो जातक सन्तान के उत्पन्न होने के बाद से सुखी, राज्य से धन, समुद्री यात्रा से लाभ व राजा सदृश जीवन जीएगा।

चन्द्र चौथे भाव में अशुभ स्थिति में हो तो—

☹ चन्द्र चौथे भाव में अशुभ हो और राहु 10वें भाव में हो तो राहु का अशुभ प्रभाव बुध संबंधी वस्तुओं पर होगा और भीतर से चोट लगेगी।

☹ चन्द्र चौथे भाव में अशुभ हो और गुरु दसवें भाव में हो तो भला करके या निर्दोष होते हुए भी दण्ड पाए।

☹ चन्द्र चौथे भाव में अशुभ हो और नौवें भाव में शनि या शुक्र हो व चन्द्र के साथ दो ग्रहों की युति हो तो सभी ग्रह अशुभ फल देंगे और दुःख के कारण आहें तक निकलेंगी।

उपाय—

☑ *शुभ कार्य करने से पूर्व पानी या दूध से भरा घड़ा भरकर रखें।*

☑ *दूध का दान करें। दूध कभी न बेचें। दूध बेचने से तबाही व दूध मुफ्त बाँटने से सांसारिक सुख बढ़ें।*

☑ *पैतृक कार्य करते रहने से लाभ होगा।*

☑ *दादा, पोता या दोहता एक साथ मन्दिर जाएं या पितृ यज्ञ करें।*

पाँचवें भाव में स्थित चन्द्र का फल एवं उपाय

यदि जन्मकुण्डली में चन्द्र पाँचवें भाव में हो तो उसका क्या फल होगा, इसकी चर्चा यहाँ करेंगे। चन्द्र जन्म कुण्डली के पाँचवें भाव में शुभ होगा या अशुभ अर्थात् इन दोनों में से एक स्थिति में होगा। अब इन दोनों स्थितियों का अलग-अलग फल और इसका उपाय भी बतलाएंगे।

चन्द्र पाँचवें भाव में शुभ स्थिति में हो तो—

☺ जातक न्यायप्रिय, धार्मिक और सुमार्ग से धन अर्जित करेगा। न्याय का पक्ष लेने वाला और किसी के सम्मुख न झुकने वाला अर्थात् वह कट सकता है पर झुक नहीं सकता है। वह दीर्घायु और राजा सदृश भाग्य वाला होगा। व्यापार मन्दा होगा पर राज्य से सम्मान पाने वाला, जंगल को बसाने वाला धर्मात्मा होगा। दयालु और न्यायप्रिय होने के कारण वह जिसका भी पक्ष ले, वही जीत जाए। नियमों पर चलते रहने से सन्तान के गांव आबाद होंगे।

☺ चन्द्रमा पाँचवें भाव में, सूर्य-गुरु 2 या 3वें भाव में, बुध-शुक्र 9वें या 11वें भाव में हों तो चन्द्रमा का शुभ फल प्राप्त होगा।

☺ चन्द्रमा पाँचवें, बुध 7 या 21वें भाव में हो तो चन्द्रमा शुभफल ही देगा, अब चाहे तीसरा या आठवां भाव अशुभ हो।

☺ चन्द्रमा पाँचवें भाव में और केतु शुभ हो तो 5 पुत्र होंगे चाहे पाप ग्रहों का साथ क्यों न हो।

☺ जब चन्द्रमा पाँचवें हो और नौवां भाव रिक्त हो तो चन्द्र संबंधी कार्य करते समय मीठा खाकर कार्य शुरू करने से शुभफल होगा।

☺ विद्या फलीभूत न होगी। दूजों का भला करेगी पर लोग जातक का भला न करेंगे।

चन्द्र पाँचवें भाव में अशुभ स्थिति में हो तो—

☹ जब चन्द्रमा पाँचवें भाव में अशुभ हो तो 3, 8, 10, 11वें भाव में भी कुप्रभाव डालेगा।

☹ जातक लालचवश और स्वार्थवश नष्ट होगा। बात पेट में पचती नहीं, कार्य करने से पूर्व ही ढिंढोरा पीटे, उसके अपने लोग ही उसका भेद लेकर उसे हानि पहुँचाएं। बुध संबंधी व्यापार या संबंधी (बहन, बुआ, पत्नी) अशुभ बोल बोलने से कष्ट उठायेंगे।

☹ चन्द्र पाँचवें भाव में अशुभ और 10वें भाव में सूर्य हो और पुरुष ग्रह साथ हों तो आयु 12 दिन की हो।

☹ चन्द्र पाँचवें भाव में अशुभ और 11वें भाव में सूर्य हो और पुरुष ग्रह साथ दें तो आयु 12 वर्ष ही हो।

☹ चन्द्र पाँचवें भाव में अशुभ हो और 2 व 3रे भाव में शत्रु ग्रह बुध, शुक्र व नौवें भाव में सूर्य व गुरु हो तो अशुभफल कष्ट सहित मिले।

☹ चन्द्र पाँचवें भाव में अशुभ हो और 10 व 12वें भाव में शुभ ग्रह हों तो जातक को चन्द्रमा का अशुभ प्रभाव मिले।

उपाय—

☑ ***लालच न करें।***

☑ ***स्वार्थी न बनें।***

☑ ***धर्म पर चलें, सत्यमार्गी बनें और सिद्धान्तों पर चलें।***

☑ **अशुभ मत बोलें, गाली-गलौज न करें।**

☑ ***कोई भी चन्द्र संबंधी कार्य करने से पूर्व मीठा भोजन करके घर से निकलें।***

☑ ***सोमवार को श्वेत वस्त्र में चावल, मिश्री बाँधकर बहते पानी में बहाएँ।***

छठे भाव में स्थित चन्द्र का फल एवं उपाय

यदि जन्मकुण्डली में चन्द्र छठे भाव में हो तो इसका क्या फल होगा, इसकी चर्चा यहाँ करेंगे। चन्द्र जन्मकुण्डली के छठे भाव में शुभ

होगा या अशुभ अर्थात् इन दोनों में से एक स्थिति में होगा। अब इन दोनों स्थितियों का अलग-अलग फल और इसका उपाय भी बतलायेंगे।

चन्द्र छठे भाव में शुभ स्थिति में हो तो—

☺ विद्या बाधाओं के साथ मिलेगी और सहायक होगी। फलीभूत करने के लिए संघर्ष एवं कष्ट का सामना करना पड़ेगा।

☺ जैसा करेगा वैसा भरेगा, आयु लगभग 80 वर्ष, अच्छे से अच्छा और बुरे से बुरा व्यवहार होगा।

☺ चन्द्र से निर्णय लेते समय मान-सम्मान के लिए दूसरा भाव, आजीविका हेतु चौथे भाव, आयु के लिए आठवें भाव एवं शनि व पारिवारिक सुख हेतु 12वें भाव का भी विश्लेषण करके फल कहना चाहिए।

☺ चन्द्र छठे भाव में हो और गुरु दूसरे भाव में हो तो चन्द्र का फल अशुभ न होगा। यदि किसी कारणवश माता अस्वस्थ, आर्थिक स्थिति तंग या संबंधी व व्यापार ठीक न हों तो पिता को दूध पिलाएं या चन्द्र की वस्तुएँ धर्मस्थल या मन्दिर में देने पर सब कुछ ठीक हो जायेगा।

☺ चन्द्र छठे भाव में हो और 2, 4, 8, 12वें भाव शुभ हो तो यदि जातक तड़पते हुए व्यक्ति के मुख में जल डाले तो उसे आराम आ जाए अर्थात् इसमें मरते हुए व्यक्ति में भी प्राण डालने की सामर्थ्य हो।

चन्द्र छठे भाव में अशुभ स्थिति में हो तो—

☹ शुक्र-केतु अशुभ हो, चन्द्र भी अशुभ होकर छठे हो तथा 2, 4, 8, 12वां भाव भी अशुभ हो तो पैतृक कुटुम्ब नष्ट हो जाए। मातुल कुटम्ब पर कुप्रभाव 34 वर्ष तक रहे।

☹ चन्द्र छठे भाव में अशुभ हो और बुध 2 या 12वें भाव में हो तो जातक आत्महत्या करने तक को तत्पर हो।

☹ चन्द्र छठे भाव में अशुभ और सूर्य 12वें भाव में हो तो जातक या पत्नी या दोनों काने होते हैं।

☹ चन्द्र छठे भाव में अशुभ, मंगल 4थे या 8वें हो और बुध छठे हो तो जातक की माता बचपन में ही मर जाए। यदि जीवित हो तो दोनों एक दूजे के लिए व्यर्थ हों।

☹ चन्द्र छठे भाव में अशुभ, मंगल 6ठे या 12वें हो और बुध 8वें हो तो जातक अल्पायु और यदि माता जीवित हो तो दोनों मुर्दे की तरह हों।

☹ चन्द्र छठे भाव में अशुभ हो और चन्द्र पर केतु कुप्रभाव डाले तो 6, 12 व 14वें वर्ष में धर्मार्थ कुआँ या प्याऊ लगाने पर श्मशान में नल या अस्पताल में नल लगाने पर चन्द्रमा के समस्त कुप्रभाव दूर हो जायेंगे। रात्रि में दूध कदापि न पीएं।

उपाय—

☑ *पिता को अपने हाथों दूध पिलाएं।*

☑ *सूर्य, मंगल एवं गुरु की वस्तुओं का दान धर्मस्थल या मन्दिर में दें।*

☑ *रात्रि में दूध कदापि न पीएं। दूध स्वास्थ्य के लिए पीना आवश्यक हो तो दिन में पीएं या रात्रि में फटा दूध, दही या पनीर प्रयोग में लाएं। दूध को फाड़कर पानी या दही में से पानी निकालकर शेष पदार्थ प्रयोग में ला सकते हैं।*

☑ *धर्मार्थ कुआँ या प्याऊ लगाएं। अस्पताल या श्मशान के बरामदे में नल या कुआँ लगाना लाभप्रद है। ध्यान रखें खेती हेतु या सामान्य प्रयोग के लिए लगाया गया नल अशुभ होगा।*

☑ *दूध का दान कदापि न करें। दूध देना हो तो धर्मस्थल पर ही दें।*

सातवें भाव में चन्द्र का फल एवं उपाय

यदि जन्मकुण्डली में चन्द्र सातवें भाव में हो तो उसका क्या फल होगा, इसकी चर्चा यहाँ करेंगे। चन्द्र जन्मकुण्डली के सातवें भाव में शुभ होगा या अशुभ अर्थात् इन दोनों में से एक स्थिति में होगा। अब इन दोनों स्थितियों का अलग-अलग फल और इसका उपाय बतलायेंगे।

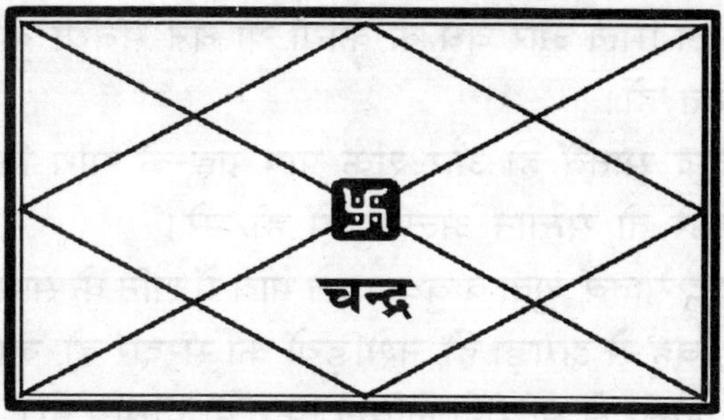

चन्द्र सातवें भाव में शुभ स्थिति में हो तो—

☺ विद्या काम आयेगी। विद्या विवाह से पूर्व ही पूरी होगी। विद्या के चलते विवाह में बाधा आयेगी। विद्या धनदायक होगी।

☺ चन्द्र सातवें भाव में शुभ हो तो बुध का फल अशुभ होगा। चन्द्र का अपना फल तब तक ठीक होगा जब तक राहु या केतु अशुभ नहीं होते।

☺ जातक जन्म के समय निर्धन हो या छोटे परिवार का हो, वह अवश्य धनी और यशस्वी बनेगा। पैतृक सम्पत्ति या अपनी सम्पत्ति हो या न हो नकद राशि पास में अवश्य होगी। मृत्यु घर पर ही होगी। बेटी, मां, बहन, बहू के प्रेम से दूर रहेगा। सुहृदयी, राज्य में सम्मानित और चन्द्र की वस्तुओं का सुख प्राप्त होगा। जातक कवि या ज्योतिषी होगा, यदि नहीं है तो चरित्रहीन होगा। आध्यात्मिक रूप से पहुँचा हुआ होगा। सांसारिक व स्त्रीसुख भरपूर होगा। रहस्यमयी हो या फकीर सुहृदयी होगा।

☺ शुभ चन्द्रमा सातवें भाव में हो और शुक्र भी शुभ हो तो सांसारिक सुख, पारिवारिक एवं व्यापारिक उन्नति अवश्य मिले।

☺ शुभ चन्द्रमा सातवें हो, बुध शुभ हो और आठवां भाव रिक्त हो तो अन्तर्ज्ञान और आध्यात्मिक पहुँच चमत्कारिक हो।

☺ शुभ चन्द्र सातवें हो, बुध शुभ एवं शनि तीसरे व गुरु-मंगल नौवें हो तो भी जातक धनी व सुखी होता है।

चन्द्र सातवें भाव में अशुभ स्थित में हो तो—

☹ अशुभ चन्द्र सातवें भाव में गुरु के साथ हो या पाप ग्रह के साथ हो और बुध 2रे या 8वें अशुभ हो तो बचपन कष्ट में बीते, मंगल का

अशुभ फल मिले और बुध के कार्यों या धन संबंधी कार्यों में अशुभ फल घटित हो।

☹ अशुभ चन्द्र सातवें हो और शुक्र पाप ग्रह के साथ किसी भी भाव में युति करे तो सन्तान अल्पायु में ही मरे।

☹ अशुभ चन्द्र सातवें, शुक्र व बुध पहले भाव में शनि के साथ हो तो जातक का सास, बहू से झगड़ा हो, नशेड़ियों का सरदार हो, जमीन-जायदाद नष्ट करे, शस्त्र से मृत्यु हो लेकिन फिर भी दीर्घायु हो।

☹ यदि विवाहोपरान्त या पूर्व में ससुराल से जातक के घर पर चन्द्रमा की वस्तुएँ चांदी आदि आए तो सन्तान, धन व माता का सुख रहे। यदि चन्द्रमा की वस्तुएँ न आएं या घर पर स्थापित नहीं हों तो धन, सन्तान और माता का सुख नहीं रहेगा। विवाह से पूर्व या 6, 12, 24वें वर्ष में चन्द्रमा की वस्तुएँ स्थापित अवश्य करें।

उपाय—

☑ ***दूध व पानी कभी न बेचें। यदि बेचेंगे तो सन्तान व माता का सुख नही मिलेगा।***

☑ ***विवाह के पूर्व चन्द्र की वस्तुएँ स्थापित करें।***

☑ ***घर पर दूध या नदी का पानी अपने भार के बराबर स्थापित करें।***

☑ ***विवाह के समय ससुराल से स्त्री के साथ चन्द्रमा की वस्तुएँ अवश्य लाएँ।***

आठवें भाव में स्थित चन्द्र का फल एवं उपाय

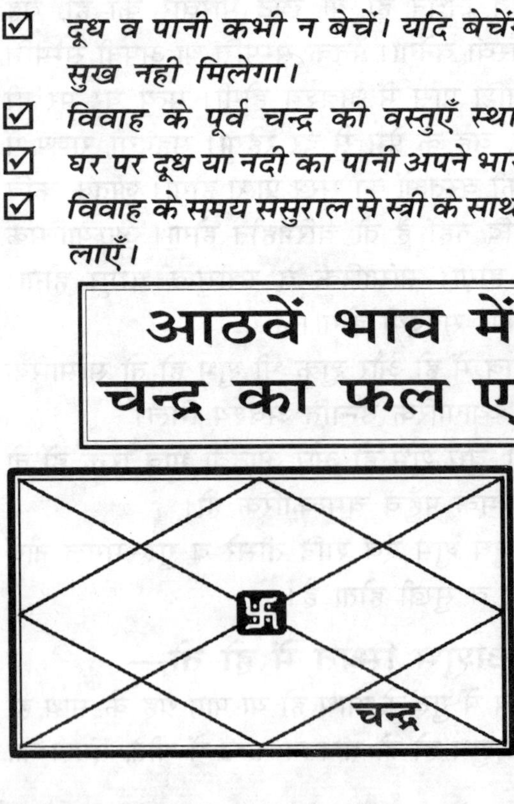

यदि जन्मकुण्डली में चन्द्र आठवें भाव में हो तो उसका क्या फल होगा, इसकी चर्चा यहाँ करेंगे। चन्द्र जन्मकुण्डली के आठवें भाव में शुभ होगा या अशुभ अर्थात् इन दोनों में से एक

स्थिति में होगा। अब इन दोनों स्थितियों का अलग-अलग फल और इसका उपाय बतलायेंगे।

चन्द्र आठवें भाव में शुभ स्थिति में हो तो—

☺ विद्या अधूरी रहेगी, विद्या मिल गयी तो माता का सुख नहीं रहेगा और कभी-कभी ऐसा होगा न विद्या होगी न माता।

☺ शुभ चन्द्रमा आठवें हो तो राहु का कुप्रभाव नहीं होगा। मंगल भी अशुभ नहीं होगा। चन्द्रमा का अशुभ प्रभाव नहीं मिलेगा। लेकिन ऐसा तभी होगा जबकि गुरु व शनि 2रे भाव में हों।

☺ शुभ चन्द्रमा आठवें और बुध शुभ हो तो जातक दीर्घायु, माता-पिता बाद में मरें, आयु 80 वर्ष के लगभग हो सकती है।

☺ शुभ चन्द्रमा आठवें हो और सूर्य या शुक्र में से एक शुभ हो तो अनेक बाधाओं के बाद भी जीवन नैया पार हो जाए।

☺ शुभ चन्द्रमा आठवें, बुध 2रे और गुरु 9वें या 12वें भाव में हो तो माता-पिता दीर्घायु और चन्द्र का शुभफल मिलेगा।

चन्द्र आठवें भाव में अशुभ स्थिति में हो तो—

☹ चन्द्र आठवें भाव में अशुभ होने पर भी जातक निस्सन्तान नहीं मरेगा। पैतृक सम्पत्ति व शुक्र के कार्य व खेती उसके अपने काम न आयेगी। यदि पैतृक सम्पत्ति के पास में कुआँ या तालाब हो तो चन्द्रमा का अत्यन्त अशुभ फल आजीवन मिलेगा।

☹ अशुभ चन्द्र आठवें और मंगल, बुध या पापी ग्रह भी अशुभ हों तो 12, 24 या 48वें वर्ष के बाद चन्द्रमा अशुभ फल देगा। कन्या सन्तान अधिक, पहली सन्तान चरित्रहीन होगी जिससे ससुराल और सन्तान नष्ट होगी। माँ, मौसी और नानी दुःखी व दादी नहीं होगी।

☹ अशुभ चन्द्र आठवें हों तो 4, 8, या 12वें वर्ष तक माता की आयु में सन्देह, चन्द्र संबंधी वस्तुएँ भी अशुभ फल देंगी। ऐसा तभी होगा जब शुक्र अशुभ हो, बुध 11वें और 2रा भाव रिक्त हो।

☹ अशुभ चन्द्र आठवें भाव में हो और तीसरे व चौथे भाव में कोई

तीन अशुभ ग्रह हों तो माता-पिता से संबंध, सम्पत्ति और सन्तान का फल अशुभ होता है।

☹ अशुभ चन्द्र आठवें हो, शुक्र या बुध-शनि अशुभ हों तो स्वास्थ्य व सन्तान का फल अशुभ होगा।

☹ अशुभ चन्द्र आठवें हो, बुध 4-12वें या शनि, राहु 12वें और बुध, सूर्य अशुभ हो तो दृष्टि निर्बल, सन्तान नष्ट, शारीरिक कष्ट, 34वें वर्ष तक अशुभ व संघर्षमयी जीवन बीते।

☹ अशुभ चन्द्र आठवें हो, दूसरे राहु, गुरु या बुध हो तो अपनी मूर्खता से शुक्र या चन्द्र की वस्तुएँ अशुभ प्रभाव दें।

उपाय—

☑ ***श्मशान के अन्दर लगे नल से जल लाकर घर में रखें।***

☑ ***नाक छिदवाएँ।***

☑ ***बड़े-बुर्जुगों के नाम पर श्राद्ध करें।***

☑ ***बड़े-बुर्जुगों के चरण स्पर्श करें या पानी से धोने पर आयु बढ़े।***

☑ ***बड़े-बुर्जुगों और बच्चों के चरण स्पर्श करके आशीर्वाद लें।***

☑ ***जुआ न खेलें।***

☑ ***घर में चन्द्रमा की वस्तुएँ स्थापित करें।***

नौवें भाव में स्थित चन्द्र का फल एवं उपाय

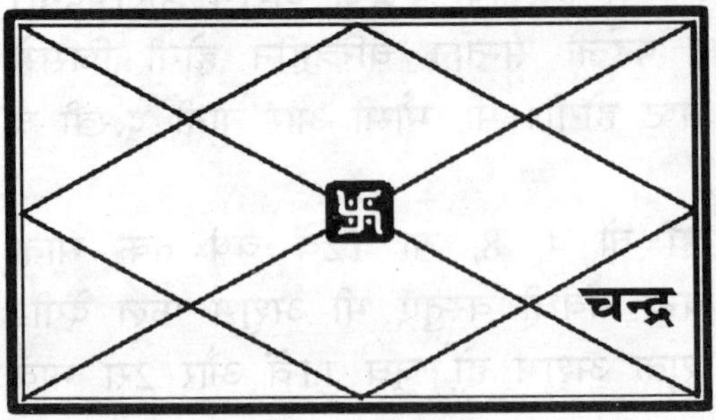

यदि जन्मकुण्डली में चन्द्र नौवें भाव में हो तो उसका क्या फल होगा, इसकी चर्चा यहाँ करेंगे। चन्द्र जन्म कुण्डली के आठवें भाव में शुभ होगा या अशुभ अर्थात् इन दोनों में से एक स्थिति में होगा। अब इन दोनों स्थितियों का अलग-अलग फल और इसका उपाय बतलायेंगे।

चन्द्र भाव में शुभ स्थिति में हो तो—

☺ जातक दुखियों का रक्षक, उत्तम फलदायी, धनी एवं समाज में सम्मानित, 24वें वर्ष में भाग्योदय एवं सुखी होता है।

☺ दूजों का हित करने वाली विद्या प्राप्त करे, परन्तु यह आवश्यक नहीं कि वह विद्वान हो। यह भी आवश्यक नहीं कि वह अनपढ़ भी हो। वह सुखी व दाता होता है।

☺ जातक भला, भले कार्य करने वाला, सुस्वभाव, धर्म-कर्म व तीर्थ यात्रा करने वाला होता है। चाहे उसके अन्तः में कितना भी कूड़ा-करकट डाला जाए, वह सांसारिक परिस्थितियों मे दूजों के लिए ईश्वर तुल्य ही होगा।

☺ शुभ चन्द्र नौवें भाव में हो, मित्र ग्रह पाँचवें भाव में हो, अब चाहे शत्रु या पाप ग्रह चन्द्र के साथ हों तो भी सन्तान और धर्म में वृद्धि होगी।

☺ शुभ चन्द्र नौवें भाव में हो और चौथे भाव में कोई शुभ ग्रह स्थित हो तो माता-पिता का सुख, भाग्यशाली एवं धर्म-कर्म व दया भावना में रुचि होगी।

☺ शुभ चन्द्र नौवें हो, 3रे व 5वें कोई भी ग्रह स्थित हो और चन्द्र से गुरु का सम्बन्ध हो तो निर्धन परिवार में उत्पन्न होने के बाद भी धनी और समुद्री व हवाई शक्ति का स्वामी होगा।

चन्द्र नौवें भाव में अशुभ स्थिति में हो तो—

☹ अशुभ चन्द्र नौवें भाव में हो और शुक्र 3रे भाव में हो तो जातक की माता की दृष्टि 24 या 25वें वर्ष की आयु निर्बल होगी या नष्ट होगी।

☹ अशुभ चन्द्र नौवें भाव में हो और केतु दूसरे व बुध पाँचवें भाव में हो तो जातक की आर्थिक स्थिति 34 या 48वें वर्ष के बाद अच्छी होगी, चन्द्र संबंधी वस्तुओं या संबंधियों से कोई लाभ नहीं होगा, यह भी आवश्यक नहीं कि हानि ही हो।

उपाय—

☑ *चन्द्रमा की वस्तुओं को स्थापित करें।*

☑ *चन्द्रमा के मित्र ग्रहों की वस्तुओं को स्थापित करें।*

दसवें भाव में स्थित चन्द्र का फल एवं उपाय

यदि जन्मकुण्डली में चन्द्र दसवें भाव में हो तो इसका क्या फल होगा, इसकी चर्चा यहाँ करेंगे। चन्द्र जन्म कुण्डली के दसवें भाव में शुभ होगा या अशुभ अर्थात् इन दोनों में से एक स्थिति में होगा। अब इन दोनों स्थितियों का अलग-अलग फल और इसका उपाय भी बतलायेंगे।

चन्द्र दसवें भाव में शुभ स्थिति में हो तो—

☺ दसवाँ भाव चन्द्र के शत्रु शनि का है। अतः चन्द्र यहाँ पर अशुभ फल देता है। जातक की माता से अनबन रहती है। दूसरे भाव की वस्तुओं से सहायता मिलती है। यदि दूसरा भाव रिक्त हो तो जहाँ गुरु स्थित हो उस भाव की वस्तुओं से सहायता मिलती है।

☺ जातक दीर्घायु होगा। लगभग 90 वर्ष की आयु होगी। पाप ग्रहों का 5वें भाव पर कोई कुप्रभाव नहीं होगा। धर्मस्थल में आने-जाने से भाग्य वृद्धि होगी।

☺ जातक विद्या रहित हो या कम पढ़ा लिखा हो। औषधियों व वैद्यक शास्त्र का जानकार होगा और ज्योतिष भी जानता होगा। दूसरा भाव शुभ हो तो इन विद्याओं से लाभ उठाए और यदि आठवां भाव अशुभ हो तो बार-बार अपमानित हो।

☺ चन्द्र दसवें शुभ हो या अशुभ, चौथे पुरुष ग्रह हो और 2रा भाव रिक्त हो तो 24वें वर्ष में सर्जन (जर्राह) का कार्य करने पर धन वृद्धि हो।

☺ चन्द्र दसवें, शनि चौथे या शुक्र पहले भाव में हो तो माता-पिता का सुख लम्बे समय तक मिले परन्तु प्रेमिका या स्त्री कर्त्तव्यों को न निभाने के कारण सुख को नष्ट कर दे।

☺ चन्द्र दसवें हो, सूर्य--गुरु या मंगल चौथे भाव में हो तो सूखा कुआँ जल से भर जाए, उजड़ा घर सम्पन्न हो जाए और हर प्रकार से समय शुभ हो।

चन्द्र दसवें भाव में अशुभ स्थिति में हो तो—

☹ अशुभ चन्द्र दसवें हो और 5वें, छठे भाव में कोई भी ग्रह स्थित हो तो चन्द्रमा की वस्तुएँ आने पर दुःख बढ़ेगा।

☹ अशुभ चन्द्र दसवें हो और सूर्य सातवें भाव में स्थित हो तो मृत्यु दिन के समय जल से होगी।

☹ अशुभ चन्द्र दसवें हो और दूसरा, तीसरा भाव पाप ग्रहों से युक्त हो तो चन्द्र का फल अशुभ होगा।

☹ अशुभ चन्द्र दसवें भाव में हो, तीसरा भाव अशुभ हो या तीसरे भाव में बुध, शुक्र हो तो तरल औषधियाँ अशुभ प्रभाव देंगी।

☹ अशुभ चन्द्र दसवें भाव में हो और पांचवे व छठे भाव में पापी या बुध-शुक्र स्थित हो तो चन्द्रमा की वस्तुएँ तीव्र विष का कार्य करेंगी।

☹ अशुभ चन्द्र दसवें भाव में हो, पाप ग्रह चौथे और शुक्र सातवें भाव में हो तो सन्तान मरती जाए और माता की आयु में सन्देह हो।

☹ अशुभ चन्द्र दसवें भाव में हो और शनि 3रे भाव में हो तो चोर-डाकू होने पर भी तंगी हो।

☹ अशुभ चन्द्र दसवें हो और शनि पहले या चौथे भाव में हो तो जातक झूठ, विश्वासघात व गलत कार्यों से धन बढ़ाए। माता-पिता का प्रभाव उत्तम होगा। स्त्री के कारण धन व्यर्थ करे।

☹ दसवें अशुभ चन्द्र होने से शनि व राहु का अशुभ प्रभाव होगा। मकान बनाने या ससुराल से संबंध बढ़ाने पर चन्द्र की वस्तुएँ हानि या मौत का कारण बनें।

☹ चन्द्र दसवें अशुभ हो और शनि व बुध से उसका संबंध हो जाए तो तीनों ग्रह अशुभ फल देंगे।

☹ चन्द्र दसवें अशुभ हो, सातवें मंगल हो और सूर्य के आगे शनि स्थित हो तो जातक के शरीर का कोई अंग बेकार होगा।

☹ चन्द्र दसवें अशुभ हो, चौथे केतु, 5वें गुरु, 2रे या 10वें राहु, 6ठे सूर्य, 8वें बुध तो कुटम्ब पर दुःखों की आँधी आए।

☹ चन्द्र दसवें अशुभ हो और 2रा भाव रिक्त हो तो छाती व फेफड़े का रोग होता है।

उपाय—

☑ *गुरु ग्रह का उपाय करें।*

☑ *रात्रि में दूध कदापि न पिएं।*

☑ *भूमि के नीचे का जल, नदी, नाले, हैंड पम्प का जल घर में 10-15 वर्ष तक रखें।*

☑ *दूध देने वाले पशु घर पर न पालें।*

☑ *तरल औषधियाँ कभी न ग्रहण करें।*

☑ *मकान न बनाएँ।*

☑ *ससुराल से अधिक संबंध न बनाएँ।*

ग्यारहवें भाव में स्थित चन्द्र का फल एवं उपाय

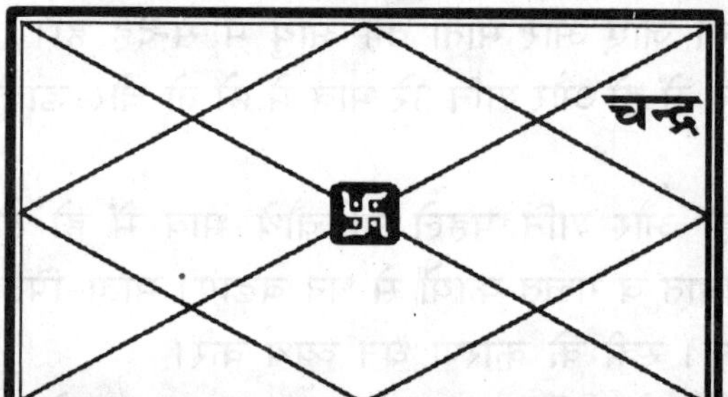

यदि जन्मकुण्डली में चन्द्र ग्यारहवें भाव में हो तो इसका क्या फल होगा, इसकी चर्चा यहाँ करेंगे। चन्द्र जन्मकुण्डली के ग्यारहवें भाव में शुभ होगा या अशुभ अर्थात् इन दोनों में से एक स्थिति में होगा। अब इन दोनों स्थितियों का अलग-अलग फल और इसका उपाय भी बतलायेंगे।

चन्द्र ग्यारहवें भाव में शुभ स्थिति में हो तो—

☺ चन्द्रमा इस भाव में होते हुए भी न होने के बराबर अर्थात् निरपेक्ष शून्य तुल्य होता है। माता पोते का मुख न देखे। माता के होते लड़का न उत्पन्न हो। पुत्र जन्म में बाधा, केतु का फल अशुभ होगा।

☺ यदि शनि शुभ हो तो दूध के दान से धन व सन्तान में वृद्धि हो और विगत जीवन की स्मृति आए।

☺ शिक्षा की दृष्टि से जातक या तो पढ़ेगा या अनपढ़ रहेगा। दादी व पोते में अनबन रहे। वीर्य में शुक्राणु कम हों।

☺ चन्द्रमा ग्यारहवें शुभ हो और गुरु भी शुभ हो तो जातक धन व सम्पत्ति से युक्त होगा।

☺ चन्द्रमा ग्यारहवें शुभ हो और चौथे भाव में सूर्य-बुध की युति हो तो आय ठीक होगी।

☺ चन्द्रमा ग्यारहवें शुभ हो और बुध पाँचवें भाव में हो तो दीर्घायु और सम्बन्धी अच्छे होंगे।

☺ जन्मकुण्डली में चन्द्रमा ग्यारहवें भाव में शुभ हो और वर्ष कुण्डली में पहले या दूसरे भाव में आए तो राजकीय सम्मान और 12 वर्ष तक धन लाभ हो।

चन्द्र ग्यारहवें भाव में अशुभ स्थिति में हो तो—

☹ अशुभ चन्द्र 11वें भाव में हो और तीसरा भाव अशुभ हो तो बचपन ठीक न बीते और नीचे लिखी पाँचों वस्तुएँ विष तुल्य होंगी—

एक — बुधवार को बहन का जन्म, बुध की वस्तुएँ या व्यापार।

दो — शुक्रवार को अपना या किसी संबंधी का विवाह।

तीन — शनिवार को भवन-निर्माण, क्रय या तोड़ना या शनि संबंधी कार्य।

चार — प्रातः दान लेना या देना, केतु की वस्तुओं का व्यापार या कार्य।

पाँच — सायं गुरु का उपदेश सुनना या सुनाना, गुरु संबंधी वस्तुओं का व्यापार या कार्य।

☹ शनि 3रे व अशुभ चन्द्रमा 11वें भाव में हो तो जातक की माता बचपन या चन्द्र व शनि की अवधि में अस्वस्थ हो जाए या मर जायेगी एवं आर्थिक तंगी होगी।

☹ चन्द्रमा 11वें भाव में अशुभ हो और केतु 3रे भाव में हो तो समुद्री यात्रा न करें और कुआँ न लगवाएँ वरना माता या सन्तान नष्ट हो जाएगी। किसी व्यक्ति के बहकाने पर धन और सम्पत्ति की हानि होगी।

उपाय—

☑ ***जब स्त्री के प्रसव का समय आए तो माता को कहीं अन्यत्र चले जाना चाहिए और 43 दिन तक बच्चे का मुख नहीं देखना चाहिए।***

☑ ***कुआँ कभी न लगवाएँ।***

☑ ***दूध की वस्तुएँ पेड़े या दूध जो भार में इतने हों कि एक व्यक्ति का पेट भर जाए। इस भार का ग्यारह गुना करके बच्चों में बाँट दें या 11 व्यक्तियों को भर पेट दूध की वस्तुएँ खिला दें।***

☑ ***भैरों जी के मन्दिर में दूध का दान दें।***

☑ ***जातक की माता सिर और आँखें दूध से धोए।***

☑ ***हैंडपम्प के पानी गिरने के स्थान पर चक्की का पत्थर रखें और जातक की माता उसे प्रतिदिन धोए।***

☑ ***स्त्री-संसर्ग से पूर्व सोने की सलाख को अग्नि में लाल करके दूध में बुझाएँ, यह 11 बार करें। जातक के लिए दूध का प्रयोग वर्जित हो तो गर्म किया सोना पानी में बुझाकर प्रयोग करें। यदि वीर्य में शुक्राणु कम हों तो देसी दवाईयाँ अधिक प्रयोग करें जिनमें स्वर्ण या स्वर्ण भस्म मिली हो।***

बारहवें भाव में स्थित चन्द्र का फल एवं उपाय

यदि जन्मकुण्डली में चन्द्र बारहवें भाव में हो तो उसका क्या फल होगा, इसकी चर्चा यहाँ करेंगे। चन्द्र जन्मकुण्डली के बारहवें भाव में शुभ होगा या अशुभ अर्थात् इन दोनों में से एक स्थिति में होगा। अब इन दोनों स्थितियों का अलग-अलग फल और इसका उपाय भी बतलाएंगे।

चन्द्र बारहवें भाव में शुभ स्थिति में हो तो—

☺ जातक अनपढ़ होगा और शिक्षित का पिता होगा। विद्या हो या न हो विद्या का मूल्य प्राप्त कर लेगा।

☺ चन्द्र 12वें और सूर्य, बुध 3रे भाव में हो तो कुल का बेड़ा पार लगाने वाला होगा।

☺ चन्द्र 12वें शुभ हो और गुरु व सूर्य भी शुभ हो तो जातक धनी हो जाएगा।

☺ चन्द्र बारहवें होने पर मंगल, केतु व बुध पर 12 भावों में फल निम्न प्रकार होगा—

मंगल का फल—पहले भाव में राज्य लाभ, **दूसरे** भाव में ससुराल से लाभ, **तीसरे** भाव में भाई धनी होंगे, **चौथे** भाव में हो तो ताऊ, मामा (बड़े), दादा के बड़े भाई दीर्घायु हों या अल्पायु दुःखी नहीं होंगे, **पांचवें** भाव में हो तो सन्तान भूमिपति होगी अर्थात् जमीन-जायदाद बहुत होगी, **छठे** भाव में हो तो बेटी-बेटा या ननिहाल के सम्बन्धी धनी होंगे, **सातवें** भाव में हो तो सुखी गृहस्थी होगी, **आठवें** भाव में हो तो स्वाभाविक मृत्यु होगी, **नौवें** भाव में हो तो जातक को नगर से बाहर होने का आदेश एवं बड़ों के घर सुख-समृद्धि होगी, **दसवें** भाव में हो तो बाधाएँ चाहे कितनी आएँ फिर भी दुःखी नहीं होगा, **ग्यारहवें** भाव में हो तो पापी होते हुए भी निर्दोष रहे और **बारहवें** भाव में हो तो जातक शान्त और रात्रि में सुखी हो।

केतु का फल—पहले भाव में हो तो राज्य बाधा, **दूसरे** भाव में हो तो जातक नंगे पांव तो हो ही ससुराल वाले भी नंगे पांव हो जाएँ, **तीसरे** भाव में हो तो स्वयं व भाई को सन्तान सुख न हो, **चौथे** भाव में हो तो पिता-पुत्र दोनों ही अयोग्य हों, **पांचवें** भाव में हो तो पुत्र पिता से बढ़कर बुरा हो, **छठे** भाव में हो तो दुःखी, **सातवें** भाव में हो तो सन्तान व पत्नी से अपमानित हो, **आठवें** भाव में हो तो सन्तान खो जाए या मर जाए, **नौवें** भाव में हो तो ननिहाल दुःखी हो, **दसवें** भाव में हो तो घर नष्ट हो जाए, **ग्यारहवें** भाव में हो तो चरित्रहीन और **बारहवें** भाव में हो तो धन पास में न रुके।

बुध का फल—पहले भाव में हो तो राज्य भय, **दूसरे** भाव में हो तो ससुराल व कुटम्ब उजड़े, **तीसरे** भाव में हो तो भाइयों के बाजु कटे हुए, **चौथे** भाव में हो तो ननिहाल में मृत्यु की छाया रहे, **पांचवें** भाव

में हो तो सन्तान को कष्ट, हृदय व नेत्र रोग हो, **छठे** भाव में हो तो बेटी के ससुराल में दुःख, **सातवें** भाव में हो तो पारिवारिक सुख नही, **आठवें** भाव में हो तो रोगों पर व्यय बढ़े, **नौवें** भाव में हो तो पैतृक सम्पत्ति नष्ट हो जाए, **दसवें** भाव में हो तो घर नष्ट हो जाए, **ग्यारहवें** भाव में हो तो निर्दोष होते हुए भी फाँसी मिले और **बारहवें** भाव में हो तो जहाँ से सहायता की आशा हो वहाँ से न मिले।

चन्द्र बारहवें भाव में अशुभ स्थिति में हो तो—

☹ अशुभ चन्द्र बारहवें होने पर पैतृक सम्पत्ति (माता-पिता से) मिले तो सब कुछ नष्ट हो जाए अर्थात् माता-पिता, द्वारा मिलने वाली सम्पत्ति ही बर्बादी का कारण बने। ऐसा जातक स्वयं तो जलता है और दूसरों को भी जलाता है। चन्द्रमा की वस्तुएँ अशुभ होंगी।

☹ जन्मकुण्डली में बारहवें चन्द्र अशुभ हो और जब वर्ष कुण्डली में पहले भाव में आता है तो जातक के साथ-साथ उसकी ससुराल को भी बर्बाद करता है। यदि द्वादश में चन्द्रमा वर्षफल में भी आता है तो भी अशुभ फल करता है। गुरु का उपाय लाभप्रद रहेगा।

☹ अशुभ चन्द्र बारहवें हो तो जातक को विगत स्मृतियाँ सताती हैं। पहले वह सब कुछ होता था अब कुछ नहीं है। पुरानी स्मृतियों को स्मरण करके पछताता है।

☹ अशुभ चन्द्र बारहवें हो, मंगल पहले और सूर्य दूसरे भाव में हो तो जातक का चन्द्रमा 48वें वर्ष तक अशुभ और फिर 3रे भाव का फल देता है।

☹ अशुभ चन्द्र बारहवें हो और सूर्य छठे भाव में हो तो जातक या उसकी स्त्री या दोनों काने होते हैं।

☹ बारहवें भाव में अशुभ चन्द्र हो, 2-6-12वें भाव में बुध, शुक्र या पापी ग्रह हों तो पिता जो वस्तुएँ पुत्र के नाम करें वो सब नष्ट हो जाएं।

उपाय—

☑ ***वर्षा का जल घर में स्थापित करें।***

☑ ***चुप रहना और पिछड़े रहना स्वयं की तबाही के कारण होंगे।***

☑ ***गुरु का उपाय करना लाभप्रद होगा।***

☑ ***कोई भी कार्य पानी का घूँट पीने के बाद करें।***

4 मंगल ग्रह का परिचय, द्वादश भाव में फल व उपाय

हनुमानजी का चित्र

मंगल सेनापति की तरह है। मंगल शस्त्रधारी है। मंगल शुभ हो तो साहसी, शस्त्रधारी और सैन्य अधिकारी बनाता है। मंगल अशुभ हो तो डाकू या बदमाश बनाता है। मंगल, शनि से शत्रुता करता है जबकि शनि ऐसा नहीं करता है।

मंगल सच्चा और सीधा चलने वाला ग्रह है। जब कभी मंगल को बुराई की ओर जाने की प्रेरणा मिलती है तो यह पीछे नहीं हटता है और पूर्ण शक्ति व प्रयासों से उस ओर बढ़ता जाता है। यदि मंगल दसवें भाव

में शनि के घर में अकेला हो या शनि के साथ हो तो राजा तुल्य होगा।

मंगल राहु को देखे तो राहु का अशुभ प्रभाव नहीं होता है परन्तु राहु मंगल को देखे तो बाजु, पेट या रक्त विकार से शरीर के दाएँ भाग में अत्यन्त कष्ट होता है। चन्द्र का उपाय करने से राहत मिलती है। मंगल-केतु परस्पर युति करें या संबंध बनाएं तो दोनों का अशुभ फल होता है। मंगल शनि को देखे तो स्वयं का अशुभ प्रभाव हो पर शनि का शुभ प्रभाव हो। यदि शनि मंगल को देखे तो दोनों ग्रहों का शुभ फल होता है। जन्मकुण्डली में सूर्य-बुध की युति हो तो मंगल का शुभ फल होता है। सूर्य-शनि की युति हो तो मंगल का अशुभ फल मिलता है।

शरीर के मध्य में नाभि के आस-पास का हिस्सा मंगल का क्षेत्र है और सूर्य-रश्मियों का सीधा प्रभाव यहाँ पड़ता है अर्थात् कुण्डली के चौथे भाव के ग्रह मंगल की शुभता और अशुभता बताएंगे। कहने का तात्पर्य यह है कि चौथे भाव में बैठे हुए ग्रहों का प्रभाव जैसा होगा वैसी ही प्रकृति मंगल की होगी। जन्मकुण्डली में अकेला मंगल सिंह सदृश होगा जबकि अशुभ मंगल मृग-सदृश डरपोक होगा।

मंगल को फारसी में मुरेयख अंग्रेजी में MARS कहते हैं। इसका वार **मंगलवार** है और रंग **रक्त-सदृश**-है। मंगल पुरुष ग्रह है और इसका कारक भाव तीसरा व आठवाँ है।

मंगल के लिए सूर्य, चन्द्र व गुरु **मित्र** हैं बुध व केतु **शत्रु** हैं एवं राहु व शनि **सम** हैं। राहु मंगल के साथ मौन रहता है।

शुभ मंगल का काल 24 दिन, 13 वर्ष, आयु 90 वर्ष, महादशा वर्ष 3, सामान्य चक्र 2 और इसका प्रभाव प्रारम्भ में व प्रभाव की गति चीते की तरह होती है। मंगल अशुभ हो तो 32 दिन, 15 वर्ष, आयु 90 वर्ष, महादशा 4 वर्ष, सामान्य चक्र 4 इसका प्रभाव प्रारम्भ में और प्रभाव की गति मृग-सदृश होती है। मंगल की आयु किसी भी ग्रह के साथ शुभ होने पर 13 वर्ष होती है और यदि मंगल अशुभ है तो किसी भी ग्रह के साथ होने पर आयु 15 वर्ष होती है। इन दोनों की कुल आयु का योग 28 वर्ष होता है।

मंगल सूर्य और चन्द्र को छोड़कर अन्य ग्रहों से सर्वाधिक बली है।

मंगल का प्रभाव 20 से 25, 55 से 60, 90 से 95 और 125 से 130वें वर्ष में रहता है। इसी प्रकार इसका पहला चक्र 28 से 33 वर्ष

में, दूसरा चक्र 63 से 68 वर्ष में और तीसरा चक्र 98 से 103वें वर्ष में होता है।

मंगल पहले और आठवें भाव में स्वगृही होता है। अशुभ मंगल अपनी रक्षा हेतु अपनी बाधाएँ केतु पर डालता है अर्थात् संतान को कष्ट होता है। सूर्य छठें भाव में हो और मंगल दसवें भाव में हो तो लड़के पर लड़के मरते जाएँ या भाई भतीजे को मरवा देगा।

मंगल मकर राशि में **उच्च** का और कर्क राशि में **नीच** का होता है। बुध या केतु दूसरे भाव में हो तो मंगल उच्च फल न देकर अत्यन्त कुप्रभाव देगा।

मंगल एक वर्ष के तीन खण्ड करने पर प्रथम खण्ड में 4 मास तक अपना (मंगल) प्रभाव देगा, द्वितीय खण्ड में अगले 4 मास तक शनि का प्रभाव और तीसरे खण्ड में अगले 4 मास तक शुक्र का प्रभाव देगा। मंगल शुभ हो तो 24वें दिन व 13वें वर्ष में और मंगल अशुभ हो तो 32वें दिन व 15वें वर्ष में विशेष प्रभावशाली होता है।

पहला भाव सुप्त हो तो उसे मंगल ग्रह जगायेगा, मंगल औरत सम्बन्धी कार्यों पर 28वें वर्ष के उपरान्त जागता है। मंगल छठें या 34वें वर्ष में अशुभ फल देता है।

मंगल चौथे व आठवें भाव में अशुभ और 1, 2, 3, 5, 6, 7, 9, 10, 11, 12वें भाव में शुभ फल करता है। मंगल किसी भाव में अकेला हो तो जातक चिड़िया घर का कैदी या बकरियों में पलने वाले शेर की तरह होता है।

छठें भाव में मंगल स्थित हो तो उसका प्रभाव सूर्य व केतु पर पड़ता है। सूर्य उच्च ग्रह की तरह फल देता है जबकि केतु हानि या अशुभ फल देता है।

मंगल अशुभ होने पर बच्चे जन्मते ही मर जाते हैं। आँख कानी हो जाती है, शरीर के जोड़ काम नहीं करते, रक्त की कमी हो जाती है और शक्ति होने पर भी संतान नहीं होती है। सफेद सुरमा नेत्रों में लगाने से राहत मिलती है। अशुभ मंगल के कुप्रभाव से मृगछाला बचाती है। तन्दूर में लगी मीठी रोटी बाँटने से अशुभ मंगल का कुप्रभाव दूर होता है। बहते पानी में रेवड़ियाँ बताशे बहाने या मिठाई या मीठा भोजन दान करने पर भी मंगल की अशुभता दूर होती है। मंगल अशुभ होने पर

गायत्री मंत्र का जाप करें। हनुमान जी की उपासना करें। मसूर व लाल मूंग की दाल का दान करें। लाल पत्थर के दो टुकड़े लेकर एक टुकड़ा बहते पानी में बहा दें और दूसरा टुकड़ा जीवन भर संभालकर रखें। यदि पत्थर का टुकड़ा चोरी हो जाए तो पुनः पत्थर का टुकड़ा पास में रखें। दूसरी बार पानी में बहाने की आवश्यकता नहीं है।

पुरुष ग्रह मंगल दिन में प्रभावशाली होता है।

मंगल के अशुभ होने पर पहले और आठवें भाव का फल भी अशुभ मिलता है। मंगल व शनि का संबंध हो तो पहले व तीसरे भाव का भी अशुभ फल मिलता है।

मंगल का सम्बन्धी ऋण तभी होता है जब पहले व आठवें भाव में केतु व बुध ग्रह होता है। 28 से 36वें वर्ष तक अशुभ प्रभाव मिलेगा। कुटुम्ब में प्रत्येक सदस्य से धन एकत्र करके किसी वैद्य को कार्य करने के लिए सारा धन एक साथ दान में दे दें।

अब मंगल का कुण्डली के बारह भावों का अलग-अलग शुभाशुभ स्थिति का फल और उपाय बतायेंगे।

पहले भाव में स्थित मंगल का फल एवं उपाय

यदि जन्मकुंडली में मंगल प्रथम (लग्न) भाव में हो तो उसका क्या फल होगा, इसकी चर्चा यहाँ करेंगे। मंगल जन्मकुंडली के प्रथम भाव में शुभ होगा या अशुभ अर्थात् इन दोनों में से एक स्थिति में होगा। अब इन दोनों स्थितियों का अलग-अलग फल और इसका उपाय भी बतलायेंगे।

मंगल पहले भाव में शुभ स्थिति में हो तो—

☺ जिसकी कुंडली के पहले भाव में मंगल हो तो वह परिवार में चाहे

छोटा हो या बड़ा अकेला नहीं होगा, उसके अनेक भाई-बहिन होंगे।

☺ जातक के मुख में दाँत 32 होंगे। यदि 31 दाँत भी होंगे तो भी मंगल शुभ ही होगा।

☺ जातक 28वें वर्ष की अवस्था से अवश्य धनवान होगा।

☺ दूसरों की भलाई और अपनी मौलिकता की कदापि विस्मृत नहीं करता है।

☺ यदि जातक स्वयं बड़ा भाई हो तो आक्रमण रोकने की सामर्थ्य रखने वाला और भाग्य से योद्धा होता है।

☺ राज्य सभा से लाभ प्राप्त करने वाला होता है।

☺ शारीरिक दृष्टिकोण से सदैव स्वस्थ रहता है।

☺ शनि सम्बन्धी नौकरी या व्यापार (लोहा, लकड़ी, मशीनरी आदि) और शनि सम्बन्धी सम्बन्धियों (भतीजा, पोता, ताऊ, चाचा, नाती आदि) के द्वारा लाभ प्राप्त होता है।

☺ 28वें वर्ष से जातक अपने व्यापार या नौकरी से स्वअर्जित धन अधिक मात्रा में पायेगा।

☺ शत्रुओं से अपने आप रक्षा होती रहेगी।

☺ शनि की आयु (36 से 39 वर्ष) या राहु की आयु (42 से 45 वर्ष) या केतु की आयु (45-48 वर्ष) का समय व्यतीत हो जाने पर जातक राजा, मन्त्री या अत्यन्त सम्पन्न होगा।

☺ जातक अपने भाईयों एवं ससुराल को तारने वाला होगा। यदि जातक श्याम रंग का हो तो उसका भाग्य पानी में तैरने वाले पत्थर की तरह होगा।

☺ जातक स्वयं भला, सत्यवादी होने के कारण हित और सत्य को चाहता है।

☺ जातक के मुख से अनायास निकला दुर्वचन कभी व्यर्थ नहीं जाता है।

☺ जातक दीर्घायु होगा।

☺ जातक के बहन नहीं होगी, यदि होगी तो उत्तम भाग्य से युक्त होगी, किन्तु भाई कभी धनी तो कभी निर्धन होगा। यह तभी होगा जब दूसरा और तीसरा भाव रिक्त हो अर्थात्, उसमें कोई ग्रह न हो।

☺ दूसरे भाव में चन्द्र व बारहवें भाव में सूर्य हो तो जातक की 13, 14, 15, 28वें वर्ष की अवस्था में माता-पिता को कष्ट या उनकी मृत्यु हो जाए।

☺ दूसरे भाव में सूर्य व 12वें भाव में चन्द्र हो तो जातक निर्धन होता है।

☺ यदि सातवें भाव में गुरु हो या सूर्य पहले या सातवें भाव में हो या चन्द्र, बुध, शनि के साथ हो तो 'आ बैल मुझे मार' वाली स्थिति होगी।

☺ शनि का संबंध मंगल से हो या अशुभ हो तो शरीर को कष्ट होता है।

☺ यदि जातक साधुओं की संगति करता है तो भाईयों को कष्ट या हानि होती है।

☺ भलाई छोड़ देने पर जातक को कलंक के कारण अपयश का भागी होना पड़ता है।

☺ 3, 7, व 9वाँ भाव रिक्त हो तो जातक के दो भाई होते हैं और उनकी हालत कभी शाह और कभी मलंग (Care free Person) जैसी होगी।

मंगल पहले भाव में अशुभ स्थिति में हो तो—

☹ जातक मनहूस होता है, चूल्हे में आग नहीं होती और चारपाई में बान व अदवान नहीं होती है। कहने का तात्पर्य यह है कि दुर्भाग्यशाली होता है।

☹ बुराई व बुरे कार्यों से जातक जितना दूर होता है उतना अपनी स्थिति मजबूत करता है। यदि बुराई व बुरे कार्यों में रत रहता है तो जातक के रक्त का मूल्य जल से भी कम हो जाता है।

☹ यदि जातक मुफ्त माल या वस्तुएँ पाने को तत्पर रहता है तो समझ लें वो आवारा हो और दर-दर भटकेगा।

☹ मंगल जब अशुभ होता है तो 40-43 दिनों के भीतर राजा या प्रजा पर अपना कुप्रभाव दिखाता है। मंगल की अशुभता से दादा-पिता पर कुप्रभाव पड़ता है। परिवार में अशुभ ही अशुभ होता है। भाई व सम्बन्धी कृतघ्न हो जाते हैं अर्थात् किए गए अहसान को भी नहीं मानते हैं।

☹ शनि की आयु (36 से 39वें वर्ष तक) में माता-पिता पर भारी होता है।

☹ अशुभ मंगल वाला जातक भलाई और किए गए अहसान का ऋण कभी नहीं चुकाएगा।

☹ बुराई करने की आदत होगी तो भाई, ससुराल और जातक निःसन्तान होने तक की स्थिति में आ जायेगा। यहाँ तक अपनी और भाई का भाग्य सोया ही रहेगा चाहे जितना श्रम और प्रयास कर लें।

उपाय—

☑ *ससुराल का कुत्ता न पालें वरना भाई को रोग या कष्ट होगा। फकीर या साधू का साथ परिवार के लिए शुभ न होगा। जब कुंडली का 3, 7, 9, 11वाँ भाव रिक्त हो तो उपर्युक्त दोनों स्थितियाँ 39वें वर्ष की अवस्था के बाद नहीं होती हैं।*

☑ *कुंडली के 7वें भाव में सूर्य, चन्द्र या गुरु हो तथा साथ में बुध हो तो स्वयं वीर हो, पराई मौत को क्रय करके बर्बाद हो जाए। 28वें वर्ष तक माता-पिता को कष्ट, संघर्ष एवं बर्बादी देखनी पड़ती है।*

☑ *मुफ्त माल या वस्तु पाने का कभी प्रयास न करें। यदि करेंगे तो समझ लें दूध में विष ग्रहण कर रहे हैं और शरीर में रक्त पानी बन जायेगा, भाग्य जल जायेगा। प्रतीकात्मक रूप में यही भाव है कि आलसी, निर्धन, व दुःखी होगा, माता-पिता को कष्ट होगा या अल्पायु में ही माता-पिता परलोक सिधार जायेंगे। ऐसा तब होता है जब मंगल के दायें-बायें सूर्य व चन्द्र होते हैं।*

☑ *गुरु का उपाय करें अर्थात् गुरु संबंधी वस्तुओं (चने की दाल, बेसन से बनी वस्तुएँ, हीरा, सोना आदि) मन्दिर में दान में दें। गुरु के उपाय से मंगल का कुप्रभाव कम होगा। भाई सम्पन्न होंगे। भाग्य में वृद्धि होगी। धर्म व अच्छे कार्यों को करने में रुचि बढ़ेगी। माता-पिता कष्ट से मुक्त होंगे व स्वस्थ रहेंगे।*

☑ *शुक्र का उपाय करें अर्थात् शुक्र संबंधी वस्तुओं (कर्पूर, घी, दही, सुगन्धित पदार्थ, वस्त्र आदि) को जमीन में दबायें। शुक्र के उपाय से स्त्री, व्यवसाय व पद प्राप्त होगा अर्थात् सातवें भाव संबंधी सभी अनिष्ट दूर होंगे और इनसे संबंधी शुभफल प्राप्त होंगे। स्त्री सुख, पद प्राप्ति व व्यवसाय में वृद्धि व लाभ होगा।*

दूसरे भाव में स्थित मंगल का फल एवं उपाय

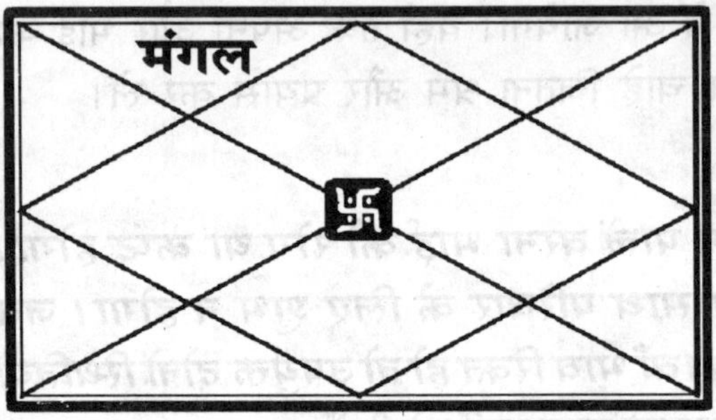

यदि जन्मकुंडली में मंगल दूसरे भाव में स्थिर हो तो उसका क्या फल होगा, इसकी चर्चा यहाँ करेंगे। मंगल जन्मकुंडली के दूसरे भाव में शुभ होगा या अशुभ अर्थात् इन दोनों में से एक स्थिति में होगा। अब इन दोनों स्थितियों का अलग-अलग फल और इसका उपाय भी बतलायेंगे।

मंगल दूसरे भाव में शुभ स्थिति में हो तो—

☺ जन्म से जातक स्वयं बड़ा भाई होगा। यदि भाईयों में छोटा हो तो स्वयं बड़ा बनता होगा। बड़े भाईयों से प्रेम भाव न रहेगा।

☺ स्वयं परिवार में बड़ा होने के कारण भाईयों, मित्रों व अपने सभी सम्बन्धियों को पालता होगा।

☺ जातक कभी तंग व कभी दुःखी तो रहेगा, परन्तु भूखा कभी नहीं मरेगा।

☺ ससुराल सम्पन्न होगी। स्त्री और दहेज के कारण सम्पन्नता बढ़ेगी।

☺ राहु सम्बन्धी कार्यों से धन-प्राप्ति होगी।

☺ धन से दूजों को पालेगा, परन्तु अपने पास धन-संग्रह भी होगा अर्थात् गाँठ में पैसा न होगा।

☺ जातक दृढ़ निश्चयी होगा।

☺ शासक बनने की इच्छा होगी।

☺ स्त्री द्वारा लाया दहेज फले-फूले।

☺ ससुराल में सदैव सम्पन्नता होगी, जब तक वहाँ चन्द्र संबंधी कार्य हों या कुआँ हो।

☺ ससुराल और अपना परिवार कभी निस्संतान न हो।

☺ केन्द्र से युत मंगल हो तो भाग्यशाली शासक बने जिसे भविष्य की चिन्ता न हो।

मंगल दूसरे भाव में अशुभ स्थिति में हो तो—

☹ मंगल बन्द हो अर्थात् सूर्य-शनि एक साथ कुंडली में हों तो दूसरों के लिए आस्तीन का सांप हो और स्वयं अपनी मृत्यु लड़ाई-झगड़े या युद्ध में हो।

☹ 9 वर्ष तक रोग रहे।

☹ यदि 8, 9, 10, 12वें भाव में गुरु, सूर्य, बुध या शनि का प्रभाव हो तो धन स्वयं, संग्रह होगा और अपने प्रयासों से धनी बनेगा। प्रत्येक आवश्यकता के लिए समय पर धन मिल जायेगा। आय चाहे हो या न हो निर्धनता कोसों दूर रहेगी। शत्रु प्रभावहीन हो जाते हैं।

☹ बुध दूसरे भाव में मंगल के साथ हो तो निर्बल इच्छाशक्ति हो और जातक का रक्त जहर से भी सस्ता हो।

उपाय—

☑ *दूसरों को पालते रहने से उन्नति हो, सम्पन्नता बढ़े। अतः दूजों को या सगे-सम्बन्धियों को अवश्य पालते रहें।*

☑ *भाई को कभी न दुतकारें। समय-असमय उसकी सहायता करते रहें। यदि भाई का अपमान करेंगे या उसको दुतकारेंगे तो समझ लें अवनति का द्वार अपने लिए खोले रहे हैं। उन्नति की ऐसी स्थिति में आशा कदापि न करें।*

☑ *चन्द्र सम्बन्धी वस्तुओं (चांदी, चावल, दूध, पानी, सफेद वस्तुएँ, धोती, अंगोछा आदि) को धार्मिक स्थान, मन्दिर व गुरुद्वारे आदि में रखें या दान में दें।*

☑ *माता व दादी का अपमान कदापि न करें।*

☑ *ससुराल में कुआँ न हो तो बनवायें या प्याऊ आदि खुलवाएँ।*

तीसरे भाव में स्थित मंगल का फल एवं उपाय

यदि जन्मकुंडली में मंगल तीसरे भाव में स्थित हो तो उसका क्या

फल होगा, इसकी चर्चा यहाँ करेंगे। मंगल जन्म कुंडली के तीसरे भाव में शुभ होगा या अशुभ अर्थात् इन दोनों में से एक स्थिति में होगा। अब इन दोनों स्थितियों का अलग-अलग फल और इसका उपाय भी बतलायेंगे।

मंगल तीसरे भाव में शुभ स्थिति में हो तो—

☺ जातक के भाई-बहिन अवश्य होंगे चाहे छोटे हों या बड़े।

☺ मंगल का प्रभाव मिश्रित (शुभाशुभ) होगा अर्थात् दूसरों के लिए फलों का जंगल होगा, परन्तु अपने लिए चिड़ियाघर में पिंजरे में कैद शेर की तरह होगा। यह ध्यान रखें यदि शेर के मुख में रक्त लग जाए अर्थात् बुरी आदतों में पड़ जाए तो कुकृत्य (हत्या) करने से नहीं डरेगा, विशेषकर यह फल तब होगा जब वह घर-परिवार में बड़ा भाई हो।

☺ मंगल शुभ हो तो निकटस्थों का भला करने वाला शिवजी की तरह भोला-भाला होता है।

☺ जातक का कमरा शेर मुख की तरह हो तो वह युद्ध क्षेत्र में सेनानायक होता है।

☺ नम्र स्वभाव का जातक तो दिन-प्रतिदिन उन्नति करता रहेगा।

☺ जातक की आयु लगभग 90 वर्ष की होगी।

☺ जातक उत्तम दृष्टि से युक्त व साहसी होगा।

☺ जातक सिंह के समान बुरे लोगों का हन्ता होगा। किन्तु लोक-व्यवहार में मित्र और सहायक होगा।

☺ ससुराल धनवान होगी या जातक के विवाहोपरान्त धनी हो जाएगी। ससुराल वाले धनी होंगे पर जातक को भी धन देंगे।

☺ वह किसी पर भी अत्याचार होते नहीं देख सकेगा।

☺ जब गुरु, सूर्य व चन्द्र 7, 9, 11वें भाव में होते हैं तो राहु का कुप्रभाव नहीं होगा। गृहस्थ जीवन सुखी होगा।

☺ यदि गुरु 9वें भाव में हो तो ससुराल धनी होती है और उससे धन प्राप्त होता है।

☺ यदि शनि 9वें भाव में हो तो रोग व मृत्यु से रक्षा, अच्छा स्वास्थ्य, घर में सुख सम्पन्नता के साथ-साथ शनि का शुभ फल मिलता है।

☺ यदि 9वें भाव में बुध हो तो भी वह अपना कुप्रभाव नहीं देता है।

☺ 3रे बुध और 11वें भाव में गुरु होने पर भी शुभ फल देता है।

☺ अय्याश होने पर ठन-ठन गोपाल की तरह फल होता है।

☺ ग्यारहवें गुरु होने पर जातक के लिए शुभ होता है, पर सम्बन्धियों की मृत्यु से वह दुःखी होता है।

मंगल तीसरे भाव में अशुभ स्थिति में हो तो—

☹ जातक चालबाज होगा।

☹ मन में यह भावना होगी—'जो खाना-पीना है खा लो या जो पहनना है पहन लो बाद में मिले या न मिले इसका क्या भरोसा है।' यह भावना ही उसकी आदत में अभिव्यक्त होगी।

☹ आयु लगभग 90 वर्ष की होगी जिसमें हर प्रकार का संघर्ष या कष्ट झेलना पड़ेगा।

☹ सिर छोटा, पैर मोटा एवं रक्त में विकार होगा।

☹ यदि स्वभाव से हठी एवं अकड़ू होगा जो रोग, मृत्यु व ऋण के बोझ से तंग आकर रोएगा।

☹ लड़के अस्वस्थ और अशिक्षित होंगे—जोकि शुभ नहीं है।

उपाय—

☑ *हठी व अकड़ू न बनें।*

☑ *अय्याशी से बचें।*

☑ *हाथी दांत पास में या घर पर रखें।*

☑ *चांदी की अंगूठी बिना जोड़ वाली तर्जनी अंगुली में धारण करें।*

चौथे भाव में स्थित मंगल का फल एवं उपाय

यदि जन्मकुंडली में मंगल चौथे भाव में हो तो उसका क्या फल

होगा। इसकी चर्चा यहाँ करेंगे। मंगल जन्मकुंडली के चौथे भाव में शुभ होगा या अशुभ अर्थात् इन दोनों में से एक स्थिति में होगा। अब इन दोनों स्थितियों का अलग-अलग फल और इसका उपाय भी बतलायेंगे।

मंगल चौथे भाव में शुभ स्थिति में हो तो—

☺ मंगल शुभ फलदायी होगा अर्थात् विष की अपेक्षा दूध सदृश, उत्तम प्रभाव देगा। शरारत करने वालों को उत्तर देने का साहस रखता है। उसकी कथनी-करनी में अन्तर नहीं होता है। सत्यवादी और सत्य पथ का अनुसरण करता है। ऐसा फल तब होगा जब निम्नलिखित स्थितियाँ हों—

1. जब कोई दो पापी ग्रह शनि-राहु या शनि-केतु या दो परस्पर शत्रु ग्रह बुध-केतु या चन्द्र-शुक्र या मंगल के साथ 3, 4, 8वें भाव में हों तो पापी ग्रहों का फल कैसा भी हो, मंगल का फल शुभ होगा और जातक मंगलीक भी नहीं होगा।
2. जब चन्द्र केन्द्र (1, 4, 7, 10) से बाहर किसी भाव में अशुभ हो या सूर्य छठे भाव में या मित्र ग्रह (सूर्य, चन्द्र, गुरु) 3, 4, 8 या 9वें भाव में हों अर्थात् मंगल के मित्र ग्रह उसकी (मंगल की) सहायता कर रहे हों तो भी मंगल अशुभ या मंगलीक नहीं होगा।

☺ भाभी अच्छी और नेक होगी।

☺ भाई व उनकी सन्तान पर कभी अशुभ फल ना होगा।

मंगल चौथे भाव में अशुभ स्थिति में हो—

☹ कुंडली में मंगल अशुभव एवं जातक मंगलीक होगा, जब निम्न ग्रह स्थितियाँ हों—

— 1 या 8वें भाव में मंगल के साथ सूर्य न हो। या

— 7, 10 या 12वें भाव में अकेला सूर्य हो। या

— 5 या 9वें भाव में सूर्य के साथ केतु हो। या
— 6 या 12वें भाव में सूर्य के साथ राहु हो। या
— 7वें भाव में सूर्य के साथ शुक्र हो। या
— 10वें भाव में सूर्य के साथ शनि हो। या
— 12वें भाव में सूर्य के साथ बुध हो।

☹ ऐसा जातक स्त्री, माता, सास, नानी, भाभी आदि की मृत्यु का कारण बन सकता है। जातक के परिवार में कोई वृद्ध ब्रह्मज्ञानी होगा जो उसके जन्म के बाद बर्बाद हो जायेगा।

☹ चौथे भाव में अशुभ मंगल धन, प्राण और मन्त्री के लिए अशुभ होता है।

☹ मंगल चौथे भाव में और चन्द्रमा या बुध छठे भाव में हो तो माता बचपन में मरे या दुखिया हो।

☹ मगल चौथे व पापी ग्रह नौवें भाव में हो तो परिवार के लिए अशुभ होता है। सन्तान प्राप्ति में बाधा, ननिहाल व ससुराल में तंगी रहती है।

☹ मंगल चौथे व गुरु आठवें भाव में हों तो जातक दरिद्र व कायर होता है।

☹ मंगल चौथे व शनि पहले भाव में हो तो जातक चोर, घोखेबाज व तंग हाल रहता है।

☹ मंगल चौथे व बुध 12वें भाव में हो तो बेवकूफ, दुःखी, भूखा और कष्ट से तड़फता है।

☹ शुक्र या बुध 3, 4, 8वें भाव में हो तो मंगल अधिक अशुभ हो जायेगा और हर प्रकार से दुखों को समाप्त कर देता है।

☹ 3 या 8वें भाव में चन्द्र हो तो मंगल की अशुभता दूर होती है।

☹ मंगल के साथ चन्द्र हो या 3, 8 या 9वें भाव में सूर्य-गुरु हों तो अशुभ मंगल का कुप्रभाव नहीं होता है।

☹ अशुभ मंगल का काम बसे-बसाये कुटुम्ब से मूल्यवान और आवश्यकता वाले पुरुषों को काटकर उनकी सुखायी गयी लाशों से भट्टी जलाना है।

☹ अशुभ मंगल वाला जातक सख्त, कड़वा स्वभाव, अकड़ू, अय्याश, कम अक्ल और आजीवन गुलामी करता है। दूजों की आलोचना

करते हुए उनके सारे दोष गिना देगा पर अपने गिरेबान में नहीं झाकेंगा जहाँ दोषों की गन्दगी भरी पड़ी है।

☹ मंगल चौथे भाव में हो तो जातक उजड़े व वीरान घरों में कभी उत्पन्न नहीं होता है।

☹ क्रोध के कारण तबाही फैलाने वाला होता है।

☹ बड़े भाई की स्त्री, धन और छिपे धन पर 28 वर्ष तक प्रत्येक प्रकार से अशुभ होता है। 28वें वर्ष तक बड़े भाई के लिए कष्टकारी होता है। यदि बड़ा भाई जीवित हो तो निस्सन्तान या अस्वस्थ व रोगी होता है।

☹ सत्तर वर्ष तक अपने वंश के लिए अशुभ, बाद में पिता व दादा के वंश के लिए कष्टकारी, अन्तिम अवस्था में नेत्रहीन और अस्वस्थ होकर मरे।

☹ यदि बुध व केतु 8वें भाव में हों तो ताई व चाची अपने घर को तबाह करेंगें।

☹ जब मंगल से चौथे या आठवें भाव में कोई पाप ग्रह हो तो घर को बर्बाद करने में ताऊ या चाचा का हाथ होगा।

☹ मंगल के साथ शनि हो और छठे भाव में बुध या चन्द्र हो तो माता के लिए कष्टकारी, वाणी या जीभ संबंधी रोग एवं चोरों का शत्रु होगा।

☹ चौथे मंगल व नौवें कोई पाप ग्रह हो तो जातक परिवार के लिए अशुभ होता है।

☹ चौथे मंगल व 12वें भाव में बुध हो तो दुःखी, मूर्ख, तंग, क्रोधी व कष्ट में हो।

☹ मंगल चौथे भाव में हो और शनि पहले भाव में हो तो जातक चोर, धोखेबाज एवं आर्थिक रूप से तंग होता है।

उपाय—

☑ ***प्रतिदिन प्रातःजल से दांत साफ करें।***

☑ ***चन्द्र का उपाय करें या बरगद (वटवृक्ष) की जड़ पर दूध में मीठा डालकर चढ़ाएं।***

☑ ***वटवृक्ष पर चढ़ाए हुए दूध से जो मिट्टी गीली हो उसका तिलक लगाने पर उदर विकार से मुक्ति मिल जायेगी।***

☑ ***आग लगने की घटनाएँ अधिक होती हों तो घर, दुकान या फैक्ट्री की छत पर चीनी की खाली बोरियाँ रखें।***

☑ निस्संतान हों, स्त्री या सन्तान को कष्ट रहता हो तो मिट्टी के बर्तन में शहद भरकर शमशान में जाकर दबाएँ।

☑ लम्बी बीमारी से मुक्ति पाने के लिए मृगछाला पर सोएँ।

☑ चांदी का चौकोर टुकड़ा पास में रखें।

☑ घर का दक्षिणी द्वार लोहे की कील से कील दें।

☑ काले, काने, निस्संतान एवं ढाक के वृक्ष से दूर रहें।

☑ मंगल के मित्र ग्रहों गुरु, सूर्य व चन्द्र की वस्तुओं को स्थापित करें। सूर्य की वस्तुएँ तांबा, गुड़, गेहूँ, बन्दर, मक्खियाँ आदि, चन्द्र की वस्तुएँ कुआँ, घोड़ा, चांदी, मोती आदि एवं गुरु की वस्तुएँ सोना, वृद्ध, साधू, पुखराज आदि। सोना, तांबा एवं चांदी तीनों धातु की अंगूठी बनवाकर धारण करें।

☑ चिड़ियों को मीठा डालें।

☑ हाथी दाँत पास में रखें। ऐसा तब करें जब राहु 3रे भाव में न हो।

पाँचवें भाव में स्थित मंगल का फल एवं उपाय

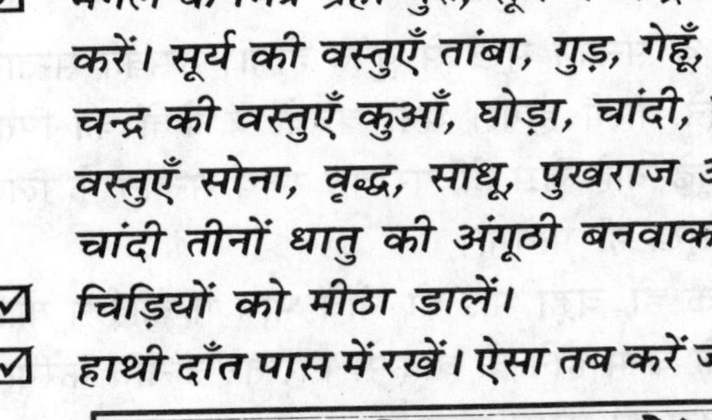

यदि जन्मकुंडली में मंगल पाँचवें भाव में स्थित हो तो उसका क्या फल होगा, इसकी चर्चा यहाँ करेंगे। मंगल जन्म कुंडली के पाँचवें भाव में शुभ होगा या अशुभ अर्थात् इन दोनों में से एक स्थिति में होगा। अब इन दोनों स्थितियों का अलग-अलग फल और इसका उपाय भी बतलायेंगे।

मंगल पाँचवें भाव में शुभ स्थिति में हो तो—

☺ जन्मकुंडली में शुक्र व चन्द्र कैसी भी स्थिति में हों, सदैव शुभ फल देंगे अर्थात् स्त्री, लक्ष्मी, गाय, धन, घोड़ा, माता आदि से लाभ एवं सुख मिलेगा।

☺ मंगल का फल शुभ हो या अशुभ पाँच गुना अनुपात के अनुरूप होगा।

☺ सांसारिक व्यवहार में जातक न्यायप्रिय एवं शान्त स्वभाव का होगा।

☺ परिवार में कोई डॉक्टर या वैद्य अवश्य होगा। घर का कोई पूर्वज या वृद्ध चिकित्सक, जादू-टोने, तन्त्र-मन्त्र या जड़ी-बूटी का कार्य करता होगा। ऐसा व्यक्ति जैसे-जैसे वृद्ध होता जायेगा सम्पन्न (धनी) होता जायेगा।

☺ जातक विद्वान, स्त्री व सन्तान सुख से युक्त होगा। उसकी सन्तान अच्छी और सुख देने वाली होगी। धनी बच्चों व पोतों का पिता होगा। उसके बड़े-बूढ़े चाहे जैसे हों, पर वह स्वयं सन्तान के लिए कष्ट पाने के बाद सुख ही पायेगा।

☺ जब दसवाँ भाव रिक्त हो, बड़ा भाई हो, नौवें भाव में कोई न कोई ग्रह हो तो सन्तान के जन्म होने के बाद से निरन्तर उन्नति करेगा।

☺ परस्त्री गमन से बचना ही उत्तम होगा।

मंगल पाँचवें भाव में अशुभ स्थिति में हो तो—

☹ व्यर्थ में यात्रा करनी पड़े।

☹ स्त्री सुख व सन्तान सुख अल्प होगा।

☹ माता-पिता के भाई-बन्धुओं की मौत से कष्ट होगा।

☹ भाई की सन्तान की मृत्यु होगी।

☹ स्त्री जाति (लड़की, स्त्री, भाभी आदि) में से किसी की मृत्यु न होगी।

☹ निकट या सम्बन्धियों पर कुप्रभाव पड़ेगा।

☹ आग का भय बना रहेगा।

☹ नजर से रोग व स्वास्थ्य बिगड़ेगा।

☹ सन्तान 8 दिन, 18 दिन, 8 मास, 18 मास, 8 वर्ष या 18 वर्ष की आयु में मर जायेगी।

☹ स्त्री को 8 दिन, 18 दिन या 8 मास में गर्भपात हो जाने से निस्सन्तान होना पड़ेगा। यह भी हो सकता है कि इनमें गर्भपात का भय होगा। सावधानी या उपाय अपेक्षित है।

☹ बड़े-बूढ़ों को अलग रखने पर निस्संतान होगा।

☹ प्रेमिका ही जातक की तबाही का कारण बनेगी और इसी कारण वह निस्संतान भी होगा।

☹ जातक रात में गहरी नींद न सो सकेगा और रात-भर की नींद भी भाग्य में नहीं होगी।

उपाय—

☑ *रात में सिरहाने पानी रखकर सोएँ।*

☑ *पर स्त्री गमन से बचें।*

☑ *चाल-चलन ठीक रखें।*

☑ *बड़े-बूढ़ों को साथ में रखें।*

☑ *बुजुर्गों के नाम के श्राद्ध अवश्य करें।*

☑ *दूध का दान करें।*

छठे भाव में स्थित मंगल का फल एवं उपाय

यदि जन्मकंडली में मंगल छठे भाव में स्थित हो तो उसका क्या फल होगा, इसकी चर्चा यहाँ करेंगे। मंगल जन्म कुंडली के छठे भाव में शुभ होगा या अशुभ अर्थात् इन दोनों में से एक स्थिति में होगा। अब इन दोनों स्थितियों का अलग-अलग फल और इसका उपाय भी बतलायेंगे।

मंगल छठे भाव में शुभ स्थिति में हो तो—

☺ जातक परिवार का पालन-पोषण करने वाला होगा।

☺ जातक साहसी, पराक्रमी और पानी में आग लगा देने की शक्ति से समर्थ और न्यायप्रिय होगा।

☺ जातक एकलौता और साधू-सन्यासी के सदृश स्वयं को कष्ट देने वाला होगा।

☺ सूर्य कुंडली में किसी भी भाव में स्थित हो उत्तम फल ही देगा।

☺ बुध संबंधी व्यापार से लाभ पाने वाला एवं बुद्धिजीवियों एवं विद्वानों से मित्रता करने वाला होगा।

☺ कलम का सिपाही होगा और उसकी कलम में इतनी शक्ति होगी कि जो लिख देगा वह अमर हो जायेगा। कहने का तात्पर्य यह है कि उसके लिखे को मिटाने पर भी नहीं मिटा पायेंगे।

☺ चाल-चलन अच्छा और संयमित होगा।

☺ राहु का 12वें भाव में कोई कुप्रभाव नही होगा जबकि केन्द्र अशुभ प्रभाव दे सकता है।

☺ जब-जब स्वयं की उन्नति होगी तब-तब बड़े भाई और अन्य साथियों की भी उन्नति होगी। ऐसा तभी होगा जब मंगल शुभ होगा।

☺ तीन पीढ़ियों तक कुटम्ब बढ़े। पोते-परपोते देखकर मृत्यु होगी। ऐसा तभी होगा जब शुक्र अच्छा हो या सातवां भाव शुभ हो या सातवें भाव में शनि, बुध व केतु स्थित हो।

☺ जब गुरु, सूर्य व बुध शुभ हों तो सन्तान की कोई कमी नहीं होगी। सन्तान उत्तम होगी। विवाह से 24 वर्षों तक सन्तान होती रहे। सन्तान के लिए शुभ ही होगा अब चाहे आठवें केन्द्र और पाँचवें शनि क्यों न हो ?

मंगल छठे भाव में अशुभ स्थिति में हो तो—

☹ यदि मंगल छठे भाव में अशुभ हो तो मांगलिक अवसर पर प्रसन्नता के ज्वार में अचानक दुःख का भाटा होगा। सन्तान के लिए जहाँ खुशी मनायी होगी वहीं बैठकर अश्रु बहाने पड़ेंगे।

☹ यदि मंगल छठे भाव में अशुभ हो तो जातक के भाई उससे (जातक से) आर्थिक रूप से कमजोर होंगे। यदि किसी प्रकार आर्थिक स्थिति अच्छी हो भी गई तो जल्दी ही भारी हानि उठायेंगे। अतः उसके भाईयों को चाहिए कि वे भाई को किसी न किसी रूप में कुछ देते रहें। ऐसा करना भावी हानि से बचने का उपाय होगा। यदि भाई दी गई वस्तुओं को न ले तो वे वस्तुएँ पानी में बहा दें।

☹ मंगल छठे भाव में अशुभ हो तो केतु (मामा और उनकी सन्तान), शुक्र (स्त्री का भाग्य), बुध (लड़की, बहन, बुआ) और चन्द्र (माता,

दूध देने वाले पशु) अर्थात् केतु, शुक्र, बुध व चन्द्र ग्रह से सम्बन्धित सम्बन्धियों के प्राणों पर कुप्रभाव पड़ेगा।

☹ 34वें वर्ष तक सन्तान अवश्य होगी। सन्तान के लिए खुशी मनाना अशुभ होगा। पहला लड़का शायद ही बचे। अशुभता से बचने के लिए मीठे की जगह नमकीन वस्तुएँ बाँटें। सन्तान को सोना कभी न पहनायें। सन्तान को सोना पहनाने पर सोना पास नहीं रहेगा या आर्थिक हानि होगी। ऐसा तभी होगा जब मंगल छठे भाव में अशुभ और केन्द्र अशुभ हो।

☹ यदि मंगल छठे भाव में अशुभ एवं बुध बारहवें भाव में हो तो भाई-बहिन कम होंगे और दुःख का कोई न कोई कारण बनेगा।

☹ यदि मंगल छठे भाव में अशुभ और बुध आठवें हो एवं सूर्य व चन्द्र की सहायता मिले तो समझ लें कि माता की मृत्यु कम आयु में हो जायेगी।

☹ यदि मंगल छठे भाव में अशुभ और बुध चौथे भाव में हो तो स्वयं कम आयु में चल बसे एवं बाद में माता भी परलोक वासी हो जाए।

☹ यदि मंगल छठे भाव में अशुभ और बुध 3रे या 12वें हो तथा सूर्य या चन्द्र का साथ न हो तो जो भी अशुभ कहे वो पूरा हो जाए।

उपाय—

☑ *शनि का उपाय करें। गृहस्थ सुख बढ़ेगा।*

☑ *भाईयों की सहायता के लिए कन्याओं की पूजा करें एवं उनका आशीर्वाद लें।*

☑ *सन्तान के लिए चन्द्र और बुध का उपाय करें। माता, लड़की, बहन, बुआ, फूफी एवं मौसी का सम्मान करें। उनके लिए कुछ करें।*

☑ *कन्याओं को दूध, चावल एवं चांदी का दान करना शुभ होगा।*

☑ **सन्तान के जन्म पर मीठे के स्थान पर नमकीन बाँटें। जन्मदिन का उत्सव कभी न मनाएँ।**

☑ *चाल-चलन अच्छा न रखने पर आर्थिक तंगी हो।*

☑ *गणेश की उपासना से माता-पिता का स्वास्थ्य ठीक रहे और शत्रुओं का नाश करने में समर्थ हो।*

सातवें भाव में स्थित मंगल का फल एवं उपाय

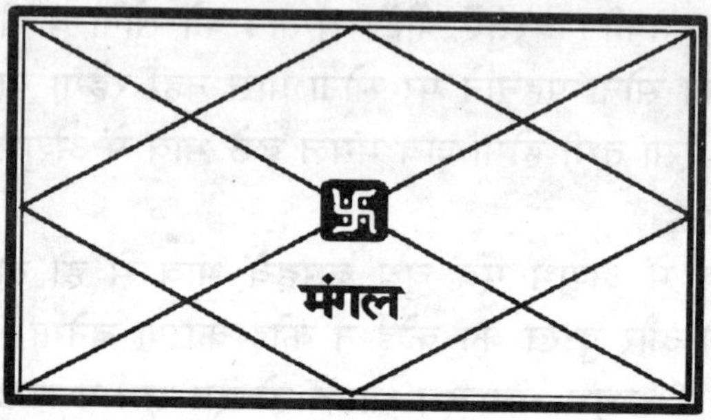

यदि जन्मकुंडली में मंगल सातवें भाव में स्थित हो तो उसका क्या फल होगा, इसकी चर्चा यहाँ करेंगे। मंगल जन्म कुंडली के सातवें भाव में शुभ होगा या अशुभ अर्थात् इन दोनों में से एक स्थिति में होगा। अब इन दोनों स्थितियों का अलग-अलग फल और इसका उपाय भी बतलायेंगे।

मंगल सातवें भाव में शुभ स्थिति में हो तो—

☺ सातवें भाव स्थित शुभ मंगल भाग्य का तराजू तौलने वाले देवता की तरह है। सम्पत्ति देता है तो देता चला जाता है और जब लेने पर आता है तो मिट्टी तक ले लेता है। मध्यम स्तर का जीवन नहीं होगा। मीठे पकवान और मीठी वस्तुओं को खाने के सुअवसर मिलेंगे। स्त्री सुख पूर्ण होगा। उप-मन्त्री होगा। धर्मात्मा, अच्छा, दुःखी एवं रोते को ढाढस बनाने वाला, सहायता देकर हंसाने और साहस बढ़ाने वाला होता है। विष्णु की तरह पालन करने वाला व न्यायप्रिय होगा। संगति से शीघ्र प्रभावित होगा। राजा की तरह बढ़ता रहे। गणित में प्रवीण होगा। राजसी परिवार में सम्बन्धित होगा और जमीन जायदायद और सम्पत्ति में वृद्धि होगी।

☺ जिस किसी भी वस्तु को पाने की इच्छा हो वह एक बार अवश्य मिले परन्तु दूसरी बार या बार-बार न मिले। ऐसा तभी हो जब मंगल सातवें और पहले भाव में गुरु या शुक्र भी हो। कहने का तात्पर्य यह है कि सन्तान बढ़े, धन सम्पत्ति बढ़े और हर प्रकार का सुख जीवन में एक बार अवश्य मिले।

मंगल सातवें भाव में अशुभ स्थिति में हो तो—

☹ सातवें भाव में मंगल के साथ बुध हो तो हर प्रकार से अशुभ फल मिले अर्थात् दुर्भाग्यशाली व कोढ़ी जैसी हालत हो। घर में सूखा कुआँ हो तो हालत और भी बुरी हो। बहिन जातक के साथ रहे तो भी फल अच्छा न हो।

☹ सातवें भाव का अशुभ मंगल होने पर जातक की बहिन विधवा या तलाकशुदा हो और बहिन जातक के पास रहे तो सन्तान कभी न हो।

☹ मंगल का अशुभ प्रभाव तभी मिले जब मंगल अशुभ हो या बुध पहले, सातवें या आठवें भाव में या किसी अन्य भाव में अशुभ हो।

☹ यदि मंगल सातवें, शनि व बुध छठे या सातवें भाव में हो तो आ बैल मुझे मार वाली स्थिति होगी अर्थात् मंगल का अशुभ प्रभाव मिलेगा परन्तु अपने परिवार से सहायता मिलती रहे।

उपाय—

☑ *शनि एवं शुक्र की वस्तुएँ उचित ढंग से प्रयोग करने पर रक्त विकार, पीलिया और स्वास्थ्य ठीक रहे।*

☑ *बहिन कभी भी घर आए बिना मीठे के कभी खाली वापिस न जाए।*

☑ *विधवा लड़की, साली या बहिन साथ में रहे तो प्रातः कभी भी काम से निकलें तो उनको मीठा अवश्य दें।*

☑ *ठोस चांदी रखने से घर में सुख-सम्पत्ति बढ़े।*

☑ *शनि का उपाय करें या छोटी दीवार बार-बार बनाकर गिराते रहने से शुभ फल प्राप्त हो।*

☑ *मंगल सातवें और बुध 1, 7 या 8वें भाव में हो तो बुध सम्बन्धी वस्तुएँ मुफ्त में न लें, घर में चमगादड़ न रहे, चौड़े पत्तों वाले वृक्ष न लगाएँ, तोता या मैना न पालें या उनका घोंसला घर पर न हो, सूखे फूल घर पर न रखें, कलईगिरी का कार्य न करें, ढोलक या तबला बार-बार न बजाएँ, माँस व शराब का सेवन न करें, घर की सीढ़ियां बार-बार न गिराएँ और न बनाएँ, डाई बनाने का कार्य ना करें एवं बकरी व बदसूरत गाय घर पर न पालें। घर पर खोखला बाँस या सूखी घास न रखें, सफेदी का कार्य*

भी ना करें। यदि उपर्युक्त सब कुछ करेंगे तो मंगल का अशुभ प्रभाव ही मिलेगा।

☑ *बुआ या बहिन को लाल कपड़े देते रहें।*

आठवें भाव में स्थित मंगल का फल एवं उपाय

यदि जन्मकुंडली में मंगल आठवें भाव में स्थित हो तो उसका क्या फल होगा, इसकी चर्चा यहाँ करेंगे। मंगल जन्म कुंडली के आठवें भाव में शुभ होगा या अशुभ अर्थात् इन दोनों में से एक स्थिति में होगा। अब इन दोनों स्थितियों का अलग-अलग फल और इसका उपाय भी बतलायेंगे।

मंगल आठवें भाव में शुभ स्थिति में हो तो—

☺ मंगल आठवें शुभ हो तो जातक पराक्रमी, शत्रु के वार को रोकने में समर्थ, न्यायप्रिय, परिश्रमी एवं वचनबद्ध (जो कहे सो करे फिर चाहे हानि हो या लाभ) होता है।

☺ यदि दूसरा भाव रिक्त हो या दूसरे भाव में चन्द्र या गुरु हो और मंगल आठवें भाव में हो तो शुभ फल ही होगा।

☺ यदि मंगल आठवें भाव में हो और पहले, तीसरे, चौथे, आठवें या नौवें भाव में चन्द्रमा हो तो मंगल का अशुभ फल नहीं होगा।

☺ यदि मंगल के साथ बुध आठवें भाव में हो तो मंगल और बुध दोनों ही शुभ फल देंगे।

☺ यदि मंगल के साथ शनि आठवें भाव में हो तो जातक आक्रमण रोकने की सामर्थ्य रखता है।

☺ यदि मंगल आठवें भाव में हो और बुध छठे भाव में हो तो जातक की माता बचपन में ही स्वर्गवासी हो जाये।

मंगल आठवें भाव में अशुभ स्थिति में हो तो—

☹ मंगल अशुभ हो तो जातक के छोटे भाई की आयु में प्रायः चार या आठ वर्ष का अंतर होता है।

☹ कई बार तेरह या पन्द्रह वर्ष तक भी छोटा भाई नहीं होता है। कभी-कभी तो छोटा भाई होता ही नहीं है, कहने का तात्पर्य यह है कि आठवें भाव में अशुभ मंगल छोटे भाई के लिए अहितकर है। जातक ही आठ वर्ष की आयु से पहले या छोटे भाई की आठ वर्ष की आयु के बाद कोई भाई जीवित नहीं रहता, यदि रहता है तो सबके दुःख का कारण बनता है।

☹ आठवें भाव में मंगल अशुभ हो तो जन्म से ही बड़े भाई ताऊ व मामा के लिए अशुभ होता है, परन्तु माता के लिए अशुभ नहीं होता है और अपने लिए आयु व धन की दृष्टि से शुभ होता है। ऐसे जातक को विधवा का श्राप तबाह कर देता है। यदि विधवा का आशीर्वाद मिल जाए तो भाग्य का सितारा बुलन्द हो जाता है और सर्वसुख दिलाता है।

☹ यदि मंगल आठवें भाव में और बुध व केतु दूसरे भाव में हो तो जातक का छोटा भाई किसी भी कारण से जीवित हो उसे रक्त विकार, भुजा से कमजोर एवं निकम्मा होगा।

☹ आठवें भाव में अकेला मंगल अशुभ हो तो 28वें वर्ष तक मृत्यु का कारण बनेगा। यदि दूसरा भाव रिक्त न हो तो मंगल का अशुभ फल होगा। मंगल ही दुःख का कारण बनेगा और बुध की वस्तुएँ इसमें वृद्धि ही करेंगी। तन्दूर में लगी मीठी रोटियाँ 40-43 दिन तक कुत्ते को देते रहने से अशुभता कम होगी।

☹ मंगल आठवें भाव में अशुभ हो तो धन-सम्पत्ति संबंधी अशुभ स्वप्न दिखेंगे।

☹ यदि आठवें भाव में अशुभ मंगल स्थित हो अर्थात् चन्द्र, सूर्य या गुरु 1, 3, 4 या 8वें भाव में न हो तो जातक दुःखी एवं निर्धन हो।

☹ बुध जितना शुभ होगा, मंगल उतना अशुभ होगा। लेकिन यह ध्यान रखें कि बुध आठवें या छठे भाव के अतिरिक्त कहीं भी हो।

उपाय—

☑ ***विधवा का आशीर्वाद लें।***

☑ *रोटी सेंकने वाला तवा जब गर्म हो जाए तो उस पर ठंडे पानी के छींटे मारने के बाद रोटी सेंकने से परिवार से रोग दूर हो।*

☑ *गले में चांदी धारण करें।*

☑ *घर पर जमीन के नीचे भट्ठी न बनाएँ।*

☑ *घर का द्वार दक्षिण में न रखें।*

☑ *तन्दूर में लगायी मीठी रोटी 40 या 45 दिन तक कुत्ते को दें।*

☑ *चौथे भाव में मंगल होने पर जो उपाय बताए गए हैं, वे भी कर सकते हैं।* *देखें पृ० 150!*

नौवें भाव में स्थित मंगल का फल एवं उपाय

यदि जन्मकुंडली में मंगल नौवें भाव में स्थित हो तो उसका क्या फल होगा, इसकी चर्चा यहाँ करेंगे। मंगल जन्मकुंडली के नौवें भाव में शुभ होगा या अशुभ अर्थात् इन दोनों में से एक स्थिति में होगा। अब इन दोनों स्थितियों का अलग-अलग फल और इसका उपाय भी बतलायेंगे।

मंगल नौवें भाव में शुभ स्थिति में हो तो—

☺ मंगल नौवें भाव में शुभ हो तो जातक संसारी एवं न्यायप्रिय होता है। भाभी (भाई की स्त्री) भाग्याधार हो। पिता के जितने भाई होंगे। उतने ही जातक के भी होंगे। मंगल अकेला नौवें भाव में हो तो जातक की जन्म से ही राजाओं जैसी सम्पन्नता हो। बड़े भाई के साथ रहने से या भाई-भाई एक साथ रहें तो जीवन सुख-समृद्धि सहित अच्छा व्यतीत होता है। भाई यदि बंटवारा करके अलग-अलग रहेंगे तो जीवन में सुख-समृद्धि समाप्त हो जायेगी। जातक का भाग्य उत्तम और कभी भी किसी के आगे हाथ नहीं फैलाएगा। मंगल की वस्तुओं का प्रयोग लाभप्रद रहेगा। ऐसा जातक 13

वर्षों तक माता-पिता की उन्नति में सहयोगी हो। 28वें वर्ष तक स्वयं ही राजाओं जैसा पद प्राप्त करे। जीवन सुख संग और अच्छा बीतेगा। कहने का तात्पर्य यह है कि कर्म, धर्म और आयु अच्छी होगी। युद्ध संबंधी वस्तुओं के व्यापार में धनी होगा। सूर्य कुंडली में कहीं भी हो शुभ फल देगा। जातक को प्रशासन में अन्य पद प्राप्त होगा।

मंगल नौवें भाव में अशुभ स्थिति में हो तो

☹ मंगल नौवें भाव में अशुभ स्थिति में हो और तीसरे व पाँचवें भाव में अशुभ ग्रह ही तो मंगल के सभी शुभ फल अशुभ फल में बदल जायेंगें।

☹ नौवें भाव में अशुभ मंगल होने पर जातक नास्तिक, बदनाम, दुर्भाग्यशाली, ऐसे शेर की तरह हो जो गीदड़ से मांगकर खाए, माता-पिता दुःखी हों। बुध अशुभ हो तो अधिक अशुभ फल मिलें।

उपाय

☑ *भाई की स्त्री अर्थात् भाभी की सेवा करें।*

☑ *बड़े भाई के साथ रहें, उनसे अलग न हों।*

☑ *बुध की वस्तुओं को कुएँ में डालें।*

☑ *शुक्र की वस्तुएँ जमीन में दबाएं।*

☑ *चन्द्र की वस्तुएँ मन्दिर या गुरुद्वारे में दें।*

दसवें भाव में स्थित मंगल का फल एवं उपाय

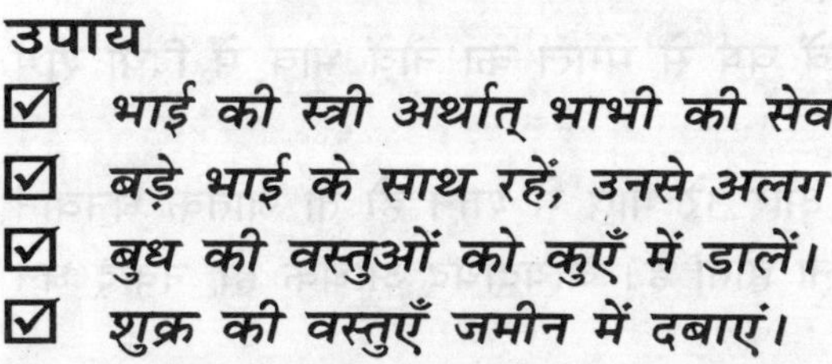

यदि जन्मकुंडली में मंगल दसवें भाव में स्थित हो तो उसका क्या फल होगा, इसकी चर्चा यहाँ करेंगे। मंगल जन्मकुंडली के दसवें भाव में शुभ होगा या अशुभ अर्थात् इन दोनों में से एक स्थिति में होगा। अब इन दोनों स्थितियों का अलग-अलग फल और इसका उपाय भी बतलायेंगे।

मंगल दसवें भाव में शुभ स्थिति में हो तो—

☺ दसवें भाव में मंगल शुभ हो तो जातक परिवार को बढ़ाने वाला होगा अर्थात् जिस घर में ऐसे जातक का जन्म होगा वह घर गरीब होगा तो धनी हो जायेगा और यदि धनी है तो और धनी हो जायेगा। धन वह स्वयं अर्जित करेगा। बड़ा भाई होगा तो संसार में उसकी अपनी एक शान होगी। जातक कभी निस्सन्तान नहीं होगा। आयु लगभग 96 वर्ष, अच्छा स्वास्थ्य, सुखी गृहस्थी, साहसी एवं पराक्रमी होगा। ऐसा तभी होगा जब 2रे भाव में राहु, केतु, शनि, शुक्र, चन्द्र न हों, 3रे व 6ठे भाव में कोई ग्रह न हो तथा चौथे भाव में शनि न हो। यदि ये ग्रह भी हैं तो सारे शुभ फल अशुभ ही मिलेंगे।

☺ बुध-शनि शुभ हों और मंगल दसवें भाव में हो तो 24 से 28वें वर्ष तक धन संग्रह अच्छा हो।

☺ गुरु कैसा भी हो 13वें वर्ष से मंगल का नौवें भाव में दिया शुभ फल घटित हो।

☺ मंगल दसवें शुभ हो और 3रे भाव में शनि हो तो जातक धनवान और पोते-परपोते वाला होता है। जायदायद अधिक हो, नकद धन कम हो।

☺ मंगल दसवें भाव में हो और चन्द्रमा चौथे भाव में हो तो सरकार से लाभ हो।

☺ मंगल दसवें और पांचवा भाव खाली हो तो सर्वसुख मिलें।

☺ मंगल दसवें भाव में हो या उसकी दृष्टि न हो तो भी सभी शुभ फल प्राप्त हों।

मंगल दसवें भाव में अशुभ स्थिति में हो तो—

☹ मंगल दसवें भाव में अशुभ और सूर्य छठे भाव में हो तो सन्तान पर कुप्रभाव पड़ता है। 45 वें वर्ष तक सन्तान न हो, 22वाँ वर्ष कष्टकारी और सम्पूर्ण आयु में से 15 वर्ष रोग में व्यतीत हों। सन्तान विलम्ब से हो।

☹ घर का सोना बिक जाए या चोरी हो जाए तो समझ लें कि मंगल अशुभ हो गया है। दूध उबलकर जलेगा। सन्तान और परिवार में कष्ट होगा।

☹ यदि सूर्य चौथे भाव में और मंगल दसवें भाव में हो तो जातक काना होगा।

☹ यदि मंगल दसवें भाव में सूर्य के साथ हो तो सन्तान हानि हो।

☹ मंगल दसवें भाव में और चन्द्रमा 5वें भाव में हो तो जातक काना होता है।

☹ मंगल दसवें भाव में हो और शनि चौथे भाव में हो तो जातक चोरी या डाके के कारण सजा पाए। सभी प्रकार के अशुभ फल प्राप्त हों।

☹ मंगल दसवें भाव में शत्रु ग्रह के साथ हो तो जातक बर्बाद हो जाए।

उपाय—

☑ *बाप-दादा की जायदाद न बेचें।*

☑ *हिरण को पालना लाभकारी हो।*

☑ *काला, काना और सन्तानहीन की सेवा करें।*

☑ *दूध उबालते समय ध्यान रखें कि दूध उबले नहीं।*

☑ *घर का सोना बेचने की नौबत न आए।*

ग्यारहवाँ भाव में स्थित मंगल का फल एवं उपाय

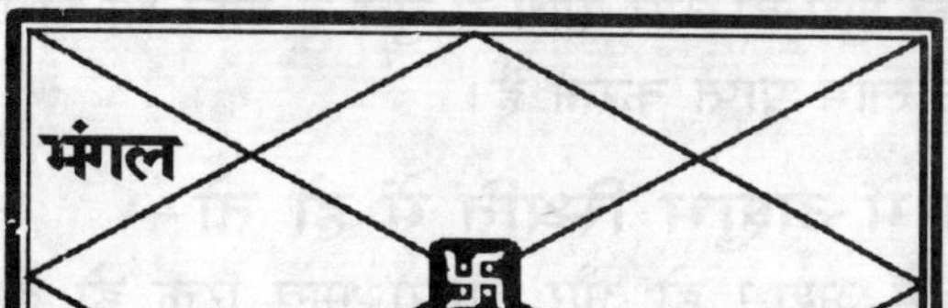

यदि जन्मकुंडली में मंगल ग्यारहवें भाव में स्थित हो तो उसका क्या फल होगा, इसकी चर्चा यहाँ करेंगे। मंगल जन्म कुंडली के ग्यारहवें भाव में शुभ होगा या अशुभ अर्थात् इन दोनों में से एक स्थिति में होगा। अब इन दोनों स्थितियों का अलग-अलग फल और इसका उपाय भी बतलायेंगे।

मंगल ग्यारहवें भाव में शुभ स्थिति में हो तो—

☺ मंगल ग्यारहवें भाव में शुभ हो तो जातक गुरु भक्त, अहिंसक,

आध्यात्मिक विचारों वाला, न्यायप्रिय व राजा सदृश होगा। केतु संबंधी वस्तुओं व रिश्तेदार और सांसारिक तीन कुत्ते (बहन के घर भाई, ननिहाल में नाती और ससुराल में दामाद) लाभ देने वाले होंगे।

☺ गुरु चाहे कैसा भी हो शुभ मंगल 13 वर्ष की आयु से शुभ फल ही देगा अर्थात् माता-पिता को आर्थिक लाभ होगा और 9वें भाव स्थित मंगल का शुभ फल भी होगा।

☺ जातक न्यायप्रिय और साहसी होता है। पशुपालक व व्यापारी होता है।

☺ गुरु शुभ हो तो मंगल भी शुभ और गुरु अशुभ हो तो मंगल भी अशुभ होता है।

☺ गुरु जिस भाव में हो उस भाव में लिखी संख्या या स्वामी ग्रह के अनुसार भाईयों की संख्या होगी या गुरु 1 से 10वें भाव में स्थित हो तो भाई 9 हों, 11वें गुरु हो तो दो भाई 12वें गुरु हो तो एक भाई होता है।

☺ मंगल ग्यारहवें और गुरु शुभ हो तो 28वें वर्ष से 24 वर्ष तक निरन्तर धन आता रहता है।

☺ गुरु अशुभ हो तो उसे उच्च करने का उपाय करना चाहिए अर्थात् गुरु की वस्तुओं को बहते पानी में बहाएँ।

☺ ग्यारहवें भाव में मंगल शुभ हो और साथ में बुध व शनि भी शुभ हो तो जातक अधिक लाभ प्राप्त करता है।

मंगल ग्यारहवें भाव में अशुभ स्थिति में हो तो—

☹ मंगल ग्यारहवें भाव में अशुभ हो और तीसरा भाव रिक्त हो तो जातक ऋणी हो जाए, जमीन-जायदाद बिक जाए और पैसा पास न रुके।

☹ मंगल अशुभ हो तो जातक के लड़के को कष्ट, मामा 42, 45 या 48वें वर्ष तक बर्बाद हो और मंगल की वस्तुएँ व भाई दुःख का कारण बनेंगी। जातक स्वयं भी सुखी न हो।

☹ मंगल ग्यारहवें अशुभ हो तो 45वें वर्ष तक कुप्रभाव होगा।

☹ अशुभ मंगल होने पर जातक रोगी होता है और सन्तान झगड़ालू होती है।

उपाय—

☑ *पैतृक सम्पत्ति को कदापि न बेचें।*

☑ *लड़के का जन्म होने पर ही शुभ फल मिलेगा।*

☑ *सांसारिक कुत्तों (साले, दामाद और नाती) को पालें या कुत्ता पालें।*

☑ *लहसुनिया धारण करें या केतु की वस्तुएँ मन्दिर में दान करें।*

बारहवें भाव में स्थित मंगल का फल एवं उपाय

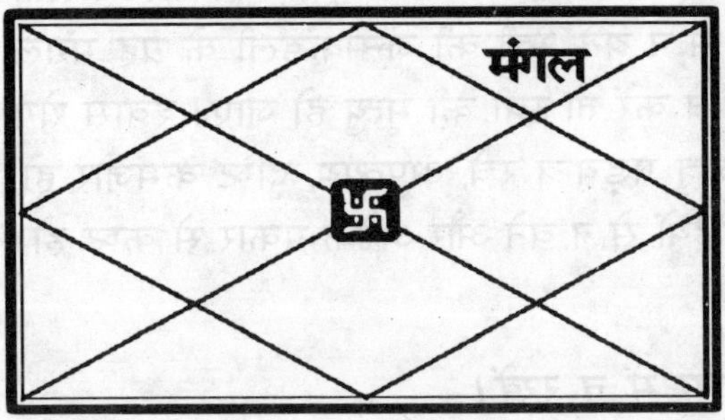

यदि जन्मकुंडली में मंगल बारहवें भाव में स्थित हो तो उसका क्या फल होगा, इसकी चर्चा यहाँ करेंगे। मंगल जन्म कुंडली के बारहवें भाव में शुभ होगा या अशुभ अर्थात् इन दोनों में से एक स्थिति में होगा। अब इन दोनों स्थितियों का अलग-अलग फल और इसका उपाय भी बतलायेंगे।

मंगल बारहवें भाव में शुभ स्थिति में हो तो—

☺ मंगल शुभ बारहवें भाव में हो तो बुध-केतु पहले या 8वें हों तो भी उनका अशुभ फल नहीं होता है। ऐसा जातक क्रोधी स्वभाव वाला, स्वतन्त्रता प्रेमी होगा और राहु का अशुभ प्रभाव भी नहीं होगा।

☺ बारहवें शुभ मंगल होने से जातक गुरुभक्त, प्रभावशाली, शत्रु को वश में करने वाला एवं धन पास में हो या न हो नींद पूर्ण आयेगी। जन्म लेने पर निर्धन परिवार भी धनी हो जाए।

☺ मंगल बारहवें हो और गुरु 2रे भाव में हो तो जातक के 29वें वर्ष में पुत्र उत्पन्न होगा। पुत्र के जन्म से ही घर में सम्पन्नता बढ़ने लगेगी। घर में 24 घंटे लंगर चलता रहे।

☺ मंगल बारहवें हो तो 11, 8, 3 व 1 भाव में स्थित ग्रह कभी अशुभ नहीं होंगे।

☺ मंगल बारहवें हो, सूर्य 3रे व 11वें भाव में हो तो मृत्यु एवं रोग से रक्षा होती रहेगी। लेकिन यह ध्यान रखें कि 11वें भाव का ग्रह आठवें भाव के ग्रह का शत्रु न हो।

मंगल बारहवें भाव में अशुभ स्थिति में हो तो—

☹ मंगल अशुभ हो और बुध 3, 8, 9 या 12वें भाव में स्थित हो तो बुध का अशुभ फल ही मिलेगा। मंगल का उस पर कोई प्रभाव नहीं होगा।

☹ मंगल और सूर्य का अशुभ प्रभाव क्रमशः 3, 1 और 11वें भाव पर होगा जब सूर्य अशुभ हो।

☹ अशुभ मंगल बारहवें हो तो जातक के प्रति झूठी अफवाहें फैलती रहें, नीच प्रकृति, स्त्री से न बने, स्त्री की जन्मकुंडली के ग्रह मंगल का अशुभ प्रभाव कम न करें तो स्त्री की मृत्यु हो जाए। श्वास रोग हो, सन्तान से दुःख, शत्रु षड़यन्त्र रचे, अपव्यय, दृष्टि कमजोर हो, व्यापार में हानि हो, भाईयों से न बने और अनेक प्रकार से कष्ट हो।

उपाय—

☑ *मंगल की वस्तुएँ पास में न रखें।*

☑ *खाकी रंग की टोपी या पगड़ी से सिर ढककर रखें।*

☑ *बड़े भाई को चाहिए कि ऐसे जातक को पानी के स्थान पर दूध पिलाए तथा अपने पास चन्द्रमा की वस्तुएँ (चावल, चांदी) रखे।*

☑ *मीठा खाएँ और मीठा ही खिलाना आयु वृद्धि के लिए शुभ होगा।*

☑ *मीठी रोटी या दूध में खांड डालकर दरवेश, फकीर, कुत्ते आदि को दें।*

☑ *सूर्य को मीठा पानी का अर्ध्य दें।*

☑ *मन्दिर या धर्म स्थान में बताशे का दान दें।*

☑ *मेहमानों को पानी की अपेक्षा दूध पिलाएँ।*

☑ *सिर पर चोटी रखें।*

☑ *जातक के बड़े भाई को लाल रंग के वस्त्र नहीं पहनने चाहिएं।*

5 बुध ग्रह का परिचय, द्वादश भाव में फल व उपाय

दुर्गाजी का चित्र

बुध शक्तिशाली वनस्पतियों का राजा है। वह बुद्धि के कार्य, व्यापार, दस्तकारी आदि पर अपना विशेष प्रभाव डालता है। इस ग्रह का प्रभाव गर्दन और कन्धों पर विशेष रूप से पड़ता है।

बुध का गुरु से संबंध राख जैसा, सूर्य से संबंध पारा जैसा, चन्द्र से संबंध माँद में पानी की तरह, शुक्र से संबंध दही सदृश, मंगल से संबंध शेर के दांत सदृश, शनि से संबंध कलई सदृश, राहु से संबंध हाथी की सूँड़ सदृश और केतु से संबंध कुत्ते की पूँछ सदृश है।

बुध को फारसी में **अतारद** और अंग्रेजी में MERCURY कहते हैं। इसका वार **बुधवार** है और रंग **हरा** है। बुध **नपुंसक** ग्रह है और इसका कारक भाव सातवाँ है।

बुध के लिये सूर्य, शुक्र व राहु **मित्र** हैं, चन्द्र **शत्रु** है और शनि, केतु, मंगल व गुरु **सम** हैं।

बुध का काल 68 दिन, 34 वर्ष, आयु 80 वर्ष, महादशा 17 वर्ष, सामान्य चक्र दो, इसका प्रभाव सदैव और प्रभाव की गति मेढ़ा सदृश होती है।

बुध की आयु किसी भी ग्रह के साथ होने पर 34 वर्ष होगी। बुध सूर्य, मंगल के साथ हो तो आयु 17 वर्ष होगी।

बुध सूर्य, चन्द्र व मंगल को छोड़कर अन्य ग्रहों से सर्वाधिक बली है।

बुध का प्रभाव 26, 27, 61, 62, 96, 97, 131, 132वें वर्ष में रहता है। इसी प्रकार इसका पहला चक्र 34-35 वर्ष में, दूसरा चक्र 69-70 वर्ष में और तीसरा चक्र 104-105वें वर्ष में होता है।

बुध तीसरे और छठें भाव में स्वगृही होती है।

बुध ने अपनी रक्षा के लिए शुक्र से मित्रता कर रखी है और अपनी समस्त परेशानियाँ शुक्र पर डाल देता है।

बुध कन्या राशि में **उच्च** और मीन राशि में **नीच** का होता है। चन्द्र बारहवें भाव में हो तो बुध ग्रह उच्च फल न देकर अत्यन्त कुप्रभाव देता है।

बुध एक वर्ष के तीन खण्ड करने पर प्रथम खण्ड में चन्द्र का प्रभाव चार मास तक देगा, द्वितीय खण्ड में अगले चार मास तक मंगल का प्रभाव और तृतीय खण्ड में अपना प्रभाव (बुध का) चार मास तक देगा। चन्द्र 68वें दिन व 34वें वर्ष में विशेष प्रभावशाली होता है।

तीसरा भाव सुप्त हो तो उसे बुध ग्रह जगायेगा। बुध व्यापार, बहन या लड़की के विवाह पर और 34वें वर्ष के उपरान्त जागता है। बुध दूसरे या 36वें वर्ष में अशुभ फल देता है।

बुध 3, 8, 9, 10 11, 12 भाव में अशुभ होगा पर सदैव अशुभ न होगा। बुध 1, 2, 4, 5, 6, व 7वें भाव में शुभ फल करता है। बुध राहु के भाव 12 में नीच का होता है क्योंकि यह भाव उसके शत्रु ग्रह गुरु का

है। जब बुध केतु के भाव छठे में हो तो उच्च का होता है क्योंकि यह राशि बुध की अपनी है। बुध-केतु बराबर के ग्रह हैं और दोनों ही शुक्र के मित्र हैं। बुध पर केतु और शुक्र का कोई प्रभाव नहीं पड़ता है।

बुध अकेला किसी भी भाव में हो तो जातक लालची एवं देश-विदेश में व्यर्थ भ्रमण करने वाला होता है।

दूसरे भाव में बुध स्थित हो तो उसका प्रभाव गुरु पर पड़ेगा और प्रत्येक प्रकार से हानि करेगा। चौथे भाव में बुध स्थित हो तो उसका प्रभाव चन्द्र पर पड़ेगा और प्रत्येक प्रकार से हानि करेगा।

बुध अशुभ होने पर दांत झड़ जाते हैं, सूंघने की शक्ति समाप्त हो जाती है या क्षीण हो जाती है और संभोग शक्ति भी क्षीण हो जाती है। दांत साफ रखने और नाक छिदवाने से बुध की अशुभता दूर होती है। बुध के अशुभ प्रभाव को गाय ग्रास से दूर कर सकते है अर्थात् अपनी खुराक या भोजन में से एक टुकड़ा गाय को, एक टुकड़ा कुत्ते को और एक टुकड़ा कौवे को खाने के लिए दें। ताँबें की पत्तर में छेद करके बहते पानी में बहा दें। बुध अशुभ या निर्बल होने पर दुर्गा उपासना व दुर्गा सप्तशती का पाठ करना चाहिए। बुध के लिए साबुत हरे मूंग का दान करें। दो सीप या दो हीरे लेकर एक को बहते पानी में बहा दें और एक को आजीवन अपने पास रखें। यदि सीप या हीरा खो जाए तो पुनः पास में रखें। दूसरी बार पानी में बहाने की आवश्यकता नहीं है।

नपुंसक ग्रह बुध प्रातः और सायं के समय प्रभावशाली होता है।

जन्मकुण्डली में बुध अशुभ हो तो पहले, तीसरे और छठे भाव का भी अशुभ फल मिलेगा।

बुध का बहिन-ऋण तभी होता है जब तीसरे या छठे भाव में चन्द्रमा होता है। यदि ऐसा हो तो कुटुम्ब का प्रत्येक व्यक्ति पीले रंग की कौड़ियाँ एक स्थान पर एकत्र करके जला ले और प्राप्त राख को बहते पानी में बहा दें।

गुरु-राहु की युति होने पर बनावटी (नकली) ग्रह बुध होता है। जिसका रंग हरा होता है।

अब बुध का कुण्डली के 12 भावों का अलग-अलग शुभाशुभ स्थिति का फल और उपाय बतायेंगे।

पहले भाव में स्थित बुध का फल एवं उपाय

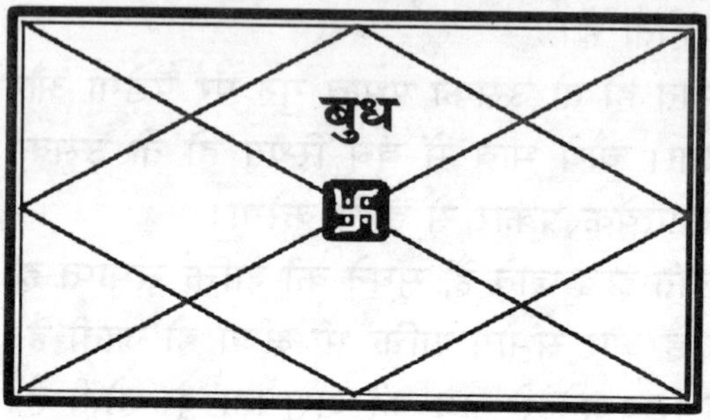

यदि जन्मकुण्डली में बुध पहले भाव में स्थित हो तो उसका क्या फल होगा इसकी चर्चा यहाँ करेंगे। बुध जन्मकुण्डली के पहले भाव में शुभ होगा या अशुभ अर्थात् इन दोनों में से एक स्थिति में होगा। अब इन दोनों स्थितियों का अलग-अलग फल और इसका उपाय भी बतलायेंगे।

बुध पहले भाव में शुभ स्थिति में हो तो—

☺ जातक विनोदप्रिय, राजा या राजा सदृश, स्वार्थी, घुमक्कड़, शरारती और स्वयं सुख की सांस लेगा।

☺ धन की चिन्ता नहीं होगी। लड़कियां भी राज करेंगी। राज्य से लाभ होगा।

☺ सूर्य जिस भाव में स्थित होगा उससे सम्बन्धित संबंधी अल्पकाल में ही धनी हो जायेंगे।

☺ धर्म से दूर रहने वाला होते हुए भी आजीविका में कमी नहीं आयेगी।

☺ सभी पापी ग्रह बुध की आज्ञा का अनुसरण करेंगे।

☺ जातक में ऐसी शक्ति होगी कि वह पत्थर भी पानी में तैरा लेगा। यह तभी होगा, जब उसका वर्ण श्याम हो। शनि सातवें भाव में स्थित हो।

☺ यदि सूर्य व बुध की युति पहले भाव में हो या पहले भाव के बुध पर सूर्य की दृष्टि हो तो स्त्री धनी व उत्तम कुल की सुस्वभाव से युक्त होगी।

बुध पहले भाव में अशुभ स्थिति में हो तो—

☹ स्त्री की कुण्डली में राजयोग होने पर भी युवाकाल में अपयश का भय होगा।

☹ मंगल का अशुभ फल मिलेगा पर सूर्य का अशुभ प्रभाव कभी नहीं मिलेगा।

- ☹ यदि जातक शराती होगा तो अपयश अवश्य मिलेगा।
- ☹ यदि मंगल 12वें भाव में हो तो पहले भाव का बुध कभी भी कुप्रभाव नहीं देगा।
- ☹ बुध अशुभ होगा तो बुध की वस्तुओं पर भी कुप्रभाव पड़ेगा। अंडा खाने से स्वास्थ्य बिगड़ेगा। आधी आयु बीतने पर आर्थिक रूप से लाभकारी होगा।
- ☹ ससुराल और सन्तान की स्थिति अशुभ हो। ससुराल में शराब और मांस का प्रयोग होगा तथा सन्तान भी शराबी व कबाबी होगी। राहु व केतु अशुभ फल देंगे।
- ☹ विदेश में रहने वाला लालची होगा। युवावस्था उत्तम व्यतीत होगी।
- ☹ पहले भाव में बुध अकेला हो और सातवाँ भाव रिक्त हो तो राजा सदृश होगा और दूसरों को प्रभावित करने में माहिर होगा। दूसरों के लिए यह स्थिति लाभप्रद होगी।
- ☹ पहले भाव में अशुभ बुध और 7वें भाव में चन्द्र के रहने पर जीभ का स्वाद व नशेबाजी की आदत बर्बाद कर देगी।
- ☹ 32 से कम या अधिक दांत होना अशुभता की निशानी होगी।

उपाय

- ☑ *एक जगह टिक कर रहें। इधर उधर न भटकें।*
- ☑ *अंडा व मांस का सेवन न करें। नशे की लत से बचें।*
- ☑ *ऐसे कार्य न करें जिसमें अपयश का भय हो।*
- ☑ *हरे रंग की वस्तुओं से बचें।*

दूसरे भाव में स्थित बुध का फल एवं उपाय

यदि जन्मकुण्डली में बुध दूसरे भाव में स्थित हो तो उसका क्या फल होगा इसकी चर्चा यहाँ करेंगे। बुध जन्मकुण्डली के दूसरे भाव में शुभ होगा या अशुभ अर्थात् इन दोनों में से एक स्थिति में होगा। अब इन दोनों स्थितियों का अलग-अलग फल और इसका उपाय भी बतलायेंगे।

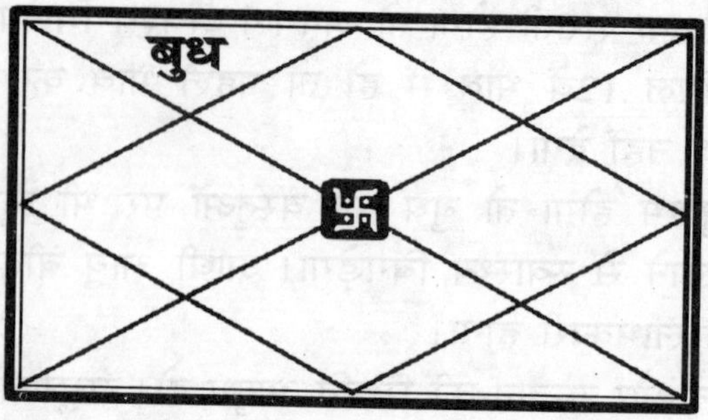

बुध दूसरे भाव में शुभ स्थिति में हो तो—

☺ जातक योगी, स्वार्थी, बुद्धिमान, ब्रह्मज्ञानी और अपने आप में मस्त होगा।

☺ राज्य परिवार को वृद्धिकारक, शत्रुहन्ता एवं विश्वास घातियों का शत्रु होगा।

☺ पिता का सुख न होने पर भी धनी होगा। अपने प्रयासों से उत्तम जीवनयापन करते हुए दीर्घायु तक माता का सुख पायेगा। ससुराल एवं कुटम्ब को पालने व तारने वाला होगा। वाकपटुता से अनेक कार्य बनाने वाला, शत्रुओं पर विजय पाने वाला और शुक्र व मंगल की वस्तुओं का शुभ लाभ पाने वाला होगा।

☺ बुध दूसरे हो और राहु आठवें हो तो हाजिर जवाब, पर राहु नौवें हो तो उत्तम भाषण देने वाला होगा।

☺ बुध दूसरे और मंगल आठवें भाव में हो तो वाक् और कलम का धनी होगी।

☺ बुध दूसरे और मंगल नौवें भाव में हो तो अच्छी सलाह देने वाला और शक्तिशाली, वाकपटु इतना की सभी दोष तुरन्त छिपा ले।

☺ अकेला बुध 2रे भाव में होने पर सबका पालक, योगी व राजा होगा।

☺ बुध दूसरे भाव में हो परन्तु 6 व 8वाँ भाव रिक्त हो तो मस्तिष्क के दोषों का कभी शिकार न होगा।

☺ बुध दूसरे भाव में हो और चन्द्रमा 6ठे व 8वें भाव से सहायता ले तो जातक का पिता दीर्घायु, आर्थिक रूप से धनी हो सकता है हत्यारा भी हो।

☺ बुध 2रे भाव में और केतु आठवें भाव में हो तो मार्गदर्शक होगा।

- ☺ बुध 2रे भाव में और केतु नौवे भाव में हो तो वाकपटुता में माहिर होगा।
- ☺ बुध 2रे भाव में और 9 या 12वें भाव में गुरु हो तो जातक मान-सम्मान वाला और माता दीर्घायु होगी।
- ☺ बुध 2रे भाव में और मंगल व गुरु छठे भाव में हों, 6ठे भाव में मात्र मंगल हो तो गुरु का पिता पर कुप्रभाव नहीं होगा। मंगल कुप्रभाव दे सकता है।
- ☺ बुध 2रे और सूर्य 8वें भाव में हो तो जातक दस्तकार, व्यापारी व धन का चाहने वाला होगा।
- ☺ बुध 2रे और शनि 6ठे भाव में हो तो जातक अत्याधिक तेज होगा जो किसी के काबू में न आ सकेगा।

बुध दूसरे भाव में अशुभ स्थिति में हो तो—

- ☹ बुध दूसरे भाव में अशुभ होगा तो केतु भी अशुभ फल देगा, जिससे सन्तान होते हुए भी उसका सुख न होगा। आर्थिक रूप से तंग होगा। व्यापार, सट्टा, जुआ, नकली कार्य के व्यापार में हानि ही होगी। पिता धनी होते हुए भी जातक के लिए व्यर्थ होगा। पिता की मृत्यु 16 से 21 या 34 से 36वें वर्ष के मध्य होगी। पिता का धन या पैतृक सम्पत्ति किसी काम न आयेगी।
- ☹ बुध की वस्तुएँ, बहन, लड़की, बुआ अशुभ होगी। उनसे संबंध विष की तरह होगा।
- ☹ आर्थिक रूप से तंग, घमंडी, स्वस्थ और बुद्धि से तेज होगा। यह तभी होगा जब 2रे भाव में बुध अशुभ एवं सूर्य 8वें भाव में हो।
- ☹ बुध 2रे भाव में अशुभ हो और 1, 2, 3, 8, 9वें भाव में शुक्र हो तो साली का साथ रखने पर बुध व शुक्र का 12वें भाव में अशुभ होने का फल होगा या और शनि व सूर्य बली हो तो बुध विश्वसनीय व्यवहार नहीं रखेगा।
- ☹ बुध अशुभ हो और गुरु आठवें भाव में हो तो दादा कष्ट में होंगे और गुरु की वस्तुओं व सम्बन्धियों का भी शुभ फल न होगा।
- ☹ बुध 2रे अशुभ हो और चन्द्र व शनि 12वें भाव में हो तो 17 से 35 वें वर्ष तक पिता का धन व पैतृक सम्पत्ति व्यर्थ होती जायेगी।

उपाय—

☑ *साली का साथ न करें एवं उससे सम्बन्ध न रखें।*

☑ *नाक छेदन कराकर 90 दिन तक चाँदी पहने रखना या 96 घंटे तक छेद रखना लाभकारी होगा।*

☑ *चन्द्र व गुरु की वस्तुएँ मन्दिर में देना या चन्द्र व गुरु का उपाय करना लाभप्रद रहेगा।*

☑ *भेड़ व तोता-तोती कभी न पालें।*

तीसरे भाव में स्थित बुध का फल एवं उपाय

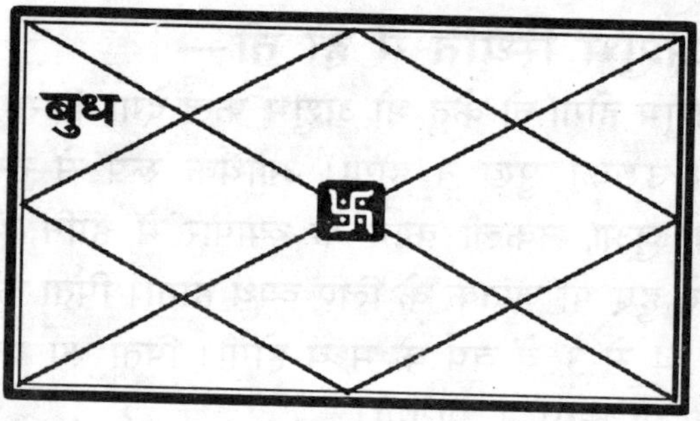

यदि जन्मकुण्डली में बुध तीसरे भाव में स्थित हो तो उसका क्या फल होगा इसकी चर्चा यहाँ करेंगे। बुध जन्म कुण्डली के तीसरे भाव में शुभ होगा या अशुभ अर्थात् इन दोनों में से एक स्थिति में होगा। अब इन दोनों स्थितियों का अलग-अलग फल और इसका उपाय भी बतलायेंगे।

बुध तीसरे भाव में शुभ स्थिति में हो तो—

☺ बुध और सम्बन्धी सहायक होंगे और अच्छे सम्बन्ध रहेंगे।

☺ आर्थिक दृष्टिकोण से अपने लिए अशुभ न होगा परन्तु दूसरों के लिए बहुत अशुभ होगा। आयु की दृष्टि से दीर्घायु (लगभग 80 वर्ष) होगी।

☺ यदि बुध तीसरे शुभ हो और मंगल पहले भाव में हो तो धन और क्षेत्रवृद्धि के साथ-साथ कुटुम्ब बढ़ता जायेगा। बुध की वस्तुएँ शुभफल देंगी।

☺ यदि अशुभ फल होगा तो केतु ही नष्ट होगा। भाई व अपने भाग्य की वृद्धि हेतु गुरु का 9 या 11वें भाव में स्थित होना सहायक होगा। शुक्र संबंधी वस्तुओं का व्यापार भी सहायक रहेगा।

☺ यदि शुभ बुध तीसरे भाव में और सूर्य 11वें भाव में स्थित हो तो सूर्य व बुध निर्बल होंगे। केतु (मामा व सन्तानादि) का शुभफल और दमे का अच्छा वैद्य होगा। दीर्घायु होगा।

☺ तीसरे भाव में बुध शुभ हो और सोया हो अर्थात् 9 व 11वाँ भाव रिक्त हो तो बुध सर्व प्रकार से शुभ फलदायी होता है।

बुध तीसरे भाव में अशुभ स्थिति में हो तो—

☹ यदि बुध तीसरे भाव में अशुभ हो तो कुटुम्ब के सदस्यों पर भारी होगा। जब तक मंगल शुभ होगा। बुध का अुशभ प्रभाव नहीं होगा। यदि मंगल भी अशुभ होगा तो बुध लुटे हुए यात्री जैसी स्थिति कर देगा। यदि जातक तोतला होगा तो बुध का अशुभ फल न होगा।

☹ बुध तीसरे अशुभ हो और मंगल भी अशुभ हो तो भाग्य निर्बल और बाधाएँ सामने होंगी। बुध कई घरों को बर्बाद करेगा। बुध का अशुभ प्रभाव 3, 4, 5, 9, 11वें भाव पर किसी न किसी रूप में पड़ता रहेगा। 34वें वर्ष तक बुध अधिक अशुभ, 42 तक शरारत के साथ बुध अशुभ, 4, 5 तक मध्यम अशुभ और 48वें वर्ष तक बुध के अशुभ प्रभाव से मुक्ति मिलेगी।

☹ बुध तीसरे भाव में अशुभ हो तथा घर का द्वार दक्षिण में हो तो स्त्री धन व सुसराल की तबाही होगी।

☹ बुध तीसरे अशुभ हो और शुक्र 4थे भाव में हो तो सन्तान विलम्ब से होगी।

☹ बुध तीसरे भाव में अशुभ हों और शत्रु ग्रह चन्द्र आठवें भाव में व छठे भाव में मित्र ग्रह स्थित न हों तो शुक्र, शनि व राहु का अशुभ फल मिलेगा।

☹ बुध तीसरे अशुभ हो और शुक्र स्थापित किया हो तो चन्द्र व कलम का फल शुभ होगा।

☹ बुध तीसरे भाव में अशुभ हो और छठे व 7वें भाव में पाप ग्रह हो तो पिता का धन, माता का घर नष्ट हो जाए।

उपाय—

☑ ***प्रतिदिन फिटकरी से दांत साफ करें।***

☑ *बुध से सम्बन्धित वस्तुएँ मूंगादि रोगकारक होंगी। अतः इनका प्रयोग न करें।*

☑ *पक्षियों की सेवा करें। बकरी का दान करें।*

☑ *केतु को स्थापित करें।*

☑ *रात्रि में मूंग फिटकरी के नमकीन पानी में भिगोकर प्रातः जानवरों को 43 दिन तक बिना नागा डालें। व्यापार में वृद्धि होगी।*

☑ *ढाक के चौड़े पत्ते, दूध में धोकर, घर से बाहर सुनसान स्थान पर दिन के समय एक गड्ढे में डालकर उसके ऊपर एक पत्थर का टुकड़ा रखकर मिट्टी डाल दें। जिस वस्तु से गड्ढा खोदें और जिस बर्तन में दूध लें उसे घर में वापिस न लाएँ। पत्थर का रंग जन्मपत्री के 9वें व 11वें भाव के स्वामी ग्रह के विपरीत न हो। पत्ते भवन के मध्य या पश्चिमी दीवार की तह में भी दबा सकते हैं।*

☑ *घर में लगा पत्थर दूध से प्रतिदिन धोएं।*

☑ *पीले रंग की कोड़ियां जलाकर उनकी राख बहते पानी में बहाएँ।*

चौथे भाव में स्थित बुध का फल एवं उपाय

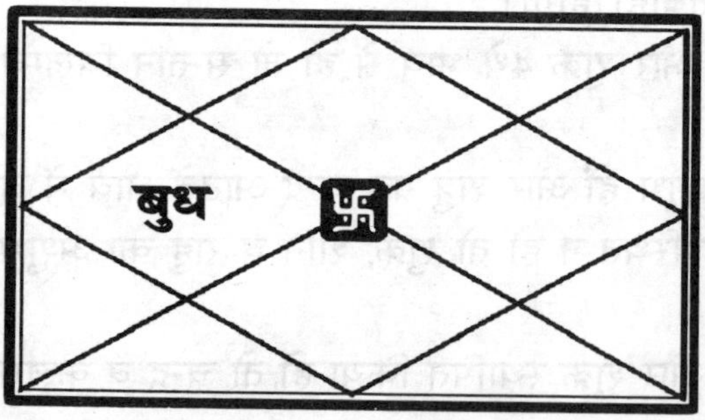

यदि जन्मकुण्डली में बुध चौथे भाव में स्थित हो तो उसका क्या फल होगा इसकी चर्चा यहाँ करेंगे। बुध जन्म कुण्डली के चौथे भाव में शुभ होगा या अशुभ अर्थात् इन दोनों में से एक स्थिति में होगा। अब इन दोनों स्थितियों का अलग-अलग फल और उसका उपाय भी बतलायेंगे।

बुध चौथे भाव में शुभ स्थिति में हो तो—

☺ बुध चौथे भाव में शुभ स्थिति में हो और स्त्री या पुरुष ग्रह बली हों तो दूजों की परेशानियाँ अपने ऊपर लेने वाला, धैर्यवान् और प्रत्येक की माता-पुत्री से डरने वाला होता है।

☺ यदि चौथे भाव में अकेला बुध शुभ हो तो सबके लिए पारस पत्थर की तरह होगा।

☺ बुध चौथे भाव में शुभ हो और चन्द्रमा दूसरे भाव में हो तो सरकार में उच्च पद पर हो, धन की कमी न रहे, बुध और शुक्र दोनों का फल शुभ होगा। पूरे 32 दांत हों तो कुटुम्ब का बेड़ा पार लगाने वाला होगा। मानसिक रूप से अशान्त होगा।

☺ यदि बुध चौथे भाव में हो, सूर्य 3, 5 या 11वें हो और चन्द्र-गुरु नौवें भाव में हो तो परिवार, धन और आयु में वृद्धि होगी तथा पाप ग्रह अशुभ प्रभाव नहीं देंगे।

☺ यदि बुध चौथे भाव में शुभ हो, दूसरा भाव रिक्त हो, चन्द्र 6ठे या 3रे भाव में हो तो माता-पिता का सुख दीर्घायु तक रहेगा।

☺ बुध चौथे भाव में शुभ हो और गुरु भी श्रेष्ठ हो तो राज्य सरकार या सरकार से हर प्रकार से लाभ और उन्नति मिलेगी।

बुध चौथे भाव में अशुभ स्थिति में हो तो—

☹ बुध चौथे भाव में अशुभ हो और राहु, अशुभ भाव में या अशुभ हो तो पुरुषों की स्थिति अशुभ होगी।

☹ बुध चौथे भाव में अशुभ हो माता शीघ्र चल बसे, बुध की वस्तुएँ घर पर लाने से माता अल्पायु हो। यदि माता जीवित हो तो आर्थिक रूप से स्थिति कमजोर व माता का स्वास्थ्य ठीक न होगा।

☹ बुध चौथे भाव में अशुभ हो और केतु अशुभ भाव में या अशुभ हो तो यात्रा और सांसारिक कार्यों में अशुभता ही देखने को मिलेगी।

☹ बुध चौथे भाव में अशुभ हो और चन्द्रमा छठे भाव में या अशुभ हो तो जातक आत्महत्या तक करने तक को तत्पर हो।

☹ बुध चौथे भाव में अशुभ हो और 2, 5 व 12वें भाव में शुक्र, राहु या शनि पाप ग्रह स्थित हों तो स्त्री, धन और पारिवारिक सुख नष्ट हो जाए।

उपाय—

☑ ***केशर को 43 दिन तक तिलक के रूप में मस्तक पर लगाएँ और खाएँ।***

☑ ***बृहस्पति का उपाय करें।***

☑ *चांदी की जंजीर मन की शान्ति के लिए धारण करें।*

☑ *धन-सम्पत्ति के लिए स्वर्ण की जंजीर धारण करें।*

पांचवें भाव में स्थित बुध का फल एवं उपाय

यदि जन्मकुण्डली में बुध, पांचवें भाव में स्थित हो तो उसका क्या फल होगा इसकी चर्चा यहाँ करेंगे। बुध जन्मकुण्डली के पांचवें भाव में शुभ होगा या अशुभ अर्थात् इन दोनों में से एक स्थिति में होगा। अब इन दोनों स्थितियों का अलग-अलग फल और इसका उपाय भी बतलायेंगे।

बुध पांचवें भाव में शुभ स्थिति में हो तो—

☺ जातक प्रसन्न, मुख से निकला वाक्य ब्रह्म वाक्य और उत्तम होगा। अचानक मुख से निकला वाक्य ब्रह्म वाक्य की तरह शुभफलदायी होगा।

☺ राजा की कीर्ति बढ़ाने वाला, धन और परिवार की वृद्धि हो।

☺ बुध पांचवें भाव में शुभ हो तो सूर्य और बुध दोनों का फल शुभ होगा और चन्द्र से सम्बन्धित वस्तुएँ बेड़ा पार लगाने वाली होंगी।

☺ शुभ बुध पांचवें हो और घर पर गाय पाल रखी हो तो सन्तान, स्त्री और निज का भाग्य उत्तम होगा। सूर्य भी राजकीय कार्यों में सहयोगी होगा।

☺ शुभ बुध पांचवें हो और ग्याहरवां भाव रिक्त हो तो पैतृक सम्पत्ति शुभ, परिवार और सन्तान की स्थिति शुभ होगी।

☺ शुभ बुध पांचवें हो और सूर्य, चन्द्र व गुरु 3रे या 9वें हो तो 34वें वर्ष के बाद भाग्य वृद्धि होगी।

☺ शुभ बुध पांचवें हो और चन्द्रमा 1, 2, 4 में स्थिति हो या 6ठे या 12वें भाव में अशुभ हो तो 4, 6, 7, 8, 9वें भाव में स्थित ग्रहों को मार देते हैं।

☺ पांचवें शुभ बुध होने पर सूर्य को बुध की सहायता उसी प्रकार मिलती है। जिस प्रकार गुरु को सूर्य की सहायता प्राप्त होती है।

बुध पांचवें भाव में अशुभ स्थिति में हो तो—

☹ बुध पांचवें अशुभ हो तो 1, 3, 4, 7, 9वें भाव का फल अशुभ होगा। यदि चन्द्र या गुरु 3रे या 9वें भाव में स्थित हो तो अशुभ फल नहीं मिलता है।

☹ बुध पांचवें भाव में अशुभ होने पर पिता के लिए अशुभ होगा परन्तु सन्तान हेतु कभी अशुभ न होगा।

उपाय

☑ ***गले में तांबे का पैसा धारण करने से कोष में वृद्धि होगी।***

☑ ***गौ पालन करने से सन्तान, स्त्री और अपना भाग्य उत्तम हो।***

छठे भाव में स्थित बुध का फल

यदि जन्मकुण्डली में बुध छठे भाव में स्थित हो तो उसका क्या फल होगा इसकी चर्चा यहाँ करेंगे। बुध जन्मकुण्डली के छठे भाव में शुभ होगा या अशुभ अर्थात् इन दोनों में से एक स्थिति में होगा। अब इन दोनों स्थितियों का अलग-अलग फल बतलायेंगे।

बुध छठे भाव में शुभ स्थिति में हो तो—

☺ ऐसा जातक माता के गर्भ में आने के समय से ही अपना प्रभाव देने लगेगा। बुध सदैव आज्ञाकारी सेवक की तरह होगा। वाणी से निकले शब्द प्रभावशाली होंगे जो सबको प्रभावित करेंगे।

☺ जातक गुमनाम योगी और दिल से राजा अर्थात् खुले दिल वाला होगा। प्रायः जैसा शुक्र होगा वैसा ही बुध का फल होगा। दूसरे

भाव में जो भी ग्रह शुभ होगा बुध तुरन्त उसकी नकल करेगा अर्थात् उस जैसा हो जायेगा।

☺ समुद्री यात्राएँ शुभ व लाभदायी होंगी। बुध की वस्तुएँ अशुभ फल नहीं देगी। धैर्य करने पर अधिक वृद्धि होगी। फकीरी से स्वतः धनी बनेगा और पुष्प सदृश जीवन होगा।

☺ पांचवें शुभ बुध होने पर व्यापार बौद्धिक कार्यों और शिक्षा संबंधी कार्यों से भरपूर लाभ होगा। परिश्रम से किए जाने वाले कार्यों से कम लाभ होगा। वाद-विवाद या झगड़ों का निर्णय पक्ष में ही होगा। कृषि कार्यों से लाभ और लेखन कार्य से भी लाभ होगा। बेईमानी कदापि नहीं फलेगी। ईमानदारी के धन की वृद्धि होगी।

☺ शुभ कार्यों में पुष्प, लड़की या कन्या का शकुन शुभ फल देगा।

☺ जन्मकुण्डली में जब भी कोई ग्रह शुभ फल देगा, बुध भी तुरन्त उस जैसा फल देने लगेगा। शुभ बुध के छठे भाव में होने से शुभ ग्रह का फल भी दुगना हो जायेगा।

☺ जब बुध छठे भाव में शुभ हो और उसकी दृष्टि रिक्त हो तो चन्द्रमा की सजीव वस्तुओं के अतिरिक्त शेष सब शुभ फल होगा और प्रिटिंग प्रेस व कागज के कार्य से लाभ होगा।

☺ बुध छठे भाव में शुभ हो और शनि 9 या 11वें भाव में हो तो स्त्री धनी परिवार की होगी।

☺ छठे भाव में शुभ बुध हो और पहले भाव में सूर्य, शनि या गुरु ग्रह हो तो धन, धर्म और राजकार्यों में श्रेष्ठ होगा।

☺ गुरु शुभ हो तो अखबार, मैगजीन, लेखन, कागज और प्रिंटिंग प्रेस का कार्य या ऐसा कार्य जो ईमानदारी से किए जा सकेंगे लाभदायी होंगे।

बुध छठे भाव में अशुभ स्थिति में हो तो—

☹ बुध छठे भाव में अशुभ होने पर नमक हराम, विश्वासघाती और अशुभ प्रभाव देकर भाग जायेगा।

☹ उत्तर दिशा में भवन का प्रवेश द्वार हो या उत्तर दिशा में स्थित पैतृक घर में कन्या का विवाह करने पर कभी सुख न मिलेगा। सदैव अशुभ स्थिति रहेगी।

☹ वैद्य का कार्य करते समय लालची बनेंगे तो अपनी स्थिति उस

जैसी होगी कि अपनी जड़ स्वयं काट डालें या जिस डाली पर बैठा हो उसे ही काट दें।

☹ अशुभ बुध छठे भाव में होने पर 34वें वर्ष में मंगल का अशुभ फल हो, माता मरे या नष्ट हो जाए।

☹ बुध छठे भाव में अशुभ हो और मंगल 4थे या 8वें हो तो माँ अल्पायु में मर जाए और घर नष्ट हो जाए।

☹ बुध छठे अशुभ हो, शुक्र चौथे भाव में हो और केतु अशुभ हो तो सन्तान 34वें वर्ष में स्थापित हो। स्त्री को बाएँ हाथ में चांदी का छल्ला पहनना लाभदायी रहेगा।

☹ बुध छठे अशुभ हो, गुरु व चन्द्र 2रे हों या गुरु 11वें और चन्द्र 2रे हो तो दृष्टि निर्बल, हानि, अशुभ फल और बुढ़ापे में भी अशुभ फल मिलेगा।

उपाय

☑ *शुभ कार्य करते समय कन्या का आशीष लेना लाभदायक रहेगा। पुष्प का शकुन भी शुभ है।*

☑ *बुध अशुभ हो तो दूध की बोतल वीराने में दबा दें और यदि चन्द्र सहायक हो तो गंगाजल की बोतल उपजाऊ भूमि में दबाना सहायक होगा। शुक्र अशुभ होने पर यह उपाय अवश्य करें।*

☑ *स्त्री के बाएँ हाथ में चांदी का छल्ला धारण करना लाभप्रद रहेगा।*

☑ *गुरु को स्थापित करना बौद्धिक कार्यों में लाभप्रद रहेगा।*

सातवें भाव में स्थित बुध का फल एवं उपाय

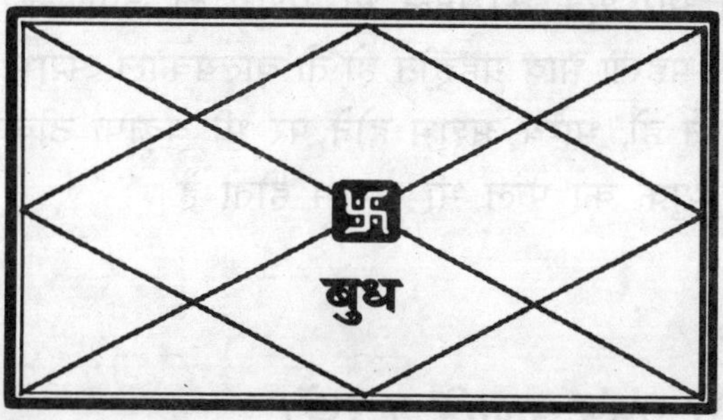

यदि जन्मकुण्डली में बुध सातवें भाव में स्थित हो तो उसका क्या फल होगा इसकी चर्चा यहाँ करेंगे। बुध जन्मकुण्डली के सातवें भाव में शुभ होगा या अशुभ अर्थात् इन दोनों में से एक

स्थिति में होगा। अब इन दोनों स्थितियों का अलग-अलग फल और इसका उपाय भी बतलायेंगे।

बुध सातवें भाव में शुभ स्थिति में हो तो—

- ☺ बुध सातवें शुभ हो तो दूजों हेतु पारस सदृश, लड़के की कुण्डली में दूजों का बेड़ा पार लगाए और लड़की की कुण्डली में कभी अशुभ न हो। दूजों का भला करे। उसकी कलम तलवार को भी काट दे। बुढ़ापा सदैव अच्छा बीतेगा। बुद्धि चाहे साथ न दे पर धन सदैव सहायता देता रहेगा। दस्तकारी से लाभ, मुकदमों या झगड़ों से कभी उलझन नहीं होगी।
- ☺ बुध सातवें भाव में शुभ व पहले भाव में कोई ग्रह हो तो जातक कुटुम्ब का बेड़ा पार लगाने वाला होगा।
- ☺ बुध सातवें भाव में शुभ व पहले भाव में चन्द्र हो तो समुद्री यात्रा लाभदायी हो।
- ☺ बुध सातवें भाव में शुभ हो और शनि तीसरे भाव में हो तो स्त्री का कुटुम्ब धनी हो जायेगा।
- ☺ जब बुध सातवें शुभ हो और 10वें या पहले भाव में मित्र ग्रह हों या शत्रु तो कभी भी अशुभ फल न देंगे चाहे परस्पर बुध से लड़ते रहें।

बुध सातवें भाव में अशुभ हो तो—

- ☹ जब बुध सातवें भाव में अशुभ हो और गुरु 9वें भाव में हो तो चाहे शुक्र शुभ हो पर बुध अशुभ फल ही देगा।
- ☹ बुध सातवें अशुभ होने पर बहन, बुआ, साली या लड़की सब दुःखी होंगी।
- ☹ बुध सातवें अशुभ हो और केतु पहले या आठवें भाव में हो तो बिगड़ी हुई साली जातक के भाईयों के साथ मिलकर स्त्री को कष्ट पहुँचाए। अतः मंगल और शुक्र का फल भी अशुभ हो जाए।
- ☹ बुध सातवें अशुभ और पहला भाव ग्रहहीन हो तो बाल्यकाल अशुभ, साहुकारी लाभदायक न हो, भाग्य अशुभ होने पर भी बुढ़ापा ठीक बीते। 34वें वर्ष तक शुक्र का फल भी अशुभ होता है।

उपाय—

- ☑ ***सट्टा कभी न खेलें।***
- ☑ ***बिगड़ी हुई साली से संबंध कदापि न रखें।***

☑ *मोती गले में धारण करने से समुद्री यात्राओं से लाभ एवं शनि का छल्ला मध्यमिका अंगुली में धारण करने से स्त्री का कुटुम्ब धनी हो जाए।*

आठवें भाव में स्थित बुध का फल एवं उपाय

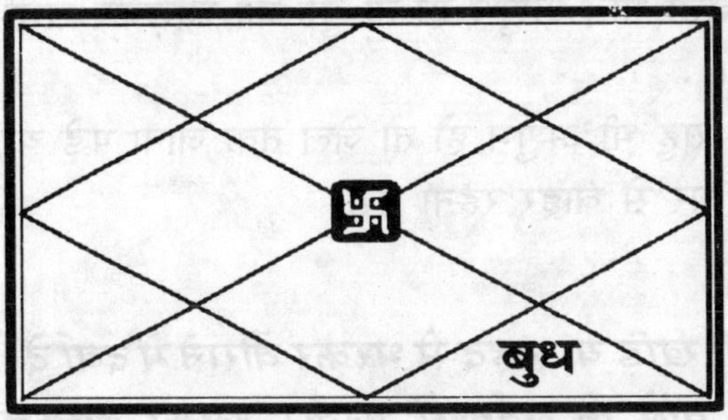

यदि जन्मकुण्डली में बुध आठवें भाव में स्थित हो तो उसका क्या फल होगा इसकी चर्चा यहाँ करेंगे। बुध जन्मकुण्डली के आठवें भाव में शुभ होगा या अशुभ अर्थात् इन दोनों में से एक स्थिति में होगा। अब इन दोनों स्थितियों का अलग-अलग फल और इसका उपाय भी बतलायेंगे।

बुध आठवें भाव में शुभ स्थिति में हो तो—

☺ यदि आठवें शुभ बुध को पुरुष ग्रह का साथ मिले तो कदापि अशुभ न होगा और पुरुष ग्रह सदृश शुभ फल होगा।

☺ यदि आठवें शुभ बुध हो और सूर्य, चन्द्र या चौथा भाव भी शुभ हो तो 34वें वर्ष में बुध अपना विष धोएगा। केतु अशुभ न होगा और माता की आयु का और चन्द्र की वस्तुओं का शुभ फल मिलेगा।

☺ यदि मंगल 12वें भाव में हो तो बुध का 8वें भाव में अशुभ फल न होगा।

☺ मंगल और बुध आठवें भाव में अलग-अलग अशुभ फल देते हैं परन्तु जब दोनों की युति आठवें भाव में होती है तो दोनों का शुभ फल ही होता है।

बुध आठवें भाव में अशुभ स्थिति में हो तो—

☹ बुध आठवें भाव में अशुभ हो तो सारा जीवन परिश्रम से बीते, रोग रहे, हानि हो, 32 से 34 वे वर्ष में आय आधी रह जाए।

☹ बुध अकेला आठवें भाव में सदैव अशुभ रहेगा।

☹ बुध आठवें हो और दूसरा भाव रिक्त हो तो 16 से 21वें वर्ष में पिता की आयु में सन्देह और धनहानि हो सकती है। कुण्डली का नीच ग्रह और अधिक नीचता पर उतर जाए।

☹ बुध 8वें हो और बारहवां भाव रिक्त हो तो पुट्ठों का रोग होता है।

☹ बुध आठवें हो और पुरुष ग्रह छठे भाव में हो तो माता अल्पायु हो या माता-पुत्र कष्ट में रहें और मामा भी दुःखी हो।

☹ बुध आठवें हो और छठा भाव अशुभ हो तो गुरु को छोड़कर सभी ग्रह अशुभ फल देंगे।

☹ यदि बुध आठवें और राहु भी अशुभ हो तो जेल तक जाना पड़े या अस्पताल, वीराने या घर से बाहर रहना पड़े।

उपाय—

☑ *मिट्टी के बर्तन में देशी खांड या शहद से भरकर वीराने में दबा दें।*

☑ *बाद में साबुत मूंग तांबे के बर्तन में भरकर उसका ढक्कन बन्द करके टांका लगवाकर बहते पानी में बहा दें।*

☑ *छत पर वर्षा का पानी या दूध रखें या लड़की की नाक में चांदी का छल्ला पहनाएँ।*

☑ *बुध अशुभ हो तो दूसरे भाव में स्थित ग्रह की वस्तुएँ उस ग्रह के संबंधी या पशु को दें जो वर्ष कुण्डली में दूसरे भाव में स्थित हो।*

☑ *पूजा का स्थान बार-बार न बदलें।*

☑ *घर की सीढ़ियाँ बार-बार तुड़वाकर न बनवाएँ।*

☑ *बुध अशुभ फल दे रहा हो तो मंगल की वस्तुएँ शमशान में दबाएँ।*

नौवें भाव में स्थित बुध का फल एवं उपाय

यदि जन्मकुण्डली में बुध नौवें भाव में स्थित हो तो उसका क्या फल होगा इसकी चर्चा यहाँ करेंगे। बुध जन्मकुण्डली के नौवें भाव में शुभ होगा या अशुभ अर्थात् इन दोनों में से एक स्थिति में होगा। अब इन दोनों स्थितियों का अलग-अलग फल और इसका उपाय भी बतलायेंगे।

बुध नौवें भाव में शुभ स्थिति में हो तो—

☺ जातक को चाहे स्वयं भूखा रहना पड़े पर कुटुम्ब का पालन अवश्य करेगा। नौवें बुध का रहस्य 11वें भाव में स्थित ग्रह से चलता है। ग्यारहवां भाव रिक्त हो तो बुध बेशर्म लड़की की तरह व्यवहार करें।

☺ यदि 1, 3, 6, 7, 9 व 11वें भाव में चन्द्र, केतु, गुरु हो तो बुध का अशुभ प्रभाव न होगा। सूखे बादल भी वर्षा करें। धर्म, आयु व धन की वृद्धि हो।

☺ चन्द्रमा 3, 8, 9 या 5वें भाव में हो तो बुध के अशुभ प्रभाव से रक्षा अपने आप होती है।

बुध नौवें भाव में अशुभ स्थिति में हो तो—

☹ जातक कोढ़ी, मनहूस, अल्पायु, कूप-मण्डूक, जलील और अपने जन्म का रहस्य न बताने वाला होता है।

☹ बुध नौवें और पहला भाव रिक्त हो तो शरीर को कष्ट और रक्त विषैला हो जायेगा या उसमें विकार हो जायेगा।

☹ बुध नौवें हो और 3, 6, 7वें भाव में चन्द्र या गुरु या दोनों हों तो आयु लम्बी होगी परन्तु विवाह और सन्तान सुख में बाधाएँ आयेंगी।

☹ बुध नौवें भाव में हो और गुरु अकेला 8, 6, 10 या 11वें भाव में हो तो अल्पायु, सन्तान और स्त्री का फल अशुभ होगा।

☹ बुध नौवें हो और 11वें भाव में चन्द्र व केतु न हो तो जातक धोखेबाज और बात करते-करते हानि पहुँचाकर एक-दो-तीन हो जाने में माहिर होगा। दिया वचन कभी पूरा न करेगा।

☹ जन्मकुण्डली का नौवें बुध वर्ष कुण्डली में 11वें जाने पर अशुभ फल देगा।

उपाय

☑ *लोहे की लाल रंग की गोलियाँ अपने पास में रखें।*

☑ *मशरुम मिट्टी के बर्तन में रखकर मन्दिर में दे आएँ।*

☑ *दरिया के पानी से धुला, पीला कपड़ा घर में दबाएँ या चांदी दबाएँ।*

☑ *नाक छिदवाएँ।*

☑ तोता, बकरी न पालें और हरे रंग को प्रयोग में न लाएँ।

☑ *फकीर या साधु से कोई ताबीज न लें।*

दसवें भाव में स्थित बुध का फल एवं उपाय

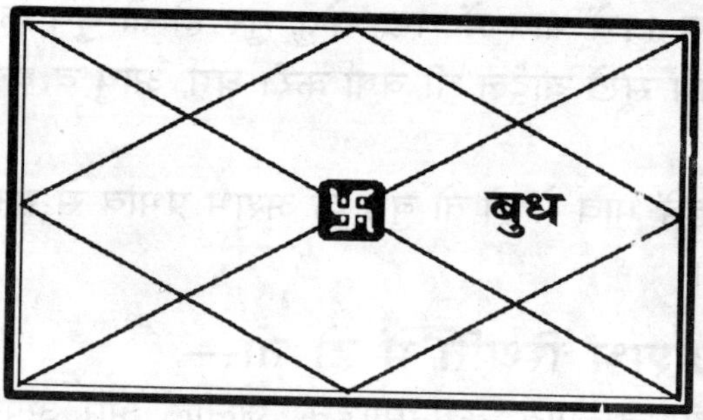

यदि जन्मकुण्डली में बुध दसवें भाव में स्थित हो तो उसका क्या फल होगा इसकी चर्चा यहाँ करेंगे। बुध जन्मकुण्डली के दसवें भाव में शुभ होगा या अशुभ अर्थात् इन दोनों में से एक स्थिति में होगा। अब इन दोनों स्थितियों का अलग-अलग फल और इसका उपाय भी बतलायेंगे।

बुध दसवें भाव में शुभ स्थिति में हो तो—

☺ बुध दसवें भाव में शुभ हो तो जातक प्रसन्न, राज्यप्रिय, व्यवहारकुशल, जीवनयापन ठीक-ठाक खुशामदी, आज्ञाकारी, शुभ ग्रहों से युत हो तो धनी बन जाता है। नीतिवान, ठेकेदार व शास्त्रज्ञ होता है। जातक शरारती, चतुर, स्वार्थी होने के कारण इसके जाल से कोई भी कठिनता से बच सकता है।

☺ बुध दसवें शुभ हो और 1, 3, 5, 4वें भाव में चन्द्र हो तो शस्त्र का व्यापारी, पुरुषों के लिए शुभ, स्त्रियों व बच्चों के लिए अशुभ होता है।

☺ बुध दसवें शुभ व दूसरा भाव रिक्त हो तो शर्मीला समुद्री यात्रा से लाभ पाने वाला व बहुमुखी प्रतिभा का धनी होगा।

☺ बुध दसवें शुभ हो व शनि भी शुभ हो तो केतु अशुभ होने पर भी आड़े वक्त में सहायता मिल जाए।

☺ बुध दसवें शुभ हो और दूसरा भाव भी शुभ हो तो सूखा घड़ा भी मोतियों से भर देगा अर्थात् शुभ फल देगा।

बुध दसवें भाव में अशुभ स्थिति में हो तो—

☹ बुध दसवें अशुभ होने पर जातक शराबी व मांसाहारी होगा। जीभ का स्वाद अशुभता का द्योतक होगा। राहु, केतु व शनि अपनी आयु तक अशुभ होंगे।

☹ बुध दसवें अशुभ हो और शनि भी अशुभ हो तो पिता की आयु में सन्देह हो। यदि बुध के साथ-साथ आठवाँ भाव भी अशुभ हो तो हर प्रकार से दुःखी हो।

उपाय—

☑ *शराब, मांस व अण्डे का सेवन न करें। जीभ के स्वाद के चक्कर में अपनी हानि न करें।*

☑ *शनि का उपाय करें।*

ग्यारहवें भाव में स्थित बुध का फल एवं उपाय

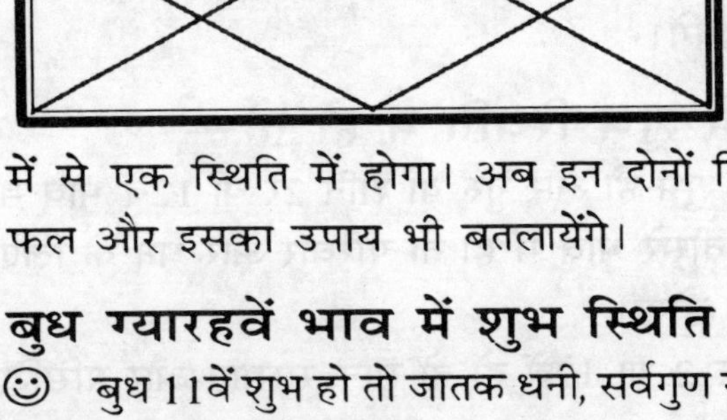

यदि जन्मकुण्डली में बुध ग्यारहवें भाव में स्थित हो तो उसका क्या फल होगा इसकी चर्चा यहाँ करेंगे। बुध जन्मकुण्डली के ग्यारहवें भाव में शुभ होगा या अशुभ अर्थात् इन दोनों में से एक स्थिति में होगा। अब इन दोनों स्थितियो का अलग-अलग फल और इसका उपाय भी बतलायेंगे।

बुध ग्यारहवें भाव में शुभ स्थिति में हो तो—

☺ बुध 11वें शुभ हो तो जातक धनी, सर्वगुण सम्पन्न, सन्तान शिक्षित और

उनका उच्च कुल में विवाह हो। 34वें वर्ष के बाद हर प्रकार से शुभ होगा। बुध का शुभाशुभ फल गुरु की शुभाशुभता पर निर्भर करेगा।

☺ बुध 11वें भाव में शुभ हो और दूसरा भाव रिक्त हो तो जातक शर्मीला और योग्य होगा।

बुध ग्यारहवें भाव में अशुभ स्थिति में हो तो—

☹ बुध अशुभ 11वें हो तो मूर्खतावश धन हानि होगी, त्वचा का तेज होगा और समय व्यर्थ बर्बाद होगा।

उपाय—

☑ *किसी फकीर या साधु से ताबीज लेकर न धारण करें। ताबीज न लेना ही उत्तम है यदि लेंगे तो बर्बाद हो जायेंगे।*

☺ *गले में तांबे का पैसा धारण करें।*

बारहवें भाव में स्थित बुध का फल एवं उपाय

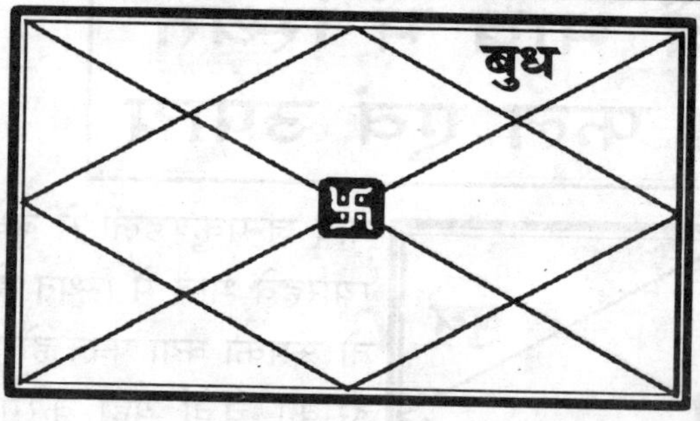

यदि जन्मकुण्डली में बुध बारहवें भाव में स्थित हो तो उसका क्या फल होगा, इसकी चर्चा यहाँ करेंगे। बुध जन्मकुण्डली के दूसरे भाव में शुभ होगा या अशुभ अर्थात् इन दोनों में से एक स्थिति में होगा। अब इन दोनों स्थितियों का अलग-अलग फल और उसका उपाय बतलायेंगे।

बुध बारहवें भाव में शुभ स्थिति में हो तो—

☺ बुध बारहवें भाव में शुभ हो और गुरु या शनि 2रे या 12वें भाव में हो या गुरु या शनि तीसरे भाव में हो तो परिवार और धन के लिए अमृत से भरा कुण्ड होगा।

☺ बुध बारहवें और गुरु 2 या 12वें हो तो मान-सम्मान और प्रसिद्धि

तो होगी परन्तु धन-सम्पत्ति की चोरी या हानि या व्यर्थ व्यय व हानि भी होगी।

☺ बुध बारहवें हो और जब तक शनि व गुरु की युति सातवें हो पर बुध साथ न हो तो बुध का उत्तम फल होगा। बुध की सजीव वस्तुएँ (बहन, बुआ, फूफी, लड़की, मौसी आदि) जातक के घर दुःखी एवं ससुराल में सुखी होंगी।

☺ बुध व शनि 2 या 12वें भाव में एक साथ हो तो यह स्थिति विष से भरे हुए के लिए भी अमृत सदृश होगी जो मृत को भी जीवित कर देगी।

बुध बारहवें भाव में अशुभ स्थिति में हो तो—

☹ बुध बारहवें भाव में अशुभ हो तो स्वार्थ के लिए कही हुई बात को झूठ कहे। झूठ को बोलने में माहिर होता है। आलसी और झूठे आश्वासन देते रहना उसकी आदत होती है। 12वें बुध विष सदृश है और कोढ़ सदृश सारे शरीर में फूट पड़ेगा। भाग्य के परिवर्तन से रात की नींद उजड़ जाए। दुःख इतना कि उसे देखकर आकाश भी रोए।

☹ राहु दूसरे भाव में और बुध बारहवें भाव में हो तो राहु अशुभ, मृत्यु, दुर्घटना आदि से कष्ट होगा।

☹ सूर्य छठे व बुध बारहवें हो तो आजीविका के साथ-साथ राजकीय संबंध भी बिगड़ जाएँ।

☹ चन्द्र छठे और बुध बारहवें हो तो माता अभागी हो और आत्महत्या तक की नौबत आ जाए।

☹ शनि छठे और बुध बारहवें भाव में हो तो व्यापार और संबंधी सभी कुछ अशुभ हो।

☹ बुध बारहवें और राहु 8वें या 12वें हो तो जेल या पागलखाने जाने की नौबत आए। यह स्थिति बनने के लिए आवश्यक नहीं जातक अपराधी यां रोगी ही हो।

☹ बुध 12वें और द्वितीय भाव रिक्त हो तो जल्दबाज और अल्पबुद्धि जातक होगा।

☹ बुध 12वें और राहु या केतु छठे भाव में हो तो दुःखी जीवन, अशुभता और बाधाओं से सदैव परेशान रहना पड़े।

☹ गुरु छठे व बुध बारहवें हो तो पिता अल्पायु, सन्देह करने वाला व धन को इधर-उधर करने वाला होगा।

☹ मंगल छठे व बुध बारहवें हो तो भाई के लिए मृत्युकारक एवं स्वयं के लिए अनिष्टकारी होगा।

☹ सूर्य या मंगल छठे व बुध बारहवें भाव में हो तो मामा व माता दोनों दुःखी, माता अल्पायु होती है।

☹ चन्द्र पाँचवें, शनि नौवें और बुध बारहवें हो तो दुर्घटना में मृत्यु हो जाए। यह दुर्घटना नई कार हरे रंग की लेने पर हो सकती है।

उपाय—

☑ *वाक् (ज़ुबान) को काबू रखें।*

☑ *झूठे वायदे करने की अपेक्षा वायदा देकर पूरा करें।*

☑ *क्रोध न करना।*

☑ *मस्तक पर केसर का तिलक 43 दिन तक लगाएँ या प्रतिदिन लगाने की आदत बनाएँ।*

☑ *नाक छिदवाएँ।*

☑ *बिना जोड़ का लोहे का छल्ला पहनना शुभ होगा। छल्ला किसी से मुफ्त न लें।*

☑ *खाली घड़ा बहते पानी में बहाएँ।*

☑ *काला-सफेद कुत्ता पालें।*

☑ *गणेश जी की उपासना करें।*

☑ *पीला धागा हर समय गले में पहने रखें।*

6 गुरु ग्रह का परिचय, द्वादश भाव में फल व उपाय

ब्रह्माजी का चित्र

गुरु को ब्रह्माण्ड और मनुष्य के अन्दर-बाहर व्यापत हवा कहा गया है। यह हवा मनुष्य के जन्म लेने और मर जाने का बहाना मात्र है। गुरु सभी ग्रहों का गुरु है। यह अच्छे-बुरे दोनों स्थितियों का स्वामी है। पहले भाव में गुरु शुभ स्थिति में राजा सदृश और अशुभ स्थिति में निर्धन होते हुए भी चमत्कारिक फकीर होगा। गुरु पुरुष ग्रह के साथ या उनसे दृष्ट होने पर तांबे से स्वर्ण सदृश हो जायेगा। समस्त ग्रहों की मिलनसारिता या दृष्टि की शक्ति गुरु के कारण होती है। पाप ग्रह अशुभ

होने पर गुरु स्वर्ण की अपेक्षा पीतल हो जाता है या हवा की जगह जहरीली गैस हो जाता है। राहु शुभ होने पर गुरु का कुप्रभाव नहीं होता है। अकेला गुरु कभी अशुभ प्रभाव नहीं देता है।

गुरु हवा है तो शनि को पहाड़ समझें। मानसून की हवा जब भी पहाड़ से टकरायेगी लाभप्रद वर्षा होगी। परन्तु किसी कारण वायु उल्टी दिशा में चल पड़े तो सब-कुछ तबाह कर देगी।

गुरु को फारसी में **मुश्तरी** और अंग्रेजी में JUPITER कहते हैं। इसका वार **गुरुवार** है और रंग **पीला** है। गुरु **पुरुष** ग्रह है और इसका कारक भाव **2,5, व 9वाँ** है।

गुरु के लिए सूर्य, मंगल व चन्द्र **मित्र** है, शुक्र व बुध **शत्रु** हैं और राहु, केतु व शनि **सम** है।

गुरु का काल 32 दिन, 16 वर्ष, आयु 75 वर्ष, महादशा वर्ष 16, सामान्य चक्र 6, इसका प्रभाव मध्य में और प्रभाव की गति बब्बर शेर सदृश होती है। गुरु की आयु किसी भी ग्रह के साथ 16 वर्ष है।

गुरु सूर्य, चन्द्र, मंगल बुध को छोड़कर अन्य ग्रहों में सर्वाधिक बली है।

गुरु का प्रभाव 8 से 13, 43 से 48, 78 से 83 व 113 से 118 वर्ष में रहता है। इसी प्रकार इसका पहला चक्र 16 वर्ष से 21 वर्ष में, दूसरा चक्र 51 से 56 वर्ष में और तीसरा चक्र 86 से 91 वर्ष में होता है।

गुरु नौवें और बारहवें भाव में स्वगृही होता है।

गुरु अपनी रक्षा हेतु साथी केतु की बली ले लेता है। मान लो गुरु पांचवें भाव में और केतु किसी अन्य भाव में हो तो गुरु की दशा में केतु छठे भाव का फल देगा।

गुरु कर्क राशि में **उच्च** और मकर राशि में **नीच** का होता है। शुक्र या बुध दसवें भाव में हो तो गुरु उच्च फल न देकर अत्यन्त कुप्रभाव देता है।

गुरु एक वर्ष में तीन खण्ड करने पर प्रथम खण्ड में केतु का प्रभाव चार मास तक देगा, द्वितीय खण्ड में अगले चार मास तक अपना (गुरु) प्रभाव और तृतीय खण्ड में अगले चार मास तक सूर्य का प्रभाव देगा। गुरु 32रे दिन और 76वें वर्ष में विशेष प्रभावशाली होता है।

ग्यारहवाँ भाव सुप्त हो तो उसे गुरु ग्रह जगायेगा। गुरु सामान्य व्यापार करते समय, 16 वर्ष के उपरान्त जागता है। गुरु 6ठें या 22रे वर्ष में अशुभ फल देता है।

गुरु 6,7, 10वें भाव में अशुभ होगा। अशुभ गुरु को केतु की सहायता मिलती है। गुरु 1,2, 3, 4, 5, 8, 9, 12वें भाव में शुभ फल करता है। ग्यारहवें भाव में गुरु स्थित हो तो उसका प्रभाव राहु पर पड़ेगा और हानि करेगा। ऐसे में बुध भी अशुभ फल देगा।

गुरु अकेला किसी भी भाव में स्थित हो तो अशुभ प्रभाव नहीं देता है।

गुरु अशुभ होने पर सिर पर चोटी के स्थान के बाल उड़ जायें। गले में माला पहनने की आदत बन जाए। सोना खो जाए या चोरी चला जाए। शिक्षा बिना कारण रुक जाए। अपयश मिले या व्यर्थ की अफवाहें उड़ें। गुरु ग्रह दिन में प्रभावशाली होता है।

माथे या पगड़ी पर पीला तिलक लगाएं। केसर का तिलक भी लगा सकते हैं। कोई भी कार्य शुरू करने से पूर्च नाक अवश्य साफ करें। नाक का पानी स्वतः शुष्क हो जाना सहायक है। केसर खाएं या नाभि व जीभ पर लगाना शुभ है। गुरु अशुभ या निर्बल हो तो हरि पूजन या हरिवंश पुराण का पाठ करें। ब्रह्मा की उपासना लाभदायी है। दो स्वर्ण के टुकड़े लेकर एक टुकड़ा बहते पानी में बहा दें और दूसरा टुकड़ा आजीवन संभालकर रखें। पास रक्खा टुकड़ा खो जाए या चोरी चला जाए तो पुनः स्वर्ण का टुकड़ा रखें। दूसरी बार पानी में बहाने की आवश्यकता नहीं है। चने की दाल व स्वर्ण का दाना भी लाभकारी है।

गुरु जन्म कुण्डली में अशुभ हो तो 2, 4, 5, 9, 11, 12वें भाव का भी अशुभ फल देगा।

गुरु छठें भाव में हो तो पिता को श्वास रोग (दमा) हो और स्वर्ण खो जाए।

गुरु सातवें भाव में हो तो पिता से वैचारिक मतभेद रहेंगे और निभेगी भी नहीं। यदि ऐसा हो तो किसी को वस्त्र कदापि दान में न दें। यदि देंगे तो अपने वस्त्र भी खो बैठेंगे अर्थात् वस्त्रहीन होने की स्थिति आ जायेगी।

गुरु का पितृ ऋण तभी होता है जब 2, 5, 9, 11वें भाव में शुक्र, बुध व राहु स्थित हो। कुटुम्ब के प्रत्येक व्यक्ति से बराबर-बराबर धन एकत्र करके मन्दिर में दान करें। घर से सोलह कदम के अन्दर पड़ने वाले मन्दिर या पीपल के वृक्ष की देखभाल या सेवा करने से पितृ ऋण से मुक्ति मिल जाती है।

राहु-गुरु की युति होने पर नकली ग्रह बुध होगा जिसका रंग हरा होगा। गुरु शुक्र की युति होने पर नकली ग्रह शनि केतु सदृश होगा जिसका रंग काला होगा। मंगल गुरु की युति होने पर नकली ग्रह शनि राहु सदृश होगा। जिसका वर्ण काला होगा।

अब गुरु का जन्म कुण्डली के बारह भावों का अलग-अलग शुभाशुभ स्थिति का फल और उपाय बातयेंगे।

पहले भाव में स्थित गुरु का फल एवं उपाय

यदि जन्मकुण्डली में गुरु पहले भाव में स्थित हो तो उसका क्या फल होगा इसकी चर्चा यहाँ करेंगे। गुरु जन्मकुण्डली के पहले भाव में शुभ होगा या अशुभ अर्थात् इन दोनों में से एक स्थिति में होगा। अब इन दोनों स्थितियों का अलग-अलग फल और इसका उपाय भी बतलायेंगे।

गुरु पहले भाव में शुभ स्थिति में हो तो—

☺ विद्या हो या न हो धनी अवश्य बनायेगा। जातक अपने व्यवहार धार्मिकता व दयालुता से निरन्तर उन्नति करे। भाग्य 51 वर्ष तक साथ दे। चन्द्रमा की वस्तुएँ व सम्बन्धी सहायक बनें। केतु व शुक्र की वस्तुएँ भी शुभ हों। राजकार्य, मुकदमें या वाद-विवाद संबंधी निर्णय सूर्य की वस्तुओं या संबंधियों से प्रभावित हो। शरीर स्वस्थ

हो। क्रोध आने पर भी दूजों के लिए मन में मैल ने होगा। वृत्ति शान्त होते हुए भी चुतरता को समझने व रोकने में समर्थ होगा। शत्रुओं से भयभीत नहीं होगा अपितु उन पर विजय प्राप्त करेगा। प्रत्येक 8वें वर्ष उन्नति होगी। आशीष व आशीर्वाद वचन सदैव पूर्ण होंगे। दूजों के लिए बुरा सोचने पर अपना ही अशुभ होगा। अपनी उन्नति निज प्रयासों से और राजकीय मित्रों के कारण होगी।

☺ पहले गुरु शुभ हो और सातवें भाव में कोई भी ग्रह (शत्रु या मित्र) हो जातक उच्च शिक्षा अवश्य प्राप्त करेगा। यदि बुध भी शुभ है तो विभिन्न विद्याओं में प्रवीण होगा और राजा सदृश उत्तम प्रशासक होगा।

☺ गुरु पहले भाव में शुभ हो एवं केतु भी शुभ हो तो 4, 8, या 11वें वर्ष से माता-पिता को और उनसे सुख मिले। 25वें वर्ष तक भाग्य का सितारा बुलन्द रहे।

☺ गुरु पहले भाव में शुभ हो और चन्द्रमा भी शुभ हो तो भला करने वाला, वर्ष दर वर्ष सुख बढ़े, उत्तम राजा या प्रशासक होते हुए भी जीवन सन्यासी सदृश व्यतीत हो।

☺ गुरु पहले भाव में शुभ हो, 1, 3, 5, 7, 11, 12वें भाव में गुरु के शत्रु न हों और सातवाँ भाव शुभ हो तो पैतृक सम्पत्ति व स्वर्ण प्राप्त हो।

☺ गुरु पहले भाव में शुभ हो और ग्यारहवां भाव शुभ हो तो स्वअर्जित धन से पीली वस्तुएँ अधिक क्रय हों।

☺ गुरु पहले भाव में शुभ हो, सातवां भाव रिक्त हो तो विवाह करने पर या शुक्र को स्थापित करने पर उन्नति हो। 28वें वर्ष से पहले 24 या 27वें वर्ष में अपना विवाह या स्वअर्जित धन से घर बनाने या लड़का उत्पन्न हो जाने से पिता की आयु के लिए अशुभ होगा। भूमि में मंगल की वस्तुएँ दबाने से लाभ होगा।

☺ गुरु पहले भाव व 1, 2, 4 में सूर्य, चन्द्र व मंगल हों तो राजकोष से कमाया एक पैसा भी स्वर्ण सदृश वृद्धि देगा।

☺ गुरु पहले भाव में व मंगल सातवें हो तो जातक विस्तृत सम्पत्ति का स्वामी होगा।

☺ गुरु पहले भाव में और 2, 3, 4, 8वाँ भाव शुभ हो तो मामा अल्पायु और स्वयं दीर्घायु हो।

☺ गुरु पहले व सूर्य 9वें भाव में हो तो जातक व उसके कुल की आयु इच्छानुसार होगी।

गुरु पहले भाव में अशुभ स्थिति में हो तो—

☹ गुरु पहले भाव में अशुभ हो और बुध अशुभ या 2, 5, 9, 12वें भाव में गुरु के शत्रु ग्रह हों तो जातक अनपढ़ होते हुए भी चमत्कारिक फकीर होगा। परिवार में कोई भी उच्चशिक्षा न प्राप्त कर सके।

☹ गुरु पहले भाव में अशुभ हो और गुरु के साथ राहु या 2, 5, 9, 12वें भाव में राहु स्थित हो तो 8 से 12वें वर्ष में राहु की वस्तुओं के कार्य या संबंध से चहुँ ओर से परेशानी आए अर्थात् स्वर्ण पीतल हो जाए।

☹ अशुभ गुरु पहले भाव में हो तो 13 से 15 वर्ष में शुक्र संबंधी कार्य हानिकारक हों अर्थात् उनसे लाभ न हो।

☹ अशुभ गुरु पहले भाव में बुध के साथ हो या बुध 2, 5, 9, 10वें भाव में हो तो 16 से 21 वर्ष में बुध की वस्तुएँ व कार्य आर्थिक हानि कराएँ और सदैव आर्थिक तंगी रहे।

☹ अशुभ गुरु के साथ शनि हो या शनि 2, 5, 9, 12वें स्थित हो तो 36 वर्ष के बाद 42रे वर्ष से भाग्य निर्बल हो जाए और शनि के कार्य या वस्तुएँ दुःख का कारण बनें।

☹ अशुभ गुरु पहले भाव में एवं शनि पाँचवें हो तो सन्तान व स्वास्थ्य ठीक न हो अपने बनाए स्थानों में पाप बढ़ जाने से दुःख मिले।

☹ अशुभ गुरु पहले व शनि नौंवे हो तो जातक का स्वास्थ्य बिगड़ जाए।

☹ गुरु पहले भाव में अशुभ एवं 8 व 11वें भाव में बुध, शुक्र, राहु या शनि ग्रह स्थित हों तो जातक निन्दक, दूजों को श्राप देने वाला, अपना पारिवारिक जीवन दुःखी होगा। 22 वर्ष से पूर्व विवाह करना उत्तम रहे।

☹ गुरु पहले व आठवें राहु हो तो पिता की मृत्यु दमा या हार्टअटैक से हो। 42रे वर्ष में नेत्र, मस्तिष्क या टांगों का रोग हो जाए।

☹ गुरु पहले और सूर्य व बुध की युति 11वें या अशुभ भावों में हो तो मुकदमें या गुप्त उलझनों के लिए धन हानि हो और सांसारिक कार्यों में अशुभ फल ही मिले।

☹ गुरु पहले और शनि अशुभ भाव में सूर्य, चन्द्र या मंगल के साथ हो तो अपनी सन्तान दुःखी हो या दुःख का कारण बन जाए।

उपाय—

☑ *स्त्री सम्मान, स्त्री पालना और अर्चना अथवा गौ पालन अतिरिक्त शुभ फल का द्योतक होगा।*

☑ *भूमि में मंगल की वस्तुएँ दबाएँ।*

☑ *चन्द्रमा को स्थापित करें या उसका उपाय करें।*

☑ *राजकोष से प्राप्त धन में से कुछ भाग तिजोरी में रखना कोष वृद्धिकारक हो।*

दूसरे भाव में स्थित गुरु का फल एवं उपाय

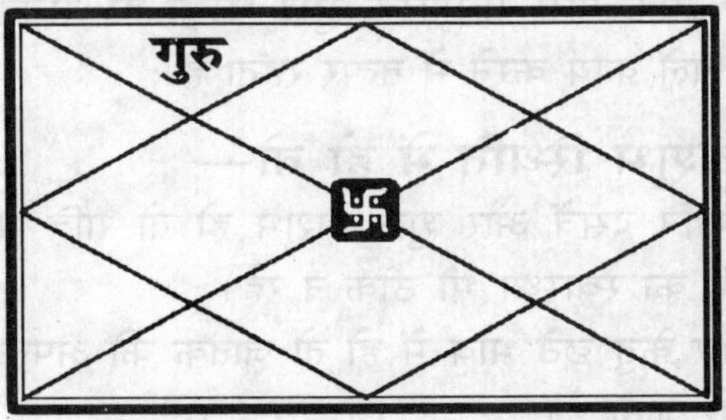

यदि जन्मकुण्डली में गुरु दूसरे भाव में स्थित हो तो उसका क्या फल होगा इसकी चर्चा यहाँ करेंगे। गुरु जन्मकुण्डली के दूसरे भाव में शुभ होगा या अशुभ अर्थात् इन दोनों में से एक स्थिति में होगा। अब इन दोनों स्थितियों का अलग-अलग फल और इसका उपाय भी बतलायेंगे।

गुरु दूसरे भाव में शुभ स्थिति में हो तो—

☺ गुरु दूसरे भाव में शुभ हो तो धन दान से बढ़े। यदि रात्रि की सेवा करें तो धन की वृद्धि और अधिक हो। 27वें वर्ष में राजकोष या राज्य से लाभ हो। धर्म गुरु और पिता के धन को बढ़ाने वाला होता है। गृहस्थी होते हुए भी ज्ञानी, गुरु या मसीहा होगा। धन जितनी

तेजी से आता है, उतनी तेजी से खर्च भी हो जाता है। सर्वत्र यश व मान बढ़े। मिट्टी और स्त्रियों की वस्तुओं के कार्य लाभदायक होंगे। स्वर्ण संबंधी कार्य अर्थात् सर्राफ, जौहरी व सुनार बनना हानिकारक है। सूर्य निर्बल या निर्धन परिवार में जन्म लेने के बाद भी 16 से 32 वर्ष की आयु तक धन अर्जित कर संग्रह करेगा।

☺ गुरु दूसरे भाव में हो और 8, 9, 10, 12वें भाव में गुरु का कोई शत्रु या मित्र हो तो जातक आशावादी, दृढ़निश्चयी, स्वच्छन्द, बच्चों से सुखी व धनी होगा।

☺ गुरु दूसरे भाव में शनि से युत हो तो विद्वान होगा। विद्याहीन या विद्यावान् होने पर भी भाग्य का सूर्य चककता रहेगा।

☺ गुरु दूसरे भाव में और शनि बारहवें भाव में हो तो जातक सुखी, वीर और लोकप्रिय हो।

☺ गुरु दूसरे भाव में, 8वाँ भाव रिक्त और सूर्य, चन्द्र, शनि, राहु, या बुध में से कोई ग्रह 6ठे भाव में हो तो जातक दृढ़ प्रतिज्ञ और बड़े परिवार वाला होगा।

☺ गुरु दूसरे भाव में और राहु शुभ हो तो जातक राजा सदृश, प्रसिद्ध और दाता होता है। उसके पास सांसारिक सुख भरपूर हो, सर्वत्र सम्मानित और शुभ भले कार्य करने में तत्पर रहता है।

गुरु दूसरे भाव में अशुभ स्थिति में हो तो—

☹ गुरु दूसरे भाव में, शनि दसवें और शुक्र अशुभ हो तो रात्रि में दुःखी, रोगी और स्त्री का स्वास्थ्य भी ठीक न रहे।

☹ गुरु दूसरे भाव में और केतु छठे भाव में हो तो जातक को अपनी मृत्यु का पूर्वाभास हो जाता है।

☹ गुरु दूसरे भाव में हो और आठवें भाव में चन्द्र व मंगल की युति हो तो जातक कुटुम्ब को नष्ट करने वाला होता है। ऐसा जातक जहाँ भी जाए वहाँ दुर्भाग्य का वास हो जाए पर स्वयं (जातक की) को हानि न हो।

☹ गुरु दूसरे भाव में हो और जिस वर्ष में शनि वर्षकुण्डली में 2रे भाव में आये उस वर्ष स्वास्थ्य बिगड़ जाए और ससुराल में धन हानि हो।

☹ गुरु 2रे, शनि 10वें और बुध 8वें हो तो धनहानि, अस्वस्थ व जेल जाना पड़े।

☹ गुरु 2रे और बुध 9वें हो जो जातक ईर्ष्यालु हो।

☹ गुरु 2रे, 8 या 10वें बुध, शुक्र, राहु या शनि ग्रह हो तो बाधा, परेशानी और हर प्रकार से मानहानि हो।

उपाय—

☑ *दूसरों का भला करते रहने से स्वयं की उन्नति होगी।*

☑ *गुरु की वस्तुएँ पीले कपड़े में बाँधकर मन्दिर में दे आएँ।*

☑ *अतिथियों का अपमान न करके उनका स्वागत करें।*

☑ *साँप को दूध पिलायें।*

☑ *गुरु की वस्तुएँ स्थापित करें या गुरु का उपाय करें।*

तीसरे भाव में स्थित गुरु का फल एवं उपाय

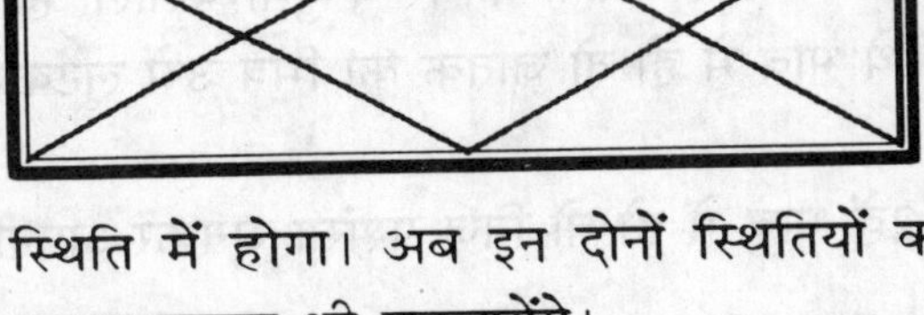

यदि जन्मकुण्डली में गुरु तीसरे भाव में स्थित हो तो उसका क्या फल होगा इसकी चर्चा यहाँ करेंगे। गुरु जन्मुकुण्डली में तीसरे भाव में शुभ होगा या अशुभ अर्थात् इन दोनों में से एक स्थिति में होगा। अब इन दोनों स्थितियों का अलग-अलग फल और इसका उपाय भी बतलायेंगे।

गुरु तीसरे भाव में शुभ स्थिति में हो तो—

☺ जातक धनी, वीर, विद्वान, नौकरी के द्वारा राजकोष से धन दीर्घायु तक मिलता रहे। यह सब तब तक होगा जब तक दुर्गा पूजा या कन्याओं की सेवा करता रहे। यदि ऐसा नहीं करेगा तो 3रे या 9वें बुध का फल अशुभ होगा।

☺ गुरु तीसरे भाव में हो और मंगल शुभ हो और गुरु का साथ हो तो जातक न्यायप्रिय, ससुराल अच्छी और भाई व सन्तान का सुख प्राप्त हो।

☺ गुरु तीसरे व शनि नौवें भाव में हो तो जातक दीर्घायु होता है।

☺ गुरु तीसरे व शनि दूसरे भाव में हो तो जातक चतुर हो और दूसरों को उनकी आवाज सुनकर पहचान लें।

☺ गुरु तीसरे हो और शनि शुभ हो तो जातक धनी होता है।

☺ गुरु तीसरे व बुध सातवें होने पर जातक साहसी होता है।

☺ गुरु तीसरे, मंगल दूसरे व शनि नौवें हो तो जातक सुखी व दूसरों का भला करने वाला होता है।

☺ गुरु तीसरे व 11वें भाव में कोई ग्रह या पाँचवें कोई मित्र ग्रह या नौवें भाव में कोई ग्रह हो तो संयुक्त परिवार में रहने से लाभ पाने वाला, मान-सम्मान से युक्त, सन्तान उत्पन्न होने के बाद से लाभ, धनी और सब कार्यों में शुभ फल हो।

☺ गुरु तीसरे, मंगल शुभ, दूसरे सूर्य हो और जब वर्ष कुंडली में तीसरे भाव में सूर्य, चन्द्र, मंगल और गुरु आये तो भाई-बहिनों की सहातया करे। 26 से 46वें वर्ष तक उन्नति करे, सुखी और 20 वर्षों तक धनी रहे।

गुरु तीसरे भाव में अशुभ स्थिति में हो तो—

☹ गुरु अशुभ तीसरे भाव में हो तो जातक कायर व दुर्भाग्यशाली हो।

☹ गुरु तीसरे व शनि चौथे भाव में हो तो जातक का मित्र उसे लूटकर स्वयं धनी हो जाए।

☹ गुरु तीसरे व चन्द्र 12वें भाव में हो तो निज प्रशंसा सुनकर अपनी हानि या अहित करे।

☹ गुरु तीसरे भाव में शत्रु ग्रहों से घिरा हो तो जातक अपना सब कुछ नष्ट करने के साथ-साथ दूसरे का आराम भी नष्ट कर दे।

☹ गुरु तीसरे भाव में हो, शनि चौथे भाव में और बुध अशुभ हो तो जातक दूसरों को लूटकर धनी बने, विश्वासघाती व नास्तिक हो। उसके सम्बन्धी (विशेषकर संतान और मामा 31वें वर्ष में अवश्य दुःखी हों) दुःखी रहें। वह झगड़ालू, शरारती, कायर हो तथा शरीर से दुर्गन्ध आए।

उपाय—

☑ *दुर्गा-पूजा करें।*

☑ *कन्याओं की सेवा करें और उनका आशीर्वाद लें।*

☑ *कन्याओं की पूजा सदैव शुभ रहे।*

☑ *दूसरों की चापलूसी कदापि न करें वरना गुरु का अशुभ फल मिलेगा।*

चौथे भाव में स्थित गुरु का फल एवं उपाय

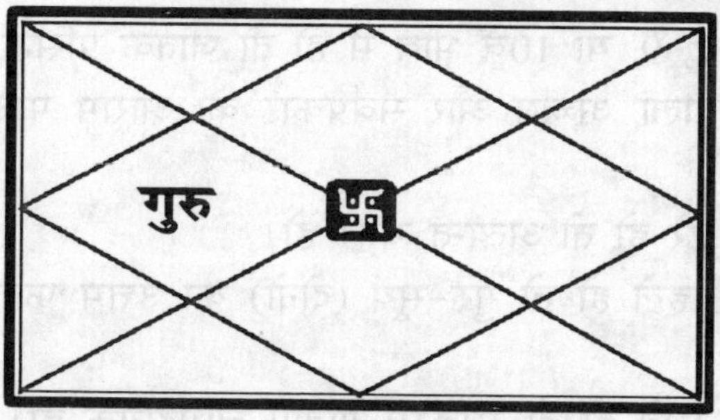

यदि जन्मकुंडली में गुरु चौथे भाव में स्थित हो तो उसका क्या फल होगा ? इसकी चर्चा यहाँ करेंगे। गुरु जन्मकुंडली के चौथे भाव में शुभ होगा या अशुभ अर्थात् इन दोनों में से एक स्थिति में होगा। अब इन दोनों स्थितियों का अलग-अलग फल और इसका उपाय भी बतलाऐंगे।

गुरु चौथे भाव में शुभ स्थिति में हो तो—

☺ यदि चौथे भाव में गुरु शुभ हो तो धार्मिक, दूसरों की सहायता करने वाला, दूरदर्शी, दीर्घायु, सम्मानित, हर धर्म का मानने वाला, लड़ाई-झगड़ों से दूर संतुष्ट, राजा-सदृश, धनी, लाखों में एक, भाग्यशाली, आध्यात्मिक-शक्ति से युक्त, दयालु, चरित्रवान् और सर्वप्रकार से सुखी हो।

☺ गुरु चौथे भाव में हो, चन्द्र पहले और 'शनि' दसवें हो तो सभी प्रकार के वाहनों का सुख प्राप्त हो। गुरु चौथे और सूर्य या मंगल शुभ हो तो पिता उच्च सरकारी अधिकारी हो या जातक के जन्म होने पर हो जाए परन्तु यह आवश्यक नहीं कि जातक भी भाग्यशाली हो।

☺ गुरु चौथे और चन्द्रमा दूसरे भाव को छोड़कर कहीं भी स्थित हो तो

अशुभ चन्द्रमा भी शुभ फल देगा, परन्तु यह आवश्यक नहीं कि स्वास्थ्य पर अपव्यय न हो।

☺ गुरु चौथे भाव में हो और केतु शुभ हो तो अपनी या किसी की भी विद्या पर किया गया धन का व्यय ब्याज सहित वापस हो जायेगा। चरित्र ठीक रहेगा और दीर्घायु होगा।

☺ गुरु चौथे भाव में हो और राहु शुभ हो तो चन्द्रमा की सजीव वस्तुओं का शुभ फल प्राप्त हो।

☺ गुरु चौथे भाव में हो और बुध शुभ या सूर्य दसवें भाव में हो तो जातक विद्यावान, ब्रह्मज्ञानी, योग्य, प्रसिद्ध और राजकोष से धन लाभ हो।

☺ गुरु चौथे और शनि 2, 9, या 10वें भाव में हो तो जातक प्रसिद्ध, सबका भला करने वाला, अच्छा और सर्वप्रकार का आराम पाने वाला होता है।

☺ गुरु चौथे और शनि 2रे हो तो अत्यन्त चतुर हो।

☺ गुरु चौथे और सूर्य पहले हो तो गुरु-सूर्य (दोनों) का उत्तम फल हो।

☺ गुरु चौथे और चन्द्र 10वें हो तो सरकारी यात्राएँ लाभदायक हों।

गुरु चौथे भाव में अशुभ स्थिति में हो तो—

☹ गुरु चौथे हो और केतु अशुभ हो तो जातक राजा होकर भी भिखारी हो जायेगा या दुःख आने पर भयभीत होकर वन में चला जायेगा।

☹ गुरु चौथे हो और राहु अशुभ हो तो जातक को चन्द्रमा की वस्तुओं का फल अशुभ मिले।

☹ गुरु चौथे और शुक्र, बुध, राहु या शनि 10वें भाव में हो तो धनहानि हो।

☹ गुरु चौथे और बुध 10वें भाव में हो तो जातक निकम्मा, अपनी नैया स्वयं डुबोने वाला और माता के गर्भ में आते ही कुल का नाश कर दे। बड़ों की आज्ञा मानने से बेड़ा पार लगे। 11, 23, 34, 48, 55, 71, 75, 85, 97 या 119वें वर्ष में वर्षकुण्डली में बुध 10वें होने से इन वर्षों में बर्बादी करेगा। 34वें वर्ष के बाद हवाई किले बनाना अपना और अपने कुल की बर्बादी को बढ़ाना होगा।

☹ गुरु चौथे हो और शनि अशुभ हो या शनि अशुभ कर लें (साँप मरवायें, भवन गिरवाएं, शराब पिएं या स्त्रियों से यौन संबंध बनाएं) तो केतु का अशुभ फल हो, दृष्टि कमजोर, बुरे कार्य करने में प्रसन्न हों। माँस, शराब आदि परस्त्री गमन में संलग्न हों।

☹ गुरु चौथे व चन्द्र स्थापित हो तो माता के होते शिक्षा रूके या फिर चले। यदि माता हो तो विद्या बिना बाधा के पूर्ण हो।

उपाय—

☑ *हवाई किले न बनाएँ।*

☑ *बड़ों की आज्ञा सदैव मानें और उनका अपमान न करें।*

☑ *माँस और शराब का सेवन न करें। प्रयास करें परायी स्त्री से यौन संबंध न बनाएँ।*

☑ *राहु व केतु को अशुभ न होने दें।*

पाँचवें भाव में स्थित गुरु का फल एवं उपाय

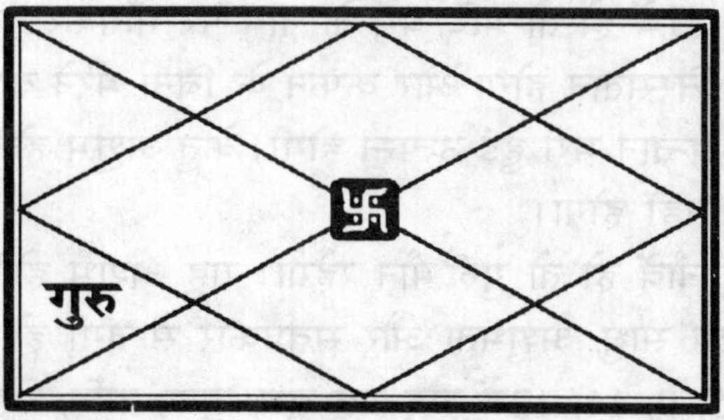

यदि जन्मकुण्डली में गुरु पाँचवें भाव में स्थित हो तो उसका क्या फल होगा इसकी चर्चा यहाँ करेंगे। गुरु जन्म कुंडली के पाँचवें भाव में शुभ होगा या अशुभ अर्थात् इन दोनों में से एक स्थिति में होगा। अब इन दोनों स्थितियों का अलग-अलग फल और इसका उपाय भी बतलायेंगे।

गुरु पाँचवें भाव में शुभ स्थिति में हो तो—

☺ गुरु पाँचवें शुभ होने पर जातक मान-सम्मान युक्त, ब्रह्मज्ञानी, क्रोधी और उसमें मनुष्यता के गुण विद्यमान हों।

☺ गुरु पाँचवें हो और 2, 9, 11, 12वें भाव में गुरु के मित्र सूर्य, चन्द्र

या मंगल बैठे हों तो उनकी सहायता मिलती रहेगी। ऐसा व्यक्ति क्रोधी होते हुए भी ब्रह्मज्ञानी, दूसरों का मान करने वाला, कर्त्तव्य निभाने वाला और उत्तम मनुष्य होगा।

☺ गुरु पाँचवें और सूर्य व चन्द्र व पापी ग्रह शुभ हों तो जातक प्रसन्न, भाग्यशाली और सन्तानयुक्त होगा।

☺ गुरु पाँचवें और राहु शुभ हो तो जातक सेना में उच्चाधिकारी होगा और अनेक लोग उसकी छत्रछाया में सुखी होंगे तथा उसकी सन्तान के लिए प्रार्थना करेंगे।

☺ गुरु पाँचवें हो और शनि शुभ हो तो मान-सम्मान बढ़े एवं गुरु के शुभ फल में वृद्धि हो।

☺ गुरु पाँचवें हो और 2, 5, 9, 11, 12वें बुध, शुक्र, शनि या राहु ग्रह न हो तो पिता से पोते तक सभी सुखी हों।

☺ गुरु पाँचवें हो और सूर्य, चन्द्र, मंगल 9वें भाव में हों तो धन, सन्तान और कुल में वृद्धि हो। यदि गुरुवार को सन्तान उत्पन्न हो तो सभी दुःख दूर हो जायेंगे।

गुरु पाँचवें भाव में अशुभ स्थिति में हो तो—

☹ गुरु पाँचवें और केतु 11वें हो तो यदि धर्म के नाम पर माँगकर या दान लेकर खाने पर निस्संतान होगा और कफन के बिना मरने का पहला संकेत होगा। सन्तान मरी हुई उत्पन्न होगी। केतु अशुभ होने पर भी सन्तान सुख नहीं होगा।

☹ गुरु पाँचवें और राहु नौवें हो तो गुरु मौन रहेगा। राहु अशुभ होने पर भीख मांगने वाला साधु, अशुभता और सर्वप्रकार से तंगी हो।

☹ गुरु पाँचवें और 2, 5, 9, 11, 12वें शत्रु ग्रह बुध, शुक्र, शनि, राहु हों तो सन्तान अशुभ न हो फिर भी अपना अशुभ करने वाला होगा। 5 व 9वें केतु न हो तो मामा व ममेरे भाई-बहिनों पर अशुभ प्रभाव होगा। केतु का उपाय लाभदायी होगा।

उपाय—

☑ ***धर्म के नाम पर धन संग्रह न करें या दान न लें।***

☑ ***गणेश उपासना करें।***

☑ *केतु का उपाय करें।*

☑ ***शराब, माँस व परस्त्री गमन से दूर रहने पर गुरु का शुभ फल प्राप्त हो।***

छठे भाव में स्थित गुरु का फल एवं उपाय

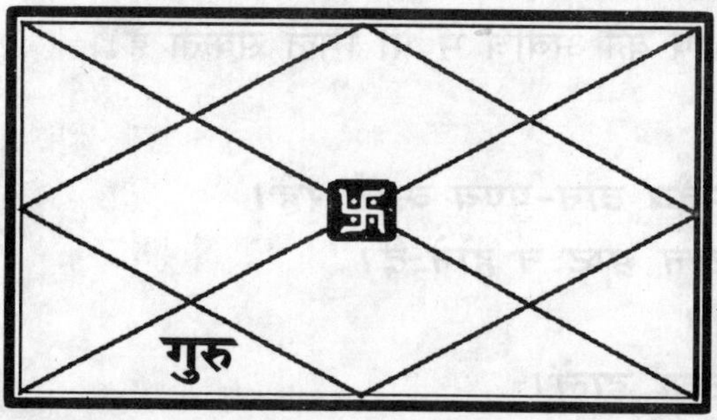

यदि जन्मकुण्डली में गुरु छठे भाव में स्थित हो तो उसका क्या फल होगा इसकी चर्चा यहाँ करेंगे। गुरु जन्मकुण्डली के छठे भाव में शुभ होगा या अशुभ अर्थात् इन दोनों में से एक स्थिति में होगा। अब इन दोनों स्थितियों का अलग-अलग फल और इसका उपाय भी बतलायेंगे।

गुरु छठे भाव में शुभ स्थिति में हो तो—

☺ जातक साधु स्वभाव का होता है। प्रत्येक वस्तु बिना मांगे मिले। दोहता व भांजे के उत्पन्न होने पर भाग्य प्रभावित हो। बड़ों के नाम पर दान देना भाग्यवृद्धि का संकेत होगा। पिता जब तक रहेगा दानी, धनी और सुखी होगा। जातक काम करने में रुचि नहीं रखेगा क्योंकि उसकी उदरपूर्ति अपने आप होती रहेगी। वह साधु या फकीर भी हो सकता है।

☺ गुरु छठे हो और 2, 5, 9, 12वें भाव में बुध, शुक्र, शनि व राहु न हों तो जातक रोटी के लिए परिश्रम नहीं करता है। यदि उसके पास हजारों अतिथि आ जाएँ तो भी उन्हें रोटी खिला सकता है। धन कभी अर्जित नहीं करेगा। काम करने में रुचि नहीं होगी। नकद धन के लिए मारा-मारा फिरेगा।

☺ गुरु छठे और केतु शुभ हो तो जातक प्रसन्न और चरित्र उत्तम होने पर मामा और संबंधी भी प्रसन्न हों परन्तु मामा 40वें वर्ष तक अर्थहीन होंगे।

☺ गुरु छठे और बुध शुभ हो तो जातक शुभ कार्यों के लिए स्वार्थी हो जायेगा।

गुरु छठे भाव में अशुभ स्थिति में हो तो—

☹ गुरु छठे हो और बुध अशुभ हो तो 34वें वर्ष तक भाग्यहीन हो।

☹ गुरु छठे हो और केतु अशुभ हो तो कटोरा लेकर भीख माँगनी पड़े।

☹ छठे भाव का गुरु पिता, सन्तान के लिए अशुभ है।

☹ गुरु छठे और बुध बारहवें हो तो उसके पिता और धन दोनों नष्ट हो जाएं। यह फल 16 वर्ष की अवधि में भी मिल सकता है।

उपाय—

☑ *बड़ों के नाम पर सदैव दान-पुण्य करते रहें।*

☑ *चरित्र या चाल-चलन भ्रष्ट न होने दें।*

☑ *केतु का उपाय करें।*

☑ *कुत्ते को मीठी रोटियाँ डालें।*

☑ *गणेश उपासना करें।*

☑ *किसी भी रंग का कुत्ता पाले।*

☑ *कन्याओं की पूजा करें।*

☑ *पीपल के वृक्ष को पानी दें।*

सातवें भाव में स्थित गुरु का फल एवं उपाय

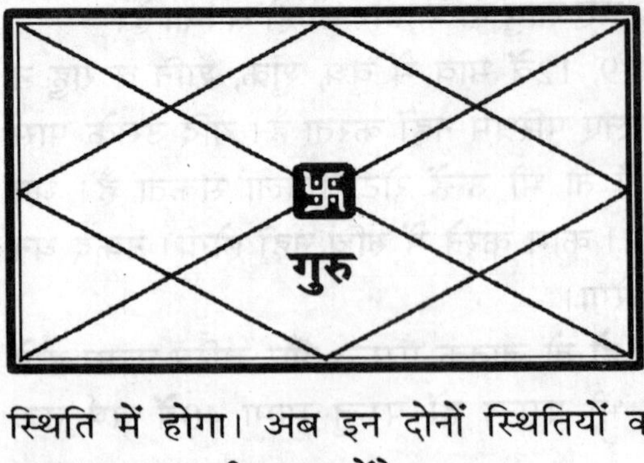

यदि जन्मकुण्डली में गुरु सातवें भाव में स्थित हो तो उसका क्या फल होगा इसकी चर्चा यहाँ करेंगे। गुरु जन्मकुण्डली के सातवें भाव में शुभ होगा या अशुभ अर्थात् इन दोनों में से एक स्थिति में होगा। अब इन दोनों स्थितियों का अलग-अलग फल और इसका उपाय भी बतलायेंगे।

गुरु सातवें भाव में शुभ स्थिति में हो तो—

☺ जातक धर्म कार्य में संलग्न रहेगा। धर्म का झंडा हर समय हाथ में रहेगा। सातवें भाव का शुभफल चन्द्र की शुभाशुभ स्थिति पर निर्भर होगा। यात्रा से जीवन सुखी होगा और यात्रा में मृत्यु नहीं होगी। मृत्यु घर में ही होगी। अतः परदेश में धन और सम्पत्ति के लिए भाग-दौड़ करना व्यर्थ है। यदि परदेश में मृत्यु हो जाए तो भी अन्तिम क्रिया कर्म पैतृक घर में ही होगा। विवाह के बाद भाग्यवृद्धि होगी। जातक सन्तानहीन व ऋणयुक्त नहीं मरेगा। सन्तान की उत्पत्ति के बाद 34 वर्ष तक के समस्त दुःख दूर हो जायेंगे।

☺ गुरु सातवें हो और 1, 2, 5, 9, 12वें गुरु के मित्र ग्रह हों तो धर्म कार्यों में प्रसिद्ध हो।

☺ गुरु सातवें हो और केतु शुभ हो तो जातक तपस्वी, पूजापाठ करने वाला होगा। यह आवश्यक नहीं कि वह धनी भी हो।

☺ गुरु सातवें हो और बुध शुभ हो तो गुरु व बुध दोनों का फल शुभ होगा।

☺ गुरु सातवें हो और राहु शुभ हो तो जातक की युवावस्था तक का जीवन सुख व आराम से परिपूर्ण होगा।

☺ गुरु सातवें और सूर्य पहले भाव में हो तो जातक ज्योतिष व संसार के रहस्य का ज्ञाता, सुखी व आराम पसन्द होगा। यह आवश्यक नहीं कि धनी भी हो।

☺ गुरु सातवें हो और शनि 7 या 9वें हो तो बड़े कुटुम्ब और अधिक धन का स्वामी हो, यदि स्वभाव में शनि की चतुरता हो।

गुरु सातवें भाव में अशुभ स्थिति में हो तो—

☹ गुरु सातवें हो और शनि नौवें हो तो जातक डाकू या चोर होगा।

☹ गुरु सातवें हो और बुध नौवें हो या इसके विपरीत बुध सातवें हो और गुरु नौवें हो तो वैवाहिक गड़बड़ या पारिवारिक जीवन सुखमय न हो।

☹ गुरु सातवें हो और मंगल अशुभ हो तो जातक युवावस्था में ज्ञान की ओर भागता रहे और सन्तान की परवाह न करे तो ऐसे में वृद्धावस्था में सुख व धन कहा से आए ? बुढ़ापे में सुख व धन के लिए तरसना पड़े। जातक ठग भी हो सकता है। आवश्यकता के समय कुछ न मिले।

☹ गुरु सातवें हो और 1, 2, 5, 9, 12, 7वें भाव में बुध, शुक्र, शनि व राहु ग्रह हो तो जातक मिट्टी का माधो हो और सन्तान को लेकर दुःखी, ससुराल, पिता या दादा को दमा हो। हर ओर सोने की जगह मिट्टी उड़े।

☹ गुरु सातवें हो और शनि या बुध 2, 6, 12वें हो तो जातक पुत्र के लिए तरसता रहे। 45वें वर्ष में पुत्र उत्पन्न हो जो उसे बर्बाद कर दे। दत्तक पुत्र भी दुःखी हो।

☹ गुरु सातवें हो और शनि या बुध 4थे या 11वें हो तो जातक तोतला, आयु और भाग्य से भी निर्बल हो।

☹ सातवें गुरु के अशुभ होने पर भाईयों की सहायता न मिले और राज्य में भी अच्छी स्थिति न हो।

☹ गुरु सातवें हो व पहला भाव रिक्त हो तो जातक दूजों को चाहे जितना धन बाँट दे पर अपने पेट के लिए स्वयं परिश्रम करना पड़े।

उपाय—

☑ ***शिव उपासना करें।***

☑ ***चन्द्र का उपाय करें।***

☑ ***रत्तियां जो सोना तोलने के काम आती हैं, पीले कपड़े में बाँधकर या सोने के साथ रख देने पर लाभ होगा।***

☑ ***एय्याशी से बचें।***

☑ ***आवारा साधु के साथ से बचें। प्रयास करें कि धर्म प्रचार न करें।***

☑ ***युवावस्था में सन्तान के प्रति बेपरवाह न हों क्योंकि बुढ़ापे में उसका ही सहारा होगा।***

आठवें भाव में स्थित गुरु का फल एवं उपाय

यदि जन्मकुण्डली में गुरु आठवें भाव में स्थित हो तो उसका क्या फल होगा इसकी चर्चा यहाँ करेंगे। गुरु जन्मकुण्डली के आठवें भाव में शुभ होगा या अशुभ अर्थात् इन दोनों में से एक स्थिति में होगा। अब इन दोनों स्थितियों का अलग-अलग फल और इसका उपाय भी बतलायेंगे।

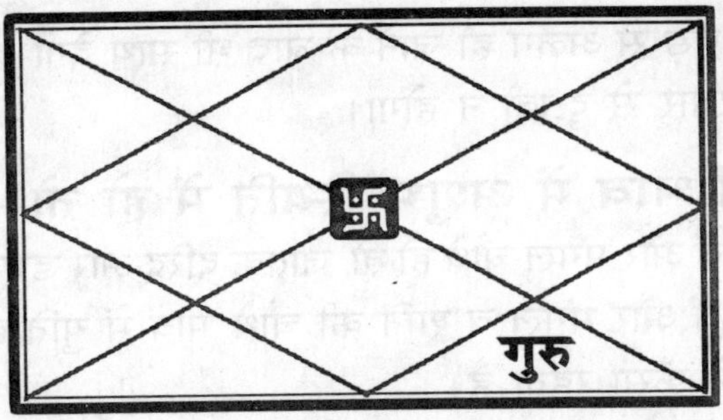

गुरु आठवें भाव में शुभ स्थिति में हो तो—

☺ जातक धनी न होने पर भी सभी सांसारिक सुख प्राप्त करेगा। दुःख आने पर ईश्वर से सहायता मिलेगी। आत्मिक शक्ति व परमात्मा के आशीष से निज भाग्य वृद्धि करे। स्वर्ण धारण करने से दुःख न आए और अस्वस्थ भी न रहे। फकीर, साधु और किसी का आश्रित नहीं होगा। दादा दीर्घायु होगा पर जातक के साथ नहीं रहेगा। घर में सभी दीर्घायु हों। जब तक उपस्थित रहेगा मरने वाले के प्राण नहीं निकलेंगे। यह संभव हो सकता है कि दादा जातक के जन्म से पूर्व ही मर जाए या 8 वर्ष की आयु में मरे, यदि ऐसा नहीं होता तो 80 वर्ष की आयु हो।

☺ गुरु आठवें हो और शुक्र 2, 6, 8 में से किसी भाव में हो तो जातक सन्तानहीन न होगा। सम्भवतः 6 पुत्र होंगे और स्वयं व सन्तान दीर्घायु होंगे।

☺ गुरु आठवें हो और मंगल शुभ हो या दूसरे भाव से उसका शुभ संबंध हो तो जातक मरने वाले को पानी और दुखिया के आँसू पोछने वाला धर्मवीर होगा।

☺ गुरु आठवें भाव में हो और बुध नौवें भाव में हो तो कुटुम्ब दीर्घायु होगा। विशेषकर अपनी और पिता की दीर्घायु होने पर ठेकेदार होगा।

☺ गुरु आठवें हो और चन्द्र के साथ-साथ 2, 5, 9, 12वाँ भाव शुभ हो तो जातक में रहस्य खोलने का साहस हो, स्वर्ण भण्डार का स्वामी (धनी) और दीर्घायु होगा।

☺ गुरु आठवें हो और दूसरा व चौथा भाव शुभ हो तो भाग्य कंगाल

या सिर धड़ से अलग हो जाने के बाद भी साथ देगा। स्वास्थ्य, धन और परिवार से दुःखी न होगा।

गुरु आठवें भाव में अशुभ स्थिति में हो तो—

☹ गुरु आठवें और मंगल चौथे हो तो, जातक दरिद्र और डरपोक होता है।

☹ गुरु आठवें और मंगल व शनि की चौथे भाव में युति हो तो जातक दुविधा में फँसा रहता है।

☹ गुरु आठवें और नौवें भाव में बुध हो तो जातक को जंगल में मंगल का अनुभव हो।

☹ गुरु आठवें और शनि या मंगल चौथे व सातवें हो तो सब कुछ नष्ट कर देगा। यहाँ तक सांसारिक हवा को रक्तयुक्त आँधी में बदल देगा।

☹ आठवें भाव में अशुभ गुरु हो या गुरु शत्रुओं से युत हो तो जातक प्रेम में बदनाम होगा।

☹ आठवें भाव में गुरु हो और सूर्य अशुभ हो तो जातक भाग्यहीन होगा।

☹ गुरु आठवें अशुभ एवं केतु भी अशुभ हो तो जातक निर्धन एवं संगदिल होगा।

☹ गुरु आठवें अशुभ हो और बुध भी अशुभ हो तो जातक तंगदिल, निर्धन, रोगी और बेबात मुसीबत खड़ी कर ले।

☹ गुरु आठवें अशुभ और बारहवाँ भाव रिक्त हो तो रक्ताल्पता, धन व शारीरिक आश्चर्य से युक्त होगा।

☹ गुरु आठवें अशुभ हो और राहु अशुभ हो तो जातक जीवन को बोझ की तरह ढोकर एक प्रक्रिया मात्र पूर्ण करे।

☹ गुरु आठवें हो और शनि बली हो तो जातक स्वतन्त्र विचारों वाला, दृढ़निश्चयी, उन्नतशील, उत्साही और सबसे अलग हो।

☹ गुरु आठवें अशुभ हो और बुध, शुक्र, राहु, शनि, 2, 5, 9, 12वें हो तो जातक बार-बार जन्म लेने का दुःख भोगे और अल्पायु हो।

उपाय—

☑ ***समय खराब हो तो गुरु व शुक्र की वस्तुएँ मन्दिर में देने से स्थिति में सुधार हो।***

☑ *दादा न हो तो गले में स्वर्ण धारण करें।*

☑ *फकीर या साधु को दान देते रहें।*

☑ *श्मशान में पीपल का पेड़ लगाएँ।*

☑ *कहीं पर कोई मरने वाला हो तो वहाँ से हट जाएँ नहीं तो उसके प्राण नहीं निकलेंगे।*

नौवें भाव में स्थित गुरु का फल एवं उपाय

यदि जन्मकुण्डली में गुरु नौवें भाव में स्थित हो तो उसका क्या फल होगा इसकी चर्चा यहाँ करेंगे। गुरु जन्मकुण्डली के नौवें भाव में शुभ होगा या अशुभ अर्थात् इन दोनों में से एक स्थिति में होगा। अब इन दोनों स्थितियों का अलग-अलग फल और इसका उपाय भी बतलायेंगे।

गुरु नौवें भाव में शुभ स्थिति में हो तो—

☺ जातक भाग्यवान, वचन का पक्का, भाग्य धर्म और पैतृक सहायता से बढ़े। आयु के साथ-साथ योगी व ब्रह्मज्ञानी हो जाए। आयु अल्पतम 75 वर्ष की हो। जन्म के समय उसके बुजुर्ग विस्तृत धन-सम्पत्ति के स्वामी होंगे। चरित्रवान और वैद्यकशास्त्र का ज्ञान रखता होगा। परिश्रम से धनी होगा। शराब न पीयेगा और परहेज रखने वाला होगा। सर्राफ, सुनार या जौहरी होगा और अपनी योग्यता के कारण लोकप्रिय होगा। तीर्थयात्रा करने वाला, ज्योतिषी और धर्मात्मा होगा। जीवन में धन की कमी नहीं होगी। सिद्ध पुरुष होगा।

☺ गुरु नौवें व बुध चौथे या पाँचवें हो तो राजा होकर भी योगी होगा।

☺ गुरु नौवें और सूर्य शुभ हो तो स्वस्थ, सफल और धार्मिक होगा।

☺ गुरु नौवें और शनि पाँचवें हो तो भाग्य वृद्धि के साथ-साथ धनी हो

जाए परन्तु सन्तान की दृष्टि से अशुभ फल हो। 33 से 39 या 16 से 18 वें वर्ष में यह फल मिले।

☺ गुरु नौवें हो और शुक्र व चन्द्र 3रे व 5वें भाव से दृष्टि डालें तो कभी धनी तो कभी निर्धन, कभी फकीर तो कभी बेफिक्र होगा।

☺ गुरु नौवें, मंगल तीसरे और सूर्य पाँचवें हो तो तीनों ग्रहों का फल उत्तम हो।

☺ गुरु नौवें, बुध तीसरे व बुध पाँचवें हो तो भी अच्छा फल मिले।

☺ गुरु नौवें और बुध चौथे हो तो राजयोग घटित हो।

☺ गुरु नौवें और शनि पाँचवें हो तो सन्तान सुख अल्प हो और 36वें वर्ष से धन प्राप्त हो।

गुरु नौवें भाव में अशुभ स्थिति में हो तो—

☹ गुरु नौवें अशुभ हो तो जातक निर्धन, नास्तिक और धर्म विरोधी हो जाए।

☹ गुरु नौवें हो और बुध तीसरे और चन्द्र पाँचवें हो तो अशुभफल मिले।

☹ गुरु नौवें अशुभ हो और पहला भाव रिक्त हो तो अस्वस्थ और हृदय रोग हो।

☹ गुरु नौवें हो और तीसरा व पाँचवां भाव रिक्त हो तो निज भाग्य वृद्धि के लिए कठोर श्रम करना पड़े।

☹ गुरु नौवें हो और बुध अशुभ हो तो अल्पायु, दुर्भाग्यशाली और मंगल का कुप्रभाव हो।

☹ गुरु नौवें और बुध, शुक्र, शनि, राहु पाँचवें हो तो जातक धर्महीन, स्वार्थी, सन्तान बिगड़ी हुई, पुत्र से दुःखी होकर मर जाए।

उपाय—

☑ ***प्रतिदिन देवदर्शन के लिए मन्दिर जाएँ।***

☑ ***धर्म विरोधी न बनें। धर्म का पालन करें।***

☑ ***शराब न पिएँ।***

☑ ***बुध की वस्तुएँ बहते पानी में बहाएँ या विद्यालय या पाठशाला में दान में दें।***

दसवें भाव में स्थित गुरु का फल एवं उपाय

यदि जन्मकुण्डली में गुरु दसवें भाव में स्थित हो तो उसका क्या फल होगा इसकी चर्चा यहाँ करेंगे। गुरु जन्मकुण्डली के दसवें भाव में शुभ होगा या अशुभ अर्थात् इन दोनों में से एक स्थिति में होगा। अब इन दोनों स्थितियों का अलग-अलग फल और इसका उपाय भी बतलायेंगे।

गुरु दसवें भाव में शुभ स्थिति में हो तो—

☺ गुरु दसवें शुभ हो तो जातक अपने भाग्य का निर्माता स्वयं होगा। यदि जातक नैतिकता और धर्म पर चले तो निर्धन दुःखी और निराश हो। उसकी चतुरता ही उसे साधन सम्पन्न बनाए।

☺ गुरु दसवें और मंगल या शुक्र चौथे भाव में हो तो मिट्टी भी सोना दे, यदि अपना प्रेम छिपाकर न रखे। स्त्रियां चाहे कितनी हों पर अपनी बनाकर रखने पर अशुभ फल न मिले।

☺ गुरु दसवें हो और सूर्य चौथे भाव में हो तो गुरु का फल नीच नहीं मिलेगा। गुरु का उत्तम फल होगा। जला हुआ पत्थर भी सोना बन जाए।

☺ गुरु दसवें हो और मंगल चौथे भाव में हो तो मंगल की वस्तुएँ और संबंधियों से संबंध उत्तम रखने पर 28वें वर्ष से उत्तम स्थिति में होगा।

☺ गुरु दसवें और शनि दूसरे भाव में हो तो घर में पूर्णतः वृद्धि होगी।

☺ गुरु दसवें हो और सूर्य 3रे या 5वें हो और शनि नौवें हो तो सोने चाँदी के कार्य से लाभ हो पर शनि के कार्य करने पर हानि व अग्नि भय हो।

☺ गुरु दसवें हो और सूर्य या चन्द्र दूसरे भाव में हो तो राजकार्यों से लाभ हो।

☺ गुरु दसवें हो और सूर्य पहले, चौथे या पाँचवें हो तो बाप पर कुप्रभाव न होकर दादा पर होगा।

☺ गुरु दसवें हो और बुध भी शुभ हो तो पुत्र हो, तांबा, सोना हो जाए। जातक प्रसन्न व उत्तरदायित्त्वं निभाने वाला होगा।

☺ गुरु दसवें व सूर्य पाँचवें हो तो विवाह एक से अधिक हों।

☺ गुरु दसवें स्थित होकर शनि और सूर्य से दृष्ट हो तो कई बार अग्नि काण्ड हों।

☺ गुरु दसवें हो और चन्द्र चौथे भाव में हो तो स्वर्ण, चाँदी, कपड़ा आदि के कार्य से लाभ हो। राज्य से भी लाभ हो। भिखारी को अपने हाथ से भिक्षा न दें।

☺ गुरु दसवें और चन्द्रमा दसवें हो तो शनि के कार्यों से लाभ हो।

गुरु दसवें भाव में अशुभ स्थिति में हो तो—

☹ गुरु दसवें व बुध चौथे हो तो जातक की स्थिति खराब हो।

☹ गुरु दसवें व शनि चौथे, पहले या दसवें हो तो जातक दुष्ट हो, अभाव व रोटी को तरसे।

☹ गुरु दसवें भाव में अशुभ हो तो धन और शिक्षा की हानि हो। जब शनि की सहायता न मिले तो मांग-मांगकर खाना पड़े। पिता भी निर्धन हो। 36वें वर्ष में हनुमान मन्दिर जाना शुरू करें तो खाने को रोटी मिले। बाल्यकाल व वृद्धावस्था दोनों ही अच्छी न बीतें। इच्छाएँ पूर्ण न हों। सन्तान भी शत्रु की तरह व्यवहार करें। 27 से 36 वर्ष तक का समय अच्छा नहीं बीते। 28वें वर्ष से थोड़ी राहत मिले। 38वें वर्ष से स्थिति में सुधार हो। जातक को कोई सहायता नहीं मिलेगी। उसे अपने लिए अकेले संघर्ष करना पड़ेगा।

☹ गुरु दसवें और शनि 1, 4 या 10वें हो तो अच्छा कार्य या भला करने पर भी दण्ड या कष्ट पाए।

उपाय—

☑ *नाक साफ करके कोई कार्य शुरू करें।*

☑ *सिर ढककर रखें। यदि पगड़ी बाँधते हैं तो उस पर पीले केसर का तिलक लगायें।*

☑ *तांबे का सिक्का 40-43 दिन तक बहते पानी में बहाएँ। इससे पिता की स्थिति में भी सुधार होगा।*

☑ *मस्तक पर 43 दिन तक पीले केसर का तिलक लगायें।*

☑ *सूर्यग्रहण पर शनि की वस्तुएँ (बादाम, नारियल, उड़द व तेल) दान में दें।*

☑ *केतु या गुरु का उपाय करना स्थिति को सुधारे।*

ग्यारहवें भाव में स्थित गुरु का फल एवं उपाय

यदि जन्मकुण्डली में गुरु ग्यारहवें भाव में स्थित हो तो उसका क्या फल होगा इसकी चर्चा यहाँ करेंगे। गुरु जन्म कुण्डली के ग्यारहवें भाव में शुभ होगा या अशुभ अर्थात् इन दोनों में से एक स्थिति में होगा। अब इन दोनों स्थितियों का अलग-अलग फल और उसका उपाय भी बतलायेंगे।

गुरु ग्यारहवें भाव में शुभ हो तो—

☺ जातक सर्वगुण सम्पन्न, दयालु, धार्मिक, परिवार में एक होकर कार्य करते रहने पर प्रसन्नता से जीवन निर्वाह हो। पिता धनी होते हुए भी मरते समय पुत्र के लिए कुछ न छोड़े। दिए वचन पूर्ण करने से स्थिति और अच्छी रहेगी। कफन दान करने से घर से बाहर बिना कफन के कभी न मरे। परिवार से अलग रहने पर स्थिति खराब हो जाए और बह निर्धन हो जाए। भाई के साथ रहने पर उन्नति और लाभ हो।

☺ गुरु ग्यारहवें हो और सूर्य, चन्द्रमा मंगल तीसरे हो तो 23 वर्ष के बाद पुनः समय खराब हो। गुरु को स्थापित करना शुभ रहे।

☺ गुरु ग्यारहवें भाव में हो और राहु 9वें भाव में हो तो गुरु मौन रहे।

☺ गुरु ग्यारहवें भाव में हो और बुध शुभ हो तो जातक धनी और निज भाग्य का निर्माता स्वयं हो।

☺ गुरु ग्यारहवें हो और शनि शुभ हो तो पिता की सहायता के बिना भी प्रसन्नता से जीवनयापन करे और धनी हो।

☺ गुरु ग्यारहवें हो और मंगल तीसरे हो तो स्वयं व ससुराल के लिए धन-सम्पत्ति के मामले ठीक हो परन्तु अपनों की मृत्यु से दुःखी हो।

☺ गुरु ग्यारहवें भाव में हो और 5वें भाव में सूर्य, चन्द्रमा मंगल हो तो निज बन्धु के साथ कार्य करने से भाग्योदय हो, 12 वर्ष प्रसन्नता से बीतने पर बुरा समय आए।

☺ गुरु ग्यारहवें भाव में शनि के साथ हो तो दोनों (गुरु व शनि) का फल उत्तम हो।

गुरु ग्यारहवें भाव में अशुभ स्थिति में हो तो—

☹ अधार्मिक, बहन व बुआ की दृष्टि से अशुभ फल, पिता की मृत्यु के बाद स्थिति अधिक खराब, चरित्रहीन या चाल चलन गन्दा होने पर और अशुभ फल मिलें, परिवार बड़ा होने पर भी मरने पर कफन पराया ही मिले।

☹ गुरु अशुभ 11वें हो और चन्द्रमा पहले भाव में हो तो उसकी तबाही ईर्ष्या के कारण होगी, सब कुछ बिक जायेगा।

☹ गुरु अशुभ 11वें, बुध छठे और चन्द्रमा 2रे भाव में हो तो शनि का प्रभाव अशुभ हो। जातक वृद्धावस्था में दुःखी, दृष्टि कमजोर व परेशान हो।

☹ गुरु 11वें और बुध 3रे हो तो अच्छी आय होते हुए भी दुःखी हो।

☹ गुरु 11वें अशुभ होने पर स्त्री दुःखी हो। यह स्थिति शुक्र शुभ होने पर नहीं हो।

☹ गुरु 11वें अशुभ हो और चन्द्र अशुभ हो तो मंगल, गुरु व शनि का अशुभ फल हो।

☹ गुरु 11वें अशुभ हो और बुध अशुभ हो तो जातक राजा होने पर भी धर्म को बेच दे, स्वयं की स्थिति अच्छी हो पर किसी को लाभ न होने दे।

☹ गुरु 11वें अशुभ हो और तीसरा भाव रिक्त हो तो जातक भाग्यवान, लम्बा, दयालु व धर्मात्मा हो।

उपाय—

☑ ***कफन का दान करें। जब भी किसी की मृत्यु हो प्रयास करें कि कफन दान में दें अर्थात् कफन दान में देने का अवसर न गवाएँ।***

- ☑ *यदि किसी को वचन दें तो उसे पूर्ण अवश्य करें। वचन न पूर्ण करने पर स्थिति अच्छी नहीं रहेगी।*
- ☑ *परिवार के साथ रहें। परिवार से अलग रहना अशुभ होगा। उन्नति के लिए परिवार का साथ दें और प्रयास करें उनका सहयोग हो।*
- ☑ *शनि का उपाय करें या उसे स्थापित करें।*
- ☑ *ईर्ष्या से बचें।*
- ☑ *स्त्री को अलग न रखें।*
- ☑ *चाल-चलन ठीक रखें।*
- ☑ *धार्मिक बनें।*
- ☑ *शराब न पिएँ व माँस न खाएँ।*

बारहवें भाव में स्थित गुरु का फल एवं उपाय

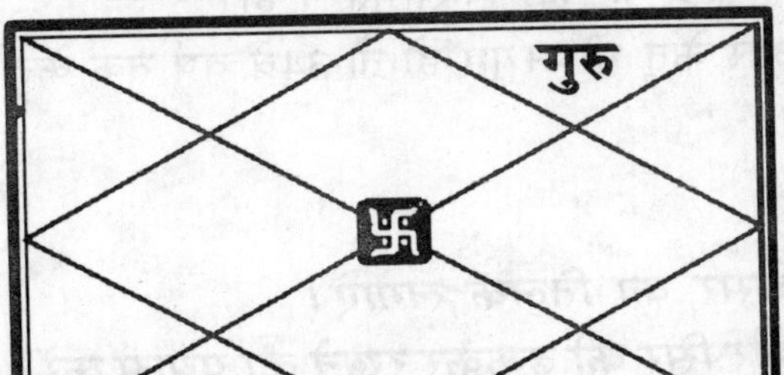

यदि जन्मकुण्डली में गुरु बारहवें भाव में स्थित हो तो उसका क्या फल होगा इसकी चर्चा यहाँ करेंगे। गुरु जन्म कुण्डली के बारहवें भाव में शुभ होगा या अशुभ अर्थात् इन दोनों में से एक स्थिति में होगा। अब इन दोनों स्थितियों का अलग-अलग फल और उसका उपाय भी बतलायेंगे।

गुरु बारहवें भाव में शुभ हो तो—

- ☺ जातक बुरे का भी भला करने वाला, ज्ञानी और वैरागी होता है। भाग्योदय योग, तप, पूजा पाठ आदि से होगा। आशीष देने या भला करने से लाभ हो। बुरा करने व शाप देने से हानि हो।
- ☺ गुरु 12वें हो और शनि का साथ 4थे या 9वें भाव में हो तो जातक शनि के कार्यों से लाभ व आराम पाए।
- ☺ गुरु 12वें और राहु 6ठे हो तो रात्रि में सुखी एवं शत्रु से रक्षा हो।

☺ गुरु 12वें हो और केतु शुभ हो तो सन्तान का सुख व अत्यन्त धनी हो।

गुरु बारहवें भाव में अशुभ हो तो—

☹ खर्चीला, 10वें वर्ष में पिता को कष्ट, अधार्मिक और अशुभ फल हो।

☹ गुरु 12वें अशुभ हो और बुध भी अशुभ हो तो जातक दीर्घायु हो पर दूसरों के लिए मन्हूस हों।

☹ गुरु बारहवें भाव में अशुभ हो तो अशुभ काम या दूजों का बुरा सोचने से या दूजों के सम्मुख हाथ फैलाने से हानि हो।

☹ गुरु 12वें भाव में हो और 2, 8, 9, 10वाँ भाव रिक्त हो तो राजा होकर भी लाभ न कमाये, अन्ततः फकीर हो जाए।

☹ गुरु 12वें भाव में हो और राहु 9 या 12वें हो तो बुद्धिमान हो, विद्या काम न आए, किए कार्य लाभ न दें, विचार धर्म विरुद्ध हो जाएं, अपव्ययी व पिता को 42वें वर्ष तक कष्ट हो।

☹ गुरु 12वें अशुभ हो तो जातक स्वयं भाग्यवादी हो पर सन्तान को कष्ट व बाधाएँ मिलें। चन्द्र के कार फलीभूत न हों।

☹ गुरु 12वें अशुभ हो और केतु भी अ ुभ हो तो 34वें वर्ष तक केतु का अुशभ फल मिले।

उपाय—

☑ *प्रतिदिन माथे पर केसर का तिलक लगाएँ।*

☑ *सिर पर चोटी रखें और सिर को ढककर रखने का प्रयास करें।*

☑ *कोई भी कार्य प्रारम्भ करने से पूर्व नाक को साफ करें।*

☑ *गले में माला कभी न धारण करें।*

☑ *गुरु सम्बन्धी वस्तुएँ जो पीली हों, उनको स्थापित करें।*

☑ *गुरु व साधू का अपमान न करें।*

☑ *पीपल का पेड़ कभी न कटवाएँ।*

☑ *बृहस्पति सम्बन्धी अशुभ कार्य कभी न करें।*

☑ *किसी का बुरा न करें और न ही किसी के लिए दुर्वचन बोलें।*

☑ *दूसरों का भला करने से अपनी भाग्य-वृद्धि हो।*

☑ *अपव्यय से बचें और अधार्मिक न बनें।*

7 शुक्र ग्रह का परिचय, द्वादश भाव में फल व उपाय

लक्ष्मीजी का चित्र

शुक्र प्रेम में दो से एक हो जाने की शक्ति को कहते हैं। शुक्र से सब-कुछ बना बनाया होगा। स्त्री की कुण्डली में शुक्र का संबंध पति से और पुरुष की कुण्डली में शुक्र का संबंध पत्नी से होगा। शुक्र अकेला स्थिति हो तो कदापि कुप्रभाव नहीं देगा और पारिवारिक सुख में किसी अन्य का भी बुरा नहीं कर सकेगा।

शुक्र और राहु का सम्बन्ध हो तो लक्ष्मी और पारिवारिक सुख समाप्त हो जाता है। शुक्र शत्रु राशि में हो और उसके बराबर वाले भाव

में राहु स्थित हो तो शुक्र-राहु की युति या संबंध वाला फल ही होगा। सातवें भाव में शुक्र के साथ जो ग्रह हो, उसका मित्र बन जाता है। शुक्र-चन्द्र आमने-सामने हों तो माता की आंखों पर कुप्रभाव पड़ता है। प्रतिदिन अपनी खुराक में से गाय की रोटी निकालने से नेत्र रोग में माता को लाभ मिलता है।

शुक्र को फारसी में **जुहरा** और अंग्रेजी में VENUS कहते हैं। इसका वार **शुक्रवार** है और रंग दही की तरह **सफेद** है। शुक्र स्त्री ग्रह है और इसका **कारक भाव** सातवां है।

शुक्र के लिए शनि, बुध व केतु **मित्र** हैं, सूर्य, चन्द्र व राहु **शत्रु** हैं एवं मंगल व गुरु **सम** हैं। शुक्र-गुरु का शत्रु जैसा संबंध है।

शुक्र का काल 50 दिन, 25 वर्ष, आयु 85 वर्ष महादशा वर्ष 20, सामान्य चक्र 3, इसका प्रभाव मध्य में और प्रभाव की गति बैल सदृश होती है।

शुक्र की किसी भी ग्रह के साथ आयु 25 वर्ष होगी। शुक्र गुरु के साथ हो तो धन के लिए आयु 60 वर्ष होगी। शुक्र सूर्य के साथ हो तो आयु 34 वर्ष होगी। शुक्र शुभ मंगल के साथ हो तो आयु 8 वर्ष होगी।

शुक्र सूर्य, चन्द्र, मंगल, बुध, गुरु को छोड़कर अन्य ग्रहों से सर्वाधिक बली है।

शुक्र का प्रभाव 17 से 19, 52 से 54, 87 से 89, 122 से 124वें जीवन वर्ष में रहता है। इसी प्रकार इसका पहला चक्र 25 से 27 वर्ष में, दूसरा चक्र 60 से 62वें वर्ष में और तीसरा चक्र 95 से 97वें वर्ष में रहता है।

शुक्र दूसरे और सातवें भाव में स्वगृही होता है।

शुक्र स्त्री स्वभाव का ग्रह है। वह अपनी समस्त बाधाएं निज रक्षा के लिए माता पर डाल देता है। चन्द्र-शुक्र किसी न किसी तरह परस्पर शत्रु हो तो माता अन्धी हो जाती है।

शुक्र मीन राशि में **उच्च** और कन्या राशि में **नीच** का होता है। सूर्य, राहु या चन्द्र 2रे भाव में हो तो शुक्र ग्रह उच्च फल न देकर अत्यन्त कुप्रभाव देता है।

शुक्र एक वर्ष के तीन खण्ड करने पर प्रथम खण्ड में चार मास तक

मंगल का, द्वितीय खण्ड में अर्थात् चार मास तक अपना (शुक्र का) प्रभाव और तीसरे खण्ड में अगले चार मास तक बुध ग्रह का प्रभाव होगा।

सातवें भाव सुप्त हो तो उसे शुक्र ग्रह जगायेगा। शुक्र विवाहोपरान्त 25वें वर्ष से जागता है। शुक्र 35 या 28 वें वर्ष में अशुभ फल देता है।

शुक्र 1, 6, 9वें भाव में अशुभ फल देगा। शुक्र 2, 3, 4, 5, 7, 8, 10, 11, 12वें भाव में शुभ फल करता है।

शुक्र अकेला हो तो कभी अशुभ नहीं होगा। शुक्र जब भी अशुभ होगा किसी न किसी ग्रह के साथ संबंध होने पर ही होगा।

शुक्र अशुभ होने पर अंगूठा बिना रोग के बेकार हो जाए। त्वचा में विकार हो जाए। स्वप्न-दोष बार-बार होता रहे। यदि ऐसा हो तो कपड़ों को साफ-सलीके से व ढंग से पहनें।

यदि आप चाहते हैं कि शुक्र की सहायता हो तो अपने भोजन में से गाय को कुछ भाग दें। ऐसा करेगें तो शुक्र की सहायता होगी व धान्य सुख भी बढ़ेगा। शुक्र के अशुभ प्रभाव को गाय ग्रास से भी दूर कर सकते हैं। इसके लिए प्रतिदिन अपने भोजन में से एक टुकड़ा कुत्ते के लिए, एक टुकड़ा गाय के लिए और एक टुकड़ा कौवे के लिए निकालें।

गोदान करें या ज्वार व चरी का दान करें। शुक्र अशुभ या निर्बल हो तो दूजों का पालन-पोषण करें। लक्ष्मी की उपासना करें। शुक्र के लिए घी, दही, कपूर व मोती का दान करें। दो मोती लेकर एक मोती पानी में बहा दें और एक मोती को आजीवन अपने पास में रखें यदि पास रखा मोती खो जाए या चोरी हो जाए तो पुनः मोती लाकर रखें। दुबारा पानी में बहाने की आवश्यकता नहीं है।

स्त्री ग्रह शुक्र रात्रि में प्रभावशाली होता है। जन्मकुण्डली में शुक्र अशुभ हो तो दूसरे छठे व सातवें भाव का भी अशुभ फल मिलता है।

यदि 2सरे व सातवें भाव में सूर्य, राहु व चन्द्रमा स्थित हो तो स्त्री-ऋण होता है। यदि ऐसा है तो कुटम्ब के प्रत्येक व्यक्ति से आवश्यक खर्च के लिए धन सकत्र करके सौ गायों का भोजन कराने पर ही इस ऋण से मुक्ति मिलेगी।

शुक्र नौवें भाव में स्थित हो तो अनाथ बच्चों को न गोद लें और न पास में रखें। यदि ऐसा करेंगे तो अपना सर्व प्रकार से अहित करेंगे।

शुक्र-केतु की युति हो तो विवाह न करने पर जीवन में अन्धकार हो जाने की प्रबल संभावना है।

बुध-शुक्र की युति होने पर सूर्य बनावटी ग्रह होगा, जिसका रंग गुड़ की तरह होगा। शुक्र-गुरु की युति होने पर बनावटी ग्रह शनि केतु की तरह होगा जिसका रंग काला होगा।

अब शुक्र का जन्मकुण्डली के बारह भावों का अलग-अलग शुभाशुभ स्थिति का फल और उसका उपाय बतायेंगे।

पहले भाव में स्थित शुक्र का फल एवं उपाय

यदि जन्मकुण्डली में शुक्र पहले भाव में स्थित हो तो उसका क्या फल होगा इसकी चर्चा यहां करेंगे। शुक्र जन्मकुण्डली के पहले भाव में शुभ होगा या अशुभ अर्थात् इन दोनों में से एक स्थिति में होगा। अब इन दोनों स्थितियों का अलग-अलग फल और इसका उपाय भी बतलायेंगे।

शुक्र पहले भाव में शुभ स्थिति में हो तो—

☺ शुभ शुक्र पहले भाव में हो तो अपने प्राण तक निछावर कर दे। समस्त सुख मिलें। वाहन व चौपाये पशु का सुख भी मिले। राज्य सुख कभी कम न होगा।

☺ शुक्र पहले होकर शनि से संबंध बना रहा हो तो 16 से 36वें वर्ष में परस्त्री के प्रेम में दीवानों जैसी स्थिति हो अर्थात् दिल व दिमाग बेकाबू हो जाएं। स्त्री के लिए ईमान तक बेच दे।

☺ शुक्र पहले हो व शनि शुभ हो तो स्त्री आजीविका शुरू करने से पूर्व आयेगी अर्थात् विवाह, नौकरी से पूर्व हो जाए और स्त्री गृह स्वामिनी बनकर हर प्रकार से शासन करेगी।

- ☺ शुक्र पहले व मंगल 6, 7 या 12वें हो तो जातक शतायु हो और पुत्र व पौत्र का सुख देखे।
- ☺ शुक्र पहले, शनि उच्च या 7 या 10वें केतु, बुध, शनि हों तो ये भाव (7, 10) रिक्त समझें, राहु-केतु 4 या 10वें हों और बुध या शनि 7वें व मंगल 6 से 12वें हो तो विष्णु सदृश सबका पालक, धन की थैली प्रातः भरे और सांझ आए खाली हो जाए। घर में नौकरानी होने पर माया के पहाड़ विस्तृत हो जाएं।
- ☺ शुक्र पहले, बुध 3रे या 6ठे हो तो चन्द्र का अशुभ प्रभाव न हो व मस्तिष्क सबल हो।
- ☺ शुक्र का सूर्य से संबंध बने तो सन्तान व आराम में थोड़ा सुख कम हो, धर्महीन, स्त्रियों के पीछे घूमने वाला, बाहर से दीवाना व अन्तः से सूफी हो। स्त्री का स्वास्थ्य ठीक न रहे। भाग्यवान, अपना व बच्चों का स्वास्थ्य उत्तम हो। निज कार्यों के लिए दूजों से सलाह लेना ठीक है।

शुक्र पहले भाव में अशुभ स्थिति में हो तो—

- ☹ युवावस्था व दीवानापन अपनी और संबंधियों की बर्बादी का बहाना होगा। माता अल्पायु, माता पत्नी से दूर रहने पर सुखी पर एक साथ रहने पर दुःखी हो, सूर्य कभी अशुभ न हो।
- ☹ अशुभ शुक्र 1 व 7वें और 10वां भाव रिक्त हो तो 25वें वर्ष विवाह के समय न धन रहे और न स्त्री रहे।
- ☹ शुक्र पहले भाव में अशुभ हो व बुध भी अशुभ हो तो सन्तान सुख अल्प हो।
- ☹ शुक्र पहले अशुभ हो व सूर्य भी अशुभ हो तो गृहस्थ सुख न हो, हो तो न के बराबर।
- ☹ शुक्र पहले भाव में अशुभ हो और बुध, सूर्य व शनि तीनों अशुभ हों तो ऐसा भाग्य हो कि स्वयं तो बर्बाद हो ही, अपितु दूजों को भी बर्बाद करे और चहुँ ओर मौतें ही दिखें।
- ☹ शुक्र पहले अशुभ हो, 1 व 7वें में शत्रु ग्रह चन्द्र, राहु, सूर्य व बुध अशुभ हो तो दीवाना, दमा, तपेदिक, बुखार के समय स्त्री भोग या परस्त्री से संबंध करने पर रोग हो। गोमूत्र व जौ की खुराक सहायक

होगी। चारा या सात अनाज (सतनाजा) का दान शुभ हो। पुरुष कन्यादान व स्त्री गोदान करें तो भी शुभ हो।

☹ शुक्र पहले अशुभ हो, शनि भी अशुभ हो तो साथी व संबंधियों से अच्छे संबंध ना होंगे, स्वयं एय्याश, स्त्री सुन्दर व प्रेम व माया-मोह से परिपूर्ण व आराम व विलासिता पसन्द करने वाली होगी।

☹ 25वें वर्ष का विवाह धन और स्त्री के लिए बुरा हो, सूर्य अशुभ हो तो जिन्न-भूतादि तंग करें व आध्यात्मिक हानि हो। स्त्री से प्रेम व आंख-मिचौली अधिक होती है।

उपाय—

☑ *दिल पर काबू रखें और प्रेम-प्यार व एय्याशी में अधिक संलग्न न रहें। दिन में संभोग न करें।*

☑ *दूसरों की सलाह अवश्य लें।*

☑ *गुड़ न खायें।*

☑ *काली गाय की सेवा करें।*

☑ *दही से स्नान करें।*

दूसरे भाव में स्थित शुक्र का फल एवं उपाय

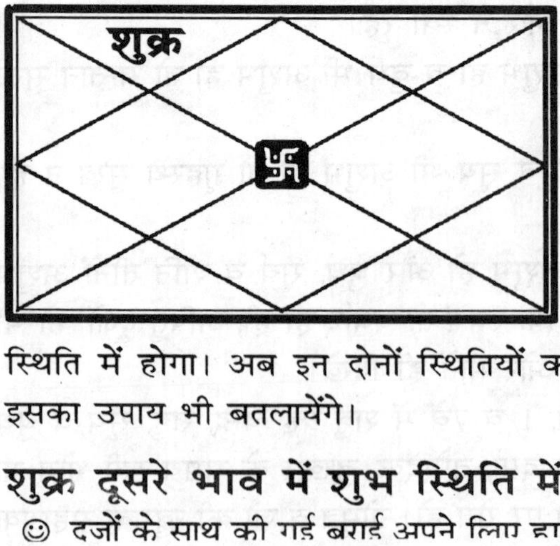

यदि जन्मकुण्डली में शुक्र दूसरे भाव में स्थित हो तो उसका क्या फल होगा इसकी चर्चा यहां करेंगे। शुक्र जन्मकुण्डली के दूसरे भाव में शुभ होगा या अशुभ अर्थात् इन दोनों में से एक स्थिति में होगा। अब इन दोनों स्थितियों का अलग-अलग फल और इसका उपाय भी बतलायेंगे।

शुक्र दूसरे भाव में शुभ स्थिति में हो तो—

☺ दर्जों के साथ की गई बुराई अपने लिए हानिकारक होगी। आजीविका

धन, सम्पत्ति व सन्तान में 60 वर्ष तक वृद्धि हो। सांसारिक तथा आत्मिक प्रेम का स्वामी होगा अर्थात् जातक बगुला भगत होगा। दीर्घायु व शत्रु दबे रहें। स्त्री उत्तम पर सन्तान उत्पन्न करने के योग्य न हो। चाल-चलन सुधारने पर शुभ फल मिलेंगे और बाधाएं दूर होंगी।

☺ शुक्र दूसरे हो और शनि कुण्डली में कहीं भी हो, वह शुक्र के लिए 8वें भाव का शुभ फल देगा अब चाहे शनि जहाँ हो वहां का फल अशुभ ही क्यों न हो। गृहस्थ सुख ठीक हो।

☺ गुरु, केतु, शनि और बुध का शुभ फल होगा। घर राजा सदृश, और आर्थिक स्थिति सुदृढ़ हो। घर का अगला भाग तंग और पिछला भाग खुला हो अर्थात् गाय के मुख की तरह हो भाई व लड़के का भाग्य और दूजों से संबंध गुरु की स्थिति पर निर्भर करेगा।

☺ शक्र 2रे व गुरु 6ठे या 12वें हो तो भाईयों की उन्नति होगी व सांसारिक सहायता भी प्राप्त हो।

☺ शुक्र 2रे व गुरु भी 2रे हो तो प्रेम करने में प्रवीण और इसमें सफल भी होगा।

☺ शुक्र 2रे व शनि भी 2 या 9वें हो तो शुक्र का शुभफल दुगना हो। पशु पालने व कच्ची मिट्टी के कार्यों से आजीविका के साधन व सन्तान में वृद्धि हो। आजीविका प्रारम्भ करने के दिन से साठ वर्ष तक धन के लिए शुभ हो।

शुक्र दूसरे भाव में अशुभ स्थिति में हो तो—

☹ स्त्री की कुण्डली में 2रे अशुभ शुक्र है तो वह लड़का न उत्पन्न कर सके। पुरुष की कुण्डली में 2रे शुक्र हो तो उसकी स्त्री बांझ होगी अर्थात् सन्तान उत्पन्न करने की क्षमता नहीं होगी।

☹ शुक्र दूसरे अशुभ हो और 9 व 12वां भाव भी अशुभ हो तो धन चाहे जितना हो स्त्री से दुःखी हो।

☹ शुक्र दूसरे अशुभ हो और साथ में पापी ग्रह हों तो दूजे का लड़का बिना गोद लिए अपना लड़का बन बैठे।

☹ शुक्र दूसरे अशुभ और आठवां भाव रिक्त हो तो स्त्री बांझ, धन घटे व स्त्री-पुरुष सन्तान उत्पन्न करने में असमर्थ, सलीके से रहने वाले व एय्याश होंगे।

☹ दूसरे अशुभ शुक्र एवं 8, 9 या 10वें गुरु हो तो विवाह व संतान सुख में गड़बड़ हो। स्त्री धन अर्जित करने वाली हो पर कन्यारत्न उत्पन्न करे और चाल-चलन खराब हो तो पारिवारिक सुख न मिले।

☹ अशुभ शुक्र दूसरे व 5, 2, 9, 12वें राहु केतु हों तो बाजारू स्त्री या वेश्या बर्बादी का बहाना होगी और परस्त्री गमन में सर्वप्रकार से अशुभ ही हो।

उपाय—

☑ *मंगल की वस्तुएँ प्रयोग करें, सहायक होंगी। ये वस्तुएँ दवा रूप में प्रयोग करें तभी सन्तान सुख संभव हो सकेगा।*

☑ *चाल-चलन ठीक रखें एवं परस्त्री गमन से बचें।*

☑ *दो किलो आलू हल्दी से पीले करके गाय को खिलायें।*

☑ *दो सौ ग्राम गाय का पीला घी मन्दिर में दें।*

तीसरे भाव में स्थित शुक्र का फल एवं उपाय

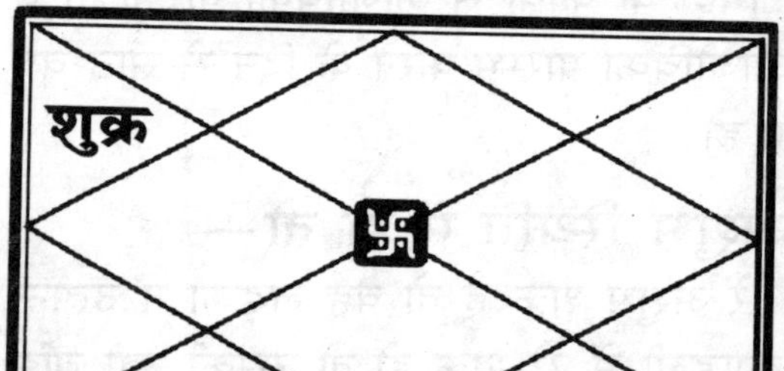

यदि जन्मकुण्डली में शुक्र तीसरे भाव में हो तो उसका क्या फल होगा इसकी चर्चा यहां करेंगे। शुक्र जन्म कुण्डली के तीसरे भाव में शुभ होगा या अशुभ अर्थात् इन दोनों में से एक स्थिति में होगा। अब इन दोनों स्थितियों का अलग-अलग फल और इसका उपाय भी बतलायेंगे।

शुक्र तीसरे भाव में शुभ स्थिति में हो तो—

☺ स्त्री आकर्षित हो जाए। अनेक स्त्रियों से सम्पर्क बने। परस्त्री के आकर्षण में फंसने के कारण अपनी स्त्री से दबकर रहे। परस्त्री और पुरुषों से सहायता मिले। अपनी स्त्री साहसी व क्रोधी हो।

- ☺ शुक्र तीसरे शुभ और केतु भी शुभ हो तो स्त्री का घर में मान हो और वह पतिव्रता हो। उसी के साथ घर पर कभी चोरी न हो।
- ☺ शुक्र तीसरे व शनि नौवें हो तो माता-पिता का सुख दीर्घायु तक हो।
- ☺ शुक्र तीसरे व मंगल या मित्र ग्रह (बुध, शनि या केतु) 2रे या 7वें हों तो जीवनयापन आसानी से हो। 20वें वर्ष में तीर्थयात्रा हो तो शुभ फल हो और माता-पिता का सुख दीर्घायु तक हो।
- ☺ शुक्र तीसरे होने से स्वयं निर्मित भवन नहीं होंगे और यदि होंगे तो उजड़ जायेंगे। जातक को सभी पसन्द करते हैं।
- ☺ शुक्र तीसरे, आठवां भाव व चन्द्र भी शुभ हो तो हाथ से दी हुई मिट्टी भी शुभ हो। गुरु व सूर्य का भी शुभ फल हो। भाव आठ के अशुभ ग्रह भी शुभ फल दें।

शुक्र तीसरे भाव में अशुभ स्थिति में हो तो—

- ☹ शुक्र 3रे अशुभ व 11वें बुध हो तो 34 वर्ष तक चाहे जितने साधन-सम्पन्न व धनपति हों सुख की नींद भाग्य में न होगी। धन दिन-प्रतिदिन घटता जाए।
- ☹ शुक्र व मंगल का संबंध 3रे भाव में हो तो बिना परिश्रम के भोजन नहीं पा सकेगा।
- ☹ शुक्र 3रे अशुभ हो व नौवें भाव में गुरु हो तो अपना व कुटम्ब का स्वास्थ्य निर्बल हो, दुःखी व परेशानियों से ग्रस्त हो।
- ☹ शुक्र 3रे अशुभ हो और बुध व मंगल भी अशुभ हो तो परिवार वालों विशेषकर लड़की, स्त्री आदि के द्वारा धन हानि हो।

उपाय—

- ☑ ***स्त्री का सम्मान करें। कभी भी उसे अपमानित न करें।***
- ☑ ***परस्त्री गमन से बचें।***

चौथे भाव में स्थित शुक्र का फल एवं उपाय

यदि जन्मकुण्डली में शुक्र चौथे भाव में हो तो उसका क्या फल

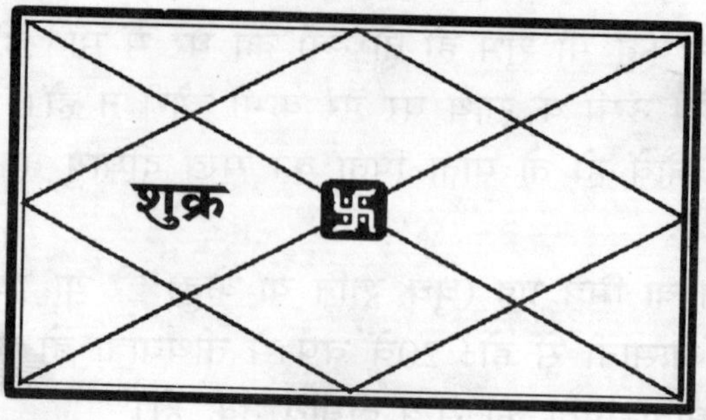

होगा इसकी चर्चा यहां करेंगे। शुक्र जन्मकुण्डली के चौथे भाव में शुभ होगा या अशुभ अर्थात् इन दोनों में से एक स्थिमि में होगा। अब इन दोनों स्थितियों का अलग-अलग फल और इसका उपाय भी बतलायेंगे।

शुक्र चौथे भाव में शुभ स्थिति में हो तो—

☺ धनी, द्विभार्या योग, स्त्री व सन्तान दोनों को कष्ट हो, दो पत्नियों के होते हुए भी कामाग्नि शान्त न हो। यदि पहली स्त्री से दो बार विवाह करे तो दूसरी पत्नी न हो। संतान जल्दी हो पर स्त्री का गर्भाशय नष्ट हो जाए।

☺ शुक्र चौथे हो और 2 व 7वाँ भाव रिक्त हो तथा शुक्र किसी ग्रह का साथी न हो तो एक साथ दो स्त्रियां जीवित हों, एक बड़ी आयु की एवं दूसरी आराम पसन्द और हरफनमौला हो। सन्तान की कमी हो।

शुक्र चौथे भाव में अशुभ स्थिति में हो तो—

☹ शुक्र चौथे, बुध छठे या चन्द्र अशुभ हो तो शुक्र अशुभ फल दे, लड़कियाँ बर्बादी का कारण बने। निज स्त्री कुटम्ब के लिए अशुभ हो।

☹ शुक्र चौथे हो। मंगल, बुध या पापी ग्रह वर्षकुण्डली में पहले भाव में आ जाए या शुक्र के साथी हो जाएं तो सन्तान की कमी दूर होगी।

☹ शुक्र चौथे व गुरु पहले हो तो बहु व सास का झगड़ा हो।

☹ शुक्र चौथे व शनि अशुभ हो तो सन्तान की कमी हो व प्रेम बर्बादी का कारण बने।

☹ शुक्र चौथे के साथ शनि का संबंध हो तो निर्धनता व आर्थिक तंगी होते हुए ईश्वर से सहायता मिले।

☹ शुक्र व शनि का चौथे भाव में साथ हो तो नशा बर्बादी का कारण बने। गुरु-केतु भी निकम्मे हों।

☹ शुक्र चौथे हो और बन्द कुंआ या कुएँ पर छत डालकर भवन बनाने

से जातक निस्सन्तान हो। 22, 24, 25, 32, 34, 47, 51 व 60 वर्ष की आयु में विवाह करना अशुभ हो।

☹ शुक्र चौथे, शनि-बुध एक साथ हो तो स्त्री स्वेच्छाचारी हो।

उपाय

☑ *चन्द्र का उपाय या गुरु की वस्तुएँ कुएँ में डालना सन्तान के लिए सहायक होगा।*

☑ *घर में कुआं न खुदवाएँ।*

☑ *गुरु का उपाय करें।*

☑ *झाड़ू की गुठली में काला सुरमा भरकर जमीन में दबाएँ।*

☑ *नशा न करें।*

☑ *ऐब ढांपकर रखें और गुणों का बखान करें।*

पांचवें भाव में स्थित शुक्र का फल एवं उपाय

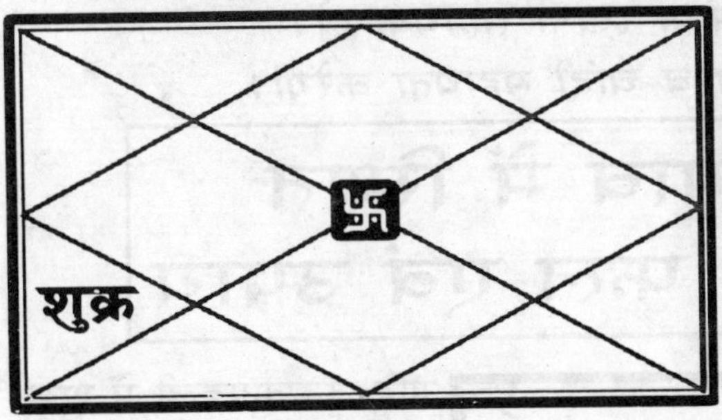

यदि जन्मकुण्डली में शुक्र पांचवें भाव में हो तो उसका क्या फल होगा इसकी चर्चा यहां करेंगे। शुक्र जन्म कुण्डली के पांचवें भाव में शुभ होगा या अशुभ अर्थात् इन दोनों में से एक स्थिति में होगा। अब इन दोनों स्थितियों का अलग-अलग फल और उपाय भी बतलायेंगे।

शुक्र पांचवें भाव में शुभ स्थिति में हो तो—

☺ बच्चों से परिपूर्ण घर-परिवार, विद्वान, शत्रुनाशक, पुरुष ग्रह साथ हों तो धन बढ़े, देश व परिवार को चाहने वाला, मित्र ग्रह बुध, शनि व केतु स्थापित हों तो धर्मात्मा और कुल को तारने वाली स्त्री होगी।

☺ शुक्र चौथे व बुध या पापी ग्रह 1, 7वें हों तो पहले व नौवें भाव से संबंधित संबंधी या जातक को उस ग्रह संबंधी कार्यों से धन लाभ हो।

☺ सूर्य पहले, मंगल तीसरे व शुक्र पांचवें हो तो सर्वप्रकार से उन्नति हो।

शुक्र पांचवें भाव में अशुभ स्थिति में हो तो—

☹ शुक्र अशुभ पांचवें हो तथा चन्द्र का अशुभ प्रभाव भी पड़े तो चन्द्र शुक्र रूपी पतंग की डोर बन जाए। सन्तान पिता के काम न आए, प्रेम विवाह व दीवाना स्वभाव पतंग जैसा भाग्य बनाए।

☹ पांचवें अशुभ शुक्र की किसी ग्रह पर दृष्टि न पड़े तो जातक दोहरी जिन्दगी जिए अर्थात् मुख में राम और बगल में छुरी जैसा व्यवहार हो। चोरी गयी वस्तु न मिले यदि वह शुक्र से संबंधित हो।

☹ शुक्र व शनि का पांचवें संबंध बने तो चाल-चलन खराब हो। चाल-चलन खराब होने पर भाग्य भी कमजोर हो। सन्तान पर कुप्रभाव नहीं होगा।

उपाय

☑ *गाय और माता की सेवा करें। हृदय में अपवित्रता न रखें। ऐसा करने पर धन-सम्पत्ति की वृद्धि हो।*

☑ *चरित्र ठीक रखें।*

☑ *गुप्तांग दूध-दही से धोते रहने से अशुभ शुक्र से बचाव होगा। गुप्तांग का स्थान साफ रखना सहायक हो।*

☑ *चन्द्र की वस्तुएँ दूध व चांदी सहायता करेंगी।*

छठे भाव में स्थित शुक्र का फल एवं उपाय

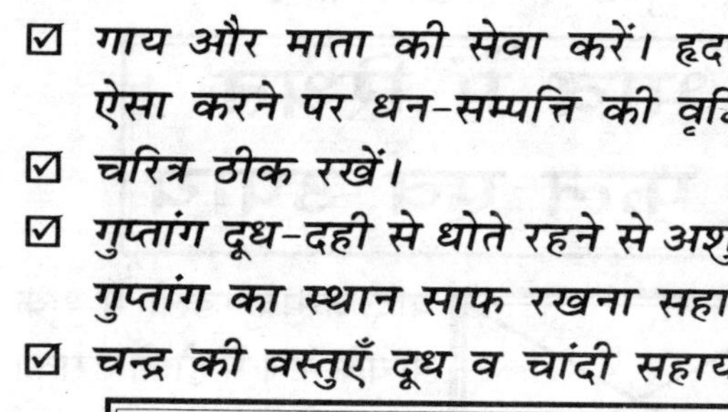

यदि जन्मकुण्डली में शुक्र छठे भाव में हो तो उसका क्या फल होगा इसकी चर्चा यहां करेंगे। शुक्र जन्म कुण्डली के छठे भाव में शुभ होगा या अशुभ अर्थात् इन दोनों में से एक स्थिति में होगा। अब इन दोनों स्थितियों का अलग-अलग फल और इसका उपाय भी बतलायेंगे।

शुक्र छठे भाव में शुभ स्थिति में हो तो—

☺ जातक की सांसारिक स्थिति उत्तम होगी। कार्य पूर्ण किए बिना न छोड़ें।

☺ शुक्र छठे व मंगल का साथ हो तो उत्तम जीवन होगा परन्तु राहु-केतु की स्थिति भी ठीक होनी चाहिए।

☺ चन्द्र शुभ या स्थापित हो तो छठे शुक्र का शुभ फल होगा।

☺ शुक्र छठे हो व सूर्य या गुरु या दोनों 6ठे या 2रे भाव में साथी हों तो जातक धनी, भाई-बन्धु व गृहस्थी में उन्नति होगी परन्तु सन्तान नालायक होगी।

☺ शुक्र छठे व सातवें उसके शत्रु ग्रह स्थित हों तो लड़ाई-झगड़ा रहे।

☺ शुक्र छठे होने पर विवाह ऐसे घर में करें जो एकलौता लड़का या लड़की न हो।

शुक्र छठे भाव में अशुभ स्थिति में हो तो—

☹ शुक्र छठे, केतु साथ में व गुरु 12वें हो तो सभी ग्रहों का अशुभ फल मिले।

☹ शुक्र छठे व राहु 2रे भाव में हो तो पहली स्त्री मर जाए व राहु की आयु तक शत्रुओं से कष्ट रहे।

☹ शुक्र छठे व पांचवें बुध अशुभ हो तो स्त्री का मान होने पर धन बढ़े और अपमान होने पर धन गलत तरीकों से आए।

☹ शुक्र छठे सूर्य के साथ हो और 2रा भाव रिक्त हो तो सन्तान सुख ठीक नहीं, पिता बचपन में चल बसे, स्त्री का फल 28वें वर्ष के बाद उत्तम हो।

☹ शनि अशुभ हो और शुक्र छठे हो तो धन दिन-प्रतिदिन घटता जाए।

☹ शुक्र छठे और बुध आठवें हो तो शुक्र का अशुभ फल मिले व लड़का न हो।

☹ शुक्र छठे केतु के साथ हो तो स्त्री बांझ, मर्द नपुंसक, सन्तान सुख न हो। यदि सन्तान सुख हो तो लड़कियां अधिक हों। बुद्धि कम हो पर आजीविका में कमी न हो। परस्त्री बर्बादी का कारण बने। गुप्तांग में रोग हो।

☹ शुक्र अशुभ हो तो लड़का होने के बाद दूसरी सन्तान 12 वर्ष बाद हो।

☹ शुक्र छठे और सूर्य व गुरु 7 से 12वें भाव में हो तो धन हानि व शुक्र का अशुभ फल मिले। वासना पूर्ति के लिए स्त्रियों की झूठी प्रशंसा करें। विवाह देर से हो।

उपाय

☑ *चान्दी की ठोस गोली पास में रखे।*

☑ *पत्नी बीमार रहे तो गुप्तांग लाल दवाई से धोएं।*

☑ *पत्नी नंगे पैर जमीन पर न चले। जुराब या चप्पल पहने रहे।*

☑ *स्त्री बालों में सोने का हेयर क्लिप लगाकर रखे तो धनलाभ हो।*

☑ *विवाह के समय सास-ससुर सोने के दो टुकड़े संकल्प करके दामाद को दें तो सन्तान सुख में सहायक हों।*

☑ *चाल-चलन ठीक रखें। परस्त्री गमन से बचें।*

सातवें भाव में स्थित शुक्र का फल एवं उपाय

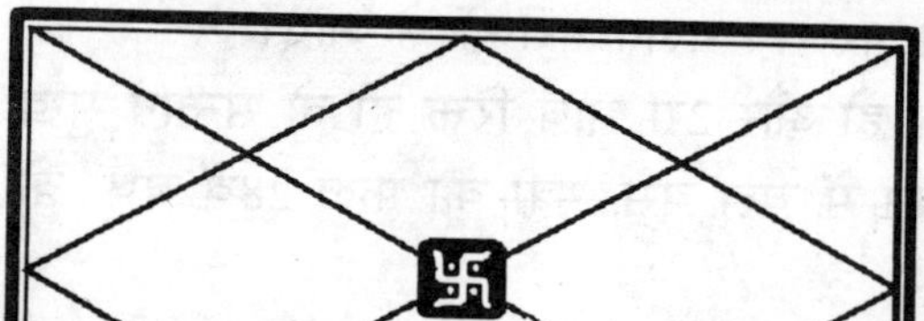

यदि जन्मकुण्डली में शुक्र सातवें भाव में स्थित हो तो उसका क्या फल होगा इसकी चर्चा यहां करेंगे। शुक्र जन्म कुण्डली के सातवें भाव में शुभ होगा या अशुभ अर्थात् इन दोनों में से एक स्थिति में होगा। अब इन दोनों स्थितियों का अलग-अलग फल और इसका उपाय भी बतलायेंगे।

शुक्र सातवें भाव में शुभ स्थिति में हो तो—

☺ शुक्र शुभ सातवें हो तो सुखी, नम्र स्वभाव, धन लाभ हो आयु 80-90

वर्ष, पारिवारिक व माता-पिता का सुख उत्तम हो। गुरु सुप्त हो तो मृत्यु यात्रा या परदेश में नहीं। स्त्री सुन्दर न हो तो स्वभाव अच्छा और लेन-देन या झगड़ों में उसकी कोई रुचि न होगी। यात्रा में अधिक समय व्यतीत होगा। शुक्र का शनि से संबंध होने पर शुक्र का शुभ फल मिले। सातवें बुध शुक्र के साथ हो तो दीर्घायु पर उन्नति नहीं हो। अकेला शुक्र शुभ फल दे पर साथी ग्रह होने पर उनके अनुरूप फल देगा। शुक्र से संबंधित कार्य शुभ फल देंगे। 25वें वर्ष से अधिक शुभ हो। सन्तान के लिए शुक्र के साथ केतु की स्थिति, गृहस्थी के लिए शनि की स्थिति, धन के लिए राहु की स्थिति और पारिवारिक परिस्थिति के लिए बुध की स्थिति भी विचारें।

☺ चन्द्र चौथे और शुक्र सातवें हो तो कामुक नहीं होगा। शुक्र सातवें और चन्द्र पहले हो तो सास-बहू में माँ-बेटी जैसा प्यार हो।

☺ शुक्र सातवें और बुध 2, 4, 6ठे हो तो विवाह के दिन से 37 वर्ष तक शुक्र व बुध दोनों का उत्तम फल हो।

शुक्र सातवें भाव में अशुभ स्थिति में हो तो—

☹ पहले चन्द्र और सातवें शुक्र अशुभ हो तो भाग्य खराब और शुक्र का अशुभ फल मिले।

☹ परस्त्री गमन का शौक पैतृक सम्पत्ति नष्ट कर दे।

☹ सूर्य चौथे, चन्द्र पहले, राहु सातवें शुक्र के साथ हो तो स्त्री-पुरुष बांझ व नपुंसक होंगे और संसार से वियोग हो जाए।

☹ सातवें शुक्र गुरु के साथ हो तो व्यापार और सांसारिक लेन-देन के साथ-साथ संतान के लिए भी अशुभ हो।

☹ शुक्र सातवें अशुभ होने पर स्त्री पर अधिक खर्च हो, एय्याशी से धन-सम्पत्ति नष्ट हो, आयु 80-90 वर्ष, ससुराल वालों से व्यापारिक भागीदारी हानिकारक हो। 4, 16, 28, 40, 52, 60, 76, 88 वर्ष में चोरी, धनहानि आदि हो।

उपाय

☑ ***गन्दे नाले में 43 दिन तक नीला फूल डालें।***

☑ ***लाल गाय की सेवा करें।***

☑ *कांसे के बर्तन का दान शुक्रवार को मन्दिर में दें।*

☑ *स्त्री बीमार हो तो उसके भार तुल्य या भार का दशांश के तुल्य ज्वार मन्दिर में दें।*

☑ *माता-पिता का आशीर्वाद लें।*

आठवें भाव में स्थित शुक्र का फल एवं उपाय

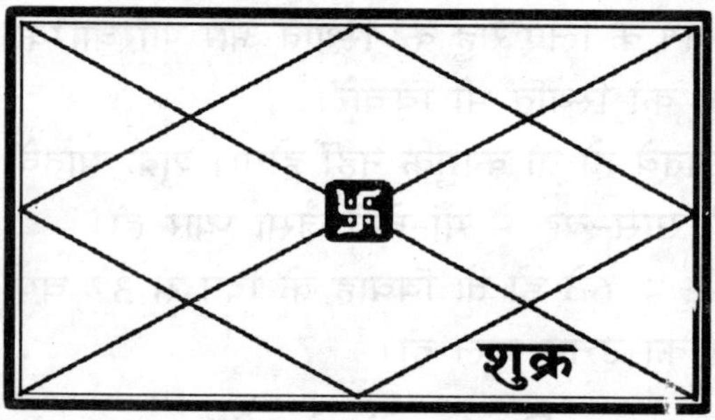

यदि जन्मकुण्डली में शुक्र आठवें भाव में स्थित हो तो उसका क्या फल होगा इसकी चर्चा यहां करेंगे। शुक्र जन्म कुण्डली के आठवें भाव में शुभ होगा या अशुभ अर्थात् इन दोनों में से एक स्थिति में होगा। अब इन दोनों स्थितियों का अलग-अलग फल और इसका उपाय भी बतलायेंगे।

शुक्र आठवें भाव में शुभ स्थिति में हो तो—

☺ स्त्री सख्त स्वभाव की होगी जो कहे वो पत्थर की लकीर होगा। उसकी कही अच्छी-बुरी बात स्वीकार करनी होगी। शत्रु को झुकाने के लिए दान कभी न लें और मन्दिर में सिर झुकाएं। पुरुष की कोई न सुने तो वह बोलकर-थककर निराश बैठ जाए। आठवें शुक्र का फल शुभ न होकर अशुभ ही होता है।

शुक्र आठवें भाव में अशुभ स्थिति में हो तो—

☹ शुक्र आठवें और 2रा भाव रिक्त हो तो लड़ाई-झगड़े में सहायता दे परन्तु गृहस्थी में क्लेश हो। बुजुर्गों की छत्रछाया शंकित हो अर्थात् उन पर मौत का साया मंडराए। स्त्री का स्वास्थ्य ठीक न हो तो ज्वार का दान करें या जमीन में दबाएं। 25वें वर्ष से पूर्व विवाह न करें वरना स्त्री मर जाएगी।

☹ किसी की जमानत न दें वरना भाग्य निर्बल हो जायेगा।

☹ जातक कटुभाषी, ऋणी, रोगग्रस्त और स्त्री कर्कशा हो।

☹ स्त्री कष्ट में हो तो चन्द्र-केतु की वस्तुओं से सहायता लें।

☹ शुक्र आठवें अशुभ और चन्द्र भी अशुभ हो तो बुध से सहायता लें।

☹ शुक्र आठवें अशुभ और मंगल अशुभ हो तो जातक बुरे विचारों वाला, स्त्रियों के पीछे-पीछे भटकता फिरे और गुप्त रोग से ग्रस्त हो।

उपाय—

☑ *तांबे का सिक्का या नीला फूल गन्दे नाले में 43 दिन तक डालें।*

☑ *काली गाय की सेवा करें।*

☑ *चाल-चलन ठीक रखें।*

☑ *किसी की सौगन्ध न लें या जमानत न करें।*

☑ *विवाह 25 वर्ष के बाद करें।*

☑ *मन्दिर में सिर झुकाएं शत्रु कमजोर होगा।*

☑ *स्त्री रोगी हो तो उसके भार तुल्य ज्वार मन्दिर में दान में दें।*

नौवें भाव में स्थित शुक्र का फल एवं उपाय

यदि जन्मकुण्डली में शुक्र नौवें भाव में स्थित हो तो उसका क्या फल होगा इसकी चर्चा यहां करेंगे। शुक्र जन्मकुण्डली के नौवें भाव में शुभ होगा या अशुभ अर्थात् इन दोनों में से एक स्थिति में होगा। अब इन दोनों स्थितियों का अलग-अलग फल और इसका उपाय भी बतलायेंगे।

शुक्र नौवें भाव में शुभ स्थिति में हो तो—

☺ बड़े-बूढ़ों का धन बढ़े। सन्तान सुख अच्छा नहीं, धन कम, तीर्थ यात्रा

शुभ, बुद्धिमान और भाग्यवान होगा। लखपति होते हुए भी परिश्रम करके रोटी खाने को मिले। परिश्रम के अनुरूप फल न मिले।

☺ शुक्र नौवें चन्द्र या मंगल के साथ स्थित हो तो भवन में चन्द्र (घोड़ी, कुंआ, चांदी) या मंगल (शहद) की वस्तुएं स्थापित करने पर शुक्र और चन्द्र का फल उत्तम हो।

शुक्र नौवें भाव में अशुभ स्थिति में हो तो—

☹ भाग्यहीन, 25 वर्ष तक शुक्र संबंधी वस्तुएं व संबंधी का फल अशुभ हो। घर में पुरुषों की कमी रहेगी, सन्तान तथा धन की कमी होगी।

☹ शुक्र के साथ नौवें पापी या बुध ग्रह साथ हों तो 17 वर्ष की आयु से नशा और रोग तंग करें। दुःख की काली बदली छाए रहे।

☹ शुक्र नौवें, उसके शत्रु चौथे और सातवां भाव रिक्त हो तो 4, 16, 28, 40, 52, 64, 76, 88, 100 वाँ वर्ष धन व अन्य प्रकार से व्यर्थ हो जाए।

☹ शुक्र नौवें भाव में और चन्द्र सातवें अशुभ हो या चन्द्र किसी भी भाव में अशुभ हो तो सन्तान और धन की दृष्टि से परिवारिक सुख अल्प हो।

☹ नौवें भाव में शुक्र हो व सातवां भाव रिक्त हो तो रक्तविकार हो।

☹ नौवें भाव में शुक्र गुरु के साथ हो या गुरु अशुभ हो तो सन्तान सुख में बाधा आएं और सांसारिक लेन-देन में अशुभ फल हो।

उपाय—

☑ *घर में चांदी, शहर व घोड़ी स्थापित करें या चांदी व शहद को नींव में दबाएं।*

☑ *आर्थिक स्थिति सुधारने के लिए नीम के वृक्ष तले चांदी के चौकोर टुकड़ें दबाएं।*

☑ *काली या लाल गाय की सेवा करें।*

दसवें भाव में स्थित शुक्र का फल एवं उपाय

यदि जन्मकुण्डली में दसवें भाव में स्थिति हो तो क्या फल होगा

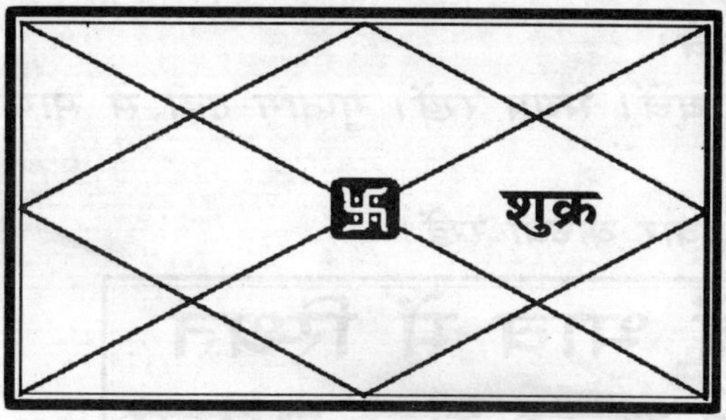

इसकी चर्चा यहाँ करेंगे। शुक्र जन्मकुण्डली के दसवें भाव में शुभ होगा या अशुभ अर्थात इन दोनों में से एक स्थिति में होगा। अब इन दोनों स्थितियों का अलग-अलग फल और इसका उपाय भी बतलायेंगे।

शुक्र दसवें भाव में शुभ स्थिति में हो तो—

☺ पर स्त्री से संबंध बने। जातक लालची, स्त्री व धन को अपनी दृष्टि में रखे। स्त्री के स्वप्न देखे। जातक दस्तकार भी हो। शनि शुभ हो या 9 या 11वें शत्रु ग्रह के साथ न हो तो स्त्री का स्वास्थ्य उत्तम, स्त्री-पुरुष दोनों धार्मिक हों, बुध का शुभ फल मिले व दुर्घटना भी न हो और हो तो चोट न लगे।

☺ शुक्र दसवें हो और चौथा भाव रिक्त हो तो स्त्री कामुक व पूर्ण सुख दें।

☺ शुक्र दसवें व शनि पहले हो या साथ में हो तो शनि का शुभ फल मिले। शुक्र दसवें व चन्द्र 2,4,7 वें हो तो वाहन सुख व अन्य सुख मिले। शुक्र दसवें और 1,4,5 वें भाव में शत्रु या मित्र ग्रह स्थित हो तो युवावस्था व वृद्धावस्था सुख से बीते।

शुक्र दसवें भाव में अशुभ स्थिति में हो तो—

☹ शुक्र दसवें अशुभ हो तो स्त्री कामुक हो, सन्तान सुख में बाधाएं या सन्तान न हो। परस्त्री संपर्क से भाई व स्त्री दुःखी हो, सन्तान सुख न रहे। शनि अशुभ हो तो अत्यन्त दुःख मिले और स्त्री बुद्धिहीन व दुःखी हो।

☹ शत्रु ग्रह सूर्य, चन्द्र, राहु के साथ अशुभ शुक्र दसवें हो तो 12 वर्ष तक अशुभ समय बीते।

☹ शनि पांचवें और शुक्र दसवें अशुभ हो तो स्त्री को नेत्र रोग हो।

उपाय

☑ ***शनि का उपाय करने से सहायता हो।***

☑ *पर स्त्री गमन से बचें।*

☑ *अति कामुकता से बचें। संयम रखें। गुप्तांग दही से साफ करें।*

☑ *घर की पश्चिमी दीवार कच्ची रखें।*

ग्यारहवें भाव में स्थित शुक्र का फल एवं उपाय

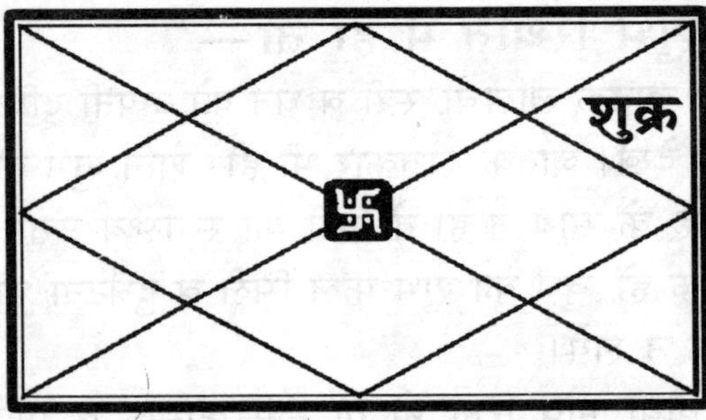

यदि जन्मकुण्डली में शुक्र ग्याहरवें भाव में स्थित हो तो उसका क्या फल होगा इसकी चर्चा यहाँ करेंगे। शुक्र जन्मकुण्डली के ग्याहरवें भाव में शुभ होगा या अशुभ अर्थात इन दोनों में से एक स्थिति में होगा। अब इन दोनों स्थितियों का अलग-अलग फल और इसका उपाय भी बतालायेंगे।

शुक्र ग्यारहवें भाव में शुभ स्थिति में हो तो—

☺ सुन्दर, धनी, बचपन का मोह रहे, नपुंसक व गुप्त रोग से युक्त, रहस्यमयी, स्वभाव बदलता रहे, बुध या चन्द्र स्थापित हो तो निर्धन न होगा व 12 वर्ष तक बहुत धन आए।

☺ राहु बारहवें व शुक्र दसवें हो तो लड़कियों के साथ धन बहुत आए।

शुक्र ग्यारहवें भाव में अशुभ स्थिति में हो तो—

☹ कार्य छिपाकर करें, देखने में भोला-भाला पर वास्तव में चतुर, क्षण-क्षण बदलने वाला स्वभाव, मृत्यु सिर कटने से हो, स्त्री घर का कोष संभाले तो अशुभ फल हो।

☹ शुक्र अशुभ हो व बुध का साथ हो या 3रे बुध हो तो लड़कियां घर का धन बर्बाद करेंगी, धन कम न हो पर कुटम्ब में पुरुषों की संख्या घटे।

☹ शुक्र ग्यारहवें और तीसरा भाव रिक्त हो तो जातक नपुंसक, हस्त मैथुन या वीर्यपात करे, गुप्तरोग से ग्रस्त हो। लड़कियां अधिक हों।

☹ विवाह के पूर्व भाग्योदय न हो।

☹ पांचवां भाव रिक्त हो और ग्याहरवें अशुभ शुक्र हो तो शुक्र की महादशा अशुभ हो। पुत्र 20 वर्ष बाद ही उत्पन्न हों।

☹ शुक्र 11 वें हो व चन्द्र स्थापित हो क्षण-क्षण में विचार बदले। शुक्र 11 वें व बुध तीसरे हो तो स्त्री पति के घर को बर्बाद कर दें।

उपाय—

☑ *बुध का उपाय करें।*

☑ *शनि व चन्द्र की वस्तुएँ दवाई के साथ लेने पर गुप्त रोगों में लाभ हो।*

☑ *तेल का दान करें।*

☑ *कपिला गाय की सेवा करें।*

☑ *स्त्री को घर का कोष न सौंपे।*

☑ *रूई व दही मन्दिर में दान करें।*

बारहवें भाव में स्थित शुक्र का फल एवं उपाय

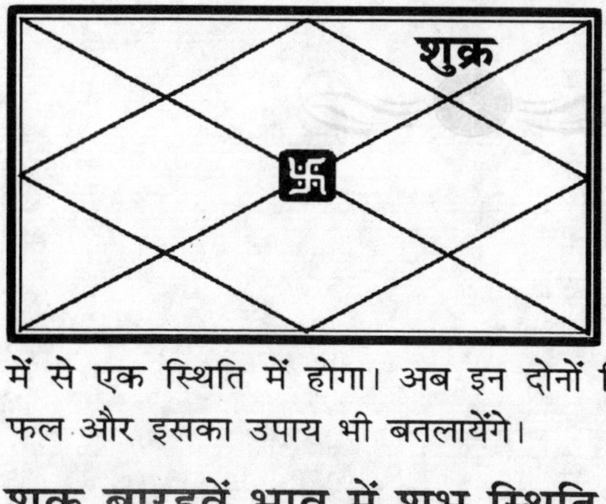

यदि जन्मकुण्डली में शुक्र बारहवें भाव में स्थित हो तो उसको क्या फल होगा इसकी चर्चा यहाँ करेंगे। शुक्र जन्म कुण्डली के बारहवें भाव में शुभ होगा या अशुभ अर्थात इन दोनों में से एक स्थिति में होगा। अब इन दोनों स्थितियों का अलग-अलग फल और इसका उपाय भी बतलायेंगे।

शुक्र बारहवें भाव में शुभ स्थिति में हो तो—

☺ स्त्री पतिव्रता, दुःखी, विवाह के समय से भाग्योदय, राज्य लाभ,

सर्वप्रकार से सुखी, आड़े वक्त स्त्री सहायता करे, स्त्री का अल्पतम 37 वर्ष का सुख हो। रात को आराम व धन का सुख हो।

☺ गुरु, शनि सातवें हो व शुक्र बारहवें हो तो स्त्री दुःखी व परिवार व संतान का सुख मिले।

☺ बुध 2 या 6ठे हो व शुक्र बारहवें हो तो जातक रोगी, कवि व भण्डारों का स्वामी होगी। स्त्री व पुरुष दीर्घायु होंगे।

शुक्र बारहवें भाव में अशुभ स्थिति में हो तो—

☹ 2 व 7 वाँ भाव रिक्त हो तो शुक्र का बारहवें अशुभ फल मिले। स्त्री सभी बाधाएँ झेले, स्वास्थ्य ठीक न रहे, किसी से सहायता न मिले।

☹ शुक्र बारहवें व बुध अशुभ हो तो स्त्री पुरुष ना मिले।

☹ शुक्र बारहवें और राहु 2, 7, 6, 12वें भाव में हो तो 25 वर्ष तक गृहस्थी का सुख न मिले।

उपाय

☑ ***स्त्री अपने हाथों वीराने में नीला फूल या धूल दबाये तो सभी दुःख दूर हों।***

☑ ***स्त्री को मान-सम्मान व प्यार दें।***

☑ ***राहु की वस्तुओं का साथ व संबंध न रखें।***

☑ ***स्त्री के द्वारा या उसके नाम पर गौ दान करें।***

8 शनि ग्रह का परिचय, द्वादश भाव में फल व उपाय

भैरोंजी का चित्र

शनि के दो दृष्टि कोण हैं—गृहस्थी छोड़कर सन्यासी हो जाना या चतुरता से धन कमाना। शुभ शनि गुरु के कारक भावों (1, 2, 5, 9, 12) में स्थित होकर कभी हानि या अशुभ प्रभाव नहीं करता है। शनि का अभिकर्त्ता (Agent) केतु है जोकि उसकी नाव का नाविक है। शुभ शनि 10, 19 व 37वें वर्ष में शुभ फल देगा। यदि शनि से पूर्व केतु हो तो शनि इच्छाधारी सर्प की तरह सहायता करता है। यदि शनि सर्प है तो सिर उसका राहु पूँछ केतु होगी। गुरु के भावों में स्थित शनि वैद्य की तरह होगा।

शनि अकेला हो तो बच्चों को विष नहीं देता। यदि गुरु-शुक्र मिलकर नकली शनि या मंगल-बुध मिलकर नकली शनि बनकर दो सर्प हो जाएँ तो बच्चों को भी विष देने में भी नहीं चूकता। यदि शनि पाँचवें भाव में या बुध-राहु एक साथ हों तो अवश्य काटकर विष देता है। अशुभ समय में शनि का अभिकर्त्ता राहु होता है। शनि काली वस्तुओं पर सदैव अशुभ प्रभाव डालता है। राहु-केतु किसी भी रूप में शनि से मिलते हैं तो शनि के पापत्त्व में वृद्धि करते हैं। ऐसे में शनि 9, 18, 27, 36वें वर्ष में अधिक हानि पहुँचाता है। चन्द्र-राहु की युति 12वें भाव में हो तो शनि कैसी भी स्थिति में हो अशुभ फल ही देगा।

यह जान लें कि सूर्य, मंगल व गुरु के साथ शनि (जब दो से अधिक पुरुष ग्रह हों) वश में आ जाता है पर अपना विष नहीं उगल पाता। परन्तु शत्रु ग्रह प्रभाव बढ़ाते जाएँ तो भी अशुभता बढ़ जाती है।

शनि की अशुभता शनि की वस्तुओं के दान देने से कम होती है। बादाम वितरित करना, साधुओं या निर्धनों को अंगीठी, चिमटा, तवा देना या कम से कम 100 मजदूरों को पेट भरकर भोजन कराना चाहिए। शनि के आगे या पीछे राहु या केतु हो तो उसका भी अशुभ प्रभाव होता है। कहने का तात्पर्य यह है कि शनि क्रमशः 1 से 12 तक के भाव में कहीं बैठा हो और राहु या केतु क्रमशः 12, 1, 2, 3, 4, 5, 6, 7, 8, 9, 10, 11वें भाव में स्थित हो तो अशुभ प्रभाव क्रमशः 2, 3, 4, 5, 6, 7, 8, 9, 10, 11, 12 भाव में भी होगा।

शनि का स्त्री ग्रहों से संबंध होने पर वह केन्द्र भावों (1, 4, 7, 10) में अपने अभिकर्त्ता राहु-केतु का अशुभ प्रभाव देता है। यदि स्त्री ग्रहों के साथ उसके शत्रु ग्रह भी स्थित हों तो शनि स्त्री ग्रहों को तो छोड़ देगा पर शत्रु ग्रहों को मार देगा। गर्भवती स्त्री के सम्मुख शनि अंधा होगा, उस पर कभी आक्रमण नहीं करेगा।

शनि पहले भाव में स्थित हो तो सर्प व मंगल को विष देगा, इसी प्रकार शनि तीसरे हो तो मंगल को विष देगा, शनि चौथे हो

तो चन्द्र को विष देगा, शनि 5वें हो तो सूर्य को एवं 8वें हो तो मंगल को विष देगा।

यदि सूर्य छिपकर अत्याचार करे तो शनि दिन-दहाड़े उसकी हत्या कर देता है। गुरु के भावों में स्थित शनि अशुभ फल नहीं कर पाता है जबकि गुरु शनि के भावों में अशुभ फल देता है। मंगल शनि के भाव में अकेला हो तो राजा बनाता है। 5वें भाव में स्थित शनि बच्चों पर भारी होता है। तीसरे भाव में शनि नकद धन से दूर रखेगा। ग्याहरवें भाव में स्थित सूर्य धार्मिक होता है। शुक्र ने शनि से आँख उधार ले रखी हैं, इसीलिए सातवें भाव में उच्च का होता है। 12वें भाव में शनि सबका भला करता है। छठे भाव में स्थित शनि खोटे सिक्के की भाँति कभी न कभी काम आ जाता है। शनि राहु को देखें तो अशुभ हो परन्तु राहु का नीला थोथा शनि के लोहे पर लगे तो सदैव ताँबा (सूर्य) बन जाए।

पापी ग्रहों (राहु, केतु, शनि) ने सांसारिक पापियों को सुपथ पर लाने के लिये अपनी पंचायत बना रखी है। इसीलिए गुरु ने जो सबका गुरु है शनि के भाव (11वें) में धर्म अदालत स्थापित कर रखी है। जहाँ पर शनि माता के दूध की सौगन्ध खाकर गुरु को वचन देकर राहु-केतु की गवाही पर न्याय करता है।

शनि को फारसी में **जुहल** और अंग्रेजी में SATURN कहते हैं। इसका वार **शनिवार** है और रंग **काला** है। शनि **नपुंसक** ग्रह है और इसका **कारक** भाव 8वाँ एवं 10वाँ है।

शनि के लिए बुध, शुक्र व राहु **मित्र** हैं, सूर्य, चन्द्र व मंगल **शत्रु** हैं और केतु व गुरु **सम** हैं।

शनि का काल 72 दिन, 36 वर्ष, आयु 90 वर्ष, महादशा वर्ष 19, सामान्य चक्र छह, इसका प्रभाव कभी भी और प्रभाव की गति मछली सदृश होती है। शनि की आयु किसी भी ग्रह के साथ 36 वर्ष होगी। शनि गुरु के साथ हो तो पिता के लिए आयु 18 वर्ष और धन हेतु 17 वर्ष होगी। शनि, सूर्य के साथ हो तो आयु 24 वर्ष होगी। इसी प्रकार बुध के साथ शनि हो तो आयु 36 वर्ष होगी।

शनि सूर्य, चन्द्र, मंगल, बुध, गुरु, शुक्र को छोड़कर अन्य ग्रहों अर्थात् राहु केतु से सर्वाधिक बली है।

शनि का प्रभाव 28, 29, 30, 31, 32, 33, 63, 64, 65, 66, 67, 68, 98, 99, 100, 101, 102, 103, 133, 134, 135, 136, 137, 138वें वर्ष में रहता है। इसी प्रकार इसका पहला चक्र 1 से 6 वर्ष में, दूसरा चक्र 36 से 41वें वर्ष में, तीसरा चक्र 71 से 76वें वर्ष में और चौथा चक्र 106 से 112वें वर्ष में होता है।

शनि 10वें और 11वें भाव में स्वगृही होता है।

शनि ने अपनी रक्षा के लिए अपने अभिकर्त्ता राहु-केतु बना रखे है। शनि की रक्षा के लिए राहु-केतु किसी भी ग्रह की तुरन्त बली ले लेते हैं। राहु-केतु बनावटी शुक्र हैं। जब भी शनि को सूर्य से खतरा होता है। राहु-केतु तुरन्त शुक्र की बली ले लेता है। सूर्य शनि की शत्रुता में शुक्र अर्थात् स्त्री मरती है। सूर्य छठे हो और शनि 12वें हो तो स्त्री पर स्त्री मरती जाती है।

शनि तुला राशि में उच्च, सूर्य, मंगल पहले भाव में हो तो शनि उच्च फल न देकर अत्यन्त कुप्रभाव देता है।

शनि (एक वर्ष के तीन खण्ड करने पर) प्रथम खण्ड में राहु का प्रभाव चार मास तक देगा, द्वितीय खण्ड में अगले चार मास तक बुध का प्रभाव और तृतीय खण्ड में अपना प्रभाव (शनि) चार मास तक देगा। शनि 72वें दिन व 36वें वर्ष में विशेष प्रभावशाली होता है।

नौवां व दसवां भाव सुप्त हो तो उसे शनि ग्रह जगायेगा। शनि मकान (गृह) संबंधी कार्यों पर और 36वें वर्ष के उपरान्त जागता है। शनि 3वें या 28वें वर्ष में अशुभ फल देता है।

शनि 1, 4, 5, 6ठे भाव में अशुभ फल देगा और 3, 6, 7, 8, 9, 10, 11, 12वें भाव में शुभ फल देगा।

शनि अकेला हो तो सूर्य के इकलौते साथी बुध की तरह कार्य करेगा।

शनि अशुभ होने पर मकान गिर जाए, शरीर के बाल झड़ जाएँ विशेषकर पलकों एवं भौहों के, भैंस मर जाए, आग लग जाए। कीकर की दांतुन करने और 43 दिन तक कौओं को रोटी डालने और लोहे का दान करने से इस अशुभता से मुक्ति मिलती है।

कौए को रोटी डालने से शनि की सहायता होगी और धन हानि

रुकेगी। शनि का अशुभ प्रभाव अपने भोजन से गाय, कुत्ता एवं कौवे को एक-एक टुकड़ा देने से भी दूर होता है। शनि की अशुभता दूर करने के लिए तेल में छाया देखकर तेल दान करें। राजा या बड़ों की उपासना करने से भी शनि का कुप्रभाव दूर होता है। लोहा या काले उड़द का दान करें। शनि अशुभ हो और धन हानि हो रही हो तो कौवे को रोटी डालें, यदि सन्तान कष्ट में हो तो कुत्ते को रोटी डालें। दो लोहे के टुकड़े या काला नमक के टुकड़े लेकर एक टुकड़ा बहते पानी में बहा दें और दूसरा टुकड़ा आजीवन अपने पास संभालकर रखें। यदि लोहा या काला नमक का टुकड़ा खो जाए या चोरी चले जाए तो पुनः लोहे या काले नमक का टुकड़ा अपने पास रखें। दूसरी बार पानी में बहाने की आवश्यकता नहीं है। शनि के लिए भैरव की उपासना करना भी लाभप्रद है।

शनि अशुभ हो तो पहले, तीसरे, आठवें, दसवें, ग्याहरवें भाव का भी अशुभ फल देता है।

नपुंसक ग्रह शनि प्रातः व सायं के समय विशेष प्रभावशाली होता है।

शनि से निर्दयी-ऋण तभी होता है जब दसवें व ग्यारहवें भाव में सूर्य, चन्द्र व मंगल स्थित हो। यदि ऐसा हो तो कुटुम्ब के प्रत्येक व्यक्ति से धन एकत्र करके सौ मजदूरों को एक दिन का भोजन कराएँ या 100 स्थानों की मछलियाँ एकत्र करके कुटुम्ब के सभी सदस्य भोजन कराएँ।

शनि पहले भाव में हो तो भिखारी को तांबे का सिक्का या बर्तन कदापि न दें, यदि देंगे तो सन्तान नष्ट हो जायेगी। शनि आठवें भाव में हो तो सराय, धर्मशाला, यात्री निवास न बनवाएँ यदि बनवाएँगे तो गृहहीन होकर निर्धनता में जीवन जीना पड़ेगा।

शुक्र व गुरु की युति हो तो बनावटी ग्रह शनि केतु सदृश होगा और उसका रंग काला होगा। मंगल व गुरु की युति हो तो बनावटी ग्रह शनि राहु सदृश होगा और उसका रंग काला होगा।

अब शनि का कुण्डली के 12 भावों को अलग-अलग फल और उसका उपाय बतलायेंगे।

पहले भाव में स्थित शनि का फल एवं उपाय

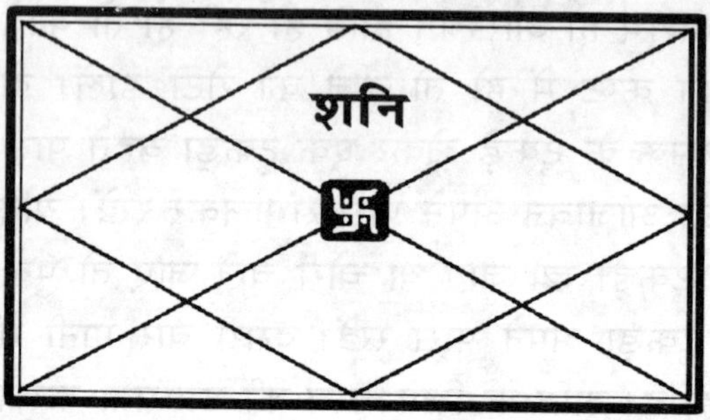

यदि जन्मकुण्डली में शनि पहले भाव में स्थित हो तो उसका क्या फल होगा इसकी चर्चा यहां करेंगे। शनि जन्मकुण्डली के पहले भाव में शुभ होगा या अशुभ अर्थात् इन दोनों में से एक स्थिति में होगा। अब इन दोनों स्थितियों का अलग-अलग फल और इसका उपाय भी बतलायेंगे।

शनि पहले भाव में शुभ स्थिति में हो तो—

☺ जातक दयालू हो तो धनी होगा। शनि-शुक्र लग्न में एक साथ हों तो आजीविका और धन-सम्पत्ति पर प्रभाव डालता है। शनि संबंधी कार्य (शराब, लोहा, सीमेण्ट, प्लास्टिक, चमड़ा, लकड़ी आदि) और वस्तुओं का उत्तम फल होगा। दूजों की पालना करें। मंगल 6 या 12वें हो तो धन-सम्पत्ति अधिक हो।

शनि पहले भाव में अशुभ स्थिति में हो तो—

☹ शरीर पर बाल अधिक हों तो निर्धनता रहे, जन्म पर बड़ा उत्सव करें तो राज्य से कुर्की का आदेश हो। मंगल चौथे हो तो पैतृक सम्पत्ति नष्ट हो जाए। बुध अशुभ हो तो शिक्षा अधूरी रहे।

☹ शनि पहले व सूर्य सातवें हो तो राज्य भय या राज्य से हानि हो।

☹ शनि पहले व राहु-केतु अशुभ या सातवें कोई ग्रह हो तो तीन गुना अशुभ फल मिले।

☹ भवन का द्वार पश्चिम में हो तो शनि का अशुभ फल मिले। 36, 42, 45, 48वें वर्ष तक रोग, निर्धनता, फकीर आदि सभी फल साथ-साथ मिलें। 36 से 39, 42, 48 या 40 वें वर्ष तक अशुभ फल मिलें।

☹ पहले शनि व चौथे सूर्य, चन्द्र, मंगल या सूर्य, चन्द्र, राहु हों तो जातक चोर, धोखेबाज, पिता की स्थिति अशुभ, पैतृक-सम्पत्ति नष्ट हो जाए।

☹ शनि पहले व 10 या 11वें सूर्य हो तो शुक्र व मंगल का फल भी अशुभ हो, सब दुःखी एवं दुर्भाग्यशाली हों।

☹ शनि पहले हो व मंगल अशुभ हो तो जातक चोर, धोखेबाज, बेईमान, झगड़ालू, नेत्रहीन, आय अल्प व सन्तान का दुःख हो।

उपाय—

☑ *मद्य व माँस का सेवन न करें।*

☑ *वीरान जगह पर भूमि के नीचे सुरमा दबाएं।*

☑ *वटवृक्ष (बरगद) के वृक्ष की जड़ में दूध चढ़ाकर गीली मिट्टी का तिलक लगाएंगे तो विद्या में बाधा व रोग के दुःख से मुक्ति मिलेगी।*

☑ *धन के लिए बन्दर पालें या उसकी सेवा करें।*

☑ *तवा, चिमटा व अंगीठी का दान करें।*

दूसरे भाव में स्थित शनि का फल एवं उपाय

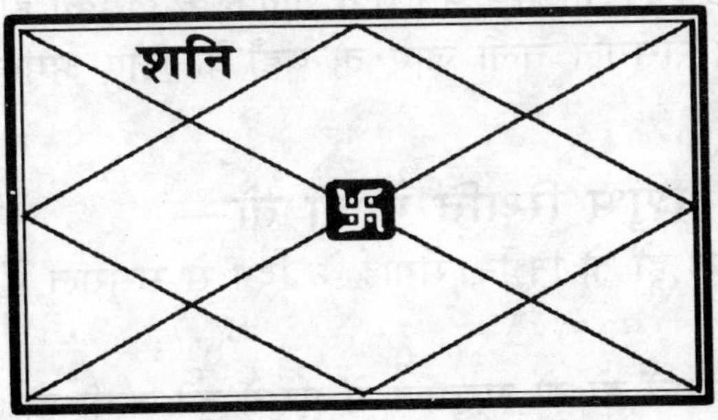

यदि जन्मकुण्डली में शनि दूसरे भाव में हो तो उसका क्या फल होगा इसकी चर्चा यहाँ करेंगे। शनि जन्म कुण्डली के दूसरे भाव में शुभ होगा या अशुभ अर्थात् इन दोनों में से एक स्थिति में होगा। अब इन दोनों स्थितियों का अलग-अलग फल और इसका उपाय भी बतलायेंगे।

शनि दूसरे भाव में शुभ स्थिति में हो तो—

☺ शनि की शुभाशुभ स्थिति का विचार अष्टम भाव में स्थित ग्रहों से

करना चाहिए। जातक उन्नतशील, मुख से निकली हवा से ही दूसरे के मन की बात जान ले, रोमकूपों से एक साथ तीन-तीन बाल उत्पन्न हों तो जातक पूजापाठी या भक्त होता है। स्वस्थ शरीर, मन्दिर नहीं जायेगा, न्यायप्रिय, दिखने में मूर्ख पर मन्त्री हो, निर्धन न हो, दूजों को दुःख न दे, गुरु शरणागत या उनकी सेवा या ध्यान रखने वाला और पैतृक सम्पत्ति का स्वामी होगा। एकान्त पसन्द करे एवं स्थिति उत्तम रहे। भवन जैसा भी बने शुभफलदायी होगा।

☺ शनि दूसरे शुभ हो एवं चन्द्रमा भी शुभ हो तो दीर्घायु, सुखी व पिता बर्बाद रहे।

☺ शनि दूसरे शुभ एवं चौथे गुरु हो तो बुद्धिमान, चिन्तक एवं बात की तह तक पहुँचने की सामर्थ्य हो।

☺ शनि दूसरे व केतु आठवें हो तो बच्चों जैसा स्वभाव होगा। यदि केतु नौ हो व शनि दूसरे हो तो शीघ्र समझने वाला होता है।

☺ शनि दूसरे व मंगल आठवें हो तो जातक धनी, शनि दूसरे व बुध आठवें हो तो जातक बुद्धिमान और शनि दूसरे व गुरु दसवें हो तो जातक पादरी, धार्मिक, कम खर्चीला और सोच-समझकर खर्च करे।

☺ शनि दूसरे व बुध 12वें हो तो 34वें वर्ष तक जातक के लड़की हो और विवाह के बाद ससुराल चली जाए तो वहाँ के लिए अमृत कुण्ड बन जाए।

शनि दूसरे भाव में अशुभ स्थिति में हो तो—

☹ शरीर पर अधिक बाल हों तो निर्धन, सगाई के दिन से ससुराल में राख उड़े।

☹ शनि दूसरे व राहु आठवें हो तो ससुराल में पुरुषों की कमी हो। यदि शनि दूसरे व राहु 12वें हो तो ससुराल में धन की कमी हो।

☹ शनि दूसरे व गुरु 11वें हो तो अपयश होगा और अपनी प्रशंसा आप करे।

☹ शनि दूसरे व सूर्य 12वें हो तो प्रसिद्ध, जुआरी, वहमी और आय-व्यय बराबर हो।

☹ शनि दूसरे व मंगल अशुभ हो तो 28 से 39वें वर्ष तक रोग गले पड़ा रहे।

☹ शनि दूसरे व राहु 8वें हो तो वहमी, राहु 9वें हो तो वियोग हो, मंगल 9वें हो तो निर्जीव विचार हों, गुरु 8वें हो तो आधारहीन विचार हों, सूर्य, बुध, गुरु 8वें हो तो उदास व वियोग मन भाए और सूर्य 8वें हो तो मध्यम स्वभाव व अपयश का भागी हो।

उपाय—

☑ ***नंगे पांव मन्दिर जाकर निज भूलें मान लें।***

☑ ***सांप को दूध पिलाएं।***

☑ ***शिवलिंग पर जल चढ़ाएं।***

☑ ***काली या दो रंगी भैंस न पालें।***

☑ ***मस्तक पर कभी भी तेल न लगाएं। दूध या दही का तिलक लगाएं।***

तीसरे भाव में स्थित शनि का फल एवं उपाय

यदि जन्मकुण्डली में शनि तीसरे भाव में हो तो उसका क्या फल होगा इसकी चर्चा यहां करेंगे। शनि जन्म कुण्डली के तीसरे भाव में शुभ होगा या अशुभ अर्थात् इन दोनों में से एक स्थिति में होगा। अब इन दोनों स्थितियों का अलग-अलग फल और इसका उपाय भी बतलायेंगे।

शनि तीसरे भाव में शुभ स्थिति में हो तो—

☺ दीर्घायु, शनि की वस्तुएँ व संबंधियों का उत्तम फल हो, भवन बनेगा व धनी भी होंगे। जातक नेत्ररोग विशेषज्ञ होगा। शनि के

साथ मंगल भी शुभ हो तो जातक को दूजों की सहायता मिलेगी जबकि वह उनका कार्य बिगाड़ेगा और स्वयं आराम भी पाएगा। केतु 10वें हो तो धन-सम्पत्ति में वृद्धि होगी।

शनि तीसरे भाव में अशुभ स्थिति में हो तो—

☹ नेत्ररोग या दृष्टि कमजोर हो, रोम छिद्रों से एक साथ चार बाल उत्पन्न हों जोकि निर्धनता का संकेत हो, अयोग्य व एय्याश हो।

☹ शनि तीसरे व चन्द्र 10वें हो तो चोरी, डकैती डालने पर भी धनहीन व घर का कुंआ ही मौत का कारक बने।

☹ तीसरे भाव स्थित शनि के शत्रु ग्रह साथी हों तो समस्याएं व धनहानि से परेशान रहे।

☹ शनि तीसरे अशुभ हो और सूर्य 1, 3 या 5वें हो तो लड़का व शनि का अशुभ फल मिले।

☹ भवन का मुख्य द्वार दक्षिण या पूर्व में हो तो उसमें रहना शुभ नहीं होगा। यदि भवन में पत्थर गड़े हों तो 43 दिन में मौत पर मौत हो।

☹ शनि तीसरे व केतु 10वें हो तो सन्तान को कष्ट हो।

उपाय—

☑ *कुत्ते की सेवा करें या दोहता, साला व जीजा की सेवा करें। घर में कुत्ता अवश्य पालें, नहीं तो शनि व केतु का अशुभ फल मिलेगा।*

☑ *केतु का उपाय करने पर धन-सम्पत्ति बढ़े।*

☑ *घर की दहलीज लोहे की कीलों से कील लें।*

☑ *नेत्रों की औषधि मुफ्त बांटने से दृष्टि दोष दूर हो।*

☑ *भवन के अन्त में अन्धेरी कोठरी बनाना धन-सम्पत्ति के लिए सहायक होगा।*

☑ *मांस या शराब का सेवन न करने पर आयु बढ़े।*

चौथे भाव में स्थित शनि का फल एवं उपाय

यदि जन्मकुण्डली में शनि चौथे भाव में हो तो उसका क्या फल

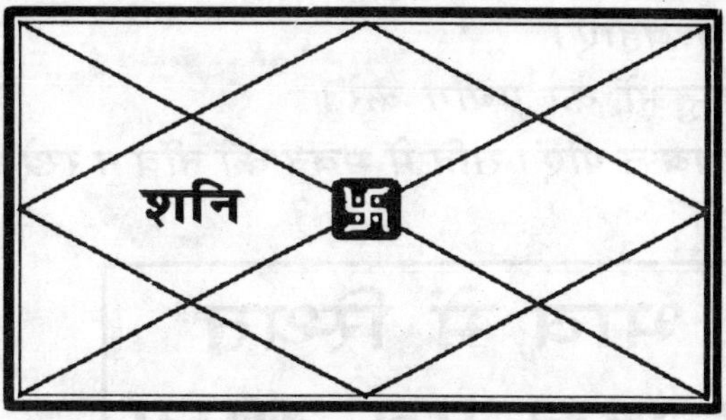

होगा इसकी चर्चा यहां करेंगे। शनि जन्मकुण्डली के चौथे भाव में शुभ होगा या अशुभ अर्थात् इन दोनों में से एक स्थिति में होगा। अब इन दोनों स्थितियों का अलग-अलग फल और इसका उपाय भी बतलायेंगे।

शनि चौथे भाव में शुभ स्थिति में हो तो—

☺ शनि चौथे शुभ हो तथा चन्द्र 2 या 3रे हो तो जीवन उत्तम एवं माता-पिता का सुख हो।

☺ जातक माता-पिता, स्त्री व निकटस्थों से प्रेम करने वाला, शनि का शुभ फल मिले, शनि के कार्य व संबंधी सहायक होंगे। जातक चिकित्सक होगा या कुटम्ब में चिकित्सा संबंधी कार्य व चिकित्सक होंगे।

शनि चौथे थाव में अशुभ स्थिति में हो तो—

☹ सीने पर बाल नहीं हों तो जातक विश्वसनीय न हो। भवन बनाने पर माता व मामा को कष्ट हो। शनि निज आयु तक अशुभ फल करे। परस्त्री से अनाधिकृत संबंध बनाने पर शनि का अशुभ फल मिले।

☹ शनि चौथे व गुरु तीसरे हो तो धोखे व लूटपाट द्वारा सम्पत्ति बढ़ा ले।

उपाय--

☑ ***सांप को दूध पिलाएं। कौओं को रोटी डाले। भैंस को पालें या रोटी डालें। मजदूर की सेवा करें।***

☑ ***कुएं में दूध गिराएं।***

☑ ***परस्त्री गमन से बचें। विधवा स्त्री से संबंध बनायेंगे तो कंगाल हो जायेंगे।***

☑ *शराब बहते पानी में बहाएं।*

☑ *रोग में शनि की वस्तुओं का प्रयोग करें।*

☑ *सांप को न मारें। शराब न पीएं। रात्रि में भवन की नींव न रखें।*

☑ *रात्रि में दूध न पिएं।*

पांचवे भाव में स्थित शनि का फल एवं उपाय

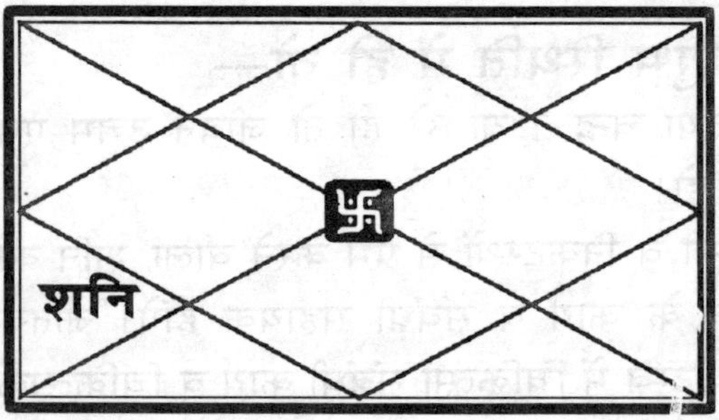

यदि जन्मकुण्डली में शनि पांचवे भाव में हो तो उसका क्या फल होगा इसकी चर्चा यहां करेंगे। शनि जन्म कुण्डली के पांचवे भाव में शुभ होगा या अशुभ अर्थात् इन दोनों में से एक स्थिति में होगा। अब इन दोनों स्थितियों का अलग-अलग फल और इसका उपाय भी बतलायेंगे।

शनि पांचवे भाव में शुभ स्थिति में हो तो—

☺ स्वाभिमानी, राहु भी शुभ हो तो घर बनेगा, केतु शुभ हो तो खोजी प्रवृत्ति के कारण उन्नति व सन्तान सुख मिलेगा। जातक द्वारा बनाया या खरीदा भवन सन्तान को कष्ट देगा परन्तु सन्तान द्वारा बनाया या खरीदा भवन कभी अशुभ फल न देगा।

☺ शनि पांचवे और 11वां भाव रिक्त हो तो शनि धार्मिक देवता सदृश होगा।

☺ सन्तान सुख के लिए गुरु व मंगल की वस्तुएँ पैतृक भवन में स्थापित करें।

☺ शनि पांचवें और शुक्र 7-12 या सूर्य, चन्द्र 5, 9, 10वें, मंगल या गुरु 10वें हो तो सन्तान पर कोई कुप्रभाव नहीं पड़ेगा परन्तु ऐसी सन्तान माता-पिता के लिए लाभप्रद नहीं होगी।

☺ गुरु नौवें और शनि पांचवें हो तो 5, 17, 41, 28, 53, 65, 77, 89, 101, 103वें वर्ष में भाग्य का शुभ फल मिलेगा पर सन्तान सुख कम ही होगा।

शनि पांचवे भाव में अशुभ स्थिति में हो तो—

☹ शनि पांचवे हो और वर्ष कुण्डली में जब भी सूर्य, चन्द्र या मंगल 5वें आयेंगे स्वास्थ्य ठीक नहीं रहेगा।

☹ जातक के तन पर बाल हों तो चोर, धोखेबाज, दुर्भाग्यशाली होगा। कलम पर काबू होने पर भी निर्धन होगा। रोग, मुकदमा व झगड़ों से परेशान रहेगा। धन हानि, सन्तान को कष्ट व स्वास्थ्य खराब रहेगा। गुलामी में रहना पड़े। राहु-केतु की आयु तक शनि का अशुभ प्रभाव होगा।

उपाय—

☑ *पैतृक भवन की अंधेरी कोठरी में सूर्य (गुड, तांबा, भूरी भैंस, बन्दर), मंगल (सौंफ, खांड, शहद, लाल मूंगे, हथियार), चन्द्र (चावल, चांदी, दूध, कुंआ, घोड़ा) स्थापित करें।*

☑ *अपने भार के दशांश के तुल्य बादाम बहते पानी में बहाएंगे या धर्मस्थल में ले जाकर आधे घर लाकर रखें उन्हें खाएं नहीं।*

☑ *सन्तान के जन्म लेने पर मीठा न बाटें या मीठा बाटें तो उसमें नमक लगा दें।*

☑ *कुत्ता पालें।*

छठे भाव में स्थित शनि का फल एवं उपाय

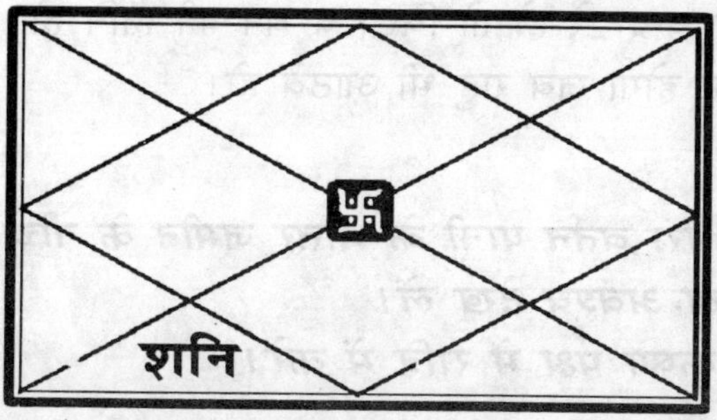

यदि जन्मकुण्डली में शनि छठे भाव में हो तो उसका क्या फल होगा इसकी चर्चा यहां करेंगे। शनि जन्म कुण्डली के छठे भाव में शुभ होगा या अशुभ अर्थात् इन दोनों में से एक स्थिति

में होगा। अब इन दोनों स्थितियों का अलग-अलग फल और इसका उपाय भी बतलायेंगे।

शनि छठे भाव में शुभ स्थिति में हो तो—

☺ यदि शरीर पर रोमकूपों से दो बाल एक साथ निकलें तो बुद्धिमान व योग्य होगा। शनि संबंधी कार्य रात्रि में करने पर अशुभ फल न होगा। विवाह 28 वर्ष के बाद करने पर सन्तान, माता-पिता, धन-सम्पत्ति और मान-सम्मान में वृद्धि होगी। बड़े पुत्र का व्यवहार अच्छा न हो पर अन्त में वही काम आए।

☺ शनि छठे व शुक्र बारहवें हो तो शुक्र का शुभ फल मिले व स्त्री सुखी हो।

☺ शनि छठे व राहु भी 3रे या छठे हो तो 42वें वर्ष तक शनि का प्रभाव अशुभ होगा और बाद में शुभ होगा।

☺ शनि छठे व केतु 10वें या शुभ हो तो लड़का उत्पन्न हो, यात्रा लाभदायक, पिता से योग्य, धन वृद्धि व दीर्घायु होगा।

शनि छठे भाव में अशुभ स्थिति में हो तो—

☹ शनि की वस्तुएँ (चमड़े व लोहे की वस्तुएँ) घर पर लानी अशुभता का संकेत होंगी। शनि जन्मकुण्डली में छठे हो और जिस वर्ष में वर्षकुण्डली में भी छठे भाव में आए उसमें राज्य भय, दुःख व अशुभ फल मिलेंगे। शराब व मांस का सेवन हानिकारक होगा। 28 से पूर्व विवाह करने पर 34 से 36 वर्ष में माता व सन्तान नष्ट हो जायेगी और कष्ट बढ़े।

☹ शनि छठे हो तो बुध, शुक्र, राहु 4 या 10वें हों या बुध दूसरे या सूर्य, चन्द्र, मंगल की एक साथ युति हो तो छिपकर कार्य कराने की आदत होगी व मौत सिर कटने से होगी।

☹ शनि छठे व शुक्र या चन्द्र 2रे हो तो विद्या व धन की हानि हो। माता व स्त्री को कष्ट होगा जब राहु भी आठवें हो।

उपाय—

☑ ***सरसों के तेल का भरा बर्तन पानी के भीतर जमीन के नीचे दबा दें। तेल में मुख अवश्य देख लें।***

☑ ***शनि संबंधी कार्य कृष्ण पक्ष में रात्रि में करें।***

☑ *सांप की सेवा से सन्तान सुख मिलेगा।*

☑ *नारियल या बादाम बहते पानी में बहाएं।*

☑ *बुध का उपाय करें।*

☑ *काला कुत्ता पालें या उसकी सेवा करें या उसे रोटी दें।*

सातवें भाव में स्थित शनि का फल एवं उपाय

यदि जन्मकुण्डली में शनि सातवें भाव में हो तो उसका क्या फल होगा इसकी चर्चा यहां करेंगे। शनि जन्म कुण्डली के सातवें भाव में शुभ होगा या अशुभ अर्थात् इन दोनों में से एक स्थिति में होगा। अब इन दोनों स्थितियों का अलग-अलग फल और इसका उपाय भी बतलायेंगे।

शनि सातवें भाव में शुभ स्थिति में हो तो—

☺ शरीर के रोम छिद्रों से एक बाल उत्पन्न हो तो शनि का शुभ फल मिले। जातक एकान्तप्रिय, धमकाने वाला, हठधर्मी, जन्म के समय निर्धन हो तो 36 से 39वें वर्ष में धनी, परोपकारी होने पर धन आए वरना उसका धन जहाँ जाए तो तबाह हो जाए। जातक चतुर, योग्य, दूजों की आंख में धूल झोंकने वाला और धन बहुत मिलेगा। यात्राएं बहुत हों। घर में पत्थर का स्तूप शुभ शनि का संकेत हो। 36वें वर्ष के बाद स्त्री व पिता के लिए शुभ है।

☺ शनि सातवें और बुध 11वें हो तो जातक गांव का स्वामी होगा।

☺ शनि सातवें हो और वर्षकुण्डली में जब भी पहले भाव में आए तो अच्छा लाभ देता है।

☺ शुभ शनि भवन बनाने का अवसर न दे क्योंकि निर्मित भवन बहुत मिलेंगे। मंगल भी शुभ हो तो मासिक आय लाखों में हो।

शनि सातवें भाव में अशुभ स्थिति में हो तो—

- ☹ शनि सातवें अशुभ और बुध पहले हो तो जातक की मृत्यु सर कटने से हो।
- ☹ शनि सातवें अशुभ और चौथे सूर्य हो तो जातक नपुंसक हो।
- ☹ चन्द्र, मंगल, शुक्र अशुभ हो तो शनि का अशुभ फल मिले। शुक्र शुभ हो तो शनि का शुभ फल मिले।
- ☹ जन्मकुण्डली में शनि सातवें और वर्ष कुण्डली में 5 या 7वें भाव में शनि हो तो स्वास्थ्य खराब रहे।
- ☹ शनि सातवें और बुध व शत्रु ग्रह 3, 7, 10वें हो तो पिता को धन हानि हो।
- ☹ शनि सातवें और गुरु व शुक्र अशुभ हों तो जातक भाग्यहीन हो।

उपाय—

- ☑ *शनि सुप्त हो तो बांसुरी में खाण्ड भरकर एकान्त स्थल में दबाएं।*
- ☑ *पहला भाव खाली हो तो शहद भरा बर्तन एकान्त में दबाएं। यदि नहीं करेंगे तो पौत्र उत्पन्न होने के बाद से निर्धन हो जायेंगे।*
- ☑ *काली गाय की सेवा करें।*
- ☑ *भवन की दहलीज साफ रखें व उसकी पूजा करें।*
- ☑ *शराब न पीएं व मांस न खाएं।*
- ☑ *परस्त्री गमन से सन्तान को कष्ट होगा, परस्त्री गमन से बचें।*

आठवें भाव में स्थित शनि का फल एवं उपाय

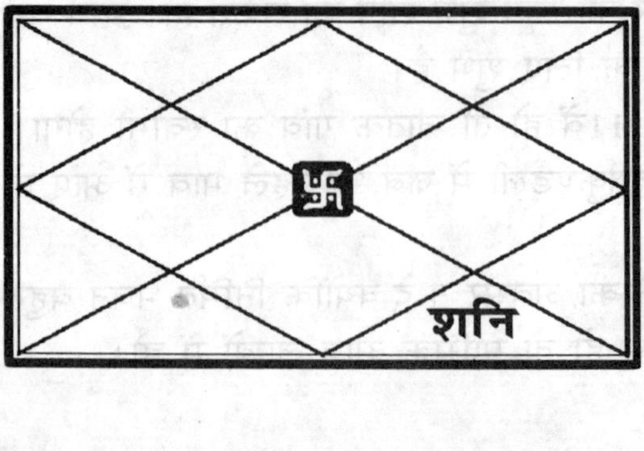

यदि जन्मकुण्डली में शनि आठवें भाव में हो तो उसका क्या फल होगा इसकी चर्चा यहां करेंगे। शनि जन्म कुण्डली के आठवें भाव में शुभ होगा या अशुभ अर्थात् इन दोनों में से एक स्थिति

में होगा। अब इन दोनों स्थितियों का अलग-अलग फल और इसका उपाय भी बतलायेंगे।

शनि आठवें भाव में शुभ स्थिति में हो तो—

☺ आठवें अकेला बैठा शनि कदापि अशुभ फल नहीं करेगा क्योंकि यह शनि का अपना घर है। जातक दीर्घायु, आत्म प्रशंसक, सबके भले में अपना भला देखने वाला होगा। बुध, राहु-केतु की स्थिति के अनुरूप ही शनि की स्थिति होगी।

शनि आठवें भाव में अशुभ स्थिति में हो तो—

☹ शरीर पर बाल अधिक हो तो आजीवन गुलामी करे, जातक डरपोक और राजभय से भयभीत हो। राहु नीच हो तो दुर्घटना व भाई को शत्रु बना देता है। शत्रु ग्रह शनि के साथी हों तो अशुभ फल हो। बुढ़ापे में नजर का धोखा होगा। द्वार पर मृत्यु दस्तक देती रहेगी।

☹ शनि आठवें अशुभ और 12वाँ भाव रिक्त हो तो आर्थिक तंगी व दुःखी हो। वृद्धावस्था में दृष्टि दोष रहे।

उपाय—

☑ *मिट्टी पर बैठकर स्नान न करें। पांव का नंगा तलवा भूमि पर स्नान करते समय नहीं लगना चाहिए। पांव के तले पत्थर या लकड़ी होनी चाहिए।*

☑ *चान्दी धारण करें। चांदी का चौकोर टुकड़ा पास में रखें।*

☑ *शराब का सेवन न करें। मांस-मछली न खाएं।*

☑ *जैसा केतु होगा वैसी रक्षा होगी। राहु अशुभ फल करेगा।*

☑ *चन्द्र शुभ हो तो बुध या शनिवार को 800 ग्राम उड़द सरसों का तेल लगाकर पानी में बहाएं। यदि चन्द्र अशुभ हो तो सोमवार को उड़द बहाने से पूर्व 800 ग्राम दूध पानी में बहाएं।*

नौवें भाव में स्थित शनि का फल एवं उपाय

यदि जन्मकुण्डली में शनि नौवें भाव में हो तो उसका क्या फल

होगा इसकी चर्चा यहां करेंगे। शनि जन्मकुण्डली के नौवें भाव में शुभ होगा या अशुभ अर्थात् इन दोनों में से एक स्थिति में होगा। अब इन दोनों स्थितियों का अलग-अलग फल और इसका उपाय भी बतलायेंगे।

शनि नौवें भाव में शुभ स्थिति में हो तो—

- ☺ भाई व मित्रों की सहायता से धनी बने। तीन मकान मरने से पूर्व अवश्य हों। ठेकेदार व यात्रा संबंधी कार्य में निपुण हो। बड़ा कुटम्ब और धनी होगा। माता-पिता का सुख दीर्घायु तक होगा। परोपकारी होने पर शनि का शुभ फल आजीवन मिलेगा।
- ☺ शनि नौवें और केतु 5वें हो तो जातक के नौ पुत्र व 3 पुत्रियां होंगी।
- ☺ शनि नौवें और बुध 6ठे या 7वें हो तो ससुराल धनवान होगी।
- ☺ शनि नौवें और गुरु 12वें हो तो जातक धनी होगा पर धन की परवाह ना करे।
- ☺ शनि नौवें और शत्रु ग्रह सूर्य, चन्द्र, मंगल 3रे हो तो अशुभ फल न होगा। घर के अन्दर अन्धेरी कोठरी में प्रकाश कर दिया जाए या दीवार तोड़ दी जाए या दक्षिण में रोशनदान हो तो तीन वर्ष में सब कुछ नष्ट हो जाए।

शनि नौवें भाव में अशुभ स्थिति में हो तो—

- ☹ स्त्री या पत्नी गर्भ से हो तो 36-39वें वर्ष में घर बनाने से पिता की मृत्यु हो जाए।
- ☹ सन्तान विलम्ब से हो पर जीवित रहे। शनि नौवें और मंगल चौथे हो तो जातक भाग्यहीन हो।
- ☹ शनि नौवें और पापी ग्रह राहु-केतु के साथ हों तो सन्तान को कष्ट हो।
- ☹ शनि नौवें और दूसरा भाव रिक्त हो तो धन-सम्पत्ति होते हुए भी जातक दुःखी हो। दूजों के कफन बेचकर धन संग्रह करे।

☹ जातक निर्धन को कभी घर पर न रखे। छत पर चौखट, ईंधन, लकड़ी आदि रखा हो तो शनि अशुभ फल दे। गुरु का उपाय लाभदायी हो।

उपाय—

☑ ***गुरु का उपाय करें।***

☑ ***माता-पिता की मृत्यु के उपरान्त यदि कष्ट हो तो घर में कहीं भी पत्थर लगाएं।***

☑ ***घर की छत पर लकड़ी, ईंधन और चौखट व्यर्थ में न रखें।***

दसवें भाव में स्थित शनि का फल एवं उपाय

यदि जन्मकुण्डली में शनि दसवें भाव में हो तो उसका क्या फल होगा इसकी चर्चा यहां करेंगे। शनि जन्म कुण्डली के दसवें भाव में शुभ होगा या अशुभ अर्थात् इन दोनों में से एक स्थिति में होगा। अब इन दोनों स्थितियों का अलग-अलग फल और इसका उपाय भी बतलायेंगे।

शनि दसवें भाव में शुभ स्थिति में हो तो—

☺ 39 से 48 वर्ष तक पिता का साथ होगा, प्रत्येक सातवें वर्ष शनि सम्मान, धनादि दे। शनि तथा गुरु का शुभ फल मिलेगा। शनि दसवें अकेला हो तो प्रत्येक तीसरा वर्ष शुभ होगा। दूजों का आदर करने से अपना भी सम्मान हो। जातक महत्त्वाकांक्षी, राज्य से लाभ प्राप्त करे, मकान के लिए धन संग्रह करे। शनि 10वें, गुरु 4थे व चन्द्र पहले हो तो शुभ फल हो।

☺ वर्ष कुण्डली में बुध 7वें जिस वर्ष में आए उसमें ससुराल में धन वृद्धि हो।

☺ शनि दसवें व उसके मित्र ग्रह पहले भाव में हों तो दो गुना अच्छा फल मिले।

शनि दसवें भाव में अशुभ स्थिति में हो तो—

☹ स्त्री को कष्ट, मकान बन जाने पर आर्थिक तंगी या धन हानि हो। प्रारम्भ में धर्मात्मा हो तो अन्त समय निकम्मा हो। समय खराब हो तो दाढ़ी-मूँछ के बाल कम हो जाएं। पराक्रम में कमी आए और निज धन से मकान न बने। शनि के शत्रु ग्रह सूर्य, चन्द्र, मंगल चौथे भाव में हों तो शनि का अशुभ फल हो। किसी की हत्या न कराये।

उपाय—

☑ *गुरु का उपाय करें।*

☑ *शराब न पिएँ व माँस का सेवन न करें।*

☑ *दस नेत्रहीनों को भोजन कराएं।*

☑ *गणेश उपासना करें।*

☑ *किसी की हत्या कभी न करें और न कराएं।*

ग्यारहवें भाव में स्थित शनि का फल एवं उपाय

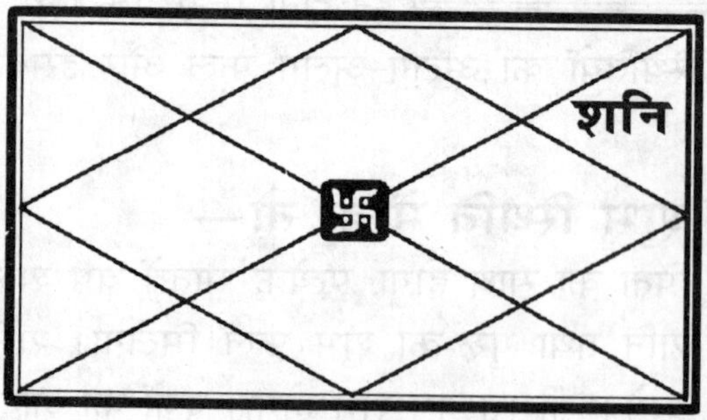

यदि जन्मकुण्डली में शनि ग्यारहवें भाव में हो तो उसका क्या फल होगा इसकी चर्चा यहां करेंगे। शनि जन्म कुण्डली के ग्यारहवें भाव में शुभ होगा या अशुभ अर्थात् इन दोनों में से एक स्थिति में होगा। अब इन दोनों स्थितियों का अलग-अलग फल और इसका उपाय भी बतलायेंगे।

शनि ग्यारहवें भाव में शुभ स्थिति में हो तो—

☺ धन धोखेबाजी से कमाकर धनी बने, केतु शुभ हो तो शनि का शुभ

फल मिले। वर्षकुण्डली में शनि पहले भाव में आए तो शुभफल होगा। धोखेबाजी से कमाया धन कफन का कार्य करेगा। 48वां वर्ष शुभाशुभ फल के लिए निर्णायक होगा। अपना घर न बने यदि बनने का अवसर आए तो 45 से 55 वर्ष के मध्य बनाएं। यदि घर पहले बनायेंगे तो लम्बी बीमारी हो जाए।

शनि ग्यारहवें भाव में अशुभ स्थिति में हो तो—

☹ शिक्षा अधूरी रहे, क्रोधी, अल्पायु, परिवार को मंझधार में छोड़ जाए, बुध तीसरे हो तो शनि शुभ फल कभी न दे। राहु शुभ तो ससुराल अच्छी, केतु शुभ तो पुत्र भाग्यशाली होगा।

☹ शनि 11वें, तीसरा भाव रिक्त होने पर शनि सुप्त हो और वर्षकुण्डली में शनि पहले हो तो 34 वर्ष में शुभ फल मिले।

☹ शनि 11वें हो और मुख्य द्वार दक्षिण हो तो अशुभ फल प्राप्त हो। जातक हत्यारा व क्रोधी होगा।

☹ अपनी सम्पत्ति न बनाएं, यदि बनायेंगे तो निस्सन्तान रहेंगे।

उपाय—

☑ *43 दिनों तक तेल या शराब प्रातः काल में सूर्योदय समय धरती पर गिरायें।*

☑ *शराब व मांस का सेवन कदापि न करें।*

☑ *किसी भी कार्य से बाहर जाएं तो पानी से भरा घड़ा सम्मुख रखें या दर्शन करके जाएं।*

☑ *परस्त्री गमन न करें।*

☑ *गुरु का उपाय करें।*

☑ *किसी को धोखा न दें।*

☑ *कामुकता से बचें अर्थात् संयम रखें।*

बारहवें भाव में स्थित शनि का फल एवं उपाय

यदि जन्मकुण्डली में शनि बारहवें भाव में हो तो उसका क्या फल

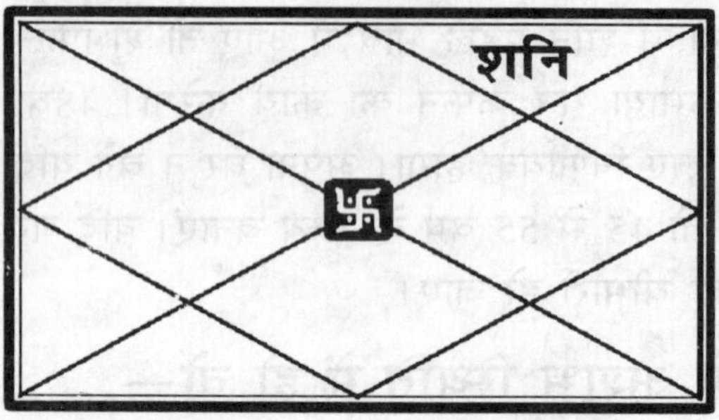

होगा इसकी चर्चा यहां करेंगे। शनि जन्मकुण्डली के बारहवें भाव में शुभ होगा या अशुभ अर्थात् इन दोनों में से एक स्थिति में होगा। अब इन दोनों स्थितियों का अलग-अलग फल और इसका उपाय भी बतलायेंगे।

शनि बारहवें भाव में शुभ स्थिति में हो तो—

☺ जातक बहादुर हो और अच्छा जीवन निर्वाह करे। सिर के बाल उड़ जाएं तो धनी और सुखी होगा। राहु, केतु व बुध का अशुभ फल न होगा। शनि शेषनाग बनकर रक्षक जैसा व्यवहार करेगा। सर्प हाथ में पकड़ ले तो वह काटे भी नहीं। व्यापार व परिवार उत्तम श्रेणी के हों। शनि बारहवें राहु के साथ हो तो इच्छाधारी सर्प की भांति सहायक हो।

शनि बारहवें भाव में अशुभ स्थिति में हो तो—

☹ जातक झूठा, शरारती, स्त्रियों का रसिया होता है। चटोरा होना बर्बादी की निशानी होगी। नेत्र रोग हो जाने पर शनि अधिक अशुभ फल करे।

☹ शनि 12वें चन्द्र व राहु के साथ हो तो चन्द्र मौन हो जाएगा। बुध अशुभ होने पर बुध की वस्तुएँ हानि करें।

☹ शनि बारहवें और सूर्य 6ठे भाव में हो तो स्त्री पर स्त्री मरें। राज्य बाधा से मानसिक तनाव बढ़े।

उपाय—

☑ ***झूठ न बोलें, शराब न पिएं और न ही मांस खायें।***

☑ ***परस्त्री गमन न करें।***

☑ ***किसी से धोखा न करें।***

☑ ***12 बादाम काले कपड़े में बाँधकर लोहे के पात्र में बन्द करके आजीवन रख छोड़ें। उसे कभी खोलकर न देखें।***

9 राहु ग्रह का परिचय, द्वादश भाव में फल व उपाय

सरस्वतीजी का चित्र

राहु का स्वभाव सब कुछ होते हुए भी कुछ न होना है। शत्रुओं का नाश व उनसे रक्षा के साथ-साथ मस्तिष्क सोच का स्वामी है। शुभ राहु चोट लगे नीले शरीर को फूँक मारकर ठीक करने वाला है। आकाश और समुद्र के नीले रंग का स्वामी राहु जिसकी सहायता के लिए तत्पर हो जाए उसके सम्मुख सबका सिर झुक जाए। शनि से पूर्व के भावों में बैठा राहु, शनि को राजा सदृश आदेश देगा जबकि शनि से बाद के भावों में बैठा राहु शनि से आदेश प्राप्त करके कार्य करेगा। राहु अशुभ हो तो उसका कुप्रभाव 42वें वर्ष

के बाद दूर होगा। राहु अशुभ हो तो दक्षिण द्वार का साथ हानिकारक होगा। राहु सूर्य से युत या दृष्ट हो तो राहु जहाँ स्थित है, वह भाव अशुभ होगा तथा साथ का भाव भी अनिष्टकारक है। राहु, सूर्य, मंगल या शुक्र के साथ स्थित होकर केतु को देखे तो पुत्र और केतु की वस्तुएँ व संबंधी नष्ट होंगे।

राहु अशुभ हो तो दाल मसूर या पैसा दान में प्रातः भंगी को दें। रोगी के भार के बराबर अन्न (जौ, गेहूँ) बहते पानी में बहा दें। जौ सिरहाने रखकर सो जाएँ और प्रातः पशु या निर्धनों में बाँट दें। जातक के भार के तुल्य कच्चा कोयला बहते पानी में बहाना राज्य या व्यापार से लाभकारी है। चांदी धारण करें।

सूर्य-शनि या सूर्य-शुक्र की युति हो तो राहु का अशुभ प्रभाव होता है। चन्द्रमा चौथे भाव में स्थित हो तो राहु कहीं भी हो अशुभ नहीं करेगा। मंगल के साथ राहु हो तो राहु मौन हो जाने के कारण कुप्रभाव नहीं देता है।

राहु पहले भाव में हो तो ग्रहण, 10वें हो तो शंकित, 11वें हो तो पिता (गुरु) रोए, 3रे हो तो रक्षक 4थे हो तो शुभ, पाँचवें हो तो गर्भपात, 6ठे हो तो शुभ, 7वें हो तो धन हानि, 8वें हो तो मृत्यु का नगाड़ा बजाए और 9वें हो तो अधार्मिक बना दे।

राहु को फारसी में **रास** और अंग्रेजी में DRAGOM'S HEAD कहते हैं। इसका वार **गुरुवार** की सांय है और रंग **नीला** है। राहु **नपुंसक** ग्रह है और इसका कारक भाव **बारहवां** है।

राहु के लिए बुध, शनि व केतु मित्र हैं, सूर्य, शुक्र व मंगल शत्रु हैं और गुरु व चन्द्र सम है।

राहु का काल 40 दिन, 42 वर्ष, आयु 90 वर्ष, महादशा वर्ष 18, सामान्य चक्र छह, इसका प्रभाव कभी भी और प्रभाव की गति हाथी सदृश होती है।

राहु की आयु किसी भी ग्रह के साथ 42 वर्ष होगी। राहु शुभ मंगल के साथ हो तो उसकी आयु शून्य वर्ष होगी। राहु केतु के साथ हो आयु 45 वर्ष होगी जोकि वर्षफल में ही संभव हो सकती है।

राहु, सूर्य, चन्द्र, मंगल, बुध, गुरु, शुक्र, शनि को छोड़कर केतु से सर्वाधिक बली है।

राहु का प्रभाव 1 से 4, 34 से 39, 69 से 74, 104 से 109, 139 से 144वें वर्ष में रहता है। इसी प्रकार इसका पहला चक्र 7 से 12वें वर्ष में, दूसरा चक्र 42 से 47वें वर्ष में, तीसरा चक्र 77 से 82वें वर्ष में और चौथा चक्र 112 से 117वें वर्ष में होता है।

राहु अपने से सम्बन्धित वस्तुओं पर ही कुप्रभाव डालता है।

राहु मिथुन राशि में **उच्च** और धनु राशि में **नीच** का होता है। शुक्र, सूर्य या मंगल 12वें भाव में हो तो राहु उच्च फल न देकर अत्यन्त कुप्रभाव देता है। यहाँ तक कन्या राशि में होने पर भी शुभ फल नहीं मिलता है। राहु–बुध छठे हो तो उनका शुभ फल मिलत है। राहु 12वें भाव में अशुभ फल देता है।

राहु (एक वर्ष के तीन खण्ड करने पर) प्रथम खण्ड में मंगल का प्रभाव चार मास तक देगा, द्वितीय खण्ड में अगले चार मास तक केतु का प्रभाव और तृतीय खण्ड में अपना प्रभाव (राहु) अगले चार मास तक देगा। राहु 40वें दिन व 42वें वर्ष में प्रभावी होता है।

छठा भाव सुप्त हो तो उसे राहु ग्रह जगायेगा। ससुराल संबंधी कार्यों पर और 42वें वर्ष के उपरान्त राहु जागता है। राहु 2, 44 या 48वें वर्ष में अशुभ फल देता है।

राहु 1, 2, 5, 7 से 12वें भाव में अशुभ फल देगा और 3, 4, 6ठे भाव में अशुभ फल देगा।

राहु जन्मकुण्डली में अकेला हो तो रक्षक होगा पर आर्थिक रूप से ऐसा होगा इसकी कोई शर्त नहीं होगी। राहु पहले भाव में स्थित होगा तो उसका प्रभाव सूर्य पर पड़ेगा और सूर्य कुण्डली में जहाँ होगा वहाँ सूर्य ग्रहण जैसी स्थिति होगी। राहु ग्याहरवें भाव में स्थित हो तो उसका प्रभाव गुरु पर पड़ेगा और प्रत्येक प्रकार से हानि करेगा।

राहु अशुभ होने पर काला कुत्ता मर जाए या खो जाए। हाथों के नाखुन झड़ जाएं, दिमाग खराब हो जाए अर्थात् काम न करे। शत्रुओं में वृद्धि हो जाए। यदि ऐसा है तो संयुक्त परिवार में रहे। ससुराल से सम्बन्ध न बिगाड़े। सिर पर चोटी रखें। राहु के अशुभ प्रभाव को दूर करने के लिए केतु का उपाय करें। जौ या अनाज को बड़े स्थान पर बोझ के नीचे दबाएं या दूध से धोकर बहते पानी में बहाएं।

मूलीदान करें या कोयला बहते पानी में बहाने पर भी राहु का अशुभ प्रभाव दूर होता है। राहु अशुभ होने पर कन्या का दान करना चाहिए। सरस्वती की उपासना से भी राहु की अशुभता दूर होती है। सरसों व नीलम का दान करने से भी राहु का कुप्रभाव दूर होता है।

राहु अशुभ हो तो चांदी के दो टुकड़े या दो मोती या चावल की दो पोटली बनाकर उनमें से एक को बहते पानी में बहा दें और दूसरा चांदी का टुकड़ा या मोती या चावल की पोटली आजीवन अपने पास रखें। यदि पास रखी चांदी, चावल या मोती खो जाए या चोरी हो जाए तो पुनः अपने पास रखें। दूसरी बार पानी में बहाने की आवश्यकता नहीं है।

राहु चौथे भाव में अशुभ फल नहीं करता है। वर्ष कुण्डली में राहु चौथे भाव में हो तो राहु संबंधी कार्य करने पर झगड़ा होता है। राहु के कार्य ये हैं—घर की छत बदलवाना, कोयले की बोरियाँ संग्रह करना, नया शौचालय बनवाना और काने व्यक्ति को भागीदार बनाना। नपुंसक ग्रह राहु प्रातः व सायं काल में प्रभावशाली होता है।

बारहवें भाव में सूर्य, शुक्र व मंगल हो तो राहु से अजन्मे का ऋण होता है। यदि ऐसा है तो कुटुम्ब के प्रत्येक सदस्य से एक-एक नारियल लेकर बहते पानी में बहा देने पर इस ऋण से मुक्ति हो जाती है।

मंगल व उच्च का शनि एक साथ हो तो बवावटी ग्रह राहु होगा जिसका रंग सफेद-काला होगा। सूर्य व नीच का शनि एक साथ हो तो बनावटी ग्रह राहु होगा जिसका रंग सफेद-काला होगा।

राहु अशुभ हो तो 12, 10 और 5वें भाव का भी अशुभ फल मिलेगा।

अब राहु का कुण्डली के 12 भावों का अलग-अलग फल और उसका उपाय बतायेंगे।

पहले भाव में स्थित राहु का फल एवं उपाय

यदि जन्मकुण्डली में राहु पहले भाव में स्थित हो तो उसका क्या

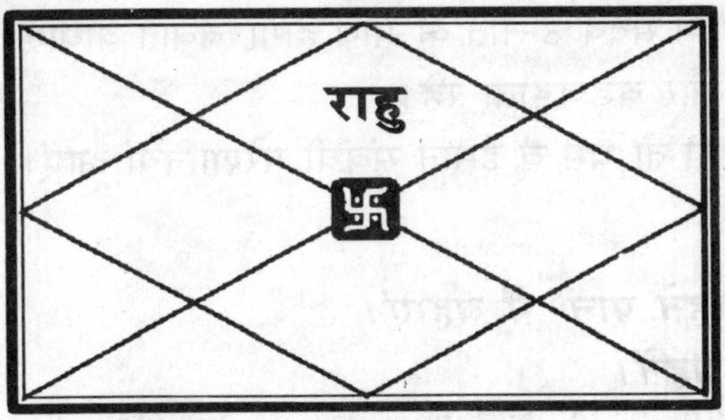

फल होगा इसकी चर्चा यहाँ करेंगे। राहु जन्मकुण्डली के पहले भाव में शुभ होगा या अशुभ अर्थात् इन दोनों में से एक स्थिति में होगा। अब इन दोनों स्थितियों का अलग-अलग फल और इसका उपाय भी बतलायेंगे।

राहु पहले भाव में शुभ स्थिति में हो तो—

- ☺ खर्च अधिक होने पर भी शुभ, धनी, शासक, सूर्य स्थित भाव पर ग्रहण अर्थात् अंधेरा हो जिसका फल इस प्रकार हो—**पहले** सूर्य हो तो राज्य भय जो आधारहीन हो, **दूसरे** हो तो धर्म स्थल व ससुराल में अपमान हो, **तीसरे** हो तो भाई-बन्धु पर कष्ट आए, **चौथे** हो तो ननिहाल और स्वयं के कार्यों में बाधाएँ आएं, **पांचवें** हो तो राहु-सूर्य एक दूजे की सहायता करेंगे, **छठे** हो तो लड़के-लड़कियों के संबंधियों से अपयश मिले, **सातवें** हो तो पारिवारिक व अदालती कार्यों में बाधाएँ आएं, **आठवें** हो तो बेबात खर्चे हों, **नौवें** हो तो पूर्वजों के धर्म स्थलों को अशुद्ध कर देगा, **दसवें** हो तो सांसारिक जीवन सामान्य होगा, **ग्यारहवे** हो तो न्यायालय को अशुद्ध कर देगा और **बारहवें** हो तो रात में सोते समय परेशानी आएगी।
- ☺ राहु पहले व मंगल बारहवें हो तो राहु न भला न बुरा प्रभाव देगा।
- ☺ राहु पहले व सातवें शुक्र हो तो स्वयं धनी होगा पर स्त्री का स्वास्थ्य ठीक न रहेगा।
- ☺ राहु भाव एक से 6 तक बुध सदृश और भाव 7 से 12 तक हो तो केतु सदृश प्रभाव देता है।

राहु पहले भाव में अशुभ स्थिति में हो तो—

- ☹ राहु पहले अशुभ हो तो विवाहोपरान्त ससुराल से बिजली का सामान लेना सूर्य को अशुभ कर देगा। नीले, काले कपड़े भी न लें। अशुभ फल 42वें वर्ष तक हो, 11, 21, 42वें वर्ष में पिता के लिए

कष्टकारी हो, स्थानान्तरण सदैव उन्नति के साथ होगा, बेबात बाधाएँ आएंगी। आवारा घूमे और बड़बड़ाता रहे।

☹ राहु पहले व सूर्य 9वें हो तो धर्म व ईमान संबंधी परेशानियां आएं।

उपाय—

☑ ***400 ग्राम सिक्का बहते पानी में बहाएं।***

☑ ***काले-नीले वस्त्र न पहनें।***

☑ ***बिल्ली की जेर नारंगी कपड़े में बांधकर पास में रखें।***

☑ ***सूर्य संबंधी वस्तुओं का दान करें।***

☑ ***गले में चान्दी धारण करें।***

☑ ***नारियल बहते पानी में बहाएं।***

दूसरे भाव में स्थित राहु का फल एवं उपाय

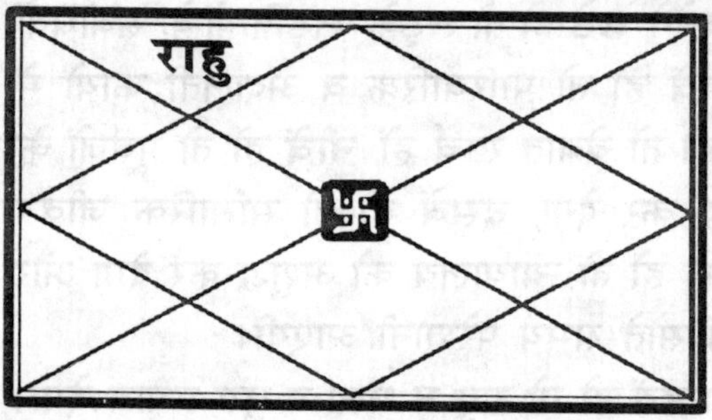

यदि जन्मकुण्डली में राहु दूसरे भाव में स्थित हो तो उसका क्या फल होगा इसकी चर्चा यहाँ करेंगे। राहु जन्मकुण्डली के दूसरे भाव में शुभ होगा या अशुभ अर्थात् इन दोनों में से एक स्थिति में होगा। अब इन दोनों स्थितियों का अलग-अलग फल और इसका उपाय भी बतलायेंगे।

राहु दूसरे भाव में शुभ स्थिति में हो तो—

☺ यदि गुरु शुभ हो तो धन, मान व शुभ फल मिले। राजा या राजा सदृश जीवन होगा। दीर्घायु व उत्तम जीवन हो। अशुभ स्थिति में भी राहु सहायता दे। शुक्र के 25 वर्ष आयु, धन व आराम के होंगे।

☺ वर्ष कुण्डली में जब शनि पहले व गुरु शुभ हो तो धन मिले व गृहस्थी आराम से कटे।

राहु दूसरे भाव में अशुभ स्थिति में हो तो—

☹ मन्दिर में भी कुकर्म या पाप करे। सारा जीवन यूँ ही बीत जाए। माँगने में परहेज हो। 10, 21, 42वें वर्ष में गबन या चोरी से धनहानि हो। चोरी करे या कराएं। 36 से 42 तक अशुभ फल मिले।

☹ राहु दूसरे व शनि अशुभ हो तो दुर्भाग्यशाली हो।

उपाय—

☑ *चांदी की ठोस गोली जेब में रखें।*

☑ *गुरु की वस्तुएँ (सोना, केसर, पीली वस्तु) शरीर के पास या शरीर पर धारण करें।*

☑ *माता से मधुर संबंध रखें।*

☑ *विवाहोपरान्त ससुराल से कोई बिजली की वस्तु कदापि न लें।*

☑ *मन्दिर में पाप या कुकर्म न करें।*

☑ *हाथी के पैरों तले की मिट्टी कुएँ में गिराएं।*

तीसरे भाव में स्थित राहु का फल एवं उपाय

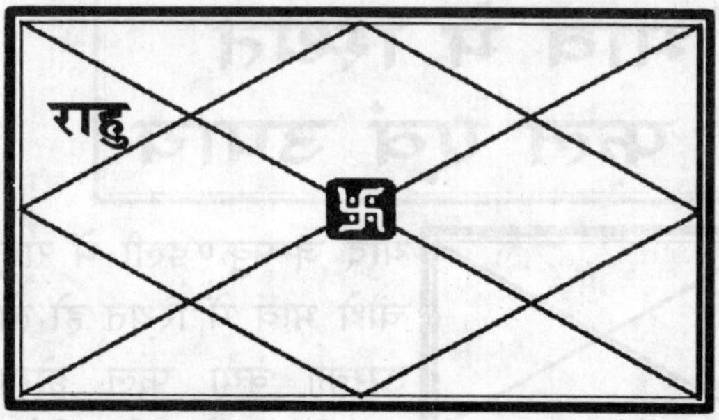

यदि जन्मकुण्डली में राहु तीसरे भाव में स्थित हो तो उसका क्या फल होगा इसकी चर्चा यहाँ करेंगे। राहु जन्मकुण्डली के तीसरे भाव में शुभ होगा या अशुभ अर्थात् इन दोनों में से एक स्थिति में होगा। अब इन दोनों स्थितियों का अलग-अलग फल और इसका उपाय भी बतलायेंगे।

राहु तीसरे भाव में शुभ स्थिति में हो तो—

☺ धन-सम्पत्ति से युक्त, पक्का निशानेबाज, चौकन्ना रक्षक, निडर, बेधड़क होकर सहायता करने वाला अच्छा मित्र होता है। स्वप्न

सच्चे हों, भविष्य का पूर्वाभास हो, निस्संतान न हो, दीर्घायु, उन्नतिशील, शत्रु पर हावी, ऋण न रहे और सम्पत्ति छोड़कर मरे।

☺ मंगल साथ में हो तो राजा सदृश शाही सवारी से युक्त हो।

☺ राहु के शत्रु ग्रह सूर्य, मंगल, शुक्र साथ में होने पर शुभ फल ही करे।

राहु तीसरे भाव में अशुभ स्थिति में हो तो—

☹ भाई व संबंधी धन नष्ट करें, धन उधार में बंट जाए और वापिस न मिले या धोखे से धन नष्ट हो। तोतला व नास्तिक भी हो।

☹ राहु तीसरे अशुभ हो और साथ में सूर्य व बुध हो तो 22 या 32वें वर्ष में बहिन विधवा हो जाए।

☹ राहु तीसरे मंगल के साथ हो और 12वें कोई भी ग्रह हो तो 34 वर्ष तक बुध व केतु का अशुभ फल मिले।

उपाय—

☑ ***हाथी दांत पास में कदापि न रखें और न ही हाथी दांत की वस्तुएँ घर पर लाएं।***

☑ ***चन्द्र का उपाय करें।***

चौथे भाव में स्थित राहु का फल एवं उपाय

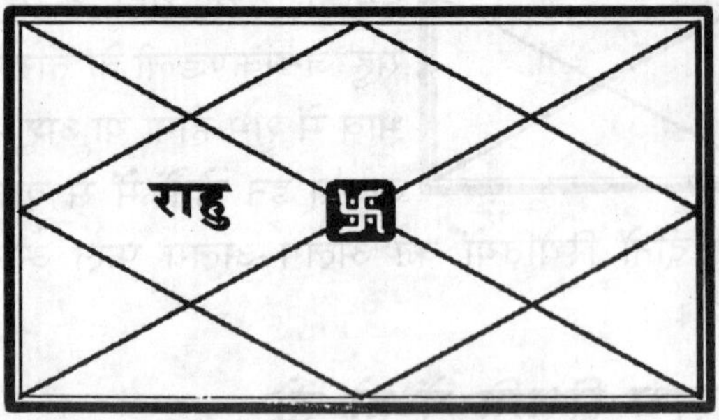

यदि जन्मकुण्डली में राहु चौथे भाव में स्थित हो तो उसका क्या फल होगा इसकी चर्चा यहाँ करेंगे। राहु जन्मकुण्डली के चौथे भाव में शुभ होगा या अशुभ अर्थात् इन दोनों में से एक स्थिति में होगा। अब इन दोनों स्थितियों का अलग-अलग फल और इसका उपाय भी बतलायेंगे।

राहु चौथे भाव में शुभ स्थिति में हो तो—

☺ जातक धनवान, बुद्धिमान, योग्य, खर्च शुभ कार्यों में हो, शुभ फल होगा जब तक अकेला या चन्द्र के साथ होगा। तीर्थ यात्रा करना शुभ होगा।

☺ राहु चौथे, चन्द्र पहले व बुध दसवें हो तो राज्यकोष से धन कमाकर पैतृक घर भर दे।

☺ राहु चौथे व शुक्र शुभ हो तो विवाह के बाद ससुराल धनी हो जाए और जातक को भी उसमें से धन मिले।

☺ सूर्य, मंगल या दोनों दूसरे भाव में हो तथा राहु चौथे हो तो सूर्य व मंगल का शुभ प्रभाव मिले।

☺ राहु चौथे व केतु शुभ हो तो 12, 24, 48वें वर्ष में सन्तान जन्म के बाद शुभ फल हो।

☺ राहु चौथे हो और चन्द्र उच्च का हो तो जातक धनवान हो तथा बुध जहाँ स्थित हो उससे संबंधित संबंधी या कार्य से लाभ हो और स्वयं भी उनकी सहायता करे।

राहु चौथे भाव में अशुभ स्थिति में हो तो—

☹ चन्द्र अशुभ हो तथा राहु चौथे हो तो आर्थिक तंगी हो।

☹ राहु चौथे और चन्द्र, सूर्य, मंगल, गुरु 10वें हो या चन्द्र चौथे हो तो अशुभ समय हो जोकि 24वें वर्ष तक रहे।

☹ 6, 12, 24वें वर्ष में ननिहाल में अशुभ फल हो।

☹ मकान थोड़ा बनाकर छोड़ने या मरम्मत पूरी ना कराने पर धनहानि हो। माता को कष्ट हो।

उपाय—

☑ *चान्दी धारण करें।*

☑ *400 ग्राम धनिया या बादाम या दोनों बहते पानी में बहाएं।*

☑ *मकान पूरा बनाएँ या मरम्मत करायें तो पूरी करायें। अधूरा कार्य न छोड़ें।*

पांचवें भाव में स्थित राहु का फल एवं उपाय

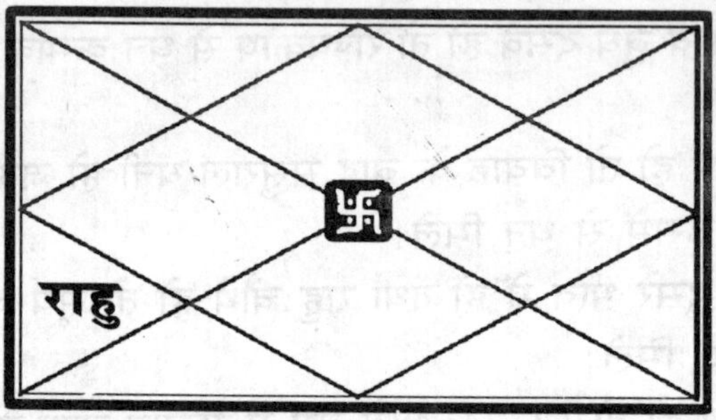

यदि जन्मकुण्डली में राहु पांचवें भाव में स्थित हो तो उसका क्या फल होगा इसकी चर्चा यहाँ करेंगे। राहु जन्मकुण्डली के पांचवें भाव में शुभ होगा या अशुभ अर्थात् इन दोनों में से एक स्थिति में होगा। अब इन दोनों स्थितियों का अलग-अलग फल और इसका उपाय भी बतलायेंगे।

राहु पांचवें भाव में शुभ स्थिति में हो तो—

☺ धनवान, चतुर, स्वास्थ्य ठीक, राज्य लाभ, माता जीवित हो तो सन्तान व धन से उत्तम हो। परिवार व धन से सुखी होगा।

☺ चन्द्र पांचवें, सूर्य 1, 5, 11वें व राहु 5वें हो तो जातक उपासक व सूफी हो, माता दीर्घायु तक साथ न दे।

☺ चन्द्र-राहु की युति पांचवें हो तो सन्तान संबंधी बाधाएं हों।

☺ शनि-मंगल 5वें हो या सूर्य, चन्द्र, मंगल 4, 6ठे हो और राहु पांचवें हो तो सन्तान व भाग्य से मजबूत होगा। सन्तान अधिक होने पर भाई कम होंगे।

राहु पांचवें भाव में अशुभ स्थिति में हो तो—

☹ पहली सन्तान गर्भ में नष्ट हो जाए, विद्या प्राप्ति में बाधाएँ, 24 या 42वें वर्ष में मानसिक अस्थिरता या मृत्यु, सन्तान उत्पन्न होने के 12 वर्ष तक स्त्री का स्वास्थ्य खराब रहे। राहु शुभ राशि में हो तो पुत्र चार होंगे पर मूर्ख होंगे। जातक शरारती हो व शनि का अशुभ फल मिले।

☹ गुरु पांचवें राहु के साथ हो तो पिता या सन्तान कष्ट में हो।

उपाय—

☑ *अपनी स्त्री के साथ पुनः फेरे लेने पर राहु की अशुभता दूर हो जाए।*

☑ *चान्दी का हाथी घर पर रखें।*

☑ *शराब, मांस व परस्त्री गमन से दूर रहें।*

☑ *स्त्री के सिरहाने 5 मूलियाँ रात में रखकर अगले दिन प्रातः मन्दिर में दे दें।*

☑ *घर के प्रवेश द्वार की दहलीज के नीचे चांदी का पत्तरा दबाएं।*

छठे भाव में स्थित राहु का फल एवं उपाय

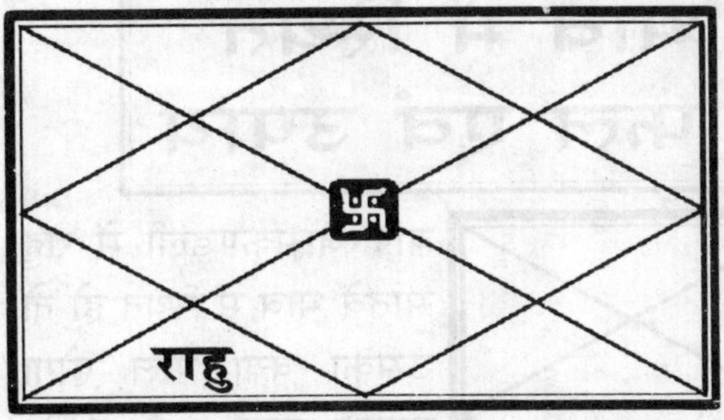

यदि जन्मकुण्डली में राहु छठे भाव में स्थित हो तो उसका क्या फल होगा इसकी चर्चा यहाँ करेंगे। राहु जन्मकुण्डली के छठे भाव में शुभ होगा या अशुभ अर्थात् इन दोनों में से एक स्थिति में होगा। अब इन दोनों स्थितियों का अलग-अलग फल और इसका उपाय भी बतलायेंगे।

राहु छठे भाव में शुभ स्थिति में हो तो—

☺ कपड़ों व व्यक्तिगत कार्यों हेतु धन खर्च होगा। बौद्धिक शक्ति बढ़े, उन्नति मिले पर स्थानान्तरण न हो। शनि का साथ होने पर शक्तिशाली व आत्मप्रशंसक हो। शनि दूसरे व राहु छठे हो तो शत्रु पर विजय मिले। अकेला छठे हो तो फाँसी से भी बच जाए, जज और रक्षक व सहायक होगा।

राहु छठे भाव में अशुभ स्थिति में हो तो—

☹ ननिहाल में किसी की शीघ्र मृत्यु हो जाए, कुसंगति हो अर्थात बदमाशों से मित्रता हो।

☹ बुध या केतु भी अशुभ हों तो धनहानि और रोग हो जाए व उसका कारण न ज्ञात हो।

☹ राहु छठे व मंगल 12वें हो तो बड़े भाई या बहिन से लड़ने पर घर पर चूल्हा तक न जले अर्थात् आर्थिक तंगी हो जाए।

☹ राहु छठे, बुध बारहवें और सूर्य 2रे हों तो अपयश, बेईमानी और अशुभ कष्ट मिलने के कारंण परेशानी बढ़े। अधार्मिक हो जाए।

☹ कार्य पर जाते समय सामने की छींक अशुभ फल देगी।

उपाय—

☑ ***काला कुत्ता पालें।***

☑ ***पॉकिट में सिक्के या काले कांच की गोली रखें।***

☑ ***भाई-बहिन का अहित न करें।***

सातवें भाव में स्थित राहु का फल एवं उपाय

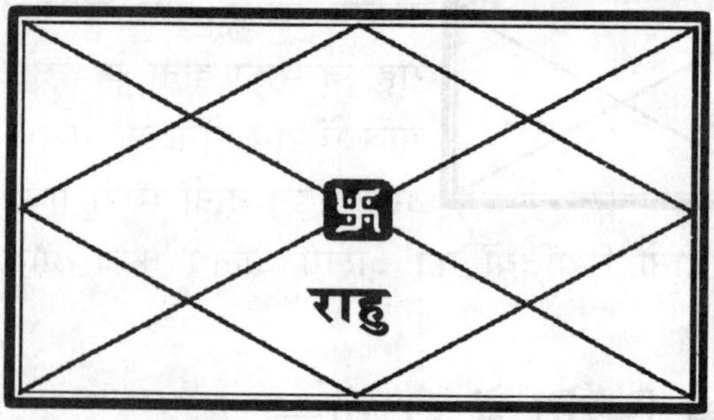

यदि जन्मकुण्डली में राहु सातवें भाव में स्थित हो तो उसका क्या फल होगा इसकी चर्चा यहाँ करेंगे। राहु जन्मकुण्डली के सातवें भाव में शुभ होगा या अशुभ अर्थात् इन दोनों में से एक स्थिति में होगा। अब इन दोनों स्थितियों का अलग-अलग फल और इसका उपाय भी बतलायेंगे।

राहु सातवें भाव में शुभ स्थिति में हो तो—

☺ जातक धनी होगा पर स्त्री व परिवार का सुख अल्प होगा। राज्य में उच्च स्थिति में होगा। जीवन में धन के कारण किसी के आगे हाथ न फैलाना पड़ेगा। शत्रुहन्ता, बुध व शनि की भरपूर सहायता मिले।

☺ बुध, शुक्र 2, 11वें हो तथा राहु सातवें हो तो आर्थिक स्थिति अच्छी हो।

राहु सातवें भाव में अशुभ स्थिति में हो तो—

☹ सर्वप्रकार से चण्डाल की तरह कष्ट दे। 21 वर्ष से पूर्व विवाह करने पर तलाक होगा या स्त्री मर जाए। कष्ट का मारा हो और जहाँ जाए वहाँ परेशानी आ जाए। यदि बिजली, पुलिस या जेल का कार्य हो तो अल्पायु हो। स्वास्थ्य ठीक न रहे। कुत्ते से संबंध कष्ट का कारण होगा।

☹ राहु सातवें हो तथा बुध, शनि, केतु 11वें भाव में हो तो उस ग्रह से संबंधित वस्तुएँ हानि करें।

☹ राहु सातवें व मंगल, शंनि साथ-साथ या मंगल-शनि अलग-अलग 5वें हो तो 42वें वर्ष के बाद लड़का हो।

☹ स्त्री जातक की कुण्डली में सातवें राहु हो तो तलाक होगा या स्त्री की मृत्यु होगी। पति स्त्री के संबंध में काल्पनिक विचार बना ले। स्त्री बीमार हो व सर दर्द से परेशान रहे।

☹ राहु सातवें व बुध, शुक्र या केतु 11वें हो तो क्रमशः बहिन, बुआ या पत्नी, पुत्र जातक को बर्बाद कर दे।

उपाय—

☑ *चार नारियल बहते पानी में बहाएं।*

☑ *बहते पानी में 43 दिन तक एक सिक्का प्रतिदिन डालें।*

☑ *गंगाजल एक बर्तन में भरकर चांदी का टुकड़ा डालकर टांका लगाकर रखें। बर्तन का पानी खत्म न हो या सूखे तो पुनः भरकर रखें।*

☑ *विवाह 21 वर्ष से पूर्व न करें। यदि विवाह 21 वर्ष से पूर्व करे तो चांदी के बर्तन में चांदी का टुकड़ा व गंगाजल डालकर पति-पत्नी अपने पास रखें।*

आठवें भाव में स्थित राहु का फल एवं उपाय

यदि जन्मकुण्डली में राहु आठवें भाव में स्थित हो तो उसका क्या फल होगा इसकी चर्चा यहाँ करेंगे। राहु जन्मकुण्डली के आठवें भाव में

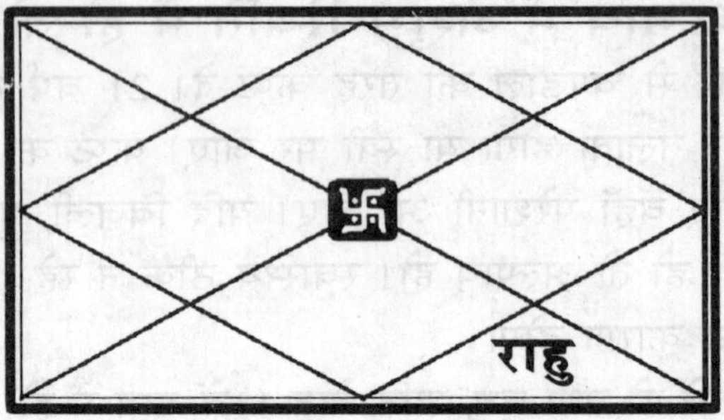

शुभ होगा या अशुभ अर्थात् इन दोनों में से एक स्थिति में होगा। अब इन दोनों स्थितियों का अलग-अलग फल और इसका उपाय भी बतलायेंगे।

राहु आठवें भाव में शुभ स्थिति में हो तो—

☺ राहु आठवें अशुभ फल देगा। राहु का रहस्य चांदी का चौकोर टुकड़ा 40-43 दिन तक पास रखने से खुलेगा। शुभ मंगल 12वें हो तो राहु का शुभ फल मिलेगा।

☺ राहु आठवें और मंगल शुभ पहले या आठवें या शनि शुभ आठवें हो तो शुभ भाग्य जाग जाए और रिक्त कोष धन से भर जाए।

राहु आठवें भाव में अशुभ स्थिति में हो तो—

☹ अचानक दुर्घटना हो जाए, नास्तिक, माता को कष्ट, धन हानि, अपयश या अपमान हो, बेईमानी से कमाया धन अधिक हानि पहुँचायेगा। व्यर्थ के झगड़ों में धन खर्च हो किसी की सहायता न मिले, बवासीर व पेट दर्द का रोगी, परिवार वालों से न निभे न पटे, कार्य बदलता रहे, सब कुछ होते हुए भी न के बराबर, जीवन में कई उतार-चढ़ाव देखने को मिलें।

☹ शनि 2 या 3रे भाव में, राहु आठवें, चन्द्र, शनि पहले हो तो चांदी, लोहा खरीदने पर धनहानि हो।

☹ मंगल-बुध अशुभ हों व राहु आठवें हो तो 21वें में विवाह, 22वें में विद्युत विभाग में नौकरी, बेईमानी हानिकारक हो।

उपाय—

☑ ***खोटा सिक्का या सिक्का प्रतिदिन 43 दिन तक बहते पानी में बहाएं।***

- ☑ *4 नारियल बहते पानी में बहाएं।*
- ☑ *बेईमानी कदापि न करें।*
- ☑ *जन्म मास से आठवां मास हानिकारक हो। आठ मास से अगले जन्म दिन तक चार माह लगातार 4 बादाम मन्दिर में चढ़ाकर 2 बादाम वापिस ले आएं और सुरक्षित बर्तन में रखें। जन्म दिन आने पर इन्हें बहते पानी में बहा दें। बादाम कोई खाए नहीं।*

नौवें भाव में स्थित राहु का फल एवं उपाय

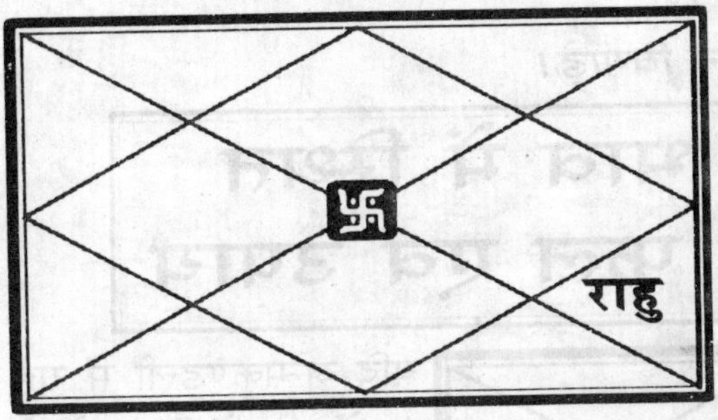

यदि जन्मकुण्डली में राहु नौवें भाव में स्थित हो तो उसका क्या फल होगा इसकी चर्चा यहाँ करेंगे। राहु जन्मकुण्डली के नौवें भाव में शुभ होगा या अशुभ अर्थात् इन दोनों में से एक स्थिति में होगा। अब इन दोनों स्थितियों का अलग-अलग फल और इसका उपाय भी बतलायेंगे।

राहु नौवें भाव में शुभ स्थिति में हो तो—

☺ पागलों का डाक्टर हो, धर्म कर्म से हीन, गुरु पांचवें या 11वें हो तो प्रभावहीन, परिश्रम से ही कुछ मिले, भाई-बहिनों से बनाकर रखें, अकेला रहे तो निकम्मा हो, शनि का व्यवसाय शुभ फल दे। धार्मिक होने पर सन्तान ठीक रहे।

राहु नौवें भाव में अशुभ स्थिति में हो तो—

☹ अधार्मिक होने पर सन्तान निकम्मी, अपयश या अपमानित हो, फकीर व साधु को लूटकर खा जाए, लड़का गर्भ में या उत्पन्न होते ही मर जाए, पिता, दादा व ससुराल बर्बाद व भाई तंग करे। रक्त के संबंधियों से मुकदमे बाजी करने पर निस्संतान रहे।

☹ राहु नौवें व शनि पांचवें हो तो सन्तान सुख न हो और शनि अशुभ फल दे।

☹ राहु नौवें व पहला भाव रिक्त हो तो स्वास्थ्य ठीक न रहे, अपमान व बड़ों के द्वारा मानसिक परेशानी मिले।

उपाय—

☑ *सर पर चोटी रखें।*

☑ *केसर का प्रतिदिन तिलक लगाएँ।*

☑ *सोना धारण करें।*

☑ *परिवार का मुखिया न बनें।*

☑ *कुत्ता पालें। एक कुत्ता मरे तो दूसरा पालें।*

☑ *गुरु का उपाय करें।*

☑ *ससुराल से संबंध न बिगाड़े।*

दसवें भाव में स्थित राहु का फल एवं उपाय

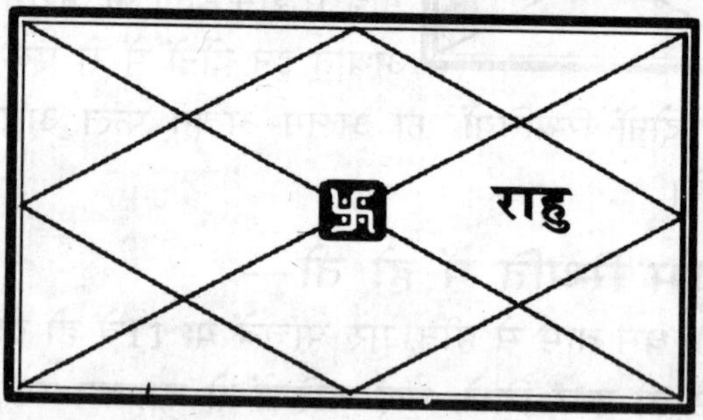

यदि जन्मकुण्डली में राहु दसवें भाव में स्थित हो तो उसका क्या फल होगा इसकी चर्चा यहाँ करेंगे। राहु जन्मकुण्डली के दसवें भाव में शुभ होगा या अशुभ अर्थात् इन दोनों में से एक स्थिति में होगा। अब इन दोनों स्थितियों का अलग-अलग फल और इसका उपाय भी बतलायेंगे।

राहु दसवें भाव में शुभ स्थिति में हो तो—

☺ पिता के लिए शुभ और जातक अच्छे स्वभाव का जातक हर जगह सम्मान पाने वाला होता है। शनि की स्थिति के अनुरूप ही राहु का शुभाशुभ प्रभाव होगा। शनि शुभ हो तो जातक वीर, धनी, दीर्घायु और व्यापारी होगा।

राहु दसवें भाव में अशुभ स्थिति में हो तो—

☹ शनि अशुभ हो तो माता के लिए कष्टकारी एवं सोने को भी जंग लग जाए।

☹ राहु दसवें और मंगल अशुभ हो तो अशुभ फल हो। पैतृक सम्पत्ति बेचकर खा जाए। तंगदिली दूसरों से शत्रुता कराए। नंगा सिर रखना धन हानि का संकेत है।

☹ राहु दसवें और चन्द्र अकेला चौथे हो तो सरकट जाए, अन्धा हो जाए, धन-सम्पत्ति पर बिजली गिर जाए।

उपाय—

☑ ***जातक सिर ढककर रखें।***

☑ ***मंगल का उपाय करें।***

☑ ***नीले व काले रंग की पगड़ी या टोपी धारण करें।***

ग्यारहवें भाव में स्थित राहु का फल एवं उपाय

यदि जन्मकुण्डली में राहु ग्यारहवें भाव में स्थित हो तो उसका क्या फल होगा इसकी चर्चा यहाँ करेंगे। राहु जन्मकुण्डली के ग्यारहवें भाव में शुभ होगा या अशुभ अर्थात् इन दोनों में से एक स्थिति में होगा। अब इन दोनों स्थितियों का अलग-अलग फल और इसका उपाय भी बतलायेंगे।

राहु ग्यारहवें भाव में शुभ स्थिति में हो ता—

☺ पिता के जीवित रहने तक धनवान हो। बाद में गुरु की वस्तुएँ स्थापित करना शुभ व सहायक हो। जातक योगी हो और पिता के लिए कष्टकारी न हो, यदि शनि तीसरे या पांचवें स्थित हो। शक्ति

और भाग्य में वृद्धि हो। माता-पिता से धन न मांगे। धोखा देना धन हानि का लक्षण बनेगा।

राहु ग्यारहवें भाव में अशुभ स्थिति में हो तो—

☹ पिता या दादा को गोली मारे या उनका मुख न देखे। 16वें वर्ष में कष्ट हो, जातक के जन्मते ही पिता की आयु आधी रह जाए, कुसंगति व धूर्त मित्रों का साथ रहे, नीच लोगों से धन प्राप्त करे, राहु के साथी पहले या 3रे हों तो राहु का अत्यन्त अशुभ फल मिले।

☹ राहु 11वें और मंगल भी अशुभ हो तो जन्म से पूर्व सब कुछ हो पर जन्मते ही नष्ट हो जाए।

☹ जन्म के 11 या 21वें दिन या वर्ष में पिता या दादा को गोली लगे या दुर्घटना में मारे जाएं। यदि बच जाएं तो निर्धन हो जाएं या व्यर्थ के झंझटों में लिप्त हो जाएं। चोरी हो जाए।

☹ दूसरे भाव में स्थित ग्रह शत्रु होंगे। यदि गुरु व शनि 3 या 11वें हों तो लोहा धारण करें और चांदी के गिलास में पानी पिएं।

☹ मंगल 3रे और राहु 11वें हो तो भाई को गर्दन में कष्ट, ताऊ निस्सन्तान या लंगड़ा हो।

☹ केतु पांचवें और राहु 11वें हो तो केतु का अशुभ फल मिले, कान, टांग, रीढ़ की हड्डी, मूत्र या पैरों का रोग हो, केतु संबंधी कार्यों में हानि हो।

उपाय—

☑ *कभी-कभी भंगी को दान में कुछ न कुछ देते रहें।*

☑ *गुरु का उपाय करें। अर्थात् स्वर्ण धारण करें, केसर का तिलक लगाएं।*

☑ *गुरुवार को गुरु की वस्तुएँ दान में दें और इस दिन प्याज न खाएं।*

☑ *लोहा शरीर पर स्थापित करें। चांदी के गिलास में पीने की वस्तुएं प्रयोग में लाएं अर्थात् पिएं।*

बारहवें भाव में स्थित राहु का फल एवं उपाय

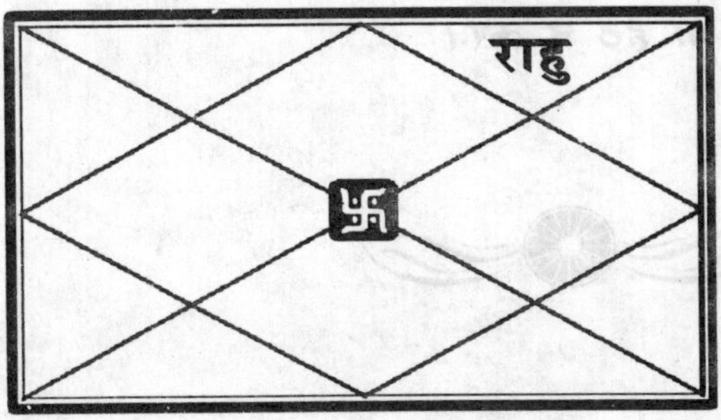

यदि जन्मकुण्डली में राहु बारहवें भाव में स्थित हो तो उसका क्या फल होगा इसकी चर्चा यहाँ करेंगे। राहु जन्मकुण्डली के बारहवें भाव में शुभ होगा या अशुभ अर्थात् इन दोनों में से एक स्थिति में होगा। अब इन दोनों स्थितियों का अलग-अलग फल और इसका उपाय भी बतलायेंगे।

राहु बारहवें भाव में शुभ स्थिति में हो तो—

☺ राहु के साथ मंगल हो तो सुखी व हर प्रकार से उत्तम हो। राहु बारहवें व शनि शुभ हो तो योगी, ज्ञानी व बेफिक्र होता है।

☺ राहु बारहवें शुभ होने पर ससुराल धनी, शत्रुओं से सदैव रक्षा और रात्रि में आराम मिले। नेक कार्य करे और बहिन व पुत्र की पालना करे। इच्छानुकूल कार्य करे तो ऋण न होगा।

☺ राहु 12वें व शुक्र 10 या 11वें हो तो आर्थिक तंगी न हो, कन्या उत्पन्न होने पर धन की वृद्धि हो।

राहु बारहवें भाव में अशुभ स्थिति में हो तो—

☹ कुकर्मों में धन का खर्च, व्यसन शील, सज्जनों से विरोध हो। बवासीर, आंतों व दिमागी परेशानी से पीड़ित हो। झगड़े हों, रातों को नींद न आए, पुत्री या बहिन पर अधिक धन खर्च हो। शत्रु ग्रहों के साथ राहु की युति तबाही लाए। अधिक परिश्रम के बाद भी गुजारा न चले। अपव्यय हो। आत्महत्या तक की सोचे। झूठे दोष लगें, अपयश हो और हठ से हानि हो। अधिक सोचने पर पागल हो जाए।

उपाय—

- ☑ ***रात्रि में सोते समय सिरहाने या तकिए के नीचे मंगल की वस्तुएँ सौंफ या मूंगा रखें।***
- ☑ ***खाना जहाँ बनाएँ वहाँ बैठकर ही खाएं।***
- ☑ ***कम सोचें। जिद्द या हठ न करें।***

10 केतु ग्रह का परिचय, द्वादश भाव में फल व उपाय

गणेशजी का चित्र

केतु शुभता का देवता, यात्रा का स्वामी और अन्त तक सहायता देने वाला ग्रह है। केतु से तात्पर्य सफेद व काला दो रंगा कुत्ता। आठवें भाव के ग्रह केतु के कान, दूसरे भाव के ग्रह मुँह और छठे भाव के ग्रह पूँछ है। केतु अशुभ हो तो अपनी निर्बलता के विषय में किसी से कहना या दूसरों के सम्मुख अपना दुःखड़ा रोने पर अधिक कष्ट होगा। ऐसे में गुरु का उपाय करें। स्वास्थ्य निर्बल हो तो चन्द्र का उपाय करें। लड़का अशुभ हो तो धर्मस्थल में कम्बल दान में दें। केतु अशुभ होने पर यदि

घर पर चारपाई का प्रयोग हो तो केतु का अशुभ फल नहीं मिलता है। मूत्र संबंधी कष्ट हो तो रेशम का सफेद धागा या चांदी का छल्ला धारण करना कष्ट मुक्ति के लिए सहायक है।

केतु को फारसी में **दुम्ब** और अंग्रेजी में DRAGON'S TAIL कहते हैं। केतु का वार **रविवार** प्रातः और रंग **चितकबरा (काला-सफेद)** है। केतु **नपुंसक** ग्रह है और इसका कारक भाव **छठा** है।

केतु के शुक्र, राहु, **मित्र**, चन्द्र व मंगल **शत्रु** एवं सूर्य, बुध, गुरु व शनि **सम** हैं।

केतु का काल 43 दिन, 48 वर्ष, आयु 80 वर्ष, महादशा वर्ष 7, सामान्य चक्र तीन, इसका प्रभाव अन्त में और प्रभाव की गति सुअर व कुत्ते की तरह होती है।

केतु की आयु किसी भी ग्रह के साथ 48 वर्ष होगी। केतु-गुरु की युति हो तो आयु 40 वर्ष, केतु सूर्य या मंगल (शुभ) के साथ हो तो आयु 24 वर्ष होगी। केतु राहु के साथ वर्ष कुण्डली में हो तो आयु 45 वर्ष होगी।

केतु सब ग्रहों में निर्बल है।

केतु का प्रभाव 5 से 7, 40 से 42, 75 से 77, 110 से 112 एवं 145 से 147वें वर्ष में रहता है। इसी प्रकार इसका पहला चक्र 12 से 15 वर्ष में, दूसरा चक्र 48 से 50 वर्ष में, तीसरा चक्र 83 से 85 वर्ष में और चौथा चक्र 118 से 120 वर्ष में होता है।

केतु पाप ग्रह है और अपने से सम्बन्धित वस्तुओं पर ही कुप्रभाव डालता है।

केतु धनु राशि में उच्च और मिथुन राशियों में नीच का होता है। चन्द्र या मंगल दूसरे भाव में हो तो केतु उच्च फल न देकर अत्यन्त कुप्रभाव देता है। यहाँ तक मीन राशि में होने पर भी शुभ फल नहीं मिलता है। केतु छठे भाव में नीच (अशुभ) फल देता है और यह उसका कारक भाव भी है।

केतु (एक वर्ष के तीन खण्ड करने पर) प्रथम खण्ड में शनि का प्रभाव चार मास तक देगा, द्वितीय खण्ड में अगले चार मास तक राहु का प्रभाव और तृतीय खण्ड में अपना प्रभाव (केतु) अगले चार मास तक देगा केतु 43वें दिन व 48वें वर्ष में विशेष प्रभावी होता है।

बारहवां भाव सुप्त हो तो उसे केतु ग्रह जगायेगा। सन्तान के जन्म पर और 48 वर्ष के उपरान्त केतु जागता है। केतु 3 या 51वें वर्ष में अशुभ फल देता है।

केतु 3 से 6ठे, 8वें भाव में अशुभ फल देगा और 1, 2, 7, 9 से 12वें भाव में शुभ फल देगा।

केतु जन्म कुण्डली में अकेला हो तो हर समय राहु के इशारे पर चलेगा। धनी नहीं बनायेगा तो निर्धन भी नहीं रखेगा। केतु का कहना यह है कि मैंने अपनी शक्ति तुमको समर्पित कर दी अब तुम जानो।

पहले भाव में केतु स्थित हो तो उसका प्रभाव सूर्य पर पड़ेगा और सूर्य उच्च ग्रह की तरह फल देगा। केतु ग्याहरवें भाव में स्थित हो तो उसका प्रभाव चन्द्र पर पड़ेगा और तब हानि करेगा जब बुध नौवें भाव में न हो।

केतु अशुभ होने पर पैरों के नाखुन झड़ जाएं मूत्र या जोड़ों की बीमारी हो जाए और सन्तान को कष्ट या रोग हो जाए। इससे मुक्ति के लिए कान छिदवाएँ और कुत्ता पालें। केतु के अशुभ प्रभाव को दूर करने के लिए राहु का उपाय करें। केतु की सहायता के लिए कुत्ते को रोटी का टुकड़ा डालें। ऐसा करने पर सन्तान सुख भी होगा। केतु अशुभ या निर्बल हो तो कपिला गाय का दान करें। तिल का दान करना भी लाभप्रद है।

दो रंगे पत्थर के दो टुकड़े लेकर एक टुकड़ा बहते पानी में बहा दें और दूसरा टुकड़ा आजीवन अपने पास रखें। यदि दो रंगा पत्थर का टुकड़ा खो जाए या चोरी हो जाए तो पुनः एक टुकड़ा रखें। दूसरी बार पानी में बहाने की आवश्यकता नहीं है। ऐसा करने पर भी केतु का अशुभ प्रभाव दूर होता है।

नपुंसक ग्रह केतु प्रातः व सायंकाल में प्रभावशाली होता है।

केतु अशुभ हो तो 5, 6 व 10वें भाव का भी अशुभ फल मिलता है।

छठे भाव में चन्द्र व मंगल हो तो केतु से ईश्वरीय ऋण होता है। यदि ऐसा हो तो कुटुम्ब के प्रत्येक सदस्य से धन एकत्र करके एक ही दिन में सौ कुत्तों को भोजन कराएँ। गृह-प्रवेश के समय दायीं ओर के घर में कोई विधवा हो तो उससे आशीर्वाद लेने पर इस ईश्वरीय ऋण से मुक्ति मिल जाती है।

शुक्र व गुरु की युति हो तो बनावटी गृह शनि केतु सदृश होगा और उसका रंग काला होगा।

अब केतु का कुण्डली के बारह भावों का अलग-अलग फल और उसका उपाय बतायेंगे।

पहले भाव में स्थित केतु का फल एवं उपाय

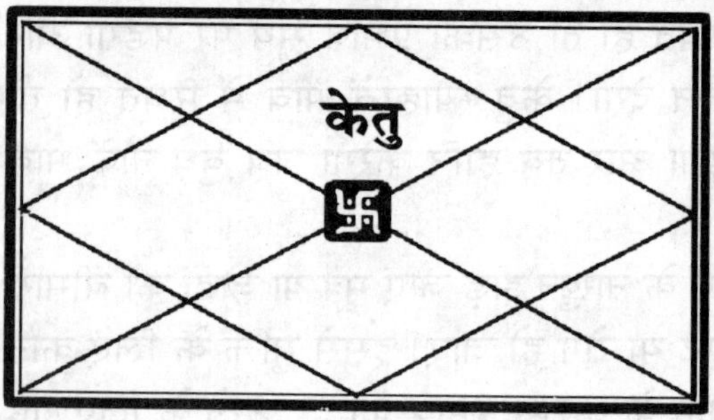

यदि जन्मकुण्डली में केतु पहले भाव में स्थित हो तो उसका क्या फल होगा इसकी चर्चा यहां करेंगे। केतु जन्मकुण्डली के पहले भाव में शुभ होगा या अशुभ अर्थात् इन दोनों में से एक स्थिति में होगा। अब इन दोनों स्थितियों का अलग-अलग फल और इसका उपाय भी बतलायेंगे।

केतु पहले भाव में शुभ स्थिति में हो तो—

☺ यात्रा की चिन्ता हर समय रहे, स्थानान्तरण के लिए तैयार रहें पर अन्त में यात्रा स्थगित हो जाए। जातक सुखी, परिश्रमी, धनी, सन्तान को लेकर चिन्तित रहे।

☺ केतु जब भी वर्षकुण्डली में पहले भाव में आए तो लम्बी यात्रा हो, लड़का, भांजा या दोहता उत्पन्न हो।

☺ केतु पहले व मंगल 12वें हो तो अशुभ फल नहीं मिलेगा।

केतु पहले भाव में अशुभ स्थिति में हो तो—

☹ सिरदर्द हो, स्त्री का स्वास्थ्य ठीक न रहे व बच्चों की चिन्ता रहे। बुध-शुक्र का अशुभ फल हो जब 2 व 7वां भाव रिक्त हो। अस्थायी यात्राएं करनी पड़ें। शनि भी अशुभ हो तो पिता व गुरु को नष्ट कर दे व पड़ौसी भी परेशान रहे।

☹ केतु पहले व सूर्य 7वें या 8वें हो तो पोता या दोहता उत्पन्न होने पर स्वास्थ्य ठीक न रहे। प्रातः व सांय कोई दान न करें।

उपाय—

☑ *बन्दर को गुड़ खिलाएं।*

☑ *बुध का उपाय करें।*

☑ *काला-सफेद कम्बल मन्दिर में दान देने पर सन्तान के कष्ट से मुक्ति मिले।*

☑ *पैरों के अंगूठों में चांदी धारण करें या सफेद धागा बांधकर रखें।*

☑ *प्रतिदिन केसर का तिलक लगाएं।*

दूसरे भाव में स्थित केतु का फल एवं उपाय

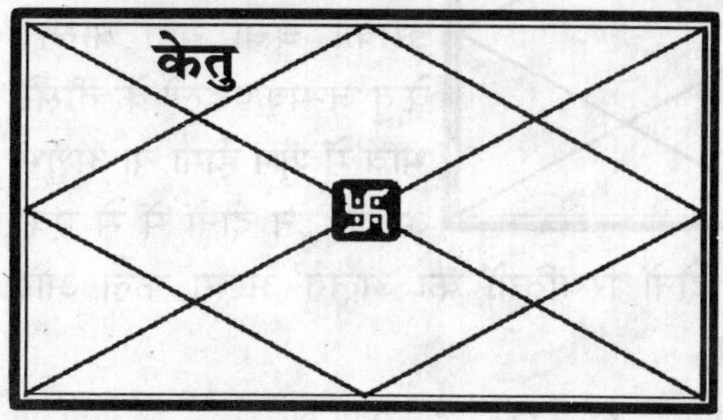

यदि जन्मकुण्डली में केतु दूसरे भाव में स्थित हो तो उसका क्या फल होगा इसकी चर्चा यहां करेंगे। केतु जन्मकुण्डली के दूसरे भाव में शुभ होगा या अशुभ अर्थात् इन दोनों में से एक स्थिति में होगा। अब इन दोनों स्थितियों का अलग-अलग फल और इसका उपाय भी बतलायेंगे।

केतु दूसरे भाव में शुभ स्थिति में हो तो—

☺ यात्रा बहुत करनी पड़े। यात्रा उन्नतिकारक होगी। शुक्र कैसी भी स्थिति में हो उत्तम फल देगा। धन संग्रह न हो पाए। यदि गुरु उच्च का हो तो लाखों की धन-सम्पत्ति हो। धन का आवागमन ठीक रहेगा।

☺ सूर्य 12वें हो और केतु दूसरे हो तो 24 वर्ष के बाद समय हर प्रकार से अच्छा हो।

केतु दूसरे भाव में अशुभ स्थिति में हो तो—

☹ केतु दूसरे व आठवां भाव रिक्त हो तो अशुभ फल मिले।

☹ दूसरे केतु, 8वें चन्द्र, मंगल हो तो अल्पायु, 16 या 22वें वर्ष में कष्ट हो।

उपाय—

☑ *माथे पर केसर का तिलक लगाएं।*

☑ *चाल-चलन अर्थात् चरित्र ठीक रखें।*

तीसरे भाव में स्थित केतु का फल एवं उपाय

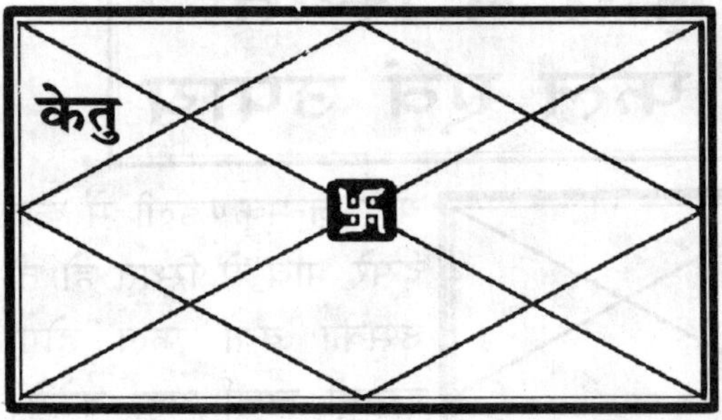

यदि जन्मकुण्डली में केतु तीसरे भाव में स्थित हो तो उसका क्या फल होगा इसकी चर्चा यहां करेंगे। केतु जन्मकुण्डली के तीसरे भाव में शुभ होगा या अशुभ अर्थात् इन दोनों में से एक स्थिति में होगा। अब इन दोनों स्थितियों का अलग-अलग फल और इसका उपाय भी बतलायेंगे।

केतु तीसरे भाव में शुभ स्थिति में हो तो—

☺ सन्तान अच्छी होगी जबकि ससुराल और भाईयों का शुभाशुभ फल मिले। ईश्वर को स्मरण करने वाला भला व्यक्ति और दूजों के काम आए।

☺ केतु तीसरे व मंगल 12वें हो तो 24 वर्ष से पहले पुत्र जन्म आयु व धन के लिए शुभ है, यदि श्वेत केशों से युक्त कोई पूर्वज सहायता करे।

केतु तीसरे भाव में अशुभ स्थिति में हो तो—

☹ बेबात हाँ करके दुःखी हो। भाईयों से दुःखी, परदेश में व्यर्थ भटके, आयु और धन में कमी आए। भाई, परिचित व ससुराल से दुःखी हो। मुकदमों में धन नष्ट हो। पत्नी व सालियों से वियोग हो।

पड़ौस का मकान टूटा हुआ। अधिकतर तीन की संख्या आयेगी जैसे तीन लड़के, तीन पोते, घर में तीन खिड़कियाँ, तीन दरवाजे आदि। घर में दक्षिण द्वार हो तो प्रत्येक वर्ष सन्तान को कष्ट हो। सन्तान निकम्मी हो।

☹ केतु तीसरे और चन्द्र या मंगल तीसरे या चौथे हो तो जातक निर्धन होगा।

उपाय—

☑ *केसर का तिलक लगाएँ।*

☑ *गुरु की वस्तुएँ बहते पानी में बहाएं।*

☑ *आर्थिक स्थिति सुधारने के लिए शरीर पर स्वर्ण धारण करें।*

चौथे भाव में स्थित केतु का फल एवं उपाय

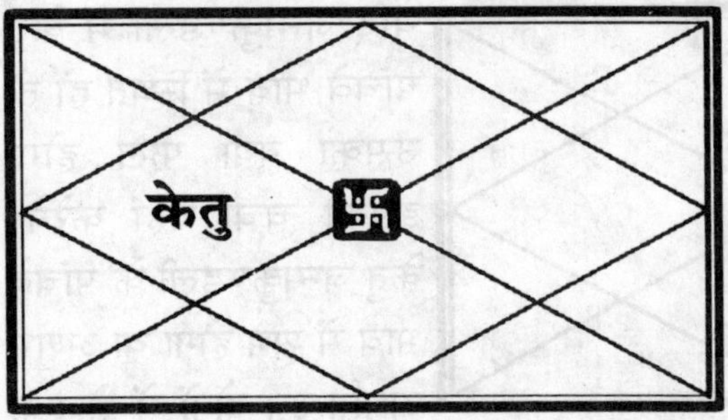

यदि जन्मकुण्डली में केतु चौथे भाव में स्थित हो तो उसका क्या फल होगा इसकी चर्चा यहां करेंगे। केतु जन्मकुण्डली के चौथे भाव में शुभ होगा या अशुभ अर्थात् इन दोनों में से एक स्थिति में होगा। अब इन दोनों स्थितियों का अलग-अलग फल और इसका उपाय भी बतलायेंगे।

केतु चौथे भाव में शुभ स्थिति में हो तो—

☺ ईश्वर पर विश्वास करने वाला हो। सन्तोष करने पर फल शुभ हो। पिता व गुरु के लिए शुभ हो।

☺ यदि 3रे या 4थे भाव में चन्द्र हो तो फल शुभ हो। पुत्र उत्पत्ति 36-48 वर्ष में होगी। यदि पहले हो जाए तो अपनी सन्तान न हो। कन्या हो तो बुद्धिमान, धन की कमी न रहे और अच्छी सलाह दे।

केतु चौथे भाव में अशुभ स्थिति में हो तो—

☹ अस्वस्थ, मधुमेह का रोगी, माता व सन्तान को कष्ट हो। सन्तान विलम्ब से और कुल पुरोहित के आशीष से उत्पन्न हो।

☹ केतु चौथे और 3रे या 4थे चन्द्र या मंगल अशुभ हो तो माता व सन्तान दोनों कष्ट में रहें। पाशिवक विचार से धन कम रहे।

उपाय—

☑ *सूर्य की वस्तुएँ कुल पुरोहित को दान में देकर अशीर्वाद लें।*

☑ *गुरु की वस्तुएँ बहते पानी में बहाएं।*

☑ *कुत्ता पालें।*

☑ *मन की शान्ति के लिए चांदी धारण करें।*

पांचवे भाव में स्थित केतु का फल एवं उपाय

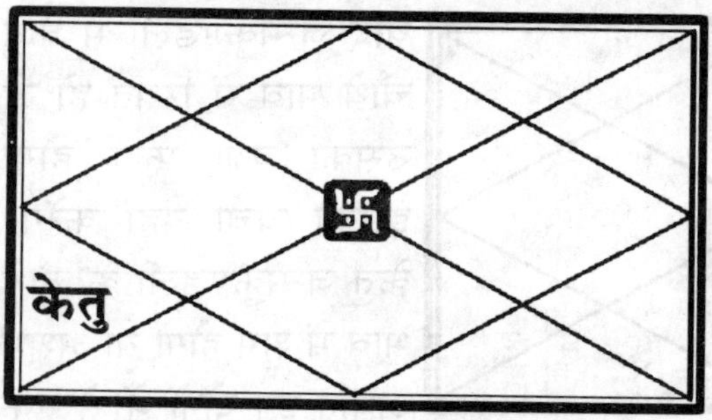

यदि जन्मकुण्डली में केतु पांचवे भाव में स्थित हो तो उसका क्या फल होगा इसकी चर्चा यहां करेंगे। केतु जन्मकुण्डली के पांचवे भाव में शुभ होगा या अशुभ अर्थात् इन दोनों में से एक स्थिति में होगा। अब इन दोनों स्थितियों का अलग-अलग फल और इसका उपाय भी बतलायेंगे।

केतु पांचवे भाव में शुभ स्थिति में हो तो—

☺ युवावस्था में संयम न रखें तो लड़कों से अधिक पोते हों। केतु जातक को शुभ फल दे।

☺ केतु पांचवे, गुरु, सूर्य या चन्द्र 4, 6, 12वें हो तो पांच लड़के और आर्थिक स्थिति अच्छी हो।

☺ केतु 5वे, शनि 9वें और शुक्र 4थे हो तो एक स्त्री से ही 9 लड़के

व 3 लड़कियां हों। शनि अशुभ फल न दे। दो स्त्रियों के होने पर भी आपस में झगड़ा न हो।

केतु पांचवे भाव में अशुभ स्थिति में हो तो—

☹ केतु 5वे और गुरु अशुभ हो तो जातक सुन्दर, सन्तान के लिए अशुभ, दमे का रोगी, 45 वर्ष तक केतु का अशुभ प्रभाव मिले। लड़के चाहे जितने हों पर जीवित न रहें। घर पर कुत्तों के रोने की आवाज आए।

☹ केतु 5वे और गुरु 11वें हो तो सन्तान मरी हुई उत्पन्न हो। 48 वर्ष से पूर्व माता की मृत्यु, गुरु अशुभ व केतु भी अशुभ हो। आजीविका 24 वर्ष के उपरान्त प्राप्त हो।

☹ यदि 36 वर्ष से पूर्व तीन पुत्र मर जाएँ तो 36 के बाद तीन पुत्र जीवित रहेंगे। ऐसा तभी होगा जब शनि 5 या 9वें स्थित हो।

☹ केतु पांचवे और चन्द्र या मंगल 3रे या 4थे हो तो केतु का अशुभ फल मिले।

उपाय—

☑ *चन्द्र व मंगल की वस्तुएँ दूध, खाण्ड का दान करें।*

☑ *गुरु का उपाय करें।*

छठे भाव में स्थित केतु का फल एवं उपाय

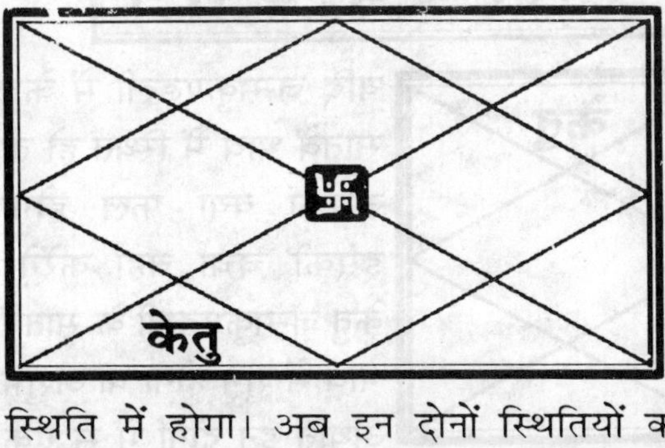

यदि जन्मकुण्डली में केतु छठे भाव में स्थित हो तो उसका क्या फल होगा इसकी चर्चा यहां करेंगे। केतु जन्मकुण्डली के छठे भाव में शुभ होगा या अशुभ अर्थात् इन दोनों में से एक स्थिति में होगा। अब इन दोनों स्थितियों का अलग-अलग फल और इसका उपाय भी बतलायेंगे।

केतु छठे भाव में शुभ स्थिति में हो तो—

☺ केतु का शुभाशुभ गुरु की शुभाशुभ स्थिति के अनुरूप होगा। शनि का शुभ फल मिलेगा। अपनी सन्तान और परामर्शदाता ठीक रहें। धन लाभ हो और शत्रु दबे रहें। केतु अकेला हो तो शुभ फल मिले। जातक सुखी हो। शुक्र का शुभ फल हो।

☺ केतु की युति बुध के साथ छठे हो तो बुध-केतु का शुभ फल मिले।

☺ गुरु शुभ हो तो दीर्घायु, माता सुखी, परदेश में भी जीवन आराम से बीते।

केतु छठे भाव में अशुभ स्थिति में हो तो—

☹ मामा से कष्ट मिले, झगड़ालू व बीमार हो।

☹ केतु छठे हो और साथ में शुक्र हो तो दोनों का अशुभ फल मिले।

☹ गुरु अशुभ हो तो यात्रा व्यर्थ में हो और शत्रु बिन बुलाए आयें।

☹ केतु छठे और चन्द्र 2रे हो तो मामा व माता कष्ट में हो, बुढ़ापा ठीक न बीते।

उपाय—

☑ *कुत्ता पालें।*

☑ *सोने की अंगूठी बायें हाथ में पहनें।*

☑ *गुरु का उपाय करें।*

सातवें भाव में स्थित केतु का फल एवं उपाय

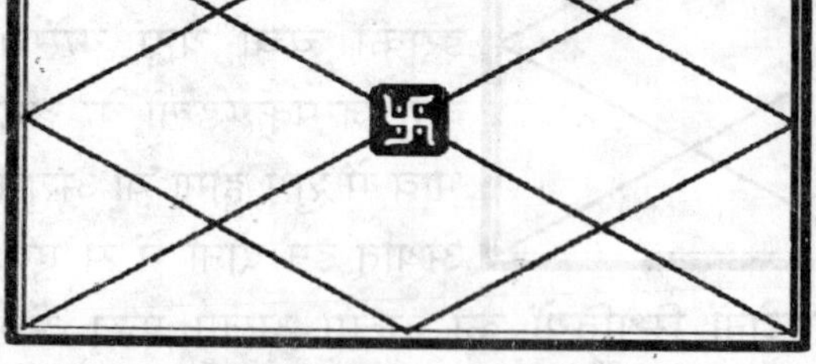

यदि जन्मकुण्डली में केतु सातवें भाव में स्थित हो तो उसका क्या फल होगा इसकी चर्चा यहां करेंगे। केतु जन्मकुण्डली के सातवें भाव में शुभ होगा या अशुभ अर्थात् इन दोनों में से एक स्थिति में होगा। अब इन दोनों स्थितियों का अलग-अलग फल और इसका उपाय भी बतलायेंगे।

केतु सातवें भाव में शुभ स्थिति में हो तो—

☺ 24 वर्ष की आयु में ही 40 वर्ष की धन-सम्पत्ति कमा ले। जैसे-जैसे सन्तान बढ़े वैसे-वैसे धन बढ़े। बहादुर व बच्चों का मित्र हो। शत्रु भयभीत रहें।

☺ केतु सातवें हो और बुध, गुरु व शुक्र की सहायता मिले तो जीवन में कभी निराशा न हो, शुक्र, शनि कभी अशुभ न होगा।

केतु सातवें भाव में अशुभ स्थिति में हो तो—

☹ अभिमानी, झूठा वायदा करे, गाली दे, बीमार रहे, 34 वर्ष की आयु तक शत्रु साथ लगे रहें।

☹ केतु सातवें और लग्न में एक से अधिक ग्रह हों तो सन्तान नष्ट हो जाए।

☹ अभिमान करने, झूठा वायदा करने और अपशब्द कहने से जातक नष्ट हो या बर्बाद हो जाए।

☹ केतु सातवें और बुध अशुभ हो तो निराश, रोता रहे और उसका कफन बदबू से युक्त हो।

☹ केतु के साथ बुध हो तो 34वें वर्ष के बाद शत्रु को नष्ट कर दे। स्त्री और लड़की की ओर से मन अशान्त रहें

उपाय—

☑ *झूठा वायदा न करें, घमंड न करें और अपशब्द न कहें।*

☑ *गुरु का उपाय करें।*

☑ *केसर का तिलक लगाएं।*

आठवें भाव में स्थित केतु का फल एवं उपाय

यदि जन्मकुण्डली में केतु आठवें भाव में स्थित हो तो उसका क्या फल होगा इसकी चर्चा यहां करेंगे। केतु जन्मकुण्डली के आठवें भाव में शुभ होगा या अशुभ अर्थात् इन दोनों में से एक स्थिति में होगा। अब इन दोनों स्थितियों का अलग-अलग फल और इसका उपाय भी बतलायेंगे।

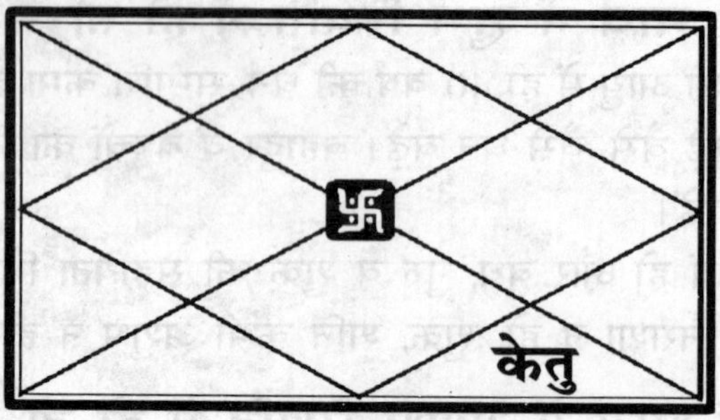

केतु आठवें भाव में शुभ स्थिति में हो तो—

☺ मृत्यु का पूर्वाभास हो जाए। 34वें वर्ष में पुत्र होगा, इससे पूर्व जीवित न रहे। यदि बुध 9 से 12वें भाव में हो तो 34 वर्ष के बाद सन्तान जीवित रहेगी। ऐसा भी हो सकता है अपनी बहन या अपनी लड़की के विवाहोपरान्त लड़का हो।

☺ केतु आठवें और गुरु व मंगल 6, 12 में न हों तो केतु का अशुभ प्रभाव न होगा।

☺ केतु आठवें, मंगल शुभ और गुरु दूसरे या पहले या चन्द्र दूसरे हो तो केतु का अशुभ प्रभाव नहीं होगा।

केतु आठवें भाव में अशुभ स्थिति में हो तो—

☹ केतु 8वें अशुभ हो तो बुध, शुक्र भी अशुभ होते हैं। जातक का चाल-चलन ठीक नहीं रहता है। पत्नी बीमार रहती है। 26वें वर्ष से राहु, केतु, बुध शनि भी अशुभ फल दें।

☹ केतु आठवें और शनि या मंगल सातवें हो तो जातक अशुभ हो।

☹ शनि पहले, मंगल 12वें और केतु आठवें हो तो जातक के जन्म से एक वर्ष पूर्व बड़े भाई की मृत्यु हो जाए।

☹ केतु आठवें और बुध किसी भी भाव में हो तो 29 से 40 वर्ष तक पुत्र उत्पन्न होगा। बुध व शुक्र अशुभ होने पर सन्तान विलम्ब से होती है।

☹ जातक स्त्री द्वेषी, बवासीर का रोगी व धोखेबाज होता है।

उपाय—

☑ ***चाल-चलन ठीक रखेंगे तो पत्नी का स्वास्थ्य ठीक रहेगा।***

☑ *गणेश उपासना करें।*

☑ *कुत्ते को रोटी दें।*

☑ *काला-सफेद कम्बल मन्दिर में दान करें। यदि केतु के साथ कोई और ग्रह स्थित हो तो उसकी वस्तुएँ भी दान करें।*

☑ *कान छिदवाकर सोना धारण करें।*

☑ *केसर का तिलक लगाएँ।*

नौवें भाव में स्थित केतु का फल एवं उपाय

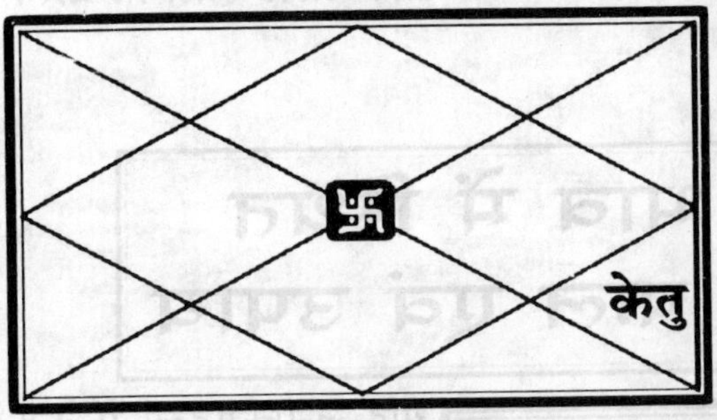

यदि जन्मकुण्डली में केतु नौवें भाव में स्थित हो तो उसका क्या फल होगा इसकी चर्चा यहां करेंगे। केतु जन्मकुण्डली के नौवें भाव में शुभ होगा या अशुभ अर्थात् इन दोनों में से एक स्थिति में होगा। अब इन दोनों स्थितियों का अलग-अलग फल और इसका उपाय भी बतलायेंगे।

केतु नौवें भाव में शुभ स्थिति में हो तो—

☺ परिश्रम से धन कमायेगा। उन्नति होगी पर स्थानान्तरण नहीं। जातक बहादुर, विश्वसनीय और धनी होगा। कुत्ते पालने से धन में वृद्धि होगी। भाग्यशाली, आज्ञाकारी और दूजों को समझने वाला होता है। केतु अपना प्रभाव सातवें भाव में स्थित ग्रहों की आयु निकल जाने के बाद देता है। जीवन का अधिकांश भाग परदेश में बीतता है। केतु का शुभाशुभ फल गुरु की शुभाशुभता पर निर्भर करता है। जातक की 48 वर्ष की आयु तक पिता की स्थिति अच्छी हो। पुत्र कम से कम तीन होंगे। यदि दूसरा भाव शुभ होगा तो अति उत्तम फल होगा।

☺ केतु नौवें व चन्द्र शुभ हो तो माता के कुटम्ब का बेड़ा पार लगायेगा।

केतु नौवें भाव में अशुभ स्थिति में हो तो—

☹ स्वास्थ्य ठीक न रहे। पांव का दर्द, जोड़ों का दर्द, मूत्र रोग, रीढ़ की हड्डी का रोग हो जाए। चोरी या डकैती डालने के बाद भी स्थिति अच्छी न रहे। ननिहाल को हानि पहुँचाए।

☹ केतु नौवें और शत्रु ग्रह चन्द्र, मंगल तीसरे हो तो लड़के मरते जाएं।

उपाय—

☑ *यदि घर पर कुतिया बच्चे दे तो निस्सन्तान को सन्तान हो, नामर्द मर्द बन जाए।*

☑ *कानों में सोना पहनें।*

☑ *घर में किसी स्थान पर सोने का चौकोर पतरा स्थापित करें।*

☑ *कुत्ता पालें।*

☑ *गुरु का उपाय करें।*

दसवें भाव में स्थित केतु का फल एवं उपाय

यदि जन्मकुण्डली में केतु दसवें भाव में स्थित हो तो उसका क्या फल होगा इसकी चर्चा यहां करेंगे। केतु जन्मकुण्डली के दसवें भाव में शुभ होगा या अशुभ अर्थात् इन दोनों में से एक स्थिति में होगा। अब इन दोनों स्थितियों का अलग-अलग फल और इसका उपाय भी बतलायेंगे।

केतु दसवें भाव में शुभ स्थिति में हो तो—

☺ जातक भाग्यवान, चुपचाप अपने काम से काम रखने वाला अवसरवादी व पिता अल्पायु में चल बसें। केतु की शुभाशुभता शनि की शुभाशुभ स्थिति पर निर्भर है।

☺ केतु दसवें और शनि छठे हो तो प्रसिद्ध खिलाड़ी हो।

☺ भाई हानि करता जाए और वह क्षमा करता जाए तो भी कंगाल नहीं होगा अपितु उन्नति करता जायेगा। चरित्र अच्छा तो धन भी बहुत हो।

☺ केतु दसवें हो, शनि उत्तम हो तो 24 वर्ष की आयु में लड़के उत्पन्न हों, गुरु का शुभ फल हो और मिट्टी में भी स्वर्ण मिले।

केतु दसवें भाव में अशुभ स्थिति में हो तो—

☹ केतु दसवें और शनि अशुभ हो तो केतु की सजीव वस्तुओं पर 24 से 28 वर्ष तक अशुभ फल हो। गृहस्थ जीवन दुःखी हो।

☹ केतु दसवें और शनि चौथे हो तो तीन लड़के नष्ट होंगे पर धन कम न होगा।

उपाय—

☑ *चांदी का बर्तन शहद से भरकर घर में रखें।*

☑ *चाल-चलन ठीक रखें।*

☑ *48 वर्ष के बाद कुत्ता अवश्य पालें। कुत्ता पालना शुभ है।*

☑ *परस्त्री गमन से बचना आवश्यक है।*

☑ *गुरु का उपाय करें।*

☑ *चन्द्र का उपाय करें।*

☑ *भवन की नींव में दूध व शहद दबाएं।*

ग्यारहवें भाव में स्थित केतु का फल एवं उपाय

यदि जन्मकुण्डली में केतु ग्यारहवें भाव में स्थित हो तो उसका क्या फल होगा इसकी चर्चा यहां करेंगे। केतु जन्मकुण्डली के ग्यारहवें भाव में शुभ होगा या अशुभ अर्थात् इन दोनों

में से एक स्थिति में होगा। अब इन दोनों स्थितियों का अलग-अलग फल और इसका उपाय भी बतलायेंगे।

केतु ग्यारहवें भाव में शुभ स्थिति में हो तो—

☺ केतु 11वें और शनि 3रे हो तो धन-सम्पत्ति बहुत होगी।

☺ पैतृक सम्पत्ति से अधिक सम्पत्ति स्वयं बनाएं। 11, 23, 36, 48वें वर्ष में आर्थिक स्थिति बहुत अच्छी हो। भविष्य की चिन्ता करें।

☺ केतु 11वें और बुध 3रे हो तो राजयोग हो।

☺ जातक भीरू होता है। भूत की अपेक्षा भविष्य की चिन्ता अधिक करे।

केतु ग्यारहवें भाव में अशुभ स्थिति में हो तो—

☹ पेट का रोगी हो। भविष्य की चिन्ता करने से परेशानी बढे। 5, 11, 23, 36, 48वाँ वर्ष माता के लिए कष्टकारी हो। सन्तान जीवित न रहे। लड़के के जन्म तक माता न होगी।

☹ केतु 11वें और राहु 5वें हो तो निर्धन होने पर भी सन्तान अच्छी हो। शुभ कार्य को जाते समय पीछे से आवाज देना अशुभ हो।

☹ केतु 11वें और बुध 3रे हो तो 11, 23, 36, 48वें वर्ष में चन्द्र का अशुभ फल हो।

☹ केतु 11वें और शनि अशुभ हो तो मकान व सन्तान दोनों की उन्नति न होगी। स्त्री जातक में यह स्थिति होने पर केतु अशुभ फल न दे।

उपाय—

☑ ***काला कुत्ता पालें।***

☑ ***11 मूली स्त्री के सिरहाने रखकर प्रातः मन्दिर में दे दें। यह 43 दिन तक करें। मूली की संख्या कम या अधिक कर सकते हैं।***

☑ ***बुध की धातु या नग कनिष्ठका अंगुली में धारण करें।***

बारहवें भाव में स्थित केतु का फल एवं उपाय

यदि जन्मकुण्डली में केतु बारहवें भाव में स्थित हो तो उसका क्या फल होगा इसकी चर्चा यहां करेंगे। केतु जन्मकुण्डली के बारहवें

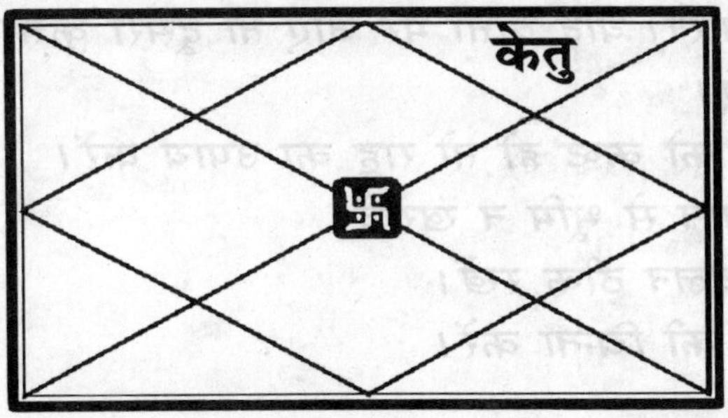

भाव में शुभ होगा या अशुभ अर्थात् इन दोनों में से एक स्थिति में होगा। अब इन दोनों स्थितियों का अलग-अलग फल और इसका उपाय भी बतलायेंगे।

केतु बारहवें भाव में शुभ स्थिति में हो तो—

☺ उन्नति होगी पर स्थानान्तरण नहीं होगा। जातक धनवान, सम्मानित, उच्च पदस्थ और शुभ कार्यों में खर्च करने वाला होता है। 24वें वर्ष में जब पुत्र उत्पन्न हो तो घर में धन-सम्पत्ति आनी प्रारम्भ हो। यदि छठे भाव में राहु के साथ बुध हो तो शुभ फल केतु का मिले। यदि छठे अकेला राहु हो तो धन बहुत आए। जीवन में विलासिता और दूसरे भौतिक सुख-साधन उपलब्ध हों।

केतु बारहवें भाव में अशुभ स्थिति में हो तो—

☹ जातक एय्याश, चरित्रहीन और सन्तान के लिए निकम्मा हो।

☹ केतु 12वें अशुभ हो और छठे राहु के साथ मंगल, चन्द्र, सूर्य या शुक्र हो तो 28, 32, 42, 25वें वर्ष में क्रमशः सन्तान न हो। केतु का अशुभ फल मिले।

☹ केतु 12वें और चन्द्र 2रे हो तो एक ग्रह का फल अशुभ मिले।

☹ कुत्ते मरवाने से केतु का अशुभ फल मिले।

☹ केतु अशुभ होने पर निस्सन्तान से भूमि न खरीदें, यदि खरीदेगा तो स्वयं भी निस्सन्तान हो जायेगा।

☹ दूसरे भाव में चन्द्र, शुक्र या मंगल हो तो केतु का अशुभ फल मिले।

उपाय—

☑ ***गणेश उपासना करें।***

- ☑ *कुत्ता पालें। यदि कुत्ता मर जाए तो दूसरा कुत्ता 40 दिन में ले आएं।*
- ☑ *सन्तान को कष्ट हो तो राहु का उपाय करें।*
- ☑ *निस्सन्तान से भूमि न खरीदें।*
- ☑ *चाल-चलन ठीक रखें।*
- ☑ *सन्तान की चिन्ता करें।*

11

ग्रह युतियों का फल कैसे कहें ?

दो या दो से अधिक ग्रह परस्पर मिलते हैं तो उनकी युति होती है। युति दो ग्रहों, तीन ग्रहों, चार ग्रहों और पांच ग्रहों की भी हो सकती है। ग्रह आमने–सामने बैठकर समसप्तक योग से भी परस्पर संबंध बना सकते हैं। ग्रहों की युति एक ही भाव में हो, दृष्टि संबंध से 1–7, 4–10 या 5-9 का संबंध बना रहे हों। सभी का परस्पर संबंध बनने से फलादेश प्रभावित होता है। ऐसे में समन्वय युक्त ढंग से फलित कहना चाहिए। अब यहाँ ग्रहों की युतियों का फल एवं उपाय बतायेंगे।

दो ग्रहों की युति का फल व उपाय

सूर्य–चन्द्र की युति का फल

सूर्य चन्द्र की युति का प्रभाव 40 वर्ष तक रहे। वृद्धावस्था अच्छी बीते, पैतृक सम्पत्ति का शुभ फल, गृहस्थी शन्ति से बीते। **पहले भाव** में युति हो तो राजा सदृश और दूजों से कर (TAX) ले। **दूसरे भाव** में युति हो तो राज्यपक्ष से लाभ व मान सम्मान तब तक मिले जब तक स्त्रियां प्रतिस्पर्धा में न आएं। **तीसरे भाव** में युति हो तो स्वयं के लिए ठीक पर दूजों के लिए स्वार्थी हो। **चौथे भाव** में युति हो तो राजा सदृश, मोती व सीप दान करने की सामर्थ्य हो। दसवां भाव रिक्त हो तो वाहन व सांसारिक सुख पूर्ण है। **पांचवें भाव** में युति हो तो भाग्यशाली, जीवन सुखमय, गर्भ में आते ही भाग्य जाग जाए। **छठे भाव** में हो तो दोनों का अलग–अलग प्रभाव होगा। छठे भाव का सूर्य व चन्द्र का फल पूर्व अध्यायों में बता दिया गया है। **नौवें भाव** में युति हो तो माता व मातृ पक्ष की सेवा उत्तम फल देगी, 10वें वर्ष तीर्थ यात्रा शुभफलदायी होगी। **बारहवें भाव** में युति हो तो सूर्य व चन्द्र का अलग–अलग फल मिले, पर सूर्य का प्रभाव अधिक हो।

अशुभ स्थिति की युति में सूर्य–चन्द्र की जड़ों पर 4–5 भाव में

शत्रु ग्रह या शनि, राहु, केतु, शुक्र हो तो दुःखी, धनी होते हुए भी रात में नींद न आए और न दिन में चैन मिले, अपव्यय और यात्राएं बहुत करे जो व्यर्थ हो जाएं। **भाव एक में हो तो** मृत्यु अचानक हो, **दूसरे हो तो** स्त्रियों से झगड़ा और हानि का भय, **चौथे हो और दसवें शनि** हो तो जल में डूबकर अचानक मृत्यु हो, **छठे भाव** में हो और 2रे राहु या केतु हो तो दीर्घायु नहीं होगा, अल्पायु भी नहीं होगा। **ग्यारहवें हो तो** शराब व मांस से दूर रहे तो दीर्घायु हो।

सूर्य-शुक्र की युति का फल

22 या 25वें वर्ष में विवाह करने से स्त्री को कष्ट या उसका नाश हो, स्त्री मुख से निकला वाक्य पत्थर की लकीर हो, सन्तान विलम्ब से हो पर कुत्ता पालने से सहायता मिले, पिता की आयु में सन्देह हो तो दुर्गा पूजन लाभप्रद, सूर्य शुभ हो तो राज्य सुख पर स्त्री-सन्तान को कष्ट, शुक्र शुभ तो स्त्री-सन्तान सुख पर राज्य कार्यों में बाधाएं हों। 22 व 25वें वर्ष में शत्रु ग्रह अशुभ फल देंगे। दोनों का साझा प्रभाव 41 वर्ष तक रहेगा। **पहले भाव में युति हो तो** सूर्य का अशुभ फल मिले, स्त्री व पारिवारिक सुख न मिले, परायी स्त्री के कारण हानि, जेल तक जाना पड़े, स्वास्थ्य और राज्य उत्तम हो। **सातवें भाव में युति हो तो** सूर्य नौवें भाव का फल दे, 20वें वर्ष में तीर्थयात्रा शुभफलदायी हो। **नौवें भाव में युति हो तो** अचानक धनी बन जाए, 20वें वर्ष तीर्थयात्रा उत्तम फल दे। **दसवें भाव में युति हो तो** चौथे भाव के ग्रह सहायता करें, पुरूष ग्रह हो तो शुभ फल, शुक्र का फल राहु का प्रभाव समाप्त होने पर मिले।

अशुभ स्थिति में हो तो पिता व दादा दीर्घायु न हों, अलगाव या मृत्यु के कारण पिता की छत्रछाया न रहे। पुत्र सुख 36 से 39 या 47 वर्ष के बाद हो, यदि पहले हो जाए तो पारिवारिक सुख या शुक्र फल अशुभ हो। स्त्री का स्वास्थ्य ठीक न रहे, स्त्री के चेहरे पर भद्दे चिह्न अशुभता का प्रतीक हों। कानों का कच्चा, सुने-सुनाए पर विश्वास करके दूजे का अहित करना और विभिन्न अशुभ फल हों। 22 से 25 वर्ष में विवाह होने पर राज्य और स्त्री सुख नष्ट हो जाता है। **उपाय** में स्त्री की बाजू पर सोने की चूड़ी या कड़ा पहनना सन्तान के लिए शुभ हो।

❖ स्त्री स्वास्थ्य ठीक न होने पर स्त्री-भार के बराबर चरी या अन्न का दान धर्मस्थल में दे। ❖ विवाह या सगाई के दिन से स्त्री पुरुष गुड़ खाना छोड़ दें। ❖ दिन में संयोग न करे।

पहले भाव में अशुभ युति हो तो स्त्री बीमार, दिमागी खराबी, पागलपन, कंगाली में आटा गीला, राज्य सुख न हो, परस्त्री जेल ले जाए, साथियों की हानि हो। **सातवें भाव में अशुभ युति हो तो** स्त्री अस्वस्थ, स्त्री से झगड़ा, स्त्री अल्पायु, कंगाली में आटा गीला हो। **नौवें भाव में अशुभ युति हो तो** आर्थिक तंगी, स्त्री भाग्य खराब हो। **दसवें भाव में अशुभ स्थितियों में हो तो** राज्य भय, राज्य कार्यों में हानि व शनि का अशुभ फल हो। चौथे भाव के ग्रह सहायता करें। चौथा भाव रिक्त होने पर चन्द्रमा का उपाय करें। **उपाय** में गाय का दान करें। परस्त्री गमन न करें वरना गुप्त रोग होंगे। सांप को दूध पिलाएं। दूध देने वाली गाय का दान पुत्रकारक होगा।

सूर्य-मंगल की युति का फल

सूर्य-मंगल की युति का प्रभाव अच्छा होता है। चन्द्र का फल शुभ नहीं होता है। वंश को तारने वाला परन्तु जब बुध, राहु, केतु अशुभ हो तो इसका अशुभ फल होता है। माता का स्वास्थ्य ठीक न रहे। धन हानि हो। जातक और उसका बड़ा भाई धनी होता है। जातक ऐसा कार्य करे जिसमें जन-सम्पर्क अधिक हो। मकान के लिए वर्गाकार भूखण्ड शुभ हो। शत्रु दबे रहें, मन का साफ और आयु के साथ-साथ उन्नति हो। भाव नौ में युति हो तो उच्च पदस्थ होगा पर शनि 11वें होना चाहिए। दसवें भाव में युति हो तो भाग्यवान होगा। पर चन्द्रमा छठे भाव होना चाहिए।

यदि मंगल अशुभ हो तो यह युति जीवन में विरोध, धोखा, सम्बन्धियों की मृत्यु, दृष्टि पर कुप्रभाव और अशुभ फल देखने को मिलें। **पहले या दूसरे** भाव में युति हो तो मृत्यु युद्ध क्षेत्र या लड़ाई-झगड़ें में हो। **नौवें या दसवें** युति हो तो प्रियजनों से धन-सम्पत्ति को लेकर वाद-विवाद या झगड़ा हो।

सूर्य-बुध की युति का फल

सूर्य-बुध की युति बनावटी गुरु का परिचायक है। मंगल भी शुभ होता है। यह युति व्यक्ति को आत्मनिर्भर, शुक्र महादशा में धन-सन्तान

प्राप्त होती है। बुध अशुभ हो तो सन्तान को कष्ट, 40 वर्ष तक अशुभ फल मिले, व्यापार लाभप्रद, बुध शुभ हो तो सूर्य के तेज में वृद्धि हो। सूर्य व बुध शुभ हो तो राजकीय संबंध और नौकरी अवश्य होगी जोकि लाभप्रद होगी। दीर्घायु हो पर मृत्यु अनायास हो। शिक्षा और कलम सदैव काम आएं। रात्रि में कार्य और हाथ का लेख शुभफल दें अर्थात् लेखन से लाभ हो। युवावस्था में भाग्योदय, स्त्री बुद्धिमान हो या चेहरे पर जख्म का चिह्न हो। स्वयं पर विश्वास करने वाला, स्वनिर्मित, स्वास्थ्य उत्तम, रहस्यमयी विद्या, भक्ति व वास्तु शास्त्र में पारंगत हो। यदि शनि 3, 4 या 5वें हो तो सूर्य (पिता) और शनि (पुत्र) परस्पर न झगड़ें और शुभ फल दे।

युति पहले भाव में हो तो मन्त्री सदृश परामर्शदाता, भाग्यशाली, गणितशास्त्र और योगाभ्यास का शुभफल मिले, राज्य से लाभ हो और धनी हो। परन्तु तभी हो जब शनि शुभ हो। **युति दूसरे भाव में हो तो** शारीरिक व मानसिक रूप से सबल हो और भाव एक का प्रभाव भी मिले। **युति तीसरे भाव में हो तो** राहु का अशुभ फल न मिले। **युति चौथे भाव में हो तो** जनरल स्टोर के व्यापार से लाभ हो, धन-सम्पत्ति बहुत आए। **युति पांचवें भाव में हो तो** 17 से 34 वर्ष तक सन्तान और पूर्वजों पर कुप्रभाव नहीं होगा। आयु दीर्घ होगी। **युति छठे भाव में हो तो** सन्तान सुख, राज्यसभा में सम्मानित और लेखनी में शक्ति हो। लेकिन ऐसा तभी हो जब दूसरा भाव रिक्त हो। **युति सातवें भाव में हो तो** जातक की स्त्री सुन्दर व धनी परिवार से होगी। भाग्यशाली, धनलाभ होता रहे, शिक्षा व ज्योतिष का अभ्यास अच्छा हो, बचपन और बुढ़ापा अच्छा बीते। सूर्य या शुक्र अशुभ हो तो सन्तान को कष्ट व शुक्र का अशुभ फल मिले। केतु व बुध 34 वर्ष के बाद शुभ हो। **युति आठवें भाव में हो और दूसरा भाव रिक्त हो** तो बुध का अशुभ फल मिले। शीशे के बर्तन में गुड़ भरकर श्मशान में दबाएं। सूर्य-बुध का आठवें भाव का फल होगा। **युति नौवें भाव में हो तो** 24वें वर्ष से अच्छा फल हो, 34वें वर्ष से और उन्नति हो। जातक की लड़की 2, 3, 4, 5, 6 वर्ष की होने पर उन्नति होगी। **युति दसवें भाव में हो तो** बुध, शनि, सूर्य का फल उत्तम होगा परन्तु पहला व दूसरा भाव रिक्त होना चाहिए। धनवान हो। **युति ग्यारहवें भाव में हो तो** पैतृक घर में धार्मिक लोग रहते हों तो सदैव भाग्यवृद्धि हो। शुभाशुभ

प्रभाव पड़ने पर कुटम्ब के सदस्यों में संकेत मिलेगा। **युति बारहवें भाव में हो तो** बुध के संबंधी अपव्यय करायेंगे। स्वर्ण धारण करें और बुध का 11वें भाव का उपाय करें। दोनों ग्रह अशुभ हों तो बचपन में कष्ट, राज्यभय और व्यापारिक हानि हो। मानसिक आघात लगेंगे। चन्द्र अशुभ हो और सूर्य-बुध शनि को देखें तो झगड़ों का निर्णय पक्ष में न हो।

सूर्य-शनि की युति का फल

सूर्य और शनि की आपसी लड़ाई में शुक्र (स्त्री का भाग्य) नष्ट होगा पर सन्तान के लिए अशुभ न होगा। दोनों का शुभ फल होगा और सोना-चांदी व अग्नि संबंधी कार्य सहायक होंगे, लेकिन तब जब मंगल की दृष्टि हो या मंगल के भाव में हो। **पहले भाव** में युति होने पर ब्रह्मज्ञानी, **पांचवें भाव** में युति होने पर कठोर स्वभाव, **छठे भाव** में युति होने पर स्त्री का सुख पूर्ण हो, बुध, चन्द्र स्थापित हों तो सूर्य का फल कम शुभ हो।, **नौवें भाव** में युति होने पर स्वार्थी व धनी होगा। **बारहवें भाव** में युति होने पर शनि, सूर्य व शुक्र का शुभ फल मिले।

अशुभ स्थिति में सूर्य-शनि की युति हो तो घर फूंक तमाशा देखे। अस्वस्थ, युवावस्था में कष्ट, राज्य से अर्जित धन नष्ट होगा और मित्र अविश्वसनीय होंगे। 22, 36-39 वर्ष तक राहु या मंगल का अशुभ फल होगा। सूर्य बली हो तो शनि निर्बल होगा और शारीरिक शक्ति उत्तम पर ढांचा निर्बल होगा। जन्मकुण्डली में पहले व वर्ष कुण्डली में सातवें सूर्य-शनि की युति हो तो जेल या पागल खाने जाना पड़े।

उपाय में बादाम व नारियल बहते पानी में बहाना शुभ होगा। स्त्री को कष्ट होगा यदि दिन में संभोग करेंगे। स्त्री को कष्ट हो तो सिर के बालों में तांबा, सोना व मूंगा लगा लेना ठीक रहेगा।

सूर्य-राहु की युति का फल

जातक अल्पायु, 42वें वर्ष में सन्तान को कष्ट, सूर्य में प्रकाश तो होगा पर ताप नहीं होगा। राज्यभय हो तथा अपव्यय बहुत हो। 42वें वर्ष के बाद शुभता या उन्नति हो। 39 से 78 वर्ष तक सूर्य का शुभ फल हो। सूर्य-राहु की युति का अशुभ फल तब अधिक होगा जब यह युति 9 या 12वें भाव में हो। त्वचा पर काले-सफेद धब्बे हों पर फुलबहरी का रोग न हो। सूर्य राहु आठ, दस या 11वें भाव में हों तो अल्पायु हो।

उपाय में जौ को बोझ तले अन्धेरे स्थान पर रखने पर चोरी या हानि नहीं होगी। जौ को दूध या गाय के मूत्र में धोकर बहते पानी में बहाना या दान देना बुखार से रक्षा करेगा। राहु की वस्तुएँ नदी-नाले के बहते पानी में बहाने से शुभता होगी। तांबे का सिक्का सारी रात या 12 बजे आग में जलाकर प्रातः नदी-नाले के बहते पानी में बहाना शुभ होगा।

सूर्य-केतु की युति का फल

सूर्य के साथ केतु अशुभ हो जाता है। यात्रा में हानि, यात्रा बहुत हों, शुक्र व केतु शुभ न हों तो धन, सम्पत्ति, राज्य पक्ष दुर्बल हो। पुत्र वधु और पुत्र हानि करायें व वाद-विवाद करें। **गाय का मूत्र घर पर छिड़कने से केतु, शुक्र व बुध का प्रभाव शुभ हो जाता है। कानों का कच्चापन हानि करायेगा। सूर्य ग्रहण के समय केतु की वस्तुएँ बहते पानी में बहाएँ।**

चन्द्र-शुक्र की युति का फल

माता एक आंख से दुःखी, ससुराल और ननिहाल में अशुभता रहे। भाग्य दूध में मिट्टी मिले जैसा हो। चन्द्र-शुक्र की युति नीच केतु सदृश हो। 2, 4, 7, 11वें भाव का अशुभ फल मिले। शुभाशुभ मिश्रित फल मिले जैसे न निर्धन तो न धनी हो। **गले में चान्दी धारण करें। चान्दी की ठोस गोली पॉकिट में रखें।**

दूसरे भाव में युति हो तो मेडिकल स्टोर या दवाईयों के कार्य से धन अर्जित हो। कुंआ खोदने या खुदवाने पर स्त्री को कष्ट हो, बुढ़ापे में प्रेम का भूत सवार हो। **चौथे भाव में युति हो** और 10वें शनि हो तो चन्द्र का शुभ फल और 10वें सूर्य हो तो पिता का सुख पूर्ण हो, यदि 5वें सूर्य हो तो माता-पिता का सुख दीर्घकाल तक रहे। स्त्री का सुख भी मिले। **सातवें भाव में युति हो तो** जातक दानी, शुभ कार्यों में धन खर्च हो, दूजों का-सम्मान करने वाला होता है। **आठवें भाव में युति हो तो** स्वास्थ्य ठीक, धन-सम्पत्ति, दादी, गौ-सेवा व दान का भली-भांति शुभ फल मिले।

अशुभ स्थिति में **पहले भाव** में युति होने पर स्त्री को कष्ट, विस्मृति, पागलपन व दीवानगी की स्थिति रहे, **दूसरे भाव** में युति होने पर स्त्री से मिलन तबाही का कारण, गुरु का अशुभ फल मिले और

भाग्य निर्बल हो, **चौथे भाव** में युति होने पर नशेड़ी और संसार से बेखबर रहे, **सातवें भाव** में युति हो होने पर माता को नेत्र दोष व विवाह के दिन से धन वृद्धि रुक जाए और **आठवें भाव** में युति हो तो नपुंसक, डरपोक, माता व स्त्री का सुख नष्ट, चरित्रहीनता और अपनी मूर्खता बर्बादी का कारण बने।

अपना व स्त्री का स्वास्थ्य ठीक न रहे और आर्थिक स्थिति ठीक न रहे तो लाल धागा रक्षा व धन के रूप में कलाई में बांधकर रखना शुभ होगा।

चन्द्र-मंगल की युति का फल

जीवन प्रसन्नता से परिपूर्ण, दीर्घायु, दान देने से सुख वृद्धि हो, कुटम्ब की परेशानी अपने पर लेने वाला। यह युति 2 या 4थे भाव में हो तो 52 वर्ष तक, मंगल के उच्च व श्रेष्ठ भाव में युति हो तो 38 वर्ष तक और मंगल के अशुभ भावों में युति हो तो 33 वर्ष तक शुभाशुभ फल मिलें। 3, 4, 8वें भाव में युति होने पर मंगल अशुभ नहीं होगा। गुरु की दृष्टि पड़े तो सुख, धन-सम्पत्ति और मित्रों से सहायता मिले। सूर्य की दृष्टि पड़े तो राजयोग बने। बुध की दृष्टि पड़े तो व्यापारी बहुत कुछ जानकार, बुद्धिमान और सांसारिक कार्यों में सहायता प्राप्त करे। शुक्र की दृष्टि पड़े तो सन्तान को बाधाएँ, धन उपयोग में लाए बिना चला जाए अर्थात् धन का सुख न हो। शनि की दृष्टि पड़े तो जिद्दी, हथियार या विष से मृत्यु हो, मूर्ख एवं जानवरों से मौत का खतरा हो। केतु की दृष्टि पड़े तो लड़का, संबंधी या भतीजा सरकारी नौकरी में हो पर धन कमाकर न दे।

तीसरे भाव में युति हो तो जातक धनी, दुष्ट, भाग्यवान और किसी की परवाह न करे। **चौथे भाव** में इनका बुध से साथ हो तो जातक धनी हो। **सातवें भाव** में युति हो तो धन-सम्पत्ति से युक्त, बहुत धनी व बड़े कुटम्ब वाला हो। अशुभ होने पर लालची पुत्र, दुर्घटना या अचानक मृत्यु हो पर शनि पहले भाव में हो। **नौवें भाव** में युति हो तो दुष्ट, भाग्यवान, संतान अच्छी व धनी हो। अशुभ होने पर मृत्यु सदमे से हो। **दसवें भाव** में युति हो तो 2 व 5वें भाव के ग्रह ठीक होने पर धन-सम्पत्ति का सुख मिले परन्तु चौथे भाव में शत्रु ग्रह हों तो अशुभ फल मिले। **ग्यारहवें भाव** में युति हो तो शनि शुभ होने पर राज्य से

धन लाभ हो, शनि अशुभ हो तो तंगी रहे। मंगल अशुभ हो तो वहमी, लालची, असफल प्रेमी, औरतों के सम्पर्क से बर्बाद होगा। **बारहवें भाव** में युति हो तो रात्रि में सुख की नींद व जीवन ढंग से बीते।

चन्द्र और बुध की युति का फल

दोनों ऐसे भावों में हों जहां बुध शुभ हो रहा हो तो चन्द्र धार्मिक और शुभ फल देगा। दोनों ऐसे भावों में स्थित हों जहां एक का फल अशुभ हो तो दोनों का फल शुभ होगा। यदि दोनों चौथे या सातवें भाव को छोड़कर अन्यत्र स्थित हों ओर किसी ग्रह से दृष्ट न हों तो मान-सम्मान हो व उत्तम धन होते हुए भी भीरु स्वभाव का होगा। दोनों पर गुरु, सूर्य या शनि की दृष्टि पड़े तो शुभ फल होगा। **दूसरे भाव में** युति हो तो पैतृक सम्पत्ति नष्ट नहीं होगी व पिता दीर्घायु हो। बुध सहायता करे। **चौथे भाव में** युति हो तो अच्छी स्थिति, धन और शक्ति निरन्तर मिले। **छठे भाव में** युति हो तो कपड़े के कार्य से लाभ हो, माता-पिता दीर्घायु, बुद्धि ठीक व एक तरफा निर्णय ले। **दसवें भाव में युति** हो तो यात्रा से लाभ। व्यापार में वृद्धि, अच्छा घर और पुरुषों की संख्या कुटम्ब में अधिक हो। **ग्यारहवें भाव में युति** हो तो लड़की के विवाहोपरान्त शुभ फल मिलेंगे।

दोनों में से बुध अशुभ हो रहा हो तो चन्द्र का भी अशुभ फल मिलेगा। प्रेम में बर्बाद होगा। शनि भी भला नहीं करेगा। पापी ग्रहों के संबंध में अत्यन्त अशुभ फल मिले। मंगल की दृष्टि पड़े तो केतु का अशुभ फल मिले पर स्वयं दीर्घायु हो। मूर्छा, चक्कर, हृदयरोग व माता अन्धी हो। **तीसरे युति हो** और छठे बुध के मित्र सूर्य, शुक्र या राहु न हों तो शनि, राहु व शुक्र का फल अशुभ हो। **चौथे अशुभ युति** हो तो निर्धनता या प्रेम के कारण आत्महत्या करे और सांसारिक फल अशुभ ही हो। **छठे अशुभ युति** होने पर जातक हत्यारा और लखपति होकर भी अनेक कष्ट उठाए व यात्राएं बहुत करे। **सातवें अशुभ युति** होने पर लखपति होकर भी दुःखी, मानसिक आघात लगें, माता अन्धी और हाथ से किए जाने वाले कार्यों में हानि हो। **आठवें अशुभ युति** चौथे भाव का फल देगी। **दसवें अशुभ युति** हो तो स्त्री व सन्तान का सुख न मिले। यदि 8वाँ भाव भी अशुभ हो तो मृत्यु अचानक और बुरी हो। जीवन मनहूस ही हो। **बारहवें अशुभ युति** हो तो शनि शुभ होते हुए

भी अशुभ फल दे। **बुध अशुभ या नीच हो तो मंगल व राहु के उपाय से सहायता ली जा सकती है।**

चन्द्र-शनि की युति का फल

पहले युति हो तो उत्तम फल हो। दूसरे व तीसरे युति हो तो कुंआ खुदवाने पर शुभ फल मिले। सांप को दूध पिलाने पर धन व सम्पत्ति से हीन रहे। दूजों का भला करना लाभदायी हो। **तीसरे युति** भरपूर धन-सम्पत्ति दिलाती है। **चौथे युति** हो तो चन्द्र का शुभ फल हो। सांप काटने पर भी बच जाए। **छठे युति** हो तो स्वयं बनाया भवन और आयु शुभ होगी। **नौवें युति** होने पर धन सम्पत्ति तो बढ़े पर चन्द्र अशुभ हो। **आठवें युति** दृष्टि कमजोर शनि की वस्तुएँ व हथियार 9, 18, 36वें वर्ष में हानि पहुचाएँ। **दसवें युति** हो तो आर्थिक तंगी हो, इधर-उधर भटके, प्रेम से बर्बादी हो, धन सारा नष्ट कर दे। **बारहवें युति** होने पर स्त्री का सुख न के बराबर हो। **शनि व केतु का उपाय लाभदायी हो। समान आयु के संबंधी के साथ मिलकर कार्य करना लाभदायक हो। दृष्टि कमजोर हो तो 43 दिन तक सादा पानी न पीएं उसमें कुछ न कुछ मिलाकर पिएं। साँप को दूध पिलाने पर चन्द्र बली होगा। चन्द्र ग्रहण में शनि की वस्तुएँ बहते पानी में बहाएँ। शनि व चन्द्र के अशुभ प्रभाव को दूर करने के लिए सूर्य का उपाय करें।**

चन्द्र-राहु की युति का फल

यदि शनि शुभ हो तो राहु भी शुभ होगा। 45 दिन, 45 मास व 45 वर्ष तक चन्द्र-राहु का अशुभ फल मिले। राहु अशुभ हो तो केतु भी अशुभ हो जाता है। युति 1-6ठे भाव में हो तो माता को कष्ट, मृत्यु तक होने की संभावना, 7-12वें भाव में होने पर अशुभ न हो यदि हो तो 24 वर्ष तक ही हो। सातवें युति शुभ हो तो स्त्री तथा राज्य का अशुभ फल न मिले। अशुभ होने पर ससुराल में वीरानी छाए। नौवें युति हो तो पैतृक घर में प्रसन्नता और सूखा कुंआ पानी से भर जाए। अशुभ होने पर चन्द्र का अशुभ फल मिले। ग्यारहवें युति हो और बुध 3रे व गुरु 2रे हो तो सन्तान सुख मिले।

युति अशुभ हो तो पानी से भय हो, 21 या 42 वर्ष तक राहु अशुभ फल दे तथा रोग हो ससुराल में परेशानी और वहम की बीमारी हो।

उपाय में चन्द्र ग्रहण पर राहु की वस्तुएँ बहते पानी में बहाएं। 11वें चन्द्र का उपाय करें। चन्द्र, मंगल व गुरु का उपाय करें।

चन्द्र-केतु की युति का फल

चन्द्र-केतु अर्थात् चन्द्रग्रहण हो। बुध शुभ हो तो अशुभ फल न हो। 34 से 58 वर्ष तक शुभ फल हो। पुरूष ग्रह शुभ हों तो सर्वत्र प्रसन्नता हो और शुभ फल मिले। यदि अशुभ युति हो तो लड़का उत्पन्न होने के 43 दिन तक माता-बच्चे का साथ रहना शुभ नहीं है। रात में दूध पीना हानिकारक है। किसी के मूत्र के ऊपर मूत्र करना हानिकारक हो। विद्या पूरी न हो। जोड़ों का दर्द या मूत्र रोग हो। 1, 2, 6, 12वें भाव में अशुभ होने पर स्वास्थ्य धन व हर प्रकार से अशुभ फल ही हो। **विद्या हेतु धर्मस्थल में केतु की वस्तुएँ दान करें। बुध व केतु की वस्तुओं का दान या उपाय लाभदायी हो। तीन केले प्रतिदिन 48 दिन तक मन्दिर में दें।**

मंगल-बुध की युति का फल

इनकी युति होने पर राहु जैसा स्वभाव हो। मंगल शुभ तो बुध शुभ हो। शुभ बुध बाधा नहीं करता हो अशुभ होने पर मंगल से मिलकर हानि करता है। पहले भाव में शुभ युति स्वस्थ शरीर ससुराल का बेड़ा पार लगाए और धन-सम्पत्ति उन्हें देता रहे। दूसरे युति होने पर स्वयं व ससुराल धनी हो। तीसरे युति हो तो बड़े भाई से सहायता प्राप्त हो, माता-पिता का दीर्घायु तक सुख मिले, ईश्वरीय सहायता भी मिले। चौथे युति कभी स्वयं का अहित न हो। छठे या आठवें युति हो तो दोनों का शुभ फल हो।

मंगल अशुभ हो तो 1, 3, 4, 7, 8, 11वें भाव में युति होने पर अशुभ फल मिले और प्रत्येक प्रकार से कष्ट व बाधाएं आएं। पिता का साथ अुशभ, अग्नि से हानि, व्यर्थ का अपमान व अपयश और चिन्ताएं घेरें। स्वास्थ्य खराब रहे। व्यापार में हानि व अन्य अशुभ फल हो। **मंगल का उपाय सहायता करे।**

मंगल-शनि की युति का फल

मंगल-शनि की युति उच्च राहु सदृश है यदि मंगल शुभ है। गुरु की दृष्टि या साथ से राहु अशुभ हो जाए तो तीनों का फल अशुभ हो। गुरु के भाव में युति हो तो धन आए पर डकैती में लुट जाए। कोई विश्वसनीय न हो। लेन-देन में हानि हो। जातक डाक्टर, डाकू या फौजी होता है। दोनों की युति भावानुसार निम्न फल देगी—**पहले**—राज्यलाभ, **दूसरे**—विवाह व ससुराल का सुख, **तीसरे**—कन्या का विवाह हो, **चौथे**—खेती में लाभ, **पांचवें**—सन्तान लाभ, **छठे**—रेंगने वाले जानवरों से भय, **सातवें**—स्त्री सुख मिले, **आठवें**—मृत्यु या फांसी हो, **नौवें**—पितृयज्ञ करे, **दसवें**—घर में सर्प निकले, **ग्यारहवें**—पिता व दादा की सम्पत्ति छोड़े और **बारहवें**—कुटम्ब में यज्ञ हो। शुभ मंगल व शनि की युति शुभ हो। अशुभ मंगल व शनि की युति हर प्रकार से अशुभ हो।

उपाय में लेन-देन बिना लिखे न करें। स्वास्थ्य ठीक न हो तो अशुभ मंगल व शनि का उपाय करें। घोड़ी के बच्चा देने पर उसका पहली बार निकाला दूध शीशे के बर्तन में घर में रखने से डाका, चोरी व धोखा नहीं होगा। माता की आज्ञा व चन्द्र का उपाय भी लाभदायक हो।

मंगल-राहु की युति का फल

राहु के साथ मंगल होने पर दोनों का मिश्रित प्रभाव होता है क्योंकि राहु हाथी है तो मंगल महावत है। हाथी पर महावत सवार हो तो वह कुप्रभाव दे ही नहीं सकता। यदि दोनों की युति उन भावों में हो जहाँ वे उच्च होते हैं तो जातक राजा सदृश होता है।

मंगल 1, 4, 8वें अशुभ होता है और राहु 1, 5, 7, 8, 9, 10, 11, 12वें भाव में अशुभ होता है। इन भावों में इनकी युति अशुभ फल देने वाली है।

उपाय में मिट्टी के बर्तन में राहु की वस्तुएँ जौ, सरसों भरकर बहते पानी में बहाएँ। चूल्हे पर बैठकर भोजन करने से राहु अशुभ नहीं होगा। मंगल का उपाय भी सहायता करेगा।

बुध-शनि की युति का फल

सन्तान पर कुप्रभाव नहीं होगा। 24 वर्ष तक पुत्र जन्म लेते रहेंगे।

42 वर्ष तक शत्रुओं से रक्षा हो। माता-पिता का सुख दीर्घायु तक हो। जातक दयालु और भाग्यशाली हो। **सातवें शुभ युति हो तो** जातक धनी व सुखी हो। **सातवें शुभ युति हो तो** जातक धनी व सुखी हो। **ग्यारहवें शुभ युति हो** जातक धनी और सुखी होगा। **दूसरे व बारहवें शुभ युति हो तो** जातक स्वस्थ, दयालू, भाग्यशाली और दीर्घायु तक माता-पिता का सुख हो।

दूसरे व बारहवें अशुभ युति हो तो शनि के कार्य और वस्तुएँ पिता के लिए कष्टकारी हों। पिता की मृत्यु तक हो सकती है। **चौथे अशुभ युति हो तो** चन्द्र का अशुभ फल मिले। दूजों के लिए अशुभ प्रभाव देगा। **सातवें अशुभ युति हो तो** जातक शराबी, मांसाहारी और एहसान फरामोश हो। **नौवें अशुभ युति हो तो** 34 वर्ष तक अशुभ फल मिले। **ग्यारहवें अशुभ युति हो तो** जातक दुर्भाग्यशाली और कष्ट उठायें।

बुध और राहु की युति का फल

राहु हाथी का शरीर और बुध उसकी सूँड की तरह सहायक होने के कारण दोनों का शुभ फल जातक को मिलेगा।

11वें भाव को छोड़कर भाव 7 से 12 तक दोनों की युति हो तो अशुभ फल मिले। बुध व राहु के संबंधी परेशान, दुःखी व बर्बाद हों। **उपाय में कच्ची मिट्टी की 100 गोलियां बनाकर एक गोली प्रतिदिन सौ दिन तक धर्मस्थल में पहुँचाएं। नागा नहीं होनी चाहिए। धर्मस्थल अवश्य बदल सकते हैं। 3 व 11वें युति** हो तो बहन धनी हो परन्तु शीघ्र विधवा हो जाए। **12वें युति** होने पर निस्संतान, बर्बाद और ससुराल वाले भी परेशान दुःखी व कष्ट में हों।

बुध और केतु की युति का फल

बुध-केतु की युति पर किसी ग्रह की दृष्टि न हो तो दोनों का शुभ फल मिले। अशुभ दृष्टि पड़े तो झगड़ा, धन हानि और अशुभ फल मिले। केतु की वस्तुओं पर अशुभ फल मिले। दूजों का बुरा न करे। बुध अशुभ हो तो अपना व दूजों का बुरा करे। 2, 3, 5, 6, 11, 12वें युति होने पर अशुभ फल मिले। **चन्द्र व मंगल का उपाय करने पर राहत मिलेगी।**

गुरु सूर्य की युति का फल

गुरु जातक का पिता व सूर्य उसका पुत्र माना गया है। जातक के भाग्य से पिता व सन्तान को भी लाभ होगा। दोनों की युति चन्द्र का प्रतीक है। बुध ग्रह का संबंध हो तो दोनों कैदी हो जाते हैं। शुक्र इनसे बाद में हो तो सन्तान व राज्य में सम्मान हो। सूर्य शुभ हो तो स्वास्थ्य, भविष्य, भाग्य व इन दोनों की वस्तुओं का व्यापार व संबंधी लाभ करायें। दोनों चन्द्र को देखें तो धन स्वतः आए और दूजों के साथ मिलकर कार्य करने से भाग्योदय हो। दोनों 1, 2, 3, 4, 5, 8, 9, 12वें भाव में शुभ हो तो सर्व प्रकार से शुभ हो। 6, 7, 10, 11वें हो तो शुभाशुभ फल हो पर बुढ़ापे में सुख व लाभ हो। गुरु के अशुभ भाव 6, 7, 10, 11 व सूर्य के अशुभ भाव 6, 7, 10 में इनकी युति अशुभ फलदायी है।

पिता-पुत्र एक साथ रहे तो अशुभता दूर होगी। घर की सबसे पुरानी चारपाई प्रयोग में लाता रहे। शुद्ध सोना घर में स्थापित करना शुभ है।

गुरु-चन्द्र की युति का फल

प्रायः इनकी युति शुभ ही होती है। गुरु के अशुभ भाव 6, 7, 10, 11 है और चन्द्र के अशुभ भाव 6, 8, 10, 11 व 12वाँ है। इन भावों में इनकी युति प्रत्येक प्रकार से हानिकारक, दुःखदायी व बाधाकारक है। इसके अतिरिक्त अन्य भावों में शुभ स्थिति शुभफलदायी है। **उपाय में चान्दी का बर्तन घर के कोने में दबाएँ। केतु की वस्तुएँ जमीन में दबाएं या केतु का दो रंगा पत्थर चान्दी में जड़वाकर धारण करें। भंगी को दान देते रहें। कन्याओं का पूजन व आशीर्वाद लें। नदी में तांबे का सिक्का बहाएं। श्मशान में नल, कुंआ या प्याऊ लगवाएँ। दूर्गा उपासना करें।**

बुध-शुक्र की युति का फल

दोनों में पहले गुरु का बाद में शुक्र का प्रभाव शुभाशुभ कुण्डली की स्थिति के अनुरूप होता है। जातक प्रेम में प्रवीण, स्त्रियों से सहायता व लाभ हो और दुःख व रोग से बचाव हो। इनका 32 वर्ष तक मिला-जुला प्रभाव हो।

गुरु 6, 7, 10, 11वें अशुभ होता है और शुक्र 1, 6, 9वें भाव में अशुभ होता है। इन भावों में इनकी युति अशुभ है। **पहले भाव में युति** निर्धनता व पारिवारिक सुख नष्ट करे। **छठे भाव में युति** हो तो संबंधी हानि पहुँचाएं। **सातवें युति** हो तो प्रेम बर्बादी का कारण बने, स्त्री से दूर रहे या अपमानित हो। **दसवें भाव में युति** हो तो पराई स्त्री बर्बाद करे, स्त्री का चरित्र ठीक न हो, सन्तान व पिता से दुःख व भाईयों से झगड़ा हो। स्त्री धन बर्बाद करे। **11वें भाव में युति** हो तो जातक नपुंसक एवं दुर्भाग्यशाली हो। मंगल के अशुभ होने पर 1, 4, 8 भाव में युति भी अशुभ फलदायी हो। शेष भावों में शुभ फल मिले। **उपाय में मृगछाला का प्रयोग करे। रेवड़ियां बहते पानी में बहाएं। 11वे स्थित शुक्र का उपाय करें।**

गुरु-बुध की युति का फल

गुरु के भावों में बैठा बुध, शुभ फल देता है। यदि बुध की दृष्टि गुरु पर पड़े तो गुरु कैदी हो जाता है और 3, 5, 9 से 12 भावों में बैठकर अपना विष फैलाता है।

गुरु 6, 7, 10, 11वें और बुध 3, 8, 9, 10, 11, 12वें अशुभ होता है। इन भावों में गुरु-बुध की युति अशुभ फल देने वाली है। आर्थिक तंगी, अपमान, बाधाएं, सन्तान से दुःख और स्वास्थ्य खराब हो। **उपाय में नाक छिदवाएँ और चांदी का तार 96 घंटे या 9 दिन तक पहने रहें। खाण्ड भरा बर्तन भूमि में दबाएं।**

अशुभ भावों के अलावा गुरु अन्य भावों में स्थित हो और पाप ग्रहों से दृष्ट न हो तो सर्व प्रकार से सहायता व सुख प्रदान करे।

गुरु-शनि की युति का फल

गुरु-शनि जब शुभ और शुभ भावों में स्थित हों तो शुभ फल करते हैं। गुरु 6, 7, 10, 11वें और शनि 1, 4, 5, 6ठे भाव में अशुभ होता है। इन भावों में गुरु-शनि की युति अशुभ फलदायी है।

शराब, मांस का सेवन, परायी स्त्री का सम्पर्क न करें। मुफ्त में लेकर न खाएं। शनि का उपाय करें। शिव उपासना करें या चन्द्र का उपाय करें।

इन दोनों की युति हो और केतु या पाप ग्रहों से दृष्ट हो तो सन्तान, धन व अन्य प्रकार से अशुभ फल मिले। बुध अशुभ हो या शनि अशुभ हो तो भी इस युति का शुभ फल नहीं मिलता है। मंगल अशुभ या नीच होने पर यह युति लड़ाई, झगड़े, मुकदमे देती है। माता-पिता 34 वर्ष से 36 वर्ष तक चल बसें।

गुरु-राहु की युति का फल

जातक वचन का पक्का, किसी से झुकता नहीं चाहे जितना पिटना पड़े। कभी निर्धन तो कभी धनी, कभी निराश तो कभी आशावान हो। प्रत्येक 12 वर्ष बाद अशुभ फल हो। झूठी लोकप्रियता मिले। गुरु 6, 7, 10, 11वें अशुभ एवं 1, 2, 5, 7, 9, 10, 11वें राहु अशुभ होता है। इन भावों में युति पिता को कष्ट, राहु संबंधी वस्तुओं व रिश्तेदारों का अशुभ फल हो। 8-12, 16-21 व 42वें वर्ष में कष्ट हो। अशुभ स्थिति में धन, सन्तान, पिता व व्यापार में हानि हो।

अशुभ समय में केतु का उपाय करें, सोना धारण करें, मंगल का दान करें, जौ दूध से धोकर लगातार 43 दिन तक पानी में बहायें। आठवें गुरु का उपाय करें।

गुरु-केतु की युति का फल

दोनों की युति शुभ फलदायी है। परिवार, धन-सम्पत्ति में वृद्धि हो, केतु छल नहीं छोड़ता तो गुरु किसी की भलाई-बुराई नहीं करता। गुरु 6, 7, 10वें और केतु 4 व 6ठे अशुभ होता है। इन भावों में गुरु-केतु की युति हो या कहीं भी युति हो पर पाप ग्रहों से दृष्ट हो तो अशुभ फल मिले। मृत्यु का पूर्वाभास हो जाता है। शेष भावों में शुभ स्थिति में धन, सन्तान, स्त्री व परिवार का सुख मिलता है। **अशुभ स्थिति में पीले नींबू मन्दिर में दान करें।**

शुक्र-मंगल की युति का फल

जब इन पर गुरु की दृष्टि पड़े तो धन, परिवार, तीर्थयात्रा और सांसारिक सुखो का भरपूर लाभ हो। यदि चन्द्र भी देखे तो सभी सुख मिलें, ससुराल से धन मिले, सन्तान और सभी सुख मिलें। **तीसरे भाव में युति** हो तो अर्जित धन भाई-बहनों को बेड़ा पार लगाये। **सातवें**

भाव में युति हो तो सन्तान व पोते-परपोतों का सुख हो। रक्त संबंधियों का जीवन बेड़ा पार लगाए। धन और सभी सुख प्राप्त हो। **आठवें भाव में युति** हो तो साहसी, समृद्ध और आक्रमण रोकने की क्षमता रखे। **दसवें भाव में युति** हो तो स्त्री के संबंधी धनी होंगे। स्त्री गौर वर्ण व ससुराल वाले कृष्ण वर्ण हों तो राजसी ठाठबाट होंगे।

शुक्र-मंगल को पापी ग्रह शनि, राहु या केतु देखें तो रात-दिन परेशानियों से घिरा रहे। मंगल अशुभ हो तो जातक निकम्मा, स्त्री कष्ट में, अग्निभय, रोग और मृत्यु तक की संभावना बने। **अशुभ मंगल का उपाय करें। तीसरे भाव में अशुभ युति** हो तो जातक व्याभिचारी हो। **चौथे भाव में अशुभ युति** हो तो माता बर्बाद हों और जातक को भी बर्बाद करें, उनकी पानी से मौत हो। **आठवें भाव में अशुभ युति** हो तो सबका निंदक और जिसकी जड़ में जा बैठे उसे उखाड़ फेंके परन्तु स्वयं बचा रहे। **नौवें भाव में अशुभ युति** हो तो स्वास्थ्य ठीक न रहे, साले की सहायता करना शुभ हो। **दसवें भाव में अशुभ युति** हो तो जातक निर्धन, झगड़ालू, स्त्री श्यामवर्ण और शनि के स्वभाव की होगी। छोटी सी बात के लिए झगड़ा करे। स्त्री के लिए भाईयों तक को मरवा दे।

शुक्र-बुध की युति का फल

जब तक शुक्र-बुध से सूर्य का संबंध नहीं होगा तब तक शुभ फल मिलेगा। स्त्री धनी परिवार से होगी। **पहले भाव** में शुभ युति हो तो राज्य सुख मिले परन्तु अशुभ होने पर अल्पायु हो। **दूसरे भाव** में शुभ युति होने पर चरित्रवान, आढ़ती या व्यापारी उत्तम स्तर का होगा, परन्तु अशुभ होने पर एय्याश हो। **तीसरे** अशुभ युति हो तो चन्द्र अशुभ फल दे, सौतली माँ का कोई लाभ न हो, शुभ युति होने पर सौतली माँ के अतिरिक्त सभी फल शुभ हो। **चौथे भाव** में शुभ युति हो तो राजयोग हो या व्यापारिक लाभ हो। अशुभ होने पर बुध व शुक्र के फल अशुभ होंगे। चरित्रहीन हो व माता के संबंधी हानि पहुँचाएं। **पांचवें भाव** में शुभ युति हो तो सन्तान सुख हो, अशुभ होने पर प्रेम हानिकारक हो और सन्तान सुख में बाधाएं आएं। दूजे लोग बार-बार ऋण के लिए रोकें। **सातवें भाव में** शुभ युति हो तो व्यापारी या आढ़ती होगा। तोलने के कार्य में लाभ हो, गृहस्थी व अन्य सुख प्राप्त हों। अशुभ होने पर विवाह

दान देना सहायक हो। **नौवें युति हो और 1, 3, 6, 7, 9, 11वें चन्द्र, केतु या गुरु स्थित हो तो** दोनों ग्रहों का शुभफल मिले। अशुभ होने पर बड़ों की आशाओं को निराशा में बदल दे और निकम्मा रहे। **आठवें** युति हो तो अशुभ फल मिले। सन्तान व विवाह में बाधाएँ आएं। **दसवें युति हो तो** जातक स्वस्थ व बुद्धिमान हो पर अशुभ होने पर दोनों का अशुभ फल मिले। **ग्यारहवें युति हो तो** अशुभ फल मिले। **चन्द्रमा का उपाय करें। बारहवें** युति हो तो अशुभ फल तबसे मिले जब लड़की उत्पन्न हो जाए। **तीन लड़कियों के विवाह हो जाने पर बुध अशुभ नहीं रहेगा। बकरी का दान शुभ फलदायी हो। चन्द्र का उपाय करें। लड़की को गाय दान करें। सोने की पीले खोल वाली मोती की माला दूध में धोकर धारण करें।**

शुक्र-शनि की युति का फल

दोनों ग्रह गुरु से दृष्ट हों तो शुभ फल मिले, शनि शुक्र को सहायता दे और दूसरे साथी के साथ संबंध बनने पर भाग्य जाग जाए। **तीसरे युति हो तो** स्त्री-पुरूष आराम करने वाले और उन्हें आराम कराने वाले मिल भी जाएं। अशुभ हो तो स्त्री आवारा या आवारा स्त्री के साथ घूमे या उनसे मिले। **चौथे अशुभ युति हो तो** चाचा आवारा व दुःखी हो। लेकिन तब जब सूर्य दसवें हो। **सातवें युति हो तो** जातक डरपोक, नपुंसक, बेकार और संबंधी आएं और खा-पीकर चले जाएं। लेकिन यह तब हो जब चन्द्र पहले और सूर्य चौथे हो। **दसवें भाव में युति हो तो** समस्त सुख मिलें पर सूर्य चौथे होना चाहिए। **बारहवें** युति हो और बुध छठे हो तो गृहस्थ सुख और सम्मान मिले। कुटम्ब बड़ा हो। यदि गुरु 5, 6, 10वें हो तो धन-सम्पत्ति से युक्त और दूजों को खा-पी जाएगा। **उपाय में तांबे का पैसा बहते पानी में बहाएँ और 10वें भाव में स्थित ग्रह का उपाय करें। घर की छत पर लोहे का तार लगायें।**

शुक्र-राहु की युति का फल

इनको सूर्य-चन्द्र की सहायता मिले तो शुभ फल मिलेगा। वैसे तो ये दोनों ग्रह किसी भी भाव में हों तो शुक्र, गृहस्थी व धन के लिए अशुभ होगा। चौथे भाव में दोनों की युति हो तो पड़ोसी की लड़की का

विवाह न हो। स्त्री भाग्यवान हो। घर का मुख्य द्वार दक्षिण में हो तो शुक्र का अत्यन्त अशुभ फल मिले और स्त्री पर स्त्री मरे।

यदि जातक नाखुन बढ़ा ले और उन्हें रखे, आँखों में सुरमा डाले। 43 वर्ष तक अशुभ फल मिले। रातों की नींद तक हराम हो जाए। **दूध व हरे नारियल का दान करें। स्त्री के बाएं हाथ में चान्दी का छल्ला पहनाएं।** 1, 3, 7, 12वें युति अशुभ फलदायी है। स्त्री का स्वास्थ्य व सुख न हो। अन्य प्रकार से भी अशुभ फल मिले। **स्त्री के हाथों या अपने हाथों नीला फूल सायंकाल में मिट्टी में 43 दिन तक बिना नागा दबाएँ।**

शुक्र-केतु की युति का फल

शुक्र-केतु से पूर्व में राहु हो तो पड़ोसी के लड़के का विवाह न हो। शुभाशुभ फल दोनों ग्रहों का मिले। 40 वर्ष तक शत्रु तंग करेंगे। नौवे भाव में युति होने पर दोनों का शुभ फल मिले। यदि अकेला शुक्र हो तो अशुभ फल मिले। यदि अकेला शुक्र हो तो अशुभ फल मिले। 12वें भाव में युति हो तो जातक की पत्नी बहादुर, धनी और सुखी हो। दीर्घायु व रात का पूर्ण सुख मिले।

पहले भाव में युति होने पर सन्तान बाधा और साथियों की मृत्यु से दुःखी हो। **छठे भाव में युति** हो तो अशुभ फल मिले। सूर्य व गुरु अशुभ हो तो स्त्री बांझ तक होती है। कभी भाग्य जागे तो प्राप्त धन मिल जाने पर उसे खर्च करना ही न आए।

शनि-राहु की युति का फल

शनि सर्प है तो राहु उसके मस्तक की मणि हैं। दोनों की युति इच्छाधारी सर्प है। जातक कोष का स्वामी और प्रत्येक की सहायता करने वाला होगा। 36-39 से अच्छा समय प्रारम्भ होता है। **प्रथम भाव** पर इनकी दृष्टि न हो तो राजा सदृश होता है। यदि शरीर पर लहसुन का चिह्न हो तो साधु या फकीर होता है। **पांचवें या आठवें** युति हो तो राजाओं का राजा होता है। **पहले** युति हो तो बड़े कुटम्ब वाला, दूसरे हो राजकोष से धन प्राप्त हो, **तीसरे** हो तो बेड़ा पार लगाने वाला, **नौवें** या **बारहवें** हो तो मारने वाला होता है। यदि चन्द्रमा 11वें हो तो जब तक माता जीवित रहे जातक का स्वास्थ्य ठीक रहे। मानसिक अस्थिरता रहे।

मन की शान्ति के लिए नदी के बहते पानी में चावल बहाएँ। नौवें हो तो धन-सम्पत्ति भरपूर और बड़ा कुटम्ब हो। **बारहवें** हो तो अपना भेद न देने वाला, चतुर और रहस्यमयी हो। **सातवें** भाव में शनि-राहु की युति होने पर गृहस्थ जीवन दुःखमय, धन-सम्पत्ति की हानि और स्त्री का सुख भी पूर्ण न हो। **4 या 8वें** युति हो तो विवाह से 27 वर्ष तक सन्तान का सुख भी अल्प हो। **नीच राहु व नीच शनि का उपाय करें। बादाम (शनि) और नारियल (राहु) आग में जलाना, भूनकर, तलकर खाना अशुभ है, ऐसा न करें।**

शनि-केतु की युति का फल

शनि-केतु की युति शुभ मानी गयी है। केतु का आधार शनि ही है। भाग्य का निर्णय 18 वर्ष के बाद हो। तीसरे भाव में कोई ग्रह साथी बन रहा हो तो तीनों ग्रहों का फल अशुभ होता है। जातक के पुत्र अधिक उत्पन्न हों। आठवें युति हो तो शुभ है, मृत्यु से रक्षा हो। नौवें युति हो तो कुटम्ब बड़ा हो, शुभ फल हो, धनलाभ, पोते-परपोते हों और राजसी ठाठ-बाट हों।

राहु-केतु की युति का फल

राहु-केतु वर्ष विशेष की वर्ष कुण्डली में हो सकती है। केतु राहु के अनुसार चलेगा। गुरु ग्रह इनको चलाता है जबकि ये सभी को चलाते हैं। बुध के अनुरूप इन का प्रभाव होता है। यदि शुक्र बुध से पूर्व के भावों में स्थित हो तो राहु का प्रभाव नीच होता है, परन्तु पूर्व में बुध हो तो केतु नीच नहीं होता है। चौथे भाव में राहु-केतु की युति हो तो बुध व शनि का प्रभाव उत्तम होता है। चन्द्र-शनि की युति हो तो केतु नीच, शुक्र-शनि की युति हो तो केतु उच्च, सूर्य-बुध की युति हो तो केतु श्रेष्ठ और बुध-शुक्र की युति हो तो स्वास्थ्य ठीक रहे। राहु सिर तो केतु पूंछ होता है। राहु-केतु एक भाव में एकत्र कभी नहीं होते पर दृष्टि या वर्ष कुण्डली में एक हो सकते हैं। शुभ कार्य्र राहु के समय बुध के द्वारा और केतु के समय गुरु के द्वारा होंगे। 12वें भाव में राहु गुरु के साथ और छठे भाव में केतु बुध के साथ माना गया है। राहु-केतु शनि के अभिकर्ता हैं और शनि का मुख्य स्थान आठवां और इसका कार्यालय दूसरा भाव है। राहु-केतु दीवारें हैं,

इनके हटने से ग्रह का पूर्ण प्रभाव मिलता है जैसे सूर्य व चन्द्र ग्रह न समाप्त होने पर सूर्य-चन्द्र की चमक पुनः स्थापित हो जाती है।

यदि यह ज्ञात करना है कि राहु-केतु कैसा है तो चन्द्र का उपाय करें अर्थात् चांदी का टुकड़ा अपने पास रखें। केतु के लिए सूर्य का उपाय करें अर्थात् तांबा अपने पास रखें या बन्दर को गुड़ खाने को दें या गुड़-तांबा बहते पानी में बहा दें। ऐसा करने पर दोनों ग्रहों का हृदय में छिपा पाप पकड़ जाएगा। उस ग्रह (राहु या केतु) से संबंधी घटनायें होने लगेंगी।

राहु-केतु अशुभ स्थिति में हो तो व्यर्थ के आरोप लगेंगे, अपयश मिलेगा या वह स्वयं अपने कार्यों के लिए बाधाएं खड़ी कर लेगा। जहाँ युति होगी वहाँ का अशुभ प्रभाव मिलेगा। दोनों ग्रहों का अशुभ प्रभाव तीन वर्ष तक होता है। राहु का एक वर्ष और केतु का दो वर्ष। यदि दोनों अशुभ प्रभाव देने लगे तो राहु का वर्ष 42, केतु का 48 और दोनों का 45 वर्ष होता है। पहला वर्ष तब से गिना जायेगा जब दोनों पहले भाव में आतें हैं।

राहु के प्रभाव का संकेत नाखुनों से और केतु का पैरों से मिलेगा। दायें हाथ के नाखुन खराब हो जाए तो 6 वर्ष और बाएं हाथ के खराब हो जाएं तो 18 वर्ष समझें। दायें पांव के नाखुन खराब हों तो केतु की अवधि 3 वर्ष और बायें पांव के नाखुन खराब हों तो 7 वर्ष केतु की दशा होगी।

पहले, चौथे, सातवें और दसवें भाव में राहु-केतु के स्थित होने का उपाय पहले सूर्य, चौथे गुरु, सातवें शनि और दसवें मंगल का उपाय करें।

तीन ग्रहों की युति का फल व उपाय

सूर्य-चन्द्र-शुक्र की युति हो तो जातक कभी निर्धन तो कभी धनवान हो। यह फल तब अधिक हो जब यह युति 9वें भाव में हो। जातक भला और मानवता प्रेमी होता है।

सूर्य-चन्द्र-बुध की युति हो तो 17 या 34वें वर्ष में पिता और उसका धन नष्ट हो। चन्द्र की सजीव वस्तुएँ (मां, नानी, दादी) की मृत्यु सर्प काटने से हो लेकिन तब जब यह युति तीसरे भाव में हो। लेकिन जब यह युति पहले, दूसरे, सातवें और दसवें भाव में हो तो सूर्य व बुध का प्रभाव शुभ ही होगा।

सूर्य-चन्द्र-राहु की युति हो तो चन्द्र का अशुभ फल होगा। माता को कष्ट हो व दुःखी रहे। जातक स्वयं दिन व रात्रि में दुःखी रहे। आयु शंकित हो अर्थात् इस संबंध में कुछ नहीं कहा जात सकता। अल्पायु तो नहीं होगा। यह युति पांचवें भाव में हो तो सूर्य का शुभ फल मिलेगा। परन्तु सन्तान को नष्ट करेगा। **उपाय में दुर्गा उपासना और बुध का उपाय करना सहायक होगा।**

सूर्य-चन्द्र-केतु की युति हो तो केतु का नीच का फल होगा। दिन और रात का चैन नहीं होगा, धनवान होते हुए भी दुःखी होगा। बुद्धि जड़ हो जायेगी अर्थात् काम न करेगी। आयु शंकित हो पर अल्पायु न हो। आयु का पूर्वानुमान लगा पाना असंभव हो। **उपाय में दुर्गा उपासना व बुध का उपाय करना सहायक हो।**

सूर्य-बुध-शुक्र की युति हो तो बुध सूर्य की सहायता से शुक्र को नष्ट कर देगा। गृहस्थ सुख का निर्णय करते समय ध्यान दें—❖ यदि केतु उच्च और बुध को सहायता दे तो अशुभ फल नहीं होगा। जैसे केतु 12वें व बुध तीसरे हो। ❖ यदि केतु नीच का हो तो सन्तान नहीं होगी और यदि होगी तो 40 या 40 वर्ष के बाद होगी। **उपाय में कानों में स्वर्ण धारण करके केतु को उच्च करें। काला सफेद कुत्ता पालें। शुद्ध चांदी का छल्ला धारण करें।** स्त्री की कुण्डली में सूर्य-बुध-शुक्र किसी भी भाव में स्थित हो तो पुत्र जन्म पर और पुरुष की कुण्डली में कन्या के जन्म पर स्त्री सुख नष्ट हो जाता है। ❖ यह भी हो सकता है स्त्री किसी के साथ भाग जाए या उसका अपहरण हो जाए या शारीरिक आघात से बेकार हो जाए, इन सबका कारण स्त्री की चरित्रहीनता, मुँहफट व अपशब्द कहना होगा। ❖ साला या धर्म भाई या चचेरा भाई बलात्कार करके या धोखे से सन्तान उत्पन्न कर देगा और स्त्री की बदनामी अवश्य होगी अब चाहे तलाक हो या न हो। ❖ जीभ में खराबी से तोतला बोलेगा जोकि शनि संबंधी नशे की वस्तुओं से ठीक होगी। ❖ जब तीनों आठवें भाव में हो और विवाह 17 या 34 वर्ष में हो जाए तो विवाह के तीन वर्ष के भीतर स्त्री की मृत्यु दिन में बाजार में दुर्घटना से होगी। ❖ जब तीनों तीसरे भाव में और शनि 12वें हो तो सन्तान होगी पर कष्ट होगा। कष्ट में आंगन या कमरे के फर्श के नीचे या घर की अन्धेरी कोठरी में बादाम दबाने से

कष्ट से मुक्ति मिलती है। ❖ जब तीनों नौवें भाव में हो तो साधु को एक साथ सात रोटियाँ देना शुभ रहेगा। ❖ जब तीनों 10वें भाव में हो तो साली का रिश्ता अपने भाई से करना अशुभ होगा। प्रायः शुद्ध चांदी का छल्ला धारण करना सहायता देगा। ❖ अशुभ समय चल रहा हो तो समझ लें कई वर्ष पुराने निवाड़ या बान के ग़ोले लिपटे पड़े हैं। उन्हें खोल दें या चारपाई, पलंग आदि में लगा दें, वरना भाग्य सोया रहेगा। ❖ ये तीनों ग्रह किसी भी भाव में हो तो उपाय करें सहायता करेगा। कन्या का विवाह देर से हो रहा हो तो कन्यादान के समय लड़की का संकल्प करने के बाद ताँबे की गागर साबुत मूंग से भरकर तांबे के ढक्कन से बन्द करके लड़की के साथ संकल्प के रूप में दान करें और अगले दिन किसी नदी या नाले के बहते पानी में बहा दें।

सूर्य-मंगल-शनि की युति हो तो धन उत्तम होगा। यदि तीनों 11वें भाव में हो या शनि का इनसे संबंध हो तो झूठा, जिद्दी, हठधर्मी व मन्द भाग्य होगा।

सूर्य-बुध-शनि की युति हो तो सूर्य व शनि अपना-अपना कार्य करें व उनमें परस्पर लड़ाई न हो। तीनों ग्रहों का अशुभ भाव में भी अशुभ फल न हो। गुरु का साथ अशुभ हो जब तीनों ग्रहों की युति 2, 5, 9, 12वें भाव में हो। सूर्य 1, 5 में होने पर बुध से सम्बन्धित व्यापार व कमीशन का कार्य लाभकारी हो। जब तीनों ग्रह 8वें हो और गुरु दूसरे हो तो गुरु का दूसरे भाव का शुभ फल प्राप्त हो।

सूर्य-बुध-राहु की युति हो तो विवाह अनेक पर पारिवारिक सुख न हो। सन्तान ठीक न हो। बुध व बहिन नष्ट हों पर शुक्र किसी ग्रह का साथी न हो वरना विवाह दो न हों। स्थिति ठीक न रहे। दामाद का व बेटी का सूर्य अशुभ हो जिसके लिए चन्द्र का उपाय करना सहायक हो।

सूर्य-बुध-केतु की युति हो तो केतु की वस्तुएँ व संबंधी (भानजे, भतीजे) अशुभ फल दें। उनसे सहायता की कोई आशा न हो। वे जातक के भले कार्यों को भूल जायेंगे पर उसकी बुराई को सदैव स्मरण रखे।

चन्द्र-शुक्र-बुध की युति हो तो सूर्य और शुक्र का फल अशुभ होगा। परन्तु स्वास्थ्य और आजीविका ठीक रहेगी। आयु 85 वर्ष होगी।

चौथे भाव में युति हो तो दीर्घायु, पांचवें भाव में हो तो आयु 2 वर्ष हो, सातवें हो तो विवाह और सन्तान विलम्ब से हो। विवाह छुटपन में हो जाए तो चन्द्र व मंगल दोनों हानि करें। सरकारी नौकरी व व्यापार भी अशुभ हो, खेती नष्ट हो जाए, माता दुःखी या जातक को दुःखी करेगी। स्त्री 34 वर्ष आयु और पुरुष 48 वर्ष तक पारिवारिक सुख न भोगे। **चन्द्र के लिए इष्ट देव की उपासना करें, मंगल के लिए गायत्री पाठ करें, राहु के लिए कन्यादान, केतु के लिए गौ दान, बुध के लिए दुर्गापाठ, सब्ज रंग के तोते को पाले और स्याह रंग की मछलियों को अपनी खुराक का दशांश आटा गोलियां बनाकर खिलाएं। यह 40 सप्ताह तक दान करें।**

चन्द्र-शुक्र-शनि की युति हो तो जातक के लिए अशुभ पर परिश्रम से धन कमाए। उसका कमाया धन सन्तान के काम आए, मृत्यु परदेश में हो वरना आर्थिक स्थिति देखने में अच्छी परन्तु कमजोर हो और ससुराल की बदनामी का बहाना बने।

चन्द्र-मंगल-बुध की युति हो तो जब ये तीनों ग्रह 1, 4, 5वें हो तो जातक स्वस्थ व धन-सम्पत्ति का पूर्ण सुख हो। यदि युति 10वें या 11वें हो तो स्वास्थ्य और धन-सम्पत्ति मन्दी हो।

चन्द्र-मंगल-शनि की युति हो तो 11वें भाव को छोड़कर अन्य भाव में स्थित हो तो अशुभ फल हो। धन-सम्पत्ति दिखावे की हो और दूजों के काम आए। वृद्धावस्था में नजर का धोखा हो, त्वचा पर फुलवहरी का रोग हो। जातक क्रोधी, प्रभावशाली और सरकार से लाभ उठाए। 3, 4, 8वें युति अशुभ और 11वें शुभ हो। **मंगल का उपाय करें।**

चन्द्र-मंगल-राहु की युति हो तो उल्टा उत्पन्न होने पर पिता के लिए कष्टकारी अर्थात् जन्म से पूर्व पिता की मृत्यु हो जाए। **उपाय में दूध में मीठा हलुआ बनाकर स्वयं और दूजों को खिलाएं।**

चन्द्र-मंगल-केतु की युति हो तो चन्द्र व गुरु का फल अशुभ हो। लड़का कष्ट में हो या जातक 48 वर्ष तक सन्तान से दुःखी हो लेकिन जब यह युति 7वें भाव में हो और शुक्र नीच हो।

चन्द्र-बुध-शनि की युति हो तो जातक साहसी और धनी हो पर तीनों ग्रह खूनी हो। चौथे युति होने पर माता निर्धन या बर्बाद हो

जाए। **उपाय में आम के वृक्ष की जड़ों में दूध डालें, यदि हृदय रोग या मूर्च्छा आए।**

चन्द्र-बुध-राहु की युति हो तो जातक का पिता डूबकर मरे परन्तु चन्द्र अशुभ न हो।

चन्द्र-शनि-राहु की युति हो तो 33, 36 व 39वें वर्ष में शनि अशुभ फल दे। धन, स्त्री व माता का सुख कम हो। 12वें चन्द्र मौन हो। जातक चांदनी रात में माता के सम्मुख बच्चे बनाने में बेशर्मी की सीमा लांघे पर उसका बनाया बच्चा घर में न खेले।

मंगल-बुध-शनि की युति हो तो रक्तविकार, नेत्ररोग, नाड़ियों का रोग, भाग्यहीन और शनि का अशुभ फल मिले। यदि यह युति 6ठे भाव न हो तो **दूध व गुरु की वस्तुएँ मन्दिर में दान करें। मृगछाला का प्रयोग करें।** तीनों 2 या 12वें भाव में हो तो बताशे मन्दिर में चढ़ाएँ। मामा घर से बाहर साधु बनकर रहे तो जीवित रहे। घर पर रहने पर मृत्यु निश्चित है।

मंगल-शनि-केतु की युति हो तो तीनों ग्रह अशुभ फल करें। कच्चे पक्के घर में नीम का पेड़ व कुत्ता अवश्य होगा।

बुध-शनि-राहु की युति हो तो शुक्र, बुध व राहु की युति का फल होगा। **बुध, शनि, राहु का उपाय करें।**

बुध-राहु-केतु की युति हो तो हर समय सर पर मौत मंडराए लेकिन तब जब तीनों पहले भाव में हों। यदि शनि भी 8वें हो तो तीनों ग्रहों का फल अलग-अलग स्थिति के अनुसार हो।

गुरु-सूर्य-चन्द्र की युति हो तो जातक भाग्यवान, व्यापारी, कलम का धनी, दूजों को लाभ पहुँचाए और साथियों का बेड़ा पार लगाने वाला हो।

गुरु-सूर्य-शुक्र की युति हो तो शुक्र की वस्तुएँ व संबंधियों का शुभ फल हो। विवाह के दिन से भाग्योदय हो। स्त्री भाग्यवती, अच्छे स्वभाव व साथ निभाने वाली हो।

गुरु-सूर्य-मंगल की युति हो तो जातक की छत्रछाया में तीनों शेर एक साथ जीवन बिताएँ। जातक भाग्यशाली हो उसे दादा, पिता व भाई का सहयोग मिले। जातक जज व उत्तम स्वभाव से युक्त हो। यदि यह युति आठवें हो तो जातक योगी होता है।

गुरु-सूर्य-बुध की युति हो तो राजयोग हो। यदि 5वें भाव में युति हो तो दादा, पिता व पुत्र का भाग्य निर्बल हो पर धर्म की कमी न हो। भवन का अगला हिस्सा तंग और पिछला चौड़ा होगा। कैदी भी हुआ तो राजसी ठाठ होंगे। **यदि युति तीसरे भाव में हो और शुक्र भी तीसरे हो तो** वह जिसे चाहे उससे विवाह न हो अपितु जो लड़की उस पर नज़र रखे उससे विवाह हो या जातक की उन्नति में सहयोग दे।

गुरु-सूर्य-शनि की युति हो तो पैतृक घर में प्रवेश करने पर दायें हाथ के अन्त में अन्धेरी कोठरी हो और दुछत्ती पर खेती-बाड़ी का सामान हो तो इनका शुभ फल मिले। यह युति 5वें भाव में होनी चाहिए। यदि युति छठे हो तो सर्वत्र सम्मान हो।

गुरु-सूर्य-राहु की युति हो तो तीनों ग्रह अशुभ फल देंगे। राजा के साथ चोरों जैसा व्यवहार करेंगे। यदि युति 5वें भाव में हो तो अशुभ फल नहीं होगा।

गुरु-सूर्य-केतु की युति हो तो सूर्य का फल अत्यन्त अशुभ होगा। 5वें युति होने पर फल शुभ होगा।

गुरु-चन्द्र-शुक्र की युति हो तो भाग्य ऐसा कि कभी निर्धन तो कभी धनी, माता धार्मिक, सुस्वभाव वाली स्वाभिमानिनी होगी। विवाह के दिन से 7वें भाव का प्रभाव मिलेगा और धन वृद्धि रूक जाए, प्रेम में जलने वाला होगा और सूर्य नीचे हो तो असफल प्रेमी और बर्बाद होगा। **उपाय में विवाह के समय गौ दान करें।**

गुरु-चन्द्र-मंगल की युति हो तो तीनों ग्रहों का शुभ फल मिले।

गुरु-चन्द्र-बुध की युति हो तो दलाली में लाभ हो, 2, 3, 4 भाव को छोड़कर अन्य भावों में उत्तम फल हो। बुध सहायक होगा। धन अधिक हो पर कष्ट बहुत हों, बुद्धि काम न करे जब युति 2रे भाव में हो। तीसरे भाव में युति हो तो पिता कष्ट में पर धन में वृद्धि हो। चौथे भाव में युति हो तो माता को कष्ट पर स्वयं के लिए शुभ हो। **2, 3, 4 भाव में युति हो तो बुध का उपाय करें। अन्य भावों में युति हो तो गुरु का उपाय सहायक हो।**

गुरु-चन्द्र-शनि की युति हो तो दूसरे व नौवें भाव को छोड़कर अन्य भावों में शुभ फल मिले, गुरु व शनि का तो अत्यन्त शुभ फल

मिले। ऐसा जातक दूजों के लिए पारस पत्थर की तरह हो। यदि दूसरे भाव में युति हो तो माता-पिता का सुख दीर्घायु तक हो अब चाहे आठवां भाव अशुभ हो। 11वें भाव में युति हो तो माता, दादी, ताई, चाची या मौसी आत्महत्या करे या हत्या हो। नौवें युति हो तो चन्द्र का अशुभ फल मिले। **शनि का उपाय करें।**

गुरु-चन्द्र-राहु की युति हो तो गुरु व चन्द्र का शुभ फल हो। स्त्री का सुख कम हो लेकिन जब 12वें युति हो।

गुरु-चन्द्र-केतु की युति हो तो जातक निकम्मा हो। तीनों ग्रहों का फल अशुभ हो। **केतु का उपाय करें।**

गुरु-शुक्र-मंगल की युति हो तो सन्तान सुख न हो। प्रेम और एय्याशी दुःख देंगे।

गुरु-शुक्र-बुध की युति हो तो विवाह और पारिवारिक सुख में बाधाएँ आएं, धन-सम्पत्ति अधिक न हो, खाने का जुगाड़ होता रहे लेकिन यह फल सातवें भाव में होने पर मिलेगा। गुरु का अशुभ फल मिलेगा, शुक्र-बुध अर्थात् बनावटी शुक्र सहायता देगा।

गुरु-शुक्र-शनि की युति हो तो यह युति नौवें भाव में होने पर तीनों का शुभ फल हो। शेष भावों में सहायता होने पर स्त्री अपनी बोलचाल से अनेक झगड़े कराएगी।

गुरु-मंगल-बुध की युति हो तो यदि तीनों 8वें या राहु 11वें और केतु 5वें हो तो तीनों पुत्रों को दमा और टांगों की बीमारी हो। **शरीर पर सोना धारण करें।** युति किसी भी भाव में हो तो तीनों का फल अशुभ हो, लेकिन तब जब उन पर राहु की दृष्टि पड़े। **उपाय में जो कन्या रजस्वला न हो उसे बादाम देकर आशीर्वाद लें। बकरी को कच्चे चने काले या सफेद दिन के समय खिलाएं।**

गुरु-मंगल-शनि की युति हो तो दूसरे भाव को छोड़कर किसी भी भाव में हो तो पुरुषों की कमी हो, पिता माता की पैतृक वस्तुओं को बेच दे, जातक ऋणी हो, जो उसके घर के सामने रहे बर्बाद हो जाए, गुरु श्राप दे, चोर को चोरी करने के लिए कहे और घर वालों से कहे इसे पकड़ लो ये चोरी करेगा। गुरु की वस्तुओं व संबंधियों से कोई लाभ न हो।

गुरु-मंगल-केतु की युति हो तो भाग्य और सन्तान का सुख

दस वर्ष तक मन्दा हो। भाई लंगड़ा होगा तो सहायक होगा पर निर्धन होगा। 45 वर्ष बाद भाई भी साथ छोड़ दे।

गुरु-बुध-शनि की युति हो तो यह युति सातवें भाव में हो तो जातक निर्धन-दुःखी, चटोरा और बर्बाद होगा। बुध शुभ हो तो धन लाभ और शुभ फल मिले। 12वें भाव में युति हो तो अच्छा फल मिलेगा और जातक व उसके परिवार की रक्षा करेगा। **उपाय से बुध को उच्च करें अर्थात, बुध की वस्तुएं कुएँ में गिराएं।**

गुरु-बुध-राहु की युति 12वें हो तो धन-सम्पत्ति का रक्षक, कंजूस और अपने लिए धन खर्च न करे चाहे लाखों रुपए पास में क्यों न हो।

गुरु-बुध-केतु की युति 2रे भाव में हो तो भाग्य की सहायता मिले, धन व परिवार का सुख प्राप्त हो।

गुरु-शनि-राहु की युति हो तो दूसरे भाव को छोड़कर उच्च भाव में युति हो तो पुरुषों का सुख कम होगा। जातक चोर, धोखेबाज, और जहरीला होगा। यह युति जिस भाव में होगी उसी भाव की वस्तुओं, संबधियों व व्यापार से हानि होगी। जातक परिवार से अलग रहे तो अत्यन्त दुःखी होगा। यह युति 12वें भाव में हो तो पिता, दादा, ससुरात में कोई या चाचा आत्महत्या करें। जब जातक के पैतृक भवन के दक्षिण की ओर श्मशान, समाधि या खाली मैदान हो तो अवश्य अशुभ फल मिलें। **उपाय द्वारा शनि की अशुभता दूर करना सहायक होगा। शनि की वस्तुएं जमीन में दबाना शुभ है।**

गुरु-शनि-केतु की युति हो तो भाग्य विपरीत फल देगा। जातक चाहे जितना चतुर हो भाग्य की मार से बच नहीं पायेगा और बदनाम भी हो जायेगा।

शुक्र-मंगल-बुध की युति हो तो विवाह सन्तान व आयु संबंधी अशुभ फल मिले। यदि यह युति तीसरे हो तो अवश्य अशुभ फल मिले।

शुक्र-मंगल-शनि की युति हो तो पारिवारिक सुख, सन्तान सुख व आयु का शुभ फल मिले। सारा जीवन सुख से बीते। फाँसी हो जाए तो बच जाए। कोई मारने आए तो बचाने वाला भी समय पर स्वयं आ जाए। पिता व दूसरे लोगों की सहायता मिलती रहे। सन्तान भी सुख दे।

शुक्र-बुध-शनि की युति हो तो गृहस्थ, सन्तान और आयु संबंधी सुख प्राप्त हो। **गौ ग्रास देना शुभ है। अपनी खुराक से 3 टुकड़े निकालकर कौवे, कुत्ते व गाय को दें।** घर की छत में प्रकाश के लिए रोशनदान न छोड़े, यदि छोड़ेंगे तो धनहानि चोरी व बर्बादी होगी। काली गाय और काले कुत्ते को रोटी दें। घर में पालकर दें तो भी अच्छा है पर यदि पड़ोस या अन्य आपकी गाय या कुत्ते को रोटी देगा तो उसके घर के दुःख व अशुभता आपके घर आ जायेगी।

शुक्र-बुध-राहु की युति हो तो विवाह अनेक होने पर भी सन्तान और गृहस्थी का सुख सन्तोषप्रद नहीं होगा। यदि यह युति सातवें भाव में हो तो अवश्य होगी।

शुक्र-बुध-केतु की की युति हो तो शुक्र-बुध-राहु सदृश ही फल प्राप्त होगा।

शुक्र-शनि-केतु की युति हो तो कामुक, सांसारिक गृहस्थी से सुख व प्रसन्न रहे।

शुक्र-राहु-केतु की युति हो तो गृहस्थ व सन्तान सुख कम होगा। पड़ोसी को भी गृहस्थ व सन्तान सुख न मिले। यदि यह युति पहले या छठे भाव में हो तो पड़ोसी की लड़कियों का विवाह न हो पाए।

शनि-राहु-केतु की युति जोकि वर्ष कुण्डली में ही संभव है। नीच भावों में इनकी युति अर्थात् 1, 3, 9 वें भाव में हो तो मंझधार में नैया डुबो दे। इनके सामने मित्र या शत्रु या पापी ग्रह आने पर अधिक हानि होगी। तीनों अशुभ होने पर गुरु का भी अशुभ फल मिलता है।

उपाय में गौ ग्रास दें। खुराक से तीन टुकड़े निकालकर गाय, कुत्ते व कौए को दें।

चार ग्रहों की युति का फल

सूर्य-चन्द्र-बुध-शुक्र की युति हो तो जातक भला, माता-पिता का आज्ञाकारी व सेवा करने वाला और उनकी जायज सन्तान होता है।

सूर्य-चन्द्र-मंगल-शनि की युति हो तो ये चारों या अकेले-अकेले 2, 6, 8, 12वें भाव में स्थित हों तो प्रायः ठीक ही फल होगा।

सूर्य-चन्द्र-बुध-केतु की युति हो तो पिता की मृत्यु पानी में

डूबने से हो या सांसारिक परिस्थितियों में अत्यन्त दुःख भोगकर मृत्यु को प्राप्त हो।

सूर्य-शुक्र-बुध-शनि की युति हो तो जातक धन संग्रह करेगा और खायेंगे दूसरे लेकिन जब यह युति चौथे भाव में हो तो स्त्रियां चरित्रहीन और निस्सन्तान और बुरे कार्यों से प्रसन्न व ताने देने की ठेकेदार होंगी। जातक का जीवन व्यर्थ और अन्ततः प्यासा ही मर जाए।

सूर्य-मंगल-बुध-शनि की युति हो तो यदि चारों ग्रह अशुभ हों तो अकेला लाखों का सामना करने की शक्ति रखे। चारों ग्रह स्थापित किए हों तो दूजों को लूटकर धनी बने। जिस भाव में युति हो उससे सम्बन्धित वस्तुओं व रिश्तेदारों को हानि पहुँचाए।

चन्द्र-शुक्र-मंगल-बुध की युति हो तो अशुभ फल हो। लड़की के विवाहोपरान्त शुभ फल मिलना प्रारम्भ हो। **प्रयास करे कन्या का विवाह शीघ्र कर सकें।**

चन्द्र-शुक्र-मंगल-शनि की युति हो तो राज्यपक्ष श्रेष्ठ, गृहस्थ जीवन सुखमय, जीवनयापन भली-भांति हो।

चन्द्र-शुक्र-बुध-शनि की युति हो तो प्रायः रक्त संबंधियों या कुटम्ब में मृत्यु और जन्म होने की घटनाएँ एक साथ होंगी।

मंगल-बुध-शनि-राहु की युति हो तो जहाँ पर यह युति हो उस भाव का अशुभ फल न हो। यदि बराबर के भाव में सूर्य हो तो परिवार के किसी सदस्य की मृत्यु नहीं होगी अपितु चोरी व धनहानि अवश्य होगी। कोई भाई निस्संतान तो किसी के अनेक सन्तान हों। बुध नीच हो तो कन्या बीमार व दुःखी हों।

शुक्र-मंगल-बुध-राहु या केतु की युति हो तो विवाह के समय सामाजिक विरोध हो और धनहानि हो परन्तु ये चारों ग्रह सातवें भाव में होने चाहिएं। **दक्षिण द्वार की दहलीज के नीचे उसकी लम्बाई के बराबर चांदी का तार या पत्तर दबा दें।**

गुरु-सूर्य-चन्द्र-मंगल की युति होने पर लोग मान-सम्मान दें और बात मानें। गुरु के भाव दो में स्थित होने का पूर्ण फल मिले।

गुरु-सूर्य-शुक्र-मंगल की युति हो तो स्थिति ऐसी होगी कि ऐसा ज्ञानी जिसके साथ तीन शेर हों फिर भी गाय पर आक्रमण न कर

सके या तीन शेरों के बीच फँस जाने वाली गाय सुखी होगी। भाग्यवान, राजसी खानदान से सम्बन्धित होगा और राजा सदृश होगा।

गुरु-सूर्य-शुक्र-बुध की युति हो तो ये चारों तीसरे हों और 11वाँ भाव रिक्त हो राज्य में सम्मान और उच्च पद मिले लेकिन जब प्रातः सूर्य उपासना या उसे प्रणाम करे।

गुरु-चन्द्र-बुध-शनि की युति हो तो कुसंगति हो जब 2रे भाव में युति हो। छठे भाव में युति हो तो सुसंगति से भला हो।

गुरु-चन्द्र-बुध-राहु की युति हो तो 42 वर्ष तक समय अशुभ व्यतीत हो। जहाँ युति हो उस भाव की वस्तुओं व संबंधियों का अशुभ फल हो। चारों ग्रह परस्पर शत्रु होते हुए भी एक दूसरे की सहायता करेंगे और सबका मिश्रित फल होगा।

गुरु-शनि-बुध-राहु की युति हो तो यदि चारों ग्रह 12वें हो तो व्यापार में हानि हो, ससुराल और चाचा से धन लेकर व्यापार करने में लाभ हो।

पांच ग्रहों की युति का फल

पांच ग्रहों की युति अर्थात् ग्रहों की पंचायत जिसमें पांच ग्रह एक साथ एक भाव में स्थित हों। सबसे श्रेष्ठ पंचायत वह है जिसमें बुध न हो परन्तु राहु और केतु में से एक ग्रह अवश्य हो।

यदि पुरूष, स्त्री, पापी तीनों प्रकार के ग्रहों की पंचायत हो तो जातक अधिकारी, भाग्यशाली, सन्तान सुखपूर्ण, पारिवारिक जीवन सुखमय और दीर्घायु होता है। मूर्ख या मिट्टी का माधो होने पर भी यह सब प्राप्त हो।

यदि गुरु, सूर्य, शुक्र, बुध व शनि ग्रहों की पंचायत 1 से 6ठे भाव में हो तो शुभ फल होगा। यदि यह पंचायत 7 से 12वें भाव में हो तो निज परिश्रम से धनी, अच्छी स्थिति का स्वामी होगा। नदी डरते-डरते पार करेगा।

किसी भी पांच ग्रहों की पंचायत का फल प्रायः शुभ ही हुआ करता है।

यदि पंचायत के ग्रहों में कोई भी पाप ग्रह (राहु, केतु, शनि) न हो और जातक स्वयं भी पापकर्म में लिप्त न हो तो ऐसी पंचायत से कोई लाभ न होगा। पंचायत में एक पाप ग्रह अवश्य हो या जातक स्वयं

शरारती या पापी हो तो पंचायत का शुभ फल होगा वरना उसके सम्मुख ही उसका घर अनेक बार लुटेगा। **धार्मिक रहते हुए पापी ग्रहों की वस्तुएँ मुफ्त बांटने से शुभ फल होगा। शनि की बादाम, सिगरेट, शराब, केतु की केले, तिल, खट्टी वस्तुएँ और राहु की जौ, कोयला, कच्चा नारियल आदि।**

सभी ग्रह एकत्र हों

राहु या केतु पहले या बाद के भावों में होने के कारण बाहर रह जाता है, लेकिन दृष्टि के द्वारा अपना प्रभाव दूसरे ग्रहों में मिलाकर स्वयं शून्य हो जाता है। इस प्रकार जब राहु या केतु पूर्व भावों में और शेष सभी ग्रह बाद के भावों में स्थित हों तो राजयोग होगा और विशेषकर सभी ग्रह एकत्र हो रहे हों तो विभिन्न भावों में प्रभाव इस प्रकार होगा—

भाव	**प्रभाव**
दूसरा	राजा हो। प्रशासक या शासक हो।
तीसरा	राजा सदृश सम्मानित व्यक्ति।
आठवां	राजा, प्रशासक, भाग्यवान, उन्नतशील हो।
नौवां	राजा हो और साथियों की उन्नति करे।

इस अध्याय में दो, तीन, चार, पांच व सभी ग्रहों की युति व एक साथ स्थित होने के फल एवं उपाय को सरल ढंग से समझा दिया है। फलित विचारते समय पुस्तक के अन्य अध्यायों में दिए गए सिद्धान्तों को व्यवहार में लाकर तुलनात्मक व समन्वय के बाद ही फलित करना चाहिए।

12 लाल किताब और भवन संबंधी विचार

भवन शनि संबंधी वस्तु है। शनि ग्रह भवन, या मकान बनवाने में महत्वपूर्ण भूमिका निभाता है। शनि उच्च का होने पर अनेक भवन बनते हैं और जब शनि नीच का हो या किसी अन्य ग्रह के योग से अशुभ हो रहा हो तो भवन गिरता है या टूट-फूट होती है।

भवन के किस भाग पर किन ग्रहों का प्रभाव

जन्मकुण्डली में जो ग्रह पहले से नौवें भाव में स्थित होते हैं वे अपना-अपना प्रभाव भवन के दायें भाग पर डालते हैं। इसी प्रकार जन्मकुण्डली में दसवें भाव से बारहवें भाव में स्थित ग्रह भवन के बांये भाग पर अपना प्रभाव डालते हैं। जैसे मान लो जन्मकुण्डली में शनि चौथे भाव में और दूसरे भाव में सूर्य है तो इस जातक के भवन के दायें भाग में दूसरे कक्ष में सूर्य संबंधी वस्तुएँ अनाज, गुड़ या धूप के रूप में प्रकाश आदि होंगी। दाएँ हाथ के चौथे कक्ष में शनि की वस्तुएँ सन्दूक, सेफ, लोहा, लकड़ी आदि होंगी अथवा चाचा उस कक्ष में मरेगा या रहेगा अथवा भवन का वह भाग कीकर व शीशम की लकड़ी से बना होगा या इसका प्रयोग होगा।

भवन की शुभाशुभ स्थिति विचारें !

जन्मकुण्डली का दूसरा भाव भवन की अच्छी-बुरी स्थिति के विषय में बतायेगा और सातवें भाव से भवन संबंधी दुःख-सुख ज्ञात होते हैं।

शनि, राहु या केतु के साथ शुभ हो तो भवन बनता है और यदि इसके विपरीत अशुभ हो तो भवन गिर जाता है या टूट-फूट बहुत हो जाती है या बिक जाता है। यह तथ्य वर्ष कुण्डली में भी विचारना चाहिए।

भवन निर्माण शुभ समय में करें !

पुष्य नक्षत्र में भवन निर्माण कराना सर्वोत्तम है। भवन निर्माण के बाद उसकी प्रतिष्ठा या गृह प्रवेश के समय दान अवश्य करना चाहिए। ऐसा करना शुभफलप्रद है।

शुभ लग्न व मुहूर्त में भवन-निर्माण करना उत्तम है। भवन निर्माण करते समय इन बातों को भी विचारें—भवन की नींव भरते समय भूमि के चारों ओर जल डालकर रेखा खींच लें और चन्द्र की वस्तुओं से भरा बर्तन 40-43 दिन तक दबा दें और कुटुम्ब में होने वाले शुभाशुभ परिणाम पर दृष्टि रखें। बर्तन दबाने के समय से ही जन्मकुण्डली में शनि की भाव संख्या के दिन तक अपना शुभाशुभ प्रभाव दिखा देगा। अशुभ प्रभाव में कुटुम्ब या परिवार में अचानक रोग, मुकदमा, झगड़ा या कोई अन्य बाधा कार्यों में आयेगी। यदि अशुभ प्रभाव होता है तो तुरन्त दबाया बर्तन निकालकर बहते पानी (नदी या नाले) में बहा देंगे तो अशुभ प्रभाव तो समाप्त हो जायेगा परन्तु इस नींव पर भवन निर्माण करेंगे तो कुटुम्ब की बर्बादी का बहाना बन जायेगा।

भवन पर शनि का प्रभाव

जन्मकुण्डली में बैठा शनि अपना प्रभाव भवन निर्माण के लिए नींव डालते ही 3 या 18 वर्ष के उपरान्त अपना प्रभाव अवश्य देगा।

शनि जन्मकुण्डली के पहले भाव में स्थित हो तो—यदि शनि अशुभ हो तो कौवे के भोजन तक को तरसता हो, ऋण लेने के कारण आर्थिक स्थिति तंग हो जाए या निर्धन हो जाए या बर्बाद हो जाए। यदि शनि शुभ हो और सातवाँ व दसवाँ भाव रिक्त हो तो शुभ फल होगा।

शनि जन्मकुण्डली के दूसरे भाव में स्थित हो तो— भवन जब भी बने और जैसा भी बने बनने दें, शुभ ही होगा।

शनि जन्मकुण्डली के तीसरे भाव में स्थित हो तो— केतु की याचना करें या उसका उपाय करें। घर पर तीन कुत्ते पालें। यदि ऐसा नहीं करेंगे तो घर में निर्धनता का कुत्ता भौंकता रहेगा अर्थात् निर्धन हो जायेंगे अथवा अशुभ फल मिलेगा।

शनि जन्मकुण्डली के चौथे भाव में स्थित हो तो— यदि भवन बनायेंगे तो अपनी माता, दादी, सास, ननिहाल के लिए अशुभ फल होगा अर्थात् वे सब कष्ट या बाधाओं से परेशान हो जायेंगे। यदि शनि चौथे हो तो अपना भवन नहीं बनाना चाहिए। किराए के भवन में ही रहना शुभ है।

शनि जन्मकुण्डली के पाँचवें भाव में स्थित हो तो—यदि अपना भवन बनायेंगे तो सन्तान की बलि लेंगे। यदि आपकी सन्तान भवन बनायेगी तो आपके लिए शुभ फलदायी होगा। यदि सन्तान न हो और भवन बनाने की सामर्थ्य हो और आवास बनाना चाहते हों तो भवन निर्माण से पूर्व शनि की बड़ी भारी वस्तु भैंसा या भैंस दान में दें या बलि के लिए जीवित ही स्वतन्त्र छोड़ दें। ऐसा करने के बाद ही भवन निर्माण करें, यदि ऐसा नहीं करना चाहते तो 48 वर्ष की आयु के उपरान्त भवन निर्माण करें।

शनि जन्मकुण्डली के छठे भाव में स्थित हो तो—शनि के 36 या 39वें वर्ष के उपरान्त भवन निर्माण करना शुभ होगा। यदि 39वें वर्ष से पूर्व भवन बनायेंगे तो शनि आपकी लड़की के संबंधियों को बर्बाद कर देगा।

शनि जन्मकुण्डली के सातवें भाव में स्थित हो तो—निर्मित भवन अधिक प्राप्त होंगे जो लाभदायी ही होंगे। यदि भवन विक्रय होने लगे तो सबसे प्राचीन भवन में देहरी (दहलीज) स्थापित करें कहने का तात्पर्य यह है कि प्राचीन भवन की चौखट देहरी सहित संभालकर रखने से भवन विक्रय नहीं होंगे।

शनि जन्मकुण्डली के आठवें भाव में स्थित हो तो —यदि भवन निर्माण प्रारम्भ करेंगे तो परिवार में मृत्यु मंडराने लगेगी। ऐसी स्थिति में शनि राहु-केतु की शुभाशुभता के अनुरूप शुभाशुभ फल देगा। राहु-केतु शुभ तो शनि शुभ फल और राहु-केतु अशुभ तो शनि अशुभ फल देगा।

शनि जन्मकुण्डली के नौवें भाव में स्थित हो तो—यदि जातक की निज माता या स्त्री के पेट में गर्भ हो और वह अपनी आय (धन) से भवन निर्माण करना प्रारम्भ करें तो पिता के लिए अशुभ हो और उन्हें जीवित नहीं छोड़ेगा। यदि जातक के पास तीन भवन रहने योग्य हो जायेंगे तो समझ लें उसका अन्तिम समय (मृत्यु) समीप आ गया है।

शनि जन्मकुण्डली के दसवें भाव में स्थित हो तो—यह समझ लें कि जब तक भवन निर्मित नहीं करते या क्रय नहीं करते धनलाभ भरपूर होगा। जैसे ही भवन बनायेंगे या क्रय करेंगे तो शनि

अपना बिस्तर लपेटकर निकल भागेगा और फलस्वरूप धन का आगमन बन्द हो जायेगा अर्थात् आय समाप्त हो जायेगी। यदि शनि दसवें भाव में अशुभ है तो भवन बनते-बनते अधूरा ही छूट जायेगा।

शनि जन्मकुण्डली के ग्यारहवें भाव में स्थित हो तो—भवन 55 वर्ष की आयु के उपरान्त ही निर्मित होगा। यदि भवन का द्वार दक्षिण में है तो दीर्घकालिक रोग के कारण तड़प-तड़पकर, गल-सड़कर मरना पड़ेगा।

शनि जन्मकुण्डली के बारहवें भाव में स्थित हो तो—यह समझ लें कि सर्प (शनि) और बन्दर (सूर्य) कभी अपना बिल या घर नहीं बनाते हैं पर अब बनाना सीख जायेंगे अर्थात् अब भवन अपने आप इच्छा के बिना बनेंगे जो जातक के लिए शुभ फलदायी होंगे। अब चाहे शनि के साथ सूर्य की युति भी क्यों न हो ? जातक को चाहिए कि बनते भवन को बीच में बनाना बन्द न करें, जैसा भी भवन बने बनने दें। चौकोर भवन अति उत्तम होगा।

भवन के कोणों का विचार

भवन निर्माण करते समय भूखण्ड के कोणों पर भी विचार कर लेना चाहिए। भवन निर्माण से पूर्व भूखण्ड के कोण ही देखने चाहिएं।

भूखण्ड के चार कोण सर्वोत्तम है अर्थात् चारों कोनों पर 90 अंश (समकोण) के कोण बनने चाहिएं। चौकोर भूखण्ड सर्वोत्तम है।

भूखण्ड के पाँच कोण, 18 कोण, त्रिकोण, 13 कोण आदि नहीं होने चाहिएं। भूखण्ड मध्य में मछली के पेट सदृश उठा हुआ न हो और नींव निर्बल नहीं होनी चाहिए।

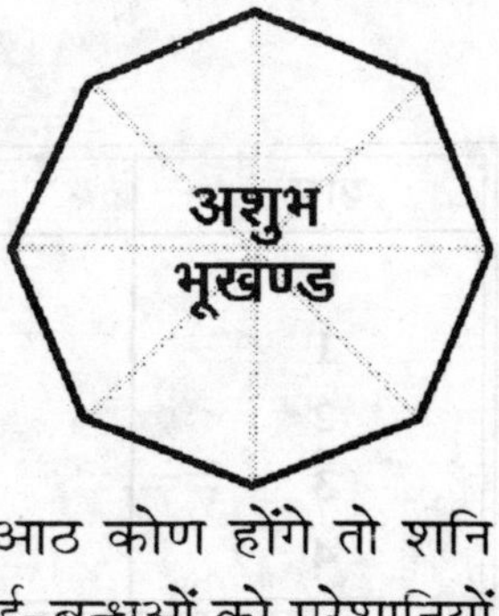

यह भली भांति जान लें कि भूखण्ड के आठ कोण होंगे तो शनि के आठवें भाव का अशुभ फल मिलेगा अर्थात् भाई-बन्धुओं को परेशानियों

से कष्ट होगा। घर में अग्नि से क्षति हो सकती है। परिवार में से किसी को मृत्युदण्ड या फांसी भी हो सकती है।

मछली के पेट की तरह मध्य से उठा भूखण्ड निर्धन कर देगा। कुटुम्ब की वृद्धि अर्थात् वंश बेल रुक जायेगी। यहाँ तक जातक को भी निस्संतान रहना पड़ेगा।

भूखण्ड की भुजाएँ निर्बल हैं या भवन हाथ कटे मनुष्य सदृश हैं तो घर में अत्यन्त दुःख या मृत्यु पर मृत्यु हो और यदि ऐसे भवन में किसी का विवाह हो जाए तो पुरुष या स्त्री विधुर या विधवा हो जाए।

क्षेत्र सम्बन्धी शुभाशुभ विचार

भूखण्ड के कोणों का विचार करने के उपरान्त भवन निर्माण करने से पूर्व दीवारों और नींव के लिए क्षेत्र छोड़कर या कमरों का अन्तः क्षेत्रफल अलग-अलग देखें। भवन के स्वामी को जिसने उसमें रहना है अपने हाथों के अनुरूप पैमाइश (नाप) करनी चाहिए। नाप के लिए उसका अपना हाथ ही पैमाना का कार्य करेगा। अब चाहे उसका हाथ कितने भी इंच का हो।

बाजू के सिरे की हड्डी या कोहनी के प्रारम्भ से अनामिका या मध्यमा अंगुली के अन्त तक की नाप हाथ की नाप समझनी चाहिए। मध्यमा तक की नाप उत्तम है अब चाहे यह नाप 17 से 20 इंच तक हो।

अब क्षेत्र फल का शुभाशुभ विचार करने के लिए लम्बाई में चौड़ाई जोड़कर तीन से गुणा करें और फिर इसमें से एक घटाकर आठ से भाग देने पर जो शेष बचे उसके अनुसार शुभाशुभ विचारना चाहिए। देखें—फल चक्रम्।

फल चक्रम्

शेष	फल	शेष	फल
0	अशुभ	5	शुभ
1	शुभ	6	अशुभ
2	अशुभ	7	शुभ
3	शुभ	8	अशुभ
4	अशुभ		

उपर्युक्त रीति का सूत्र बनाया तो इस प्रकार बना—

$$\text{क्षेत्रफल शुभाशुभ विचार का सूत्र} = \frac{[(\text{लम्बाई} + \text{चौड़ाई}) \times 3] - 1}{8}$$

= जो शेष बचे उससे शुभाशुभ विचारें।

उदाहरण देकर बताते हैं। मान लो किसी भूखण्ड या कक्ष की लम्बाई 16 हाथ और चौड़ाई 8 हाथ है तो सूत्रानुसार—

$$= \frac{[(16+8) \times 3] - 1}{8}$$

$$= \frac{(24 \times 3) - 1}{8} = \frac{42 - 1}{8} = \frac{41}{8}$$

यहाँ भागफल 5 और शेष 1 आया। अतः शुभ है।

शेष 1 बचे तो पहले भाव का सूर्य व गुरु होगा। यह भवन सर्वोत्तम होगा। **शेष 2 बचे तो** गुरु-शुक्र छठे भाव में होगा जोकि अशुभ है। ऐसे में केतु, शुक्र या गुरु का छठे भाव का उपाय करें, वरना निर्धन हो जायेंगे और कुत्ते की तरह का जीवन हो जायेगा। **शेष 3 बचे तो** मंगल-गुरु तीसरे भाव में होंगे। यह शुभ होंगे। पुरुषों के लिए शुभ परन्तु स्त्रियों व बच्चों के लिए अशुभ है। ऐसे में गुरु के पीले पुष्प घर में स्थापित करके ही रहें। यदि स्त्री बच्चों से अलग सोयेगी तो अशुभ फल नहीं होगा। अतः बच्चों को अलग सुलाएँ। **शेष 4 बचे तो** शनि-चन्द्र चौथे भाव में गधे के समान होंगे। परिश्रम के उपरान्त भी कुछ न मिले, मिले तो गन्दा भोजन, कोई परवाह न करे। चन्द्र-शनि के चौथे भाव का उपाय करें। **शेष 5 बचे तो** सूर्य-गुरु पाँचवें भाव में गाय सदृश होंगे। भवन पीछे से चौड़ा और आगे से तंग होगा। शुक्र का पूर्ण फल मिले। स्त्री व बच्चे सब सुख पाएं। **शेष 6 बचे तो** सूर्य-शनि छठे भाव में अशुभ फल करें। माता-पिता का सुख न मिले, सन्तान कष्ट में रहे, मित्र साथ न दें और यात्रा में कष्ट हो। सूर्य व शनि का छठे भाव का उपाय करें। **शेष 7 बचे तो** चन्द्र-शुक्र सातवें भाव में हाथी सदृश हो। शुभफल हो। राहु का भी शुभ फल मिले। **शेष 8 बचे तो** मंगल-शनि आठवें भाव में चीता सदृश हों। यहाँ मृत्यु का तांडव हो। अशुभ फल मिले। मंगल-शनि के आठवें भाव का उपाय करना चाहिए।

मुख्य द्वार संबंधी शुभाशुभ विचार

भवन निर्माण करते समय मुख्य द्वार संबंधी शुभाशुभ विचारना चाहिए। **मुख्य द्वार पूर्व में हो तो** सर्वोत्तम है। द्वार से अच्छे लोगों का आना-जाना हो और सभी सुख मिलें। **मुख्य द्वार पश्चिम में हो तो** उत्तम है। **मुख्य द्वार उत्तर में हो तो** शुभ होगा। आध्यात्मिक या धार्मिक कार्य करने शुभ होंगे। लम्बी यात्रा व शुभ कार्यों के लिए इस द्वार से आना-जाना शुभ होगा। **मुख्य द्वार दक्षिण में हो तो** अशुभ हो। भवन स्वामी सुखी न हो, स्त्री की मृत्यु हो जाये या मृत्यु तुल्य कष्ट हो। ऐसा लगे माना अग्निकुण्ड रूपी जेल में जलने के लिए पड़े हैं। ऐसा भवन विधुर के दुःखी होने का स्थान बन जाए। दक्षिण द्वार वाले को कभी-कभी या वर्ष में एक बार बकरी दान करे या बुध संबंधी वस्तुएँ दान में दें, जिससे घर से रोग और धन हानि से रक्षा हो।

शहतीर संबंधी शुभाशुभ विचार

भवन में शहतीर (Beam) मुख्यद्वार के बराबर हो या समान्तर हो तो अच्छा है। यदि भवन या कक्ष में सोते समय छाती को काटे या उस पर से गुजरे तो रोग या मृत्यु दे।

कड़ियों संबंधी शुभाशुभ विचार

छत में डालने वाली कड़ियों का शुभाशुभ विचारने के लिए कड़ियों की कुल संख्या को 4 से भाग देने पर यदि **शेष 1 बचे तो** राजा सदृश शुभफल, **2 शेष बचे तो** यमदूत सदृश अशुभ फल, **3 शेष बचे तो** राजयोग सदृश फल हो।

भवन संबंधी अन्य शुभाशुभ विचार

भवन का शुभाशुभ विचारने के लिए यहाँ कुछ तथ्य दे रहे हैं भवन बनाते समय इन पर भी विचार कर लेना चाहिए—

☯ यदि भवन में वायु बाहर से एकदम सीधी होकर आए तो बच्चों के लिए अशुभ है। कोई न कोई अचानक परेशानी आ सकती है। राहु-केतु का अशुभ प्रभाव प्रातः सांय हो। अंधा या विधुर वहाँ परेशान रहे। प्रयास करें भवन में बिल्कुल सीधी हवा न आए।

- रात्रि में सोते समय पलंग का सिरहाना पूर्व में रखे या दक्षिण में रखें। ध्यान रखें पूर्व या दक्षिण की ओर पाँव करके सोना स्वास्थ्य के लिए शुभ नहीं है। उत्तर दिशा का यहाँ कोई विचार नहीं हैं उत्तर दिशा में चाहे जैसे कार्य करें शुभ ही है।
- भवन के अन्दर की सभी वस्तुएँ शुभफल देंगी जब बैठक या बैठने का स्थान पूर्वी दीवार के मध्य में हो।
- आग या अग्नि संबंधी सभी कार्य दक्षिण या दक्षिण-पूर्व (आग्नेय कोण) में करें।
- धन-सम्पत्ति का स्थान दक्षिण या नैर्ऋत्य (दक्षिण-पशिचम) दिशा में हो तो शुभ है।
- खाली स्थान, अतिथि के लिए कक्ष पशिचम या उत्तर-पशिचम (वायव्य कोण) दिशा में शुभ है।
- भवन से बाहर निकलते समय जल दायीं ओर तथा अग्नि बायीं ओर या पीठ पीछे रहे तो ठीक है।
- भवन के समीप यदि पीपल का वृक्ष हो तो उसकी सेवा से शुभ फल मिलेगा। यदि सेवा नहीं करेंगे तो उसकी छाया जहाँ तक पड़ेगी वहाँ तक भवन में अनिष्ट ही होगा।
- भवन के पास कुंआ है। तो यदि उसमें श्रद्धा सहित थोड़ा दूध डालते रहेंगे तो शुभ फल मिलेगा वरना अनिष्ट ही होगा।
- भवन में कीकर का वृक्ष है तो निस्संतान बना देगा। इससे बचने के लिए ब्रह्ममुहूर्त के समय जब तारों की छांव हो तो 40 दिन तक प्रत्येक शनिवार उसकी जड़ में पानी डाले।
- भूखण्ड के हर कोण या दिशा में ग्रह विशेष का प्रभाव रहता है। उस दिशा या कोण में उसके शत्रु ग्रहों की वस्तुओं की स्थापना नहीं करनी चाहिए (देखें चित्र)।

  उदाहरणतः मान लें चन्द्र का उत्तर-पूर्वी कोण है जोकि चौथा भाव है। यदि यहाँ लोहे की सेफ या सन्दूक स्थापित कर दें तो चन्द्र का अशुभ फल मिलेगा।
- कब्रिस्तान या श्मशान के आसपास बनाया भवन निस्संतान या

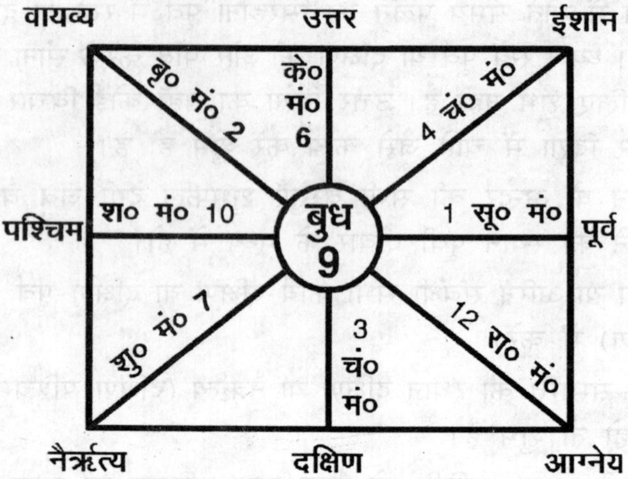

दत्तक सन्तान होने की निशानी है। उपाय यही है कि पूर्व कोण में 40-43 कदम के अन्दर कुंआ बनाना शुभ है।

लाल किताब में कहे भवन संबंधी अनमोल सूत्र इस अध्याय में बता दिए हैं। भवन बनाने से पूर्व इन पर विचार करके ही भवन बनाएँ जिससे आने वाली अशुभता से बच सकें।

13 रोग संबंधी शुभाशुभ विचार कैसे करें ?

यह तो सर्वविदित है कि पहला सुख निरोगी काया। काया स्वस्थ है तो सभी सुख पाने का आधार आपके हाथों में है। स्वास्थ्य व रोग संबंधी शुभाशुभ विचार करने के लिए यहाँ अनमोल ज्ञान लाल किताब के आधार पर दे रहे हैं, समयानुकूल इसे प्रयोग में लाकर लाभान्वित हों।

रोग संबंधी विचार के सूत्र

रोग संबंधी विचार हेतु 3, 5 व 9वें भाव का विचार करना आवश्यक है। तीसरा भाव बर्बादी देता है, पाँचवां भाव शरीर में आत्मा डालता है और इनकी नींव नौवें भाव में है, यदि 3 व 5वाँ भाव रिक्त हो तो 2, 6, 8, 12वाँ भाव निर्णय सुनायेंगे जिसकी अन्तिम अपील चन्द्र पर होगी। गुरु अशुभ हो तो पाँचवें भाव पर बिजली गिरती है।

तीसरा भाव व नौवां भाव अशुभ हो तो पाँचवां भाव भी अशुभ होगा। लेकिन जब नौवें भाव में सूर्य या चन्द्र स्थित हो तो पाँचवां भाव शुभ होगा।

दसवें भाव के लिए पाँचवें व छइे भाव के ग्रह घोर शत्रु होते हैं। अशुभता का संकेत अशुभ या शत्रु ग्रहों की वस्तुओं से मिलेगा।

जन्मकुण्डली में सूर्य या चन्द्र के साथ जब शुक्र या बुध या कोई पापी ग्रह स्थित हो तो जिस वर्ष की वर्ष कुण्डली में 1, 6, 7, 8, 10वें भाव में आये उसमें स्वास्थ्य के दृष्टिकोण से अशुभ समय होता है।

तीसरे भाव के लिए—पहला भाव अचानक चोट देगा और 11वाँ भाव सहायता देगा। छठा भाव धोखा देगा व आठवाँ भाव अशुभ फल देगा। सातवाँ भाव बुनियादी सहायक होगा व दूसरा साझी दीवार का काम करेगा।

पाँचवें भाव के लिए—भाव सात अचानक चोट देगा, भाव आठ धोखा देगा और भाव दस अशुभ टकराव देगा। भाव एक सहायता करेगा और भाव 4 साझी दीवार का काम करेगा। नौवां भाव बुनियादी सहायक होगा।

यदि 3, 5, 9वाँ भाव अशुभ है तो पाँचवां भाव भी अशुभ होगा। सूर्य या गुरु पाँचवें भाव में हो तो दसवें भाव के ग्रह उनके लिए विषैले शत्रु होंगे। पाँचवें भाव का चन्द्रमा दसवें भाव के सभी ग्रहों के लिए विषैला होगा, अब चाहे सूर्य-गुरु दसवें भाव में हो।

ग्रह और रोग का पारस्परिक संबंध

यहाँ प्रत्येक ग्रह से संबंधित रोग बतायेंगे। जिस ग्रहों के रोग जातक को हों वे ग्रह अशुभ ही होंगे। रोग से संबंधित ग्रह को शुभ भाव में उपाय द्वारा पहुँचायें या उनका उपाय करें।

यदि रोग घर में स्थायी हो जाए अर्थात् परिवार का कोई न कोई सदस्य रोगी रहे तो अधोलिखित उपाय करें—

- घर के प्रत्येक सदस्य और आए अतिथि को मिलाकर संख्या गिनकर उसमें एक ओर जोड़ ले। अब इतनी संख्या में मीठी रोटी प्रत्येक महीने 30 दिन के अन्तर में एक बार कुत्तों और कौवों को डाल दें।
- हलवा या पका हुआ कद्दू जो पीला हो गया हो और अन्दर से खोखला हो धर्म स्थल में तीन या छह मास बाद एक बार रख दिया करें वर्ष में एक बार करें।
- रात्रि में रोगी के पास तांबे के दो सिक्के रखकर प्रात: किसी भंगी को 40-43 दिन तक दें। यह एक प्रकार से पूर्व जन्म का कर है जो देना ही पड़ेगा।
- यदि हो सके तो श्मशान या कब्रिस्तान में जब कभी जाने का सुअवसर मिले तो एक-दो पैसा वहाँ गिरा देना चाहिए। यह गुप्त सहायता होती है जो काम आती है।

एक या दो ग्रहों की युति संबंधी रोग

अब किसी भाव में एक ग्रह हो या दो ग्रहों की युति हो तो उसमें संबंधित रोगों को बताते हैं।

सूर्य हृदय संबंधी रोग, चन्द्र की सहायता न मिले तो मुख से पालगपल के कारण झाग निकलें, अंगों की शक्ति क्षीण हो जाए, बुध पहले या दूसरे हो और सूर्य छठे भाव में हो तो रक्तचाप संबंधी रोग होता है। **चन्द्र** हृदय व आँखों की पुतली संबंधी रोग देता है। **मंगल शुभ**

(सूर्य-बुध की युति हो) होने पर उदर विकार, हैजा, पित्त व जिगर संबंधी रोग होते हैं या घाव से शरीर में कष्ट होता है। **मंगल अशुभ** (सूर्य-शनि की युति हो) होने पर भंगदर, फोड़े-फुन्सी, या जख्म होता है। **बुध** चेचक, दिमाग की खराबी, सूंघने की शक्ति समाप्त हो जाना, नाड़ियों, जीभ व दाँत संबंधी रोग होते हैं। **गुरु** सांस व फेफड़ों से संबंधी रोग देता है। **शुक्र** त्वचा रोग, खुजली आदि रोग देता है। नाक छिदवाने या बुध के उपाय से रक्षा हो सकती है। **शनि** नेत्र रोग, खांसी (नई-पुरानी), दमा तब होता है जब शनि गुरु से संबंधित हो। नेत्र रोग से बचने के लिए नारियल नदी या बहते पानी में बहाएं। **राहु** बुखार, दिमागी रोग, प्लेग, दुर्घटना, अचानक चोट आदि देता है। **केतु** रीढ़, जोड़ों का दर्द, फोड़े-फुन्सी, रसौली, सूजाक, मधुमेह, मूत्र रोग, आतशक, स्वप्न दोष, अंगों का शक्तिहीन होना, कान, हार्निया, अण्डकोष संबंधी रोग देता है।

जब कभी ग्रह संबंधी रोग से कष्ट हो तो तुरन्त उस रोग से संबंधित ग्रह का उपाय करें। ऐसा करने पर रोग-मुक्ति में सहायता मिलेगी।

राहु-गुरु की युति हो तो दमा, तपेदिक व श्वास से कष्ट होगा। **गुरु-बुध की युति हो तो भी** दमा, तपेदिक व श्वास से कष्ट होगा। **राहु-केतु की युति हो** (जोकि वर्ष कुण्डली में ही हो सकती है) तो बवासीर से कष्ट होगा। **चन्द्र-राहु की युति हो** तो पागलपन या न्यूमोनिया हो सकता है। **सूर्य-शुक्र की युति हो तो** दमा व तपेदिक का रोग होगा। **मंगल-शनि की युति हो तो** रक्त विकार, कोढ़, शरीर का फट जाना आदि रोग होते हैं। **शुक्र-राहु की युति हो तो** नपुंसक होगा। **शुक्र-केतु की युति हो तो** स्वप्न दोष होगा। **मंगल-गुरु की युति हो तो** पीलिया रोग होगा। **चन्द्र-बुध या चन्द्र-मंगल की युति हो तो** ग्रन्थि संबंधी रोग होता है।

जब कई ग्रह एकत्र हों तो उस ग्रह का उपाय करें जो वहां स्थित होकर दूसरे ग्रहों को नष्ट कर रहा हो। जैसे—गुरु-राहु की युति हो तो राहु का उपाय करें।

दूसरे भाव का विषैला प्रभाव

दूसरे भाव में बुध हो तो अन्तः स्वभाव लड़का हो और अपने

ही कारण दीमागी रोग हो। **दूसरे भाव में गुरु हो तो** मन्द बुद्धि, जल्दबाज, हृदय, फेफड़े, छाती और शारीरिक निर्बलता होती है। **शुक्र दूसरे भाव में हो तो** तंग दिल, लालची, क्रोधी व रक्त विकार या रक्ताल्पता से ग्रस्त होता है। **शनि दूसरे भाव में हो तो** रोग के कारण काम न कर पाए फलस्वरूप धन की कमी रहे। **राहु दूसरे भाव में हो तो** रक्ताल्पता, पट्ठों की बीमारी और रोगी हो। **केतु दूसरे भाव में हो तो** उदर विकार से ग्रस्त हो।

इस अध्याय में रोग संबंधी ज्ञान दे दिया गया है। इसके आधार पर जन्मकुण्डली में रोग संबंधी विचार करना चाहिए और उपाय द्वारा उनसे मुक्ति के लिए प्रयास करना चाहिए।

14 आयु संबंधी विचार कैसे करें ?

जन्मकुण्डली में आयु संबंधी विचार सर्वप्रथम करना चाहिए। जब आयु होगी तभी तो शेष सुखों के विचार करने की आवश्यकता पड़ेगी। आयु संबंधी विचार तो करना चाहिए परन्तु किसी को नहीं बताना चाहिए कि उसकी आयु कितनी है। वैसे भी यह गणना सांसारिक मनुष्य द्वारा की गई है; यह भी हो सकता कहीं गलती हो गई हो और व्यर्थ ही दूसरे के मन में सन्देह उपज जाए जो बाद में निकाले न निकले और व्यर्थ में उसे अधिक हानि उठानी पड़े। आयु का स्वामी मात्र परमात्मा है, मनुष्य नहीं। सही आयु ज्ञात करना बहुत कठिन है और इसकी गणना में अत्यन्त सावधानी रखनी पड़ती है। जरा सी चूक अर्थ का अनर्थ कर देती है।

आयु विचार कैसे करें ?

रहस्यमयी शक्ति आयु की असली शक्ति है क्योंकि यह नहीं होगी तो कुछ भी कर पाना संभव नहीं होगा। इसका विचार भाव छह (पाताल), भाव आठ (मृत्यु) और भाव बारह (आकाश/न्याय) से करते हैं। आयु इन तीनों भावों का परिणाम है। इन तीनों भावों का विश्लेषण जन्मकुण्डली में अत्यन्त सावधानी के साथ करके ही आयु की कहानी लिखनी चाहिए, वरना इन तीनों भावों के बिना तो आयु की कहानी लिख ही नहीं सकते हैं।

जातक की कुण्डली से आयु का विचार करके उसके अनुरूप आवश्यक उपाय बता देना चाहिए परन्तु यह भेद पता नहीं लगने देना चाहिए कि ऐसा उपाय क्यों बताया है। सबसे अधिक उत्तरदायित्व जन्मकुण्डली का विचार करने वाले ज्योतिषी का है।

सन्तान की आयु 11वें भाव से, माता की आयु छठे से, पिता की आयु दसवें भाव से और अपनी आयु आठवें भाव से विचारनी चाहिए। लेकिन उन तीनों भावों को भी विचारते समय ध्यान में रखना चाहिए।

आयु का स्वामी चन्द्र है। जिन जन्मपत्रियों में पितृ या मातृ ऋण होता है, उनकी आयु का निर्णय सूर्य से करना चाहिए। विभिन्न प्रकार के ऋणों की चर्चा प्रथम अध्याय में कर चुके हैं।

आयु विचारते समय चन्द्रमा जन्मकुण्डली में चाहे किसी भी भाव में हो पर आयु का निर्णय करते समय सूर्य की जन्मकुण्डली में स्थिति के अनुरूप चन्द्रमा का भाव समझना होगा। सुविधा के लिए देखें—सूर्य से चन्द्र भाव ज्ञान चक्रम्।

सूर्य की भाव संख्या	चन्द्रमा की भाव स्थिति	सूर्य की भाव संख्या	चन्द्रमा की भाव स्थिति
पहला	नौवां भाव	सातवां	तीसरा भाव
दूसरा	आठवां भाव	आठवां	दूसरा भाव
तीसरा	सातवां भाव	नौवां	पहला भाव
चौथा	छठा भाव	दसवां	दसवां भाव
पाँचवां	पाँचवां भाव	ग्यारहवां	बारहवां भाव
छठा	चौथा भाव	बारहवां	ग्यारहवां भाव

मान लो सूर्य जन्मकुण्डली के चौथे भाव में स्थित है तो आयु ज्ञान के लिए चन्द्रमा को छठे भाव में समझें। इसी प्रकार आप चन्द्रमा की आयु ज्ञान के लिए स्थिति ज्ञान कर सकते हैं।

भाव की आयु

कुण्डली के प्रत्येक भाव की अपनी आयु होती है। भाव की आयु ज्ञात करने के लिए देखें—भाव आयु चक्रम्।

भाव संख्या	भाव की आयु	भाव संख्या	भाव की आयु
1	100 वर्ष	7	85 वर्ष
2	75 वर्ष	8	मृत्यु
3	90 वर्ष	9	पूर्वज
4	85 वर्ष	10	90 वर्ष
5	सन्तान	11	धर्म मन्दिर
6	30 वर्ष	12	90 वर्ष

ग्रहों की आयु

ग्रहों की आयु भी आयु विचारते समय सहायक होती है। ग्रहों की आयु निम्न प्रकार समझें—**सूर्य** 100 वर्ष, **चन्द्र** 85 वर्ष, **मंगल** 90 वर्ष, **बुध** 80 वर्ष, **गुरु** 75 वर्ष, **शुक्र** 85 वर्ष, **शनि** 90 वर्ष, **राहु** 90 वर्ष, **केतु** 80 वर्ष और **पुरुष ग्रह की सहायता मिले तो** 96 वर्ष।

चन्द्र से आयु

चन्द्र की भाव में स्थिति के अनुसार आयु अधोलिखित सारिणी के अनुसार समझनी चाहिए—

चन्द्रमा का भाव	आयु	चन्द्रमा का भाव	आयु
पहला	90 वर्ष	सातवां	85 वर्ष
दूसरा	96 वर्ष	आठवां	90 वर्ष
तीसरा	80 वर्ष	नौवां	75 वर्ष
चौथा	85 वर्ष	दसवां	90 वर्ष
पांचवां	100 वर्ष	ग्यारहवां	90 वर्ष
छठा	80 वर्ष	बारहवां	90 वर्ष

चन्द्रमा का शुक्र से संबंध हो तो 85 वर्ष आयु समझें, पुरुष ग्रह का साथ हो तो 96 वर्ष, पाप ग्रह से संबंध हो तो 30 वर्ष कम, शनि-गुरु की युति वाले आयु का निर्णय 11वें भाव के ग्रहों से करें परन्तु 11वाँ भाव रिक्त हो तो जन्मकुण्डली चन्द्र की आयु के अनुसार ही समझें।

ग्रहों की स्थिति के अनुसार आयु

गुरु 6, 8, 10 या 11वें भाव में हो तो आयु 2 वर्ष, **शुक्र-मंगल** 7वें भाव में हो तो दो वर्ष, मंगल या बुध 7वें भाव में हो तो दो वर्ष, **बुध-शुक्र-चन्द्र** 5वें भाव में हो दो वर्ष, **चन्द्र-केतु** पहले भाव में हो और चौथा भाव रिक्त हो तो दो वर्ष, **चन्द** 5वें हो तो 12 वर्ष, **सूर्य** 11वें हो तो 12 वर्ष और **शनि** पांचवें हो और पुरुष ग्रहका साथ न हो तो दीर्घायु होगी।

अल्पायु योग

- ⊙ गुरु शत्रु ग्रहों से घिरा हो तो अल्पायु होगी।
- ⊙ बुध, गुरु, शुक्र नौवें भाव में हो तो अल्पायु होगी।
- ⊙ गुरु के शत्रु ग्रह बुध, शुक्र, राहु नौवें भाव में हो तो अल्पायु होगी।
- ⊙ चन्द्र-राहु सातवें या आठवें भाव में हो तो अल्पायु होगी।
- ⊙ बुध नौवें भाव में हो तो प्रत्येक 8वाँ दिन, 8वाँ मास और 8वाँ वर्ष अशुभ होगा व पशुओं से भय या मृत्यु होगी।

दीर्घायु योग

- चन्द्र-गुरु बारहवें भाव में हों तो आयु 120 वर्ष होगी।

ध्यान रखें !

जन्मकुण्डली में स्थित अशुभ ग्रह वर्ष कुण्डली में भी उसी भाव में अशुभ हों तो उस वर्ष में अधिक अशुभ फल होता है।

जन्मकुण्डली के 8वें भाव में स्थित ग्रह जब वर्ष कुण्डली के 8वें भाव में आ जाएं तो उसके मित्र ग्रह बलि का बकरा बनेंगे और 6ठे भाव में संबंधित ग्रह कारक होगा।

जन्मकुण्डली के 6ठे भाव में स्थित ग्रह वर्ष कुण्डली के 6ठे भाव में आ जाएं तो उसका मित्र ग्रह बलि का बकरा और 8वें भाव से संबंधित ग्रह अल्पायु होने का संकेत देंगे।

जब बारहवां भाव रिक्त हो तो चन्द्र जहाँ बैठा हो उस भाव से संबंधित वार में मृत्यु होगी। यदि नौवां व बारहवां भाव रिक्त है तो 9-12 के सामने का वार लेंगे। कुण्डली में प्रत्येक भाव का वार और मृत्यु का दिन कोष्ठक के अनुसार समझें। जहाँ कोष्ठक नहीं है वहाँ अंकित वार को ही मृत्यु का दिन समझें। देखें—मृत्यु दिन चक्रम्।

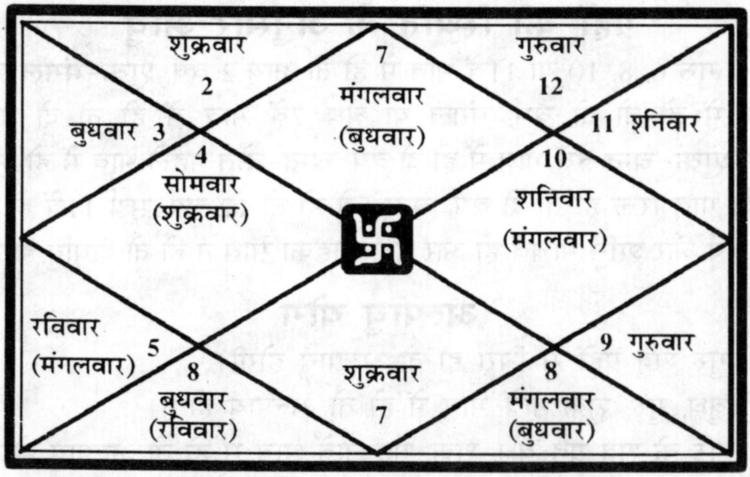

जन्मकुण्डली में ग्रह अपनी स्थिति के अनुसार जो आयु बताते हैं उसकी चर्चा यहाँ करते हैं। ग्रहों की जन्मकुण्डली में स्थिति के अनुरूप आयु निम्न प्रकार समझें—

1. चन्द्र-केतु 6ठे भाव में हो या चन्द्र 6ठे व सूर्य 10वें हो तो आयु 12 दिन होगी।

2. सूर्य-शनि गुरु के भावों (नौवें या 12वें) में हो या पुरुष ग्रहों के साथ हो तो आयु 12 मास होगी।
3. सूर्य-चन्द्र की युति 11वें हो तो 9 वर्ष की आयु होगी।
4. चन्द्र-केतु पहले भाव में हों और चौथा भाव रिक्त हो तो 10 वर्ष आयु होगी।
5. चन्द्र 5वें, सूर्य 11वें हो और पुरुष ग्रह साथी हों या न हों तो 12 वर्ष की आयु होगी।
6. चन्द्र-राहु पहले भाव में हो तो मृत्यु दोपहर में गोली से या अचानक होगी।
7. गुरु-राहु दूसरे भाव में या बुध-गुरु छठे भाव में हो तो लम्बी बीमारी से 20 वर्ष में मृत्यु हो जाए।
8. सूर्य-राहु 10 या 11वें भाव में हो और 8वें भाव में अल्पायु कारक ग्रह हो तो आयु 22 वर्ष होगी।
9. दसवें भाव में शनि और दूसरे भाव में स्त्री ग्रह हों या 11वें सूर्य-राहु हों और शनि अुशभ भाव में हो या अशुभ हो और पुरुष ग्रह साथ हों या न हों तो दीर्घायु होगी।
10. चन्द्र-राहु छठे भाव में या मंगल अशुभ 6ठे हो, शुक्र-केतु अशुभ हो तो बोलते समय दांतों का मांस दिखे व कान ऊपर चढ़ जाएं तो आयु 25 वर्ष होगी परन्तु मरते समय पुत्र छोड़ जाए।
11. बुध-गुरु दूसरे भाव में, राहु तीसरे भाव में हो तो आयु 30 वर्ष होगी। 19 या 21 वर्ष में पिता की मृत्यु व धन हानि हो सकती है।
12. चन्द्र-बुध-राहु किसी भी भाव में स्थित हों तो आयु 35 वर्ष होगी।
13. गुरु-राहु 9वें या 11वें हो तो आयु 40 वर्ष होगी।
14. बुध-केतु 12वें या गुरु-राहु 6ठे हों तो आयु 45 वर्ष होगी।
15. चन्द्र-राहु 5वें या 2 या 7वें भाव के ग्रह अशुभ हों तो आयु 50 वर्ष होगी।
16. चन्द्र-राहु-बुध दूसरे या पांचवें भाव में हो तो आयु 56 वर्ष होगी।
17. चन्द्र-बुध 3रे भाव में हो तो आयु 60 वर्ष होगी।
18. शुक्र-चन्द्र या चन्द्र-राहु नौवें भाव में हों तो 75वें वर्ष में मृत्यु अचानक होगी।

19. चन्द्र 3रे या 6ठे या चन्द्र-गुरु 4थे भाव में हों तो आयु 80 वर्ष होगी। जातक धन-सम्पत्ति छोड़कर मरेगा।
20. चन्द्र-मंगल 7वें हो तो आयु 85 वर्ष होगी। जीवन दूध-शहद सदृश होगा।
21. स्थापित चन्द्र 1, 8, 10, 11वें भाव में हो तो आयु 90 वर्ष होगी।
22. गुरु-केतु नौवें भाव में या शनि-केतु 6ठे भाव में था चन्द्र-शनि सातवें भाव में या स्थापित चन्द्र 3 या 9वे और पुरुष ग्रह का साथ हो या न हो आयु 96 वर्ष होगी।

कद और आयु

कद के अनुसार भी आप अपनी आयु ज्ञात कर सकते हैं—देखें—'कद आयु चक्रम्'। मान लो किसी का कद 108 अंगुल अर्थात् 6.75 फुट है तो उसकी आयु 120 वर्ष होगी।

कद अंगुल में	आयु वर्ष में	कद अंगुल में	आयु वर्ष में
90	30	100	80
91	35	101	85
92	40	102	90
93	45	103	95
94	50	104	100
95	55	105	105
96	60	106	110
97	65	107	115
98	70	108	120
99	75	109	125

नाप = 16 अंगुल = 1 फुट = 12 इंच

शेष आयु कैसे जाने ?

जातक के व्यवहार और लक्षणों से भी यह ज्ञात हो जाता है कि कितनी आयु शेष रह गई है।

1. स्वभाव बदल जाए अर्थात् कठोर हृदयी नम्र और नम्र हृदयी कठोर हो जाए तो 1 वर्ष आयु शेष है।
2. रात्रि में ध्रुवतारा न दिखायी पड़े तो 40 दिन आयु शेष है।
3. घी, तेल व पानी में अपनी छाया न दिखे तो सात दिन आयु शेष है।

4. शीशे में चेहरा न दिखे तो एक दिन आयु शेष है।
5. सांप काट ले और मुख से खून बहता रहे, पेट में वायु भरी हो, शरीर नरम रहे तो चार दिन आयु शेष है। इसमें सन्देह भी हो सकता है।
6. सांस लेते समय पेट न हिले और आँख पथरा जाए तो कुछ घण्टे की आयु शेष है।
7. हथेली को प्रकाश की ओर करके देखें यदि रक्त न दिखे या हथेली सफेद दिखे और शरीर अकड़ जाए तो समझ ले मृत्यु हो गयी।

मृत्यु का अन्तिम वर्ष व दिन

चन्द्र का भाव मृत्यु का अन्तिम दिन (वार) होगा और वर्ष कुण्डली में चन्द्र की स्थिति और 8वें व 12वें भाव के प्रभाव से ज्ञात करेंगे। 8 या 12वें जो ग्रह अशुभ होंगे उनके अनुसार जो पहला वर्ष होगा वही अन्तिम व अशुभ वर्ष होगा। यदि 12वें भाव पर शुभ दृष्टि हो तो मृत्यु नहीं होगी। जब भी शुभ दृष्टि समाप्त होगी, वह वर्ष अन्तिम वर्ष होगा।

मृत्यु कैसे होगी ?

मृत्यु आने का कोई न कोई बहाना होगा। वह क्या होगा इसे जानने के लिए कुछ योग दे रहे हैं, इन्हें कुण्डली में ढूँढकर मृत्यु कैसे होगी यह जान लें। योग निम्नलिखित हैं—

1. चन्द्र-शनि-मंगल 5 या 8वें हों, शुक्र व अशुभ मंगल 5 या 8वें हों परन्तु सूर्य-चन्द्र की युति न हो तो झगड़े या युद्ध में मृत्यु होगी।
2. शनि-शुक्र की युति दसवें और सूर्य चौथे हो तो अचानक मृत्यु हो जाए।
3. सूर्य उच्च का पहले भाव में हो या स्थापित हो और अकेला हो तो मृत्यु समय पर स्वाभाविक होगी।
4. शनि 6ठे हो, बुध 3, 10 या 11वें हो, शनि 7वें हो तो मृत्यु पशु के द्वारा हो।
5. बुध 12वें हो और शनि 7वें हो तो मृत्यु आत्महत्या द्वारा हो। चन्द्र-बुध की युति हो और सूर्य अशुभ हो तो भी आत्महत्या से मृत्यु हो। चन्द्र-बुध चौथे हो तो भी मृत्यु आत्महत्या से हो।
6. राहु-बुध या केतु-बुध शनि के साथी हो जाएं तो मृत्यु विद्युत या सांप के काटने से हो।
7. चन्द्र-बुध 3रे या 6ठे, शनि-चन्द्र की युति सातवें हो, मंगल-बुध-चन्द्र 10वें या सातवें हों तो आघात से अल्पायु में मृत्यु होगी।

8. शुक्र पहले, सूर्य सातवें और साथ में शत्रु या पापी ग्रह हों या वर्ष कुण्डली में 3रे शत्रु या पापी ग्रह व सूर्य-शुक्र 1, 3, या 10वें हो तो तपेदिक से मृत्यु होगी।
9. सूर्य-बुध-चन्द्र की युति चौथे भाव में हो तो घोड़े से गिरकर मृत्यु होगी।
10. चन्द्र-राहु की युति चौथे हो तो फांसी या कुएँ में गिरकर या दम घुटने से मृत्यु हो।
11. शनि तीसरे, बुध 11वें या सूर्य-शनि 10वें हो व बुध 8वें हो तो कैद में मृत्यु हो।
12. बुध-शनि चौथे हो या बुध-शनि-चन्द्र की युति हो और सूर्य स्थापित हो तो हत्या से मृत्यु हो या हत्यारा हो जाए।
13. चन्द्र शनि से बली हो तो परदेश में मृत्यु होगी। चन्द्र-शनि 7वें हों तो अपने देश या मातृ भूमि में मृत्यु होगी। चन्द्र 10वें और दूसरा भाव रिक्त हो तो फेफड़े व छाती के रोग से मृत्यु हो।
14. बुध व गुरु आमने-सामने हों तो अधरंग से मृत्यु होगी। बुध-गुरु की युति तीसरे हो तो संताप से मृत्यु होगी।
15. मृत्यु का समय पापी ग्रहों के अशुभ कार्यों का परिणाम है। शुक्र व पापी ग्रह अशुभ हों, बुध-राहु-केतु वर्षफल में एकत्र हों, तीसरा भाव रिक्त या तीसरे अशुभ ग्रह हों या 8 या 6वाँ भाव या दोनों अशुभ हों, 1, 4, 7, 10 भाव रिक्त हो, चन्द्र अशुभ हो, बुध 3, 8, 9, या 12वें हो, शनि-राहु, केतु-चन्द्र, चन्द्र-राहु आठवें हो तो मृत्यु आने का कोई न कोई बहाना बन जाता है।

इस अध्याय में आयु ज्ञान की चर्चा की गई है। सभी योगों को भली-भांति कुण्डली में विचारकर समन्वय दृष्टि से आयु का ज्ञान करना चाहिए। मानव गणना में भूल भी हो सकती है इसलिए शंकित होकर प्रभावित न हों। आयु ज्ञात करें तो सहज रूप में लें। जन्म हुआ है तो मृत्यु के विषय में ईश्वर ही जानता है। सार्वभौमिक सत्य मृत्यु से भय नहीं करना चाहिए। यह मानकर चलें—जो आनी है उससे क्या डरना। ऐसा करने पर भी मृत्यु-भय से निवृत्ति होती है।

15 यात्रा योग विचार

जीवन में कार्यों की पूर्णता हेतु अनेकानेक यात्राएँ करनी पड़ती हैं। जन्मकुण्डली से यात्रा संबंधी विचार करने के लिए अनेक प्रकार के योग लाल किताब में वर्णित हैं। अब आपके उपयोग व व्यवहार के लिए इनकी चर्चा यहाँ करेंगे।

किस ग्रह से क्यों विचारें ?

हवाई यात्रा का स्वामी गुरु है, समुद्री यात्रा का स्वामी चन्द्रमा है, यात्रा में सूखेपन का विचार शुक्र से किया जाता है, सामान्य, यात्रा, एक स्थान से दूसरे स्थान पर स्थानान्तरण और परिवर्तन का विचार केतु से किया जाता है। वस्तुतः जब भी यात्रा करें या यात्रा संबंधी विचार करें तो इन ग्रहों पर सम्यक दृष्टि डालकर निर्णय लेना चाहिए।

चन्द्रमा को श्वेत अश्व माना गया है जिसका प्रभाव जलीय है और समुद्र पर चाँद की चांदनी की तरह तुरन्त इधर-उधर घूम लेता है। शुक्र (सूखा) चन्द्र से शत्रुता करता है जबकि चन्द्र शुक्र से शत्रुता नहीं करता है। वस्तुतः चन्द्र की यात्रा स्वयं के लिए हानिप्रद नहीं है। चन्द्र-शुक्र की युति हो या एक दूसरे से दृष्ट हों तो शुक्र से संबंधित यात्रा होगी या चन्द्रमा यात्रा में लगा ही रहेगा। चन्द्र सदैव यात्रा करता रहता है और सामान्यतः सूखी होती है।

चन्द्र-सूर्य की युति या परस्पर दृष्टि हो तो राजकीय यात्रा करनी पड़ेगी। चन्द्र का बुध से संबंध हो तो व्यापार के लिए यात्रा होगी जो लाभदायक रहेगी।

केतु और यात्रा विचार

यदि केतु वर्षकुण्डली के पहले भाव में हो तो उस वर्ष में यात्रा के लिए अपनी तैयारी रखनी चाहिए क्योंकि यात्रा करनी पड़ेगी, ऐसा आदेश हो चुका है। यह हो सकता है कि अन्ततः यात्रा न करनी पड़े और करनी पड़े तो वापिस आना पड़े। सातवां भाव रिक्त हो तो 100 दिन के अन्दर अस्थाई यात्रा करनी पड़ सकती है। वैसे भी 100 दिन की यात्रा को यात्रा नहीं मानते हैं।

यदि केतु वर्षकुण्डली के दूसरे भाव में हो तो उस वर्ष में शुभ यात्रा होगी। यह यात्रा उन्नति मिलने के कारण होगी। आठवां भाव अशुभ हो तो न यात्रा होगी और न उन्नति मिलेगी।

यदि केतु वर्ष कुण्डली के तीसरे भाव में हो तो उस वर्ष में भाईयों या परिवारजनों से दूर परदेश का जीवन जीना पड़ेगा। ऐसा तभी होगा जब तीसरा भाव सुप्त हो या नौवां भाव रिक्त हो।

यदि केतु वर्षकुण्डली के चौथे भाव में हो तो उस वर्ष में यात्रा नहीं होगी और यदि होगी तो वहाँ तक होगी जहाँ माता रहती है। स्थान परिवर्तन या यात्रा नहीं होगी जबकि दसवां भाव शुभ हो।

यदि केतु वर्षकुण्डली के पांचवें भाव में हो तो उस वर्ष में अपने शहर में ही एक स्थान से दूसरे स्थान की यात्रा होगी या स्थान परिवर्तन होगा। विभाग में भी शहर में ही स्थानान्तरण या बैठने का स्थान बदल सकता है जोकि शुभ होगा। गुरु शुभ हो तो शुभ परिणाम ही होंगे।

यदि केतु वर्षकुण्डली के छठे भाव में हो तो उस वर्ष में यदि केतु जागता हो तो या 12वें भाव में कोई न कोई ग्रह हो तो यात्रा या स्थानान्तरण का आदेश होकर निरस्त हो जाए।

यदि केतु वर्षकुण्डली के आठवें भाव में हो तो उस वर्ष में यात्रा शुभ व प्रसन्नतामयी होगी। ऐसा तभी होगा जब 11वें भाव में केतु के शत्रु चन्द्र, मंगल व केतु होंगे। पुत्र, कान, रीढ़ की हड्डी, जोड़ों पर अशुभ प्रभाव होगा। इस अशुभता से बचने के लिए चन्द्र का उपाय करें। निरन्तर पन्द्रह दिनों तक मन्दिर में चन्द्र की वस्तुएँ दें या कुत्तों को 15 दिन तक बिना नागा दूध पिलाएँ।

यदि केतु वर्षकुण्डली के नौवें भाव में हो तो उस वर्ष में शुभ यात्राएँ इच्छानुसार होंगी। पैतृक घर की बार-बार यात्रा करनी पड़ेगी। ऐसा भली-भांति होता रहेगा यदि तीसरे भाव पर कोई अशुभ प्रभाव ना पड़े।

यदि केतु वर्षकुण्डली के दसवें भाव में हो तो उस वर्ष में यात्रा असमय करनी पड़ेगी। शनि शुभ हो यात्रा लाभदायक और शनि अशुभ तो यात्रा हानिप्रद होगी। आठवां भाव अशुभ हो या यात्रा अशुभ फलप्रद होगी। दूसरे भाव के ग्रह सहायक होंगे। सूर्य को जल चढ़ाना सहायक है।

यदि केतु वर्षकुण्डली के ग्यारहवें भाव में हो तो उस वर्ष में

ऐसा लगेगा मानों यात्रा करनी पड़े। यात्रा का आदेश वरिष्ठ अधिकारियों के पास से आप तक पहुँचेगा ही नहीं। यदि तीसरा भाव शुभ हो तो यात्रा करनी पड़ जाए जो भरपूर लाभदायी होगी।

यदि केतु वर्षकुण्डली के बारहवें भाव में हो तो उस वर्ष में परिवार सहित सुख से रहेंगे। उन्नति होगी पर स्थानान्तरण नहीं होगा। यदि यात्रा करनी पड़े तो लाभ होगा, परन्तु तब जब छठा और दूसरा भाव शुभ हो एवं 12वें भाव को विषाक्त (अशुभ) न करें।

यदि वर्षकुण्डली के अनुसार चन्द्र या केतु शुभ भावों में हो या चन्द्र केतु के बाद हो या केतु चन्द्र से पहले हो तो यात्रा इच्छा के विपरीत नहीं होगी और न ही कोई अशुभ फल होगा। यात्रा का निर्णय केतु की स्थिति (वर्ष फल में कैसी है) के अनुरूप होता है। केतु संबंधी फल ऊपर बता चुके हैं।

यात्रा संबंधी अशुभ प्रभाव

यहाँ बताए गयी स्थितियों को वर्षकुण्डली में विचार कर ही निर्णय करें कि यात्रा करें या नहीं।

यदि छठे भाव में केतु, मंगल-केतु या बुध-केतु हों तो मंगलवार व बुधवार को उत्तर दिशा की यात्रा नहीं करनी चाहिए वरना हानि या कष्ट ही उठाना पड़ेगा।

यदि दसवें या ग्यारहवें भाव में केतु, सूर्य-केतु, या शुक्र-केतु हों तो शुक्रवार और रविवार को पश्चिम दिशा की यात्रा नहीं करनी चाहिए, अन्यथा कष्ट, चिन्ता व तनाव में रहेंगे। हानि हो जाए तो कोई बड़ी बात नहीं।

यदि पहले या पांचवें भाव में केतु, चन्द्र-केतु या शनि-केतु हों तो सोमवार व शनिवार को पूर्व दिशा की यात्रा नहीं करनी चाहिए, करेंगे तो अशुभ फल एवं कष्ट ही उठायेंगे।

यदि तीसरे भाव में केतु या केतु-गुरु हो तो गुरुवार को दक्षिण दिशा की यात्रा न करे, करेंगे तो हानि ही उठायेंगे।

इस अध्याय में यात्रा संबंधी लाल किताब के योगों की चर्चा की है। इन योगों को व्यवहार में लाकर वर्षकुण्डली के द्वारा यात्रा संबंधी शुभाशुभ निर्णय लेने चाहिएं।

16 विवाह संबंधी विचार कैसे करें ?

हमारे समाज में स्त्री-पुरुष का मिलन विवाहोपरान्त ही होता है। जीवन की सार्थकता विवाह से ही है। विवाह के बिना सन्तान और पारिवारिक सुख मिलना सम्भव नहीं। वस्तुतः जन्मकुण्डली व वर्षकुण्डली से विवाह संबंधी विचार अवश्य करना चाहिए। इस अध्याय में विवाह संबंधी लालकिताब के ज्ञान की चर्चा करेंगे।

यह जान लें कि पुरुष (जातक) की कुण्डली में शुक्र से तात्पर्य उसकी पत्नी और स्त्री (जातिका) की कुण्डली में शुक्र से तात्पर्य पति से है। शुक्र से विवाह व वैवाहिक सुख या पारिवारिक सुख विचारें। चन्द्र से सामान्य सांसारिक सुख विचारते हैं।

स्त्री और पुरुष को अलग-अलग रखते हुए एक सूत्र में बांधने वाली शक्ति सांसारिक दृष्टि में विवाह और ग्रहों में मंगल है। मंगल के रक्त से ही लड़की (कन्या) और स्त्री में अन्तर होता है। इसी कारण विवाह के समय मंगल गीत गाए जाते हैं।

यदि मंगल शुभ और उसको सूर्य या चन्द्र से सहायता मिले तो मंगल वैवाहिक सुख देने वाला होगा। यदि मंगल अशुभ या मंगल को सूर्य से सहायता न मिले या शनि सूर्य को बांध दे तो वैवाहिक प्रसन्नता की अपेक्षा दुःख व स्त्री को कष्ट होगा, यहाँ तक मंगल की वीरानी छायी रहेगी और दूर-दूर तक सूर्य का प्रकाश नहीं मिलेगा। दिन की अपेक्षा शनि की काली रात्रि का साथ होगा। बुध के रिक्त आकाश के बनावटी शुक्र के एवज में राहु, केतु की बैठक शनि के आठवें भाव में होती है।

विवाह का समय

जिस वर्ष की वर्षकुण्डली में शुक्र या बुध को शनि की मित्रता या शनि पहले भाव में हो तो विवाह का योग बनेगा।

विवाह का योग शुक्र से देखेंगे। बुध व शुक्र अलग-अलग हों तो बुध शुक्र को फल दे सकता है। बारहवें भाव को छोड़कर बुध इन योगों के आधार पर विवाह योग बनाता है।

यदि किसी जातक/जातिका की कुण्डली में शुक्र या बुध अशुभ हो और स्त्री ग्रह (शुक्र चन्द्र) सहित पुरुष ग्रह (सूर्य, मंगल, गुरु) साथी या सहायक हों या साथ में हो या शनि का पहले भाव से संबंध बने या इस ग्रह समूह से संबंध जुड़ जाए तो विवाह होगा।

यदि शुक्र चौथे भाव में वर्षकुण्डली में हो तो 22, 24, 29, 32, 39, 47, 51, 60 वर्ष में विवाह करायेगा। लेकिन यह ध्यान रखें 2 व 7वें भाव में शुक्र के शत्रु ग्रह (सूर्य, चन्द्र, राहु) न हों। यदि 2 व 7 भाव रिक्त हो तो इन ग्रहों को भाव चार में समझ लें जो इनमें (2, 7 भाव) आ जाएं।

वर्षकुण्डली में बुध 12वें या 7वें भाव में जिस वर्ष में आए और शुक्र 2, 10 या 12वें हो तो 3 व 11वें भाव में इनके (शुक्र/बुध) के शत्रु सूर्य, चन्द्र, राहु न हों तो विवाह योग बनेगा।

विवाह के लिए अशुभ समय

जो ग्रह शुक्र को अशुभ या नष्ट करे या स्वयं अशुभ हो तो विवाह सुख न मिले। चन्द्रमा पहले भाव में आए तो 24 या 27वें वर्ष में विवाह करना अशुभ फलदायी होगा। राहु आठवें भाव में आ जाए तो 21वाँ वर्ष विवाह के लिए अशुभ है। सूर्य शुक्र के लिए विषैला (अशुभ) हो तो 22वें वर्ष में विवाह करना अशुभ फलदायी होगा। इसी प्रकार अन्य ग्रह शुक्र को अशुभ करें तो उनके अपने वर्षों में विवाह करना दुःखकारक होगा।

शुक्र शुभ हो तो विवाह संबंधी किसी प्रकार की अशुभ शंका न समझें। यदि अकेला शनि छठे भाव में हो और शुक्र 2 या 12वें हो तो आयु का 18 या 19वाँ वर्ष विवाह करने के लिए अशुभ होगा।

विवाह के लिए शुभ समय

विवाह के लिए शुभ समय वर्षकुण्डली के अनुसार निश्चित करना चाहिए। इसके लिए 'शुभ विवाह समय चक्रम्' के अनुसार वर्षकुण्डली में ग्रह स्थिति विचार कर ही चयन करना चाहिए।

जब शुक्र-बुध नष्ट हों तो विवाह का योग शुक्र की जगह चन्द्र और बुध की जगह पुरुष ग्रह से देखेंगे। बुध 9, 10, 11वें हो तो विवाह,

शुभविवाह समय चक्रम्

ग्रह की स्थिति	भाव संख्या				
शुक्र-बुध एक साथ या अलग-अलग हों (मात्र बुध को 12वें छोड़कर)	12	11	10	2	1
शनि 1, 2, 7, 10, 12वें हो या	8 या 4	7 या 3	6 या 2	10 या 6	9 या 5
बुध उस समय न हो	6	5	4	8	7

सन्तान व सांसारिक सुख के लिए अशुभ होगा। जबकि उसी समय राहु व केतु पहले या सातवें स्थित हो।

विवाह संबंधी योग

1. गुरु पहले भाव में हो और सातवां भाव रिक्त हो तो कम आयु में विवाह करना शुभ होगा।

2. यदि शनि सातवें भाव में हो और विवाह 12वें वर्ष तक न हो तो उसकी दृष्टि व्यर्थ होगी।

3. पिता की कुण्डली में चन्द्र 11वें हो और वह कन्यादान केतु के समय में करे तो दोनों (पिता व बेटी) में से कोई एक सुखी रहेगा। यही बात उसके पति के लिए हैं, उसे कन्यादान लड़की के पिता से प्रातः केतु के समय में लेना चाहिए जबकि चन्द्र उसकी कुण्डली में ग्यारहवें हो।

4. यदि लड़की अपने पैतृक घर से उत्तर दिशा में स्थित शहर या गांव के लड़के से विवाह करेगी तो दुःखी होगी। ऐसा तभी होगा जब उसके पिता की कुण्डली में बुध छठे भाव में स्थित हो।

5. राहु 1 या 7वें भाव में हो या दृष्टि या युति से शुक्र से संबंध हो तो 21वें वर्ष में विवाह व्यर्थ हो जायेगा। सूर्य-शुक्र की युति हो तो 22 से 25 वर्ष में विवाह होने पर भी उपर्युक्त स्थिति होगी।

6. स्त्री की कुण्डली में चौथे भाव में गुरु हो तो शीघ्र विवाह हो जायेगा।

7. यदि स्त्री की कुण्डली में सूर्य, मंगल का साथ गुरु से हो तो उसका ससुर नहीं होगा।

8. शुक्र, बुध वर्ष कुण्डली में जन्मकुण्डली वाले भाव में आ जाएं या पहले या सातवें आ जायें, शुक्र जन्मकुण्डली में 1 से 7 भाव तक में न हो और 3 या 11वें भाव में चन्द्र या राहु न हो तो विवाह नहीं होता है।

9. शुक्र के आसपास या दायें-बाएं पाप ग्रह हों या शुक्र से चौथे या आठवें मंगल स्थित हो या सूर्य-शनि एक साथ या उनमें से कोई एक स्थित हो तो स्त्री जलकर मर जाए या शुक्र का फल नष्ट हो जाए। गौ दान करना लाभदायक है।

10. एक या एक से अधिक विवाह योग—

- ❑ जन्मकुण्डली में शुक्र अपने मित्रों बुध, शनि, केतु के साथ या दृष्टि से सम्बन्ध करे तो एक स्त्री हो।
- ❑ यदि शुक्र पाप ग्रहों से ग्रस्त हो स्त्री की संख्या अधिक हो।
- ❑ सूर्य, बुध, राहु एक साथ स्थित हो तो अनेक विवाह होने पर भी गृहस्थ सुख न मिले या दुःख ही मिले।
- ❑ बुध आठवें हो तो विवाह अनेक और सभी स्त्रियां जीवित हों।
- ❑ वर्षकुण्डली में जितनी बार सूर्य-शनि की परस्पर युति या टकराव हो तो उतनी बार विवाह हो।
- ❑ सूर्य छठे हो और शनि 12वें हो तो स्त्री पर स्त्री मरें या माता बच्चों का मुख देखने से पूर्व मर जाए।
- ❑ बुध आठवें या शुक्र चौथे हो और 2 व 7वाँ भाव रिक्त हो तो पत्नियाँ एक से अधिक हों और सभी जीवित हों।

11. बुध, शुक्र दोनों शुभ मंगल से संबंध स्थापित करें तो विवाह व सन्तान का सुख सर्वोत्तम होगा।

12. स्त्री का स्वभाव—

- ❑ सूर्य, बुध का संबंध स्त्री के स्वभाव व रंग का संकेत देगा।
- ❑ यदि सूर्य बुध से पूर्व के भावों में स्थित हो तथा शनि अपनी टांग न अड़ाए तो स्त्री का स्वभाव उत्तम होगा।
- ❑ यदि सूर्य बुध से बाद के भावों में स्थित हो तथा शनि व अशुभ भावों का संबंध हो स्त्री का स्वभाव अच्छा न होगा।
- ❑ सूर्य बुध एक साथ शुभ भावों में स्थित हों और शनि व शत्रु

ग्रहों से उनका संबंध न हो तो स्त्री का स्वभाव अच्छा होगा। यदि शनि या शत्रु ग्रह संबंध करें तो स्त्री के स्वभाव में चंचलता और चतुरता होगी।

13. सूर्य-बुध सातवें हो तो स्त्री धनी घर से होगी, यदि शुक्र शुभ नहीं है तो विपरीत फल होगा अर्थात् निर्धन परिवार से होगी।

14. सूर्य-शुक्र की युति से स्त्री का रंग श्याम न होकर चमकदार होगा।

15. शुक्र, बुध, मंगल तीसरे भाव में हो और ग्यारहवां भाव रिक्त हो तो विवाह व सन्तान के सुख में गड़बड़ हो।

16. बुध व शुक्र दोनों के साथ अशुभ मंगल का साथ हो या बुध-मंगल व शुक्र-मंगल की युति हो तो परस्पर वैचारिक मतभेद, शत्रुता तलाक की स्थिति बने। यह तभी होगा जब मंगल अशुभ हो। पति-पत्नी का चाल-चलन भी ठीक नहीं होगा।

17. पति-पत्नी की आयु—

- ❑ शुक्र अपने शत्रु ग्रहों से दृष्ट हो तो पत्नी अल्पायु एवं मित्र ग्रहों से दृष्ट होने पर दीर्घायु होती है।
- ❑ बुध अपने शत्रु ग्रह से दृष्ट हो तो पुरुष अल्पायु एवं मित्र ग्रहों से दृष्ट हो तो दीर्घायु है।
- ❑ शुक्र-बुध की युति को शत्रु ग्रह देखते हो तो दोनों अल्पायु एवं मित्र ग्रह देखते हो दोनों दीर्घायु होंगे।
- ❑ शुक्र शनि से ही दृष्ट हो और बुध चन्द्र से दृष्ट हो तो पत्नी दीर्घायु होगी जबकि पति अल्पायु।
- ❑ बुध सूर्य या राहु से दृष्ट हो और शुक्र सूर्य, चन्द्र या राहु से दृष्ट हो तो पति से पहले पत्नी की मृत्यु हो जाए।
- ❑ शुक्र सूर्य-चन्द्र या राहु से दृष्ट हो और बुध सूर्य, राहु से दृष्ट हो तो पत्नी पति से पहले मरे।
- ❑ बुध को चन्द्र देखता हो और शुक्र सूर्य, चन्द्र या राहु से दृष्ट हो तो पति पत्नी से पहले मरे।
- ❑ सूर्य छठे भाव में और शनि बारहवें भाव में हो तो स्त्री पर स्त्री मरें।

18. ग्रहों का पारस्पारिक संबंध—

- ❑ शुक्र, बुध का गुरु से संबंध हो तो भाग्य और मान-सम्मान पर प्रभाव पड़े।
- ❑ शुक्र का बुध सूर्य से संबंध हो या शुक्र-बुध-सूर्य की युति हो तो रहन-सहन और व्यवहार सामान्य ही होगा।
- ❑ शुक्र-बुध-चन्द्र की युति हो या शुक्र, बुध का चन्द्र से संबंध हो तो धन, आयु व शान्ति पर प्रभाव पड़े।
- ❑ शुक्र, बुध का मंगल से संबंध हो तो सन्तान जीवित रहे।
- ❑ शुक्र, बुध का शनि से संबंध हो तो भूमि, गृह और सम्पत्ति पर प्रभाव पड़े।
- ❑ शुक्र, बुध का राहु से संबंध हो तो दुःख, मृत्यु, शत्रुता एवं निर्धनता हो।
- ❑ शुक्र, बुध का संबंध केतु से हो तो प्रसन्नता एवं बरकत हो।

19. शुक्र 3, 4, 5, 6, 9, 12वें हो तो पुरुष दीर्घायु और यदि शुक्र 1, 2, 7, 8, 10, 11वें हो तो स्त्री दीर्घायु हो।

20. बुध, शनि साथी हो या गुरु अकेला 10वें हो तो पुरुष दुःखी हो।

21. शुक्र के शत्रु सातवें भाव में हो या शनि-चन्द्र की युति या बुध, शुक्र, चन्द्र का संबंध मंगल से हो तो तलाक हो और स्त्री दुःखी हो।

22. सुख-दुःख—

- ❑ गुरु नीच हो, बुध-शनि की युति हो और सूर्य, चन्द्र की युति हो तो एक से अधिक विवाह होने पर भी पारिवारिक सुख न मिले।
- ❑ शनि-चन्द्र की युति होने पर भी पत्नी सुख पूर्ण न हो।
- ❑ सूर्य सातवें हो तो स्त्री सुख अल्प हो।
- ❑ शनि, राहु 12वें भाव में हो तो ससुराल निर्धन हो या धनवान उनका सुख अल्प हो।
- ❑ शनि गुरु या केतु से दृष्ट हो तो ससुराल निर्धन हो।
- ❑ गुरु शनि से दृष्ट हो तो स्त्री सुख पूर्ण हो।

23. गुरु चौथे भाव में हो तो स्त्री शीघ्र विवाह करे, पति धनवान हो और प्रसन्नता से जीवन निर्वाह करे।

24. गुरु, मंगल और सूर्य चौथे भाव में हों तो पति-पत्नी के लिए शुभ हो परन्तु ससुर शीघ्र मर जाए।

25. केतु व बुध सूर्य से दृष्ट हों तो स्त्री का पति पहले मर जाने पर वह पुनः विवाह करें।

26. **वर-संबंधी विचार—**

- ❑ सूर्य चौथे व मंगल दसवें भाव में स्थित हो तो जातक (वर) काना व अधर्मी होता है।
- ❑ गुरु-शुक्र की युति या चन्द्र पहले भाव में और गुरु 11वें हो तो वर कामुक, खर्चीला और माता, दादी, नानी, सास, ताऊ, मामा और उदर के लिए खराब होगा।
- ❑ सूर्य-शुक्र-बुध की युति या सूर्य-शनि की युति या सूर्य शनि का परस्पर दृष्टि संबंध हो तो तलाक हो व चरित्रहीन जातक होगा। केतु या कोई पुरुष ग्रह बारहवें हो तो बचाव हो सकता है।
- ❑ सूर्य छठे भाव में, मंगल दसवें और 12वाँ भाव अशुभ हो तो जातक की सन्तान पर सन्तान मरे।
- ❑ शुक्र-केतु की युति पहले भाव में या मंगल, बुध व चन्द्र अशुभ हो या सूर्य चौथे भाव में हो, शनि सातवें, चन्द्र पहले हो या दूसरे हो और शुक्र 5वें हो तो जातक नपुंसक हो और सन्तान उत्पन्न करने में असमर्थ हो।
- ❑ राहु अशुभ या अशुभ भावों में स्थित हो या बुध-राहु की युति 3, 8, 9 या 12वें भाव में हो या शनि दूसरे हो तो जातक ससुर व ससुराल को बर्बाद कर दे।
- ❑ सूर्य 11वें भाव में स्थित हो तो जातक धनी होगा पर सांसारिक सुख के लिए सन्तान और स्त्री व साथियों को छोड़ जायेगा। शेष रहे लोगों के दुःख की कहानी भी कोई नहीं सुनेगा।

27. शुक्र आठवें हो और दूसरा भाव रिक्त हो तो 24 वर्ष से पूर्व विवाह करने पर स्त्री मर जाए।

उपाय से सुख उठाएँ ?

☑ अपने भोजन से गाय, कौआ व कुत्ते को तीन टुकड़े एक-एक करके प्रतिदिन खाने को दें।

☑ भोजन रसोईघर में एक ओर बैठकर खाएँ या भोजन जहाँ बनाएँ वहाँ ही खाएँ तो राहु के कुप्रभाव से बचेंगे व मंगल-राहु का शुभ प्रभाव मिलेगा।

☑ रात्रि में थोड़ा जल किसी बर्तन में अपने सिरहाने रखकर सोएँ और अगले दिन ऐसी जगह डाल दें जहाँ पर उसका अपमान न हो। इस जल को अपने प्रयोग में कभी न लाएँ। ऐसा करने पर आपसी झगड़े, अपमान, रोग, अपयश और परेशानियों से बचेंगे।

☑ यदि शनि सातवें भाव में हो तो अपनी चतुरता न छोड़ें। यदि छोड़ेंगे तो परेशान हो जायेंगे और दुःखी व व्याकुल रहना पड़ेगा।

इस अध्याय में विवाह संबंधी विचार जन्मकुण्डली व वर्षकुण्डली से करना बता दिया है। अब अगले अध्याय में सन्तान सुख संबंधी लाल किताब के योगों की चर्चा करेंगे।

17 सन्तान सुख कैसे विचारें ?

इस अध्याय में लाल किताब में वर्णित सन्तान सुख से सम्बन्धित ज्ञान की चर्चा करेंगे। इसको जन्मकुण्डली में व्यवहार में लाकर जातक विशेष का सन्तान-सुख कैसा है, इस पर विचार करें। धीरे-धीरे इस ज्ञान का प्रयोग करने में अभ्यस्त हो जायेंगे।

ग्रह और सन्तान का पास्परिक संबंध

सूर्य व बनावटी सूर्य (बुध-शुक्र की युति) का माँ के गर्भ के अन्धकार में प्रकाश का उत्पन्न होने के उपरान्त कुलदीपक होना यदि लड़का स्वस्थ हो। **चन्द्र व बनावटी चन्द्र (सूर्य-बुध की युति)** का आयु, धन-सम्पत्ति और पैतृक संबंध शुभ तथा प्रत्येक नर-मादा दो सन्तान से पैतृक रक्त का शुभ सम्बन्ध होता है। **मंगल व बनावटी मंगल (सूर्य-बुध शुभ व सूर्य-शनि अशुभ)** शरीर में रक्त रहने तक संसार में जीवन का नाम सन्तान और बाद में वंश बेल बढ़ाना और उनसे सबका नाम चमकाना से संबंध है। जातक की शक्ति, शरीर और आत्मा को एक साथ पकड़े रखने की शक्ति व वंश बेल बढ़ाने की शक्ति का भी स्वामी है। **बुध व बनावटी बुध (गुरु-राहु की युति)** सन्तान का सम्बन्धियों से संबंध, लड़कियों की संख्या बढ़ाना, सन्तान शक्ति क्षीण करना, मेल-मिलाप के लिए राह बनाना और मान-प्रसिद्धि आदि करना है। **गुरु व बनावटी गुरु (सूर्य-शुक्र की युति)** शरीर से आत्मा के आने-जाने अर्थात् सन्तान के उत्पन्न होने से संबंध है, पर यह आवश्यक नहीं कि सन्तान जीवित रहे या न रहने से इसका कोई बन्धन नहीं है। **शुक्र व बनावटी शुक्र (राहु-केतु की युति)** शरीर, गृहस्थ सुख, सन्तान उत्पत्ति में सहायता या सांसारिक सुख में अशुभता से संबंध है। **शनि व बनावटी शनि (शुक्र-गुरु व मंगल-बुध की युति)** का रोग, मृत्यु का प्रकार, सन्तान उत्पत्ति का समय व पैतृक संबंध से है। **राहु व बनावटी राहु (मंगल-शनि या सूर्य-शनि की युति)** का गुरु के प्रभाव के विपरीत या गुरु को मौन करना, आत्मा के आवागमन को रोकना या मृत्यु या सन्तान उत्पत्ति में विलम्ब करना या गुप्त अशुभताएँ या पांव तले की जमीन खिसकाना पर कन्याओं की सहायता

व लड़ाई-झगड़े करना से है। **केतु व बनावटी केतु (मंगल-शनि व सूर्य-शनि की युति)** का संबंध सन्तान वृद्धि व प्रसन्न्ता पर अल्प सन्तान रखना, विलम्ब से सन्तान पर श्रेष्ठ होने से है। यहाँ यह आवश्यक है कि केतु शत्रु ग्रहों से दृष्ट न हो। जातक में बुध-शक्ति, मंगल रक्त से बच्चा उत्पन्न करने की शक्ति और गुरु की सन्तान उत्पत्ति की शक्ति को एक जगह वीर्य रूप में एकत्र व स्त्री में मिलाने की तेज वायु से रिक्त होगी। तीन ग्रह (बुध, मंगल, गुरु) केतु की तीन टांगे हैं जो शुक्र बीज कहलाता है।

कुण्डली में जो ग्रह अशुभ होगा वही परिस्थिति जातक में सन्तान उत्पन्न करने के दृष्टिकोण से अशुभ होगी। विलासिता का स्वामी मंगल, गुरु, बुध, केतु है। केतु को लड़का भी माना गया है जो उच्च या शुभ भावों में शुभ फल देता है। यदि मंगल या गुरु 6, 12 में हो तो केतु उच्च होने पर भी अशुभ फल देगा।

सन्तान जन्म संबंधी विचार

❖ वर्षकुण्डली में देखें चन्द्र अशुभ हो तो सन्तान अवश्य नष्ट होगी। ❖ सन्तान उत्पन्न होने के 40-43 दिन पूर्व रात्रि में औरत के सिरहाने मूली रखकर प्रातः धर्म स्थान में पहुँचा देना लाभदायक है। ❖ बुध और केतु में से जो उच्च या शुभ हो उससे ही लड़का या लड़की का निर्णय करेंगे। ❖ सूर्य, चन्द्र, गुरु, शनि पांचवें भाव में हो तो लड़का उत्पन्न होगा। ❖ केतु शुभ हो तो उत्तम सन्तान और राहु अशुभ हो तो सन्तान भी अशुभ हो। ❖ लड़की उत्पन्न संबंधी रहस्य नहीं बताना चाहिए क्योंकि ज्ञात हो जाने पर जातक लड़की न चाहने पर गर्भपात करा सकता है। यह भी हो सकता है कि ज्योतिषी की गणना ही गलत हो जाए। ❖ वर्षकुण्डली में जब मंगल या शुक्र या केतु या बुध में से कोई पहले भाव में आ जाए या शनि भी आ जाए या चन्द्र या पुरुष ग्रह पहले व पांचवें आ जाएं या अकेला केतु 11वें हो या मंगल की आयु में मंगल 2रे भाव में व शुक्र, केतु, बुध से सहायता मिल रही हो तो सन्तान हो और वह लड़का हो। उच्च व शुभ ग्रहों का प्रभाव सन्तान होने के समय पड़ता है। नीच ग्रह व अशुभ ग्रहों की स्थिति पर भी विचार करना चाहिए। केतु की स्थिति वर्षफल में अवश्य देखनी चाहिए। ❖ बुध की स्थिति लड़की देगी। बुध और केतु में जिसकी स्थिति उच्च व शुभ हो उसी से

लड़के-लड़की का निर्णय करें। बुध उच्च का शुभ हो तो लड़की होगी और यदि केतु उच्च व शुभ हो तो लड़का होगा।

ग्रहों के स्थापित होने पर

❖ **गुरु** स्थापित हो तो सभी सन्तान ठीक रहें। ❖ **केतु** स्थापित हो तो सभी लड़के ठीक रहें। ❖ **राहु** स्थापित हो तो सभी लड़कियां ठीक रहें। यह घ्यान रखें कि स्थापित ग्रहों पर शत्रु ग्रह की दृष्टि न पड़ती हो। ❖ बुध या बुध के मित्र (सूर्य, शुक्र, राहु) हों या 3, 5, 11वें हों तो लड़कियाँ उत्पन्न होंगी। ❖ शुक्र के मित्र ग्रह (शनि, केतु, बुध) जब शुभ हों या 3, 5, 11वें हो तो लड़के उत्पन्न हों। ❖ चन्द्रमा छठे भाव में हो तो सभी लड़कियाँ हों और केतु चौथे भाव में हो तो सभी लड़के हों। यह चेतावनी समझें कि चन्द्र व केतु परस्पर संबंध न कर रहे हों। चन्द्र-केतु की युति हो तो लड़के-लड़कियाँ, बराबर हों। ❖ पांचवां भाव अशुभ ग्रहों से अशुभ हो रहा हो तो सन्तान प्राप्ति में अनेक विघ्न आयेंगे और यदि अशुभ न हो तो सन्तान जन्म शुभ व आसानी से हो। ❖ बुध शुक्र का सहायक होने पर लड़का वरना लड़की होगी। ❖ केतु 2, 5, 7, 1 में हो, शनि 1 या 11वें हों और शुभ हों तो सन्तान योग देते हैं।

सन्तान संख्या—शुक्र या बुध या शुक्र-बुध की युति से जितने भाव दूरी पर गुरु हो उतनी सन्तान होंगी।

जातक निस्सन्तान नहीं होगा

❖ गुरु 3 या 8वें हो और उसका मित्र मंगल 2, 5, 9, 12वें हो। ❖ गुरु 1 या 5 और उसका मित्र 2, 5, 9, 12वें हो। ❖ गुरु चौथे और चन्द्र 2, 5, 9, 12वें हो। ❖ सूर्य 3 या 8वें और मंगल 1 या 5वें हो। सूर्य 6 या 7वें और बुध 1 या 5वें हो। ❖ सूर्य चौथे और चन्द्र 1 या 5वें हो। ❖ चन्द्र 3 या 8वें हो व मंगल चौथे हो। ❖ चन्द्र चौथे और मंगल 3 या 8वें हो। ❖ शुक्र 6 या 7वें और बुध 2 या 7वें हो। ❖ शुक्र 8 या 10वें हो और शनि 2 या 7वें हो। ❖ शुक्र छठे हो और केतु 2 या 7वें हो। ❖ बुध 12वें और राहु 6 या 7वें हो। ❖ बुध 8 या 10वें और शनि 6 या 7वें हो। ❖ शनि 12वें हो और राहु 8 या 10वें हो। ❖ राहु (बिना शत्रु) छठे हो और केतु 12वें हो। ❖ जन्मकुण्डली में सूर्य के साथ मित्र

ग्रह बैठे हों तो वह व्यक्ति पिता से अच्छी हालत में होगा। यदि शत्रु ग्रहों के साथ सूर्य हो तो जातक की सन्तान उससे मन्दी हालत में होगी।

सन्तान का माता-पिता को सुख संबंधी योग

गुरु व चन्द्र अकेले बैठे हों और चन्द्र पहले हो तो माता दीर्घायु और गुरु पहले हो तो पिता दीर्घायु हो। चन्द्र व गुरु में से जिसके साथ शत्रु ग्रह हों तो उससे संबंधित संबंधी चन्द्र (माता-सास) गुरु (पिता, दादा, स्त्री कुण्डली में ससुर) पहले मरेगा।

जन्मकुण्डली के 1, 3, 5वें भाव में स्थित ग्रह शुभ हों तो सन्तान सुख उत्तम, यदि अशुभ ग्रह हों तो सन्तान सुख हो। स्त्री के पेट पर बाल हों और मध्य में चक्र सा बने तो अवश्य लड़का होगा।

सूर्य छठे हो और शनि 12वें हो तो स्त्री पर स्त्री मरती जाएं तथा माँ को बच्चों का सुख न मिले और परलोक सिधार जाए। बुध गुरु के भाव में हो या गुरु को बुध मारता हो या बुध-गुरु की युति हो तो बच्चे पिता के दुःख या मृत्यु का कारक बनें।

गुरु शुभ हो तो सन्तान सुख मिले। गुरु, शुक्र, बुध, शनि, रवि उच्च या शुभ हो तो सन्तान, पोते व परपोतों का सुख मिले। गुरु, केतु की दृष्टि शनि पर हो तो धन, आयु, सन्तान व स्त्री का पूर्ण सुख मिले।

निस्संतान, हिजड़ा व बाँझ होने व अन्य योग

शनि सातवें, चन्द्र पहले, शुक्र 5वें व सूर्य चौथे हो तो जातक सन्तानहीन व हिजड़ा हो।

शुक्र 2 या छठे हो, बुध व मंगल साथी न हों। शनि गुरु की युति न हो, 8वाँ भाव रिक्त व दृष्टिहीन हो तो औरत बांझ या हिजड़ा स्त्री होगी परन्तु धनी हो।

राहु 9वें हो और केतु पांचवें हो तो गुरुवार शाम को उत्पन्न सन्तान जीवित रहे। इसके विपरीत केतु 9वें और राहु पांचवें हो तो रविवार प्रातः में उत्पन्न सन्तान जीवित रहे।

शुक्र-बुध एक साथ या अलग-अलग पांचवें हो तो लड़कों पर कुप्रभाव न पड़े। लेकिन दोनों में से एक ग्रह नौवें हो तो कुप्रभाव अवश्य पड़े। शुक्र या बुध शत्रु ग्रह सूर्य या चन्द्र या गुरु, राहु, केतु के साथ 5वें

या 9वें हो तो सन्तान नष्ट हो जायेगी। चन्द्र अशुभ या नीच होने पर सन्तान नष्ट हो जाए और जातक निस्संतान न हो।

शुक्र, बुध, मंगल 3रे हो और किसी ग्रह से दृष्ट न हो तथा 11वाँ भाव रिक्त हो। शुक्र बुध की युति हो या केतु 7वें हो तो विवाह व सन्तान प्राप्ति में विघ्न आएं।

5 या 9 या 3 या 9वें भाव में पापी ग्रह हों या 5, 9, 3 या 9वें गुरु या सूर्य के शत्रु ग्रह हों या मंगल चौथे या 9वें पापी ग्रह हों या राहु-बुध पहले हो या केतु-शुक्र पहले हो या राहु अकेला 9वें हो तो सन्तान प्राप्ति में बाधाएँ आएँ या सन्तान नष्ट हो जाए।

शुक्र-केतु पहले हों, मंगल चौथे हो तो सन्तान प्राप्ति में विघ्न आते हैं। तीन पाप ग्रह या एक 5 या 9वें हों व मंगल चौथे हो तो भी सन्तान प्राप्ति संबंधी बाधाएँ आती हैं।

बुध तथा शुक्र 5वें हो तो कोई अशुभ प्रभाव सन्तान पर न हो। सूर्य छठे हो और मंगल 10 या 11वें हो तो लड़के पर लड़के मरें।

जन्मपत्री में शनि तथा बनावटी शनि पहले हो तो सन्तान नष्ट हो जाए। सूर्य 12वें हो या मंगल बुध साथी ग्रह हों या उनकी युति हो या आमने-सामने न हों तो निस्सन्तान न हो।

गुरु, शुक्र 7वें हो, चन्द्र, मंगल अशुभ, शुक्र-केतु हों और पापी या शत्रु ग्रहों का साथ हो या चन्द्र आठवें हो तो जातक निस्संतान होगा।

यदि 2 या 6ठे शुक्र अकेला हो और किसी से दृष्ट न हो तो स्त्री बांझ होगी। यदि चन्द्र पहले, शनि सातवें, सूर्य चौथे और शुक्र पांचवें हो तो जातक नपुंसक होगा।

यदि बुध, शनि, मंगल या केतु पहले हो तथा शुक्र, चन्द्र, मंगल, बुध नष्ट हो या गुरु, शुक्र सातवें हो तथा चन्द्र 8वें हो या चन्द्र, शुक्र शत्रु या पापी ग्रह के साथ हो तो जातक निस्संतान हो। शुक्र, राहु 5वें हो तो एक कन्या हो। चन्द्र-केतु 11वें हो तो निस्संतान होने के लक्षण हों।

केतु 12वें हो और सूर्य, गुरु या मंगल उच्च हों तो जातक के कम से कम छह लड़के हों।

शनि 5वें हो तो 48वें वर्ष तक एक लड़का हो यदि अपनी आय से नया घर न बनवाए।

पुरुष ग्रह स्थापित होने पर सन्तान नहीं मरती है।

जन्मकुण्डली में बनावटी शनि हो अर्थात् शुक्र-गुरु एक साथ हो तो सन्तान अधिक हों और जीवित रहें। मंगल-बुध की युति हो व राहु अशुभ हो तो सन्तान गर्भ में ही नष्ट हो जाएं। ऐसे में गुरु, चन्द्र या सूर्य या शुभ या उच्च हो तो शनि की तीन वर्ष की आयु में सन्तान हो। यदि ऐसा न हो तो केतु से निर्णय लें। यदि केतु भी अशुभ हो तो शुक्र से निर्णय लें। चन्द्र-केतु 5वें हो तो लड़के कम से कम 5 हों। राहु 11वें हो तो पाँच लड़कियाँ हो, पर ऐसा तभी हो जब शनि नीच या छठे में न हो। राहु नौवें हो तो 21 से 42वें वर्ष तक एक लड़का हो और बाद में अल्पतम दो और अधिकतम तीन हों। राहु पांचवें हो तो सन्तान के लिए अत्यन्त अशुभ हो लेकिन तब चन्द्र या सूर्य साथी या पड़ौस में या चौथे या छठे न हों। राहु 11वें न हो या पुरुष ग्रह अशुभ न हों और शनि सातवें हों तो अल्पतम सात लड़के हों।

पूर्व भावों में गुरु और बाद के भावों में बुध हो तो सन्तान अवश्य होगी। ❖ पूर्व भावों में बुध और बाद के भावों में गुरु हो तो बुध की आयु से पिता दुखी व बर्बाद हो जाए। ❖ बुध-गुरु पूर्व भावों में या मध्य भावों में आमने-सामने हों तो लड़कियाँ अवश्य उत्पन्न हों, यह आवश्यक नहीं कि लड़के भी हों। ❖ पूर्व भावों में अकेला मंगल और मध्य भावों में गुरु जबकि बाद के भावों में बुध हो अथवा अकेला मंगल पूर्व भावों में, मध्य भावों में बुध और अन्तिम भावों में गुरु हो तो लड़का उत्पन्न हो। ❖ पूर्व भावों में गुरु, मध्य में मंगल और बाद के भावों में बुध हो तो लड़का जीवित रहे। ❖ गुरु पूर्व भाव में, बुध मध्य भाव में हो और मंगल बाद के भाव में हो तो लड़की जीवित रहे। ❖ बुध, गुरु, मंगल क्रम से पूर्व, मध्य व बाद के भाव में हो तो लड़की जीवित रहे। ❖ बुध, मंगल, गुरु क्रम से पूर्व, मध्य व बाद के भाव में हो तो लड़की जीवित रहे। ❖ मंगल-गुरु पूर्व भाव में और बाद के भाव में बुध हो तो लड़के-लड़कियाँ दोनों जीवित रहें। ❖ मंगल-बुध पूर्व में और गुरु बाद के भाव में हो तो लड़की जीवित हो पर पिता दुःखी रहे। ❖ बुध पूर्व के भाव में और मंगल, गुरु बाद के भाव में हों तो सन्तान व पिता दोनों दुःखी हों। ❖ मंगल पूर्व भाव में और बुध-गुरु बाद के भाव में हो तो सन्तान सुखी पर पिता दुःखी हो।

सन्तान संबंधी उपाय

⇨ स्त्री के गर्भवती हो जाने के दिन से उसके बाजू पर लाल धागा बांधें जो बाद में सन्तान उत्पन्न होने के उपरान्त बच्चे को बांध दें। माता को पुनः नया लाल धागा बांध दें। यह धागा बच्चे को 18 मास तक बांधें रखें। यह बच्चे की आयु वृद्धि के लिए उत्तम है।

⇨ गाय ग्रास देने से भी सहायता मिलती है।

⇨ सन्तान वृद्धि के लिए गणेश उपासना उत्तम है।

⇨ राहु अशुभ होने पर सन्तान जन्म से पूर्व जौ का पानी बोतल में बन्द करके रख लेने पर प्रसव सरलता से हो जाता है।

⇨ घर से सौ या अधिक दिन बाहर रहना हो तो नदी पार करते समय तांबे का सिक्का डालने से सन्तान कष्ट से रक्षा होती है।

⇨ दिन में मीठी रोटियां तन्दूर में लगवाकर कुत्ते को खिलाएं। मीठी रोटी लोहे के तवे पर न बनाकर तन्दूर में ही लगवाएँ।

⇨ बच्चे उत्पन्न होकर न बचते हों तो उत्पन्न होने पर मीठा न बाँटकर नमकीन वस्तु बाँटें।

⇨ धर्मस्थान में गर्भ में आया बच्चे का प्रसव भी धर्मस्थान में होने पर बच्चा दीर्घायु होता है।

⇨ केतु उच्च होने पर बच्चों के पालन-पोषण से परिवार में श्रीवृद्धि हर प्रकार से होती है।

⇨ शुक्र उच्च हो तो स्त्री सेवा से उन्नति और लाभ होता है।

⇨ बच्चे के जन्म से पूर्व बर्तन में दूध व दूसरे बर्तन में खांड स्त्री का हाथ लगाकर रख लें। बच्चा बिना किसी भय के आराम से होगा। बाद में बर्तन समेत दोनों वस्तुएँ धर्मस्थल में दे दें। अधिक प्रयोग में आने वाले बर्तन देने से लाभ अधिक रहेगा।

इस अध्याय में सन्तान सुख संबंधी ज्ञान की चर्चा की है। इसके उपयोग से आप सन्तान सुख संबंधी जानकारी अपनी व परिजनों की कुण्डली से कर सकते हैं।

18 आय-व्यय विचार

आय जीवनयापन के लिए आवश्यक है। आय का ही व्यय आवश्यक वस्तुओं की प्राप्ति या पुण्य कमाने के लिए दान देने में होता है। आय और व्यय संबंधी विचार इस अध्याय में करेंगे।

माया के तीन नाम

यह लोक चर्चित है कि माया के तीन नाम हैं तभी तो कहते हैं—**माया तेरे तीन नाम परसू, परसा, परसराम।** भाव तीन का ग्रह परसू, भाव आठ का ग्रह परसा और भाव 1, 5 9 का ग्रह परसराम है। इन भावों में जो ग्रह स्थित हो वही संबंधी उस स्तर का स्वामी होगा।

केन्द्र भावों में कोई ग्रह न हो तो अपने साथ कुछ न लाया। सभी ग्रह केन्द्र में हो तो माया वृक्ष की छाया उसके साथ ही उठ गयी।

चन्द्र धन है तो शनि कोषाध्यक्ष है, इन दोनों की स्थिति से ही जातक के कोष की हालत ज्ञात होगी। शनि व मंगल सम्पत्ति के स्वामी हैं जबकि चन्द्र व गुरु सोने-चांदी के स्वामी हैं। आय का विचार 11वें भाव से, व्यय का विचार 12वें भाव से और बचत का विचार 9वें भाव से करना चाहिए। पूर्वजों का संबंध और सन्तान की बचत पांचवें भाव से देखी जाएगी तो दूसरे भाव से निज बचत का विचार किया जायेगा। ऋण देना और लेना आदि छठे भाव से विचारेंगे।

आय-व्यय विचार

गुरु-सूर्य, सूर्य-बुध, गुरु-शनि या बुध-शनि एक साथ शुभ भाव या शुभ साथी या अलग-अलग मित्रों के साथ हों तो बचत सरलता से हो जाए। मनोनुकूल व्यय व बचत हो।

गुरु-बुध, शुक्र-गुरु या सूर्य-शनि एक साथ या अलग अशुभ स्थिति में हों तो व्यय बिना बात हो जाए चाहे आय हो या न हो। व्यय घटाने पर आय भी घट जाए। ऋण लेकर गुजारा करना पड़े।

1, 4, 7, 10वें भाव के ग्रह या 11वें भाव में पुरुष ग्रह से युक्त जातक

अपनी आय से व्यय या बचत करेगा। कुछ समय के लिए लिया गया उधार ऋण नहीं कहलाता। ऋण तो वो है जो पीढ़ी-दर-पीढ़ी चले।

ग्यारहवें भाव में जितने पुरुष ग्रह हों उसी अनुपात में धन हो। दूसरे भाव में अशुभ ग्रह अधिक हों तो धन का अपव्यय करने वाला होगा।

ग्यारहवें और बारहवें भाव में 9 ग्रहों में से जिस अनुपात में शुभाशुभ ग्रह हों उसी अनुपात में शुभाशुभ परिणाम होता है। शुभता से शुभ फल और अशुभता से अशुभ फल हो। आय (11वाँ भाव) व्यय (12वाँ भाव) का अन्तर ही बचत होगी। मान लो 12वें दो अशुभ ग्रह हैं और 11वें दो शुभ ग्रह हैं तो जो आय होगी वह ग्रहों की प्रकृति के अनुरूप व्यय हो जायेगी क्योंकि शुभाशुभ ग्रहों का अनुपात बराबर है। अन्तर तो मात्र उनकी शक्ति का है। शक्ति के अनुरूप थोड़ा बहुत अन्तर होगा वो भी विचार करते समय ध्यान में रखना होगा।

भाव 6, 12, 2 में राहु-केतु की अशुभ स्थिति हो और कोई भी ग्रह सहायता न करे तो पितृ ऋण का भार होगा।

भाव नौ के ग्रह 'उपहार' को दूजों के लिए जन्म पर साथ लायेगा और भाव दो के ग्रह अन्त समय अर्जित पुण्य अपने साथ ले जायेगा।

सूर्य, शुक्र, राहु छठे भाव में बैठे हों तो सहायता स्वतः मिल जाती है।

भाव एक सूर्य संबंधी वस्तुओं व शरीर, भाव सात सम्पत्ति व शनि संबंधित वस्तुओं, भाव चार धन और गुरु संबंधी वस्तुओं, भाव दस भोजन व मंगल संबंधी वस्तुओं से प्राप्ति होगी। संबंधियों से जो मिलेगा वह केन्द्र से अतिरिक्त भावों से प्राप्त होगा—भाव तीन भाई, ताऊ, चाचा, भाव पांच सन्तान, भाव नौ माता-पिता, भाव ग्यारह निज आय, भाव दो ससुराल, धर्मस्थान और भाव छह साथियों की सम्पत्ति होगी।

भाव छह में स्थित शुभ ग्रह अर्थात् मित्र ग्रह जातक को सहायता देंगे जबकि शत्रु ग्रह विपरीत फल देंगे।

बारहवां भाव निर्जीव सांसारिक साथी और आसमानी सहायता मिले। सन्तान के जन्मदिन से निज बुढ़ापा और मृत्यु पर शेष स्थिति का विचार 2, 3, 5, 6 भाव से सम्बन्धित होगा।

धन की स्थिति

चौथा भाव सांसारिक धन-सम्पत्ति के प्राप्ति का स्थान है। धन

प्राप्ति उन ग्रहों से होगी जो तीसरे भाव में हों या चौथे भाव के मित्र या सहायक हो। यदि चौथा भाव रिक्त हो तो चन्द्र को चौथे समझना चाहिए।

चन्द्र-मंगल की युति हो तो श्रेष्ठ धन होगा जोकि तीसरे भाव से सम्बन्धित होगा। दान से धन वृद्धि होगी। यदि इनका संबंध शनि या 10 या 11वें भाव से हो जाए तो लालची होगा।

चन्द्र-गुरु की युति हो तो रुका या दबा हुआ धन प्राप्त हो या काम आए। धन वृद्धि होने से दूजों का भी सहारा बने।

चन्द्र-शनि की युति हो तो शुभफल तभी मिले जब गुरु के भावों में स्थित हो वरना अशुभ फल मिले। अशुभता में लक्ष्मी चली जाए।

मंगल-शुक्र की युति हो तो ससुराल या स्त्री से धन की प्राप्ति शुभ स्थिति में हो। अशुभ होने पर ससुराल या स्त्री के कारण नष्ट हो जाए।

शनि-गुरु की युति हो तो फकीरी तथा विद्या से धन बढ़े। सन्यासी का धन जो विवाह के दिन से बढ़े। **मंगल-गुरु** की युति से श्रेष्ठ गृहस्थी का धन हो जो निज परिवार से सम्बंधित हो। **मंगल-शनि** हो तो डाकू से धन मिले या अपराधी या अपराध के द्वारा प्राप्त हो। **मंगल-सूर्य** की युति हो तो राजा या विद्या व अध्यात्म से धन प्राप्त हो। **गुरु-शुक्र** की युति हो तो बूरे के लड्डू या बताशे के रूप में धन मिले। **सूर्य-गुरु** की युति तो राजकीय धन मिले।

भाव दो के शत्रु ग्रह या शत्रु का समय धनहानि, चोरी, बिना कारण अपव्यय और हानि कराता है। ग्यारहवां भाव आय का मार्ग बने और भाव तीन के द्वारा चला जाए।

11 व 12वां भाव रिक्त हो तथा गुरु-शुक्र, बुध-गुरु 12वें अशुभ हों तो अपव्यय और हानि हो। सूर्य, शनि, गुरु या गुरु के भाव का संबंध न हो या दोनों में से एक शुभ हो तो बचत अच्छी हो वरना कम खर्च हो। खर्च घटने पर आय भी घटे।

यदि कोई भी उच्च ग्रह हो, 4, 5, 6 या 1, 7, 8, 10, 11वें प्रत्येक में कोई ग्रह हो तो औसत जीवन में वृद्धि करेगा।

दूसरे भाव में समय 25 वर्ष की आयु तक का प्रभाव गुरु से प्रभावित है, पांचवें भाव का पारिवारिक सुख व सन्तान का समय 50

वर्ष तक है, आठवें भाव का समय साधु संगत या सत्संग का 75 वर्ष तक का है और 100 वर्ष तक 11वें का प्रभाव वानप्रस्थ जीवन का है।

सूर्य-गुरु साहूकार से, गुरु-शनि सामान्य सांसारिक संबंधो से, गुरु-सूर्य-बुध राजकीय संबंधो से, दूसरे भाव में स्थित ग्रह किसी प्रकार से, 11वें पुरुष ग्रह या शुभग्रह आय वृद्धि करें।

औसत आय कैसे जानें ?

औसत आय के लिए जन्मकुण्डली के शुभ भाव के ग्रहों की आय जोड़कर ज्ञात करें। ग्रहों की आय निम्न प्रकार है—**सूर्य 11, चन्द्र 9, मंगल 7.5, बुध 3, गुरु 11, शुक्र 6, शनि 10.5, राहु 8 एवं केतु 5 रुपए है।** ग्रहों की युति हो तो परस्पर जोड़ लें, जैसे सूर्य व गुरु की युति हो तो 10+11= 21 रुपए होगी। राहु-केतु व शनि-शुक्र को नहीं गिनते हैं क्योंकि शनि-ग्रह एय्याशी व राहु-केतु मात्र लेखा-जोखा है जिसकी वसूली संभव नहीं है।

दान संबंधी विचार

आय में से दान दे या न दें इसका विचार जन्मकुण्डली से ही करें। वर्षफल की ग्रह चाल से भी कोई दान मना हो तो दान करने पर हानि का कारण बनेगा, शुभफल नहीं होगा। यह हो सकता है कि यह कुप्रभाव वर्ष विशेष में ही हो।

● **उच्च ग्रह** की वस्तुओं का दान न करें और **नीच ग्रह** की वस्तुओं का दान किसी से न लें। यदि ऐसा करेंगे तो हानि होगी। ● **चन्द्रमा छठे भाव में हो तो** पानी का दान या कुआँ, तालाब, बावड़ी, खुदवाना, नल लगवाना, प्याऊ लगवाना, दूजों को पानी पिलाना, दूजों के आराम के लिए धन अपनी आय से देना वंशहीन या सन्तानहीन होना पड़े। ● **शनि आठवें हो तो** सराय, होटल या ऐसा मकान न बनाएँ जो लोग मुफ्त आराम करें। ऐसा करेंगे तो आर्थिक तंगी होगी और बेघर भी होना पड़ सकता है। ● **शनि पहले या गुरु पांचवें हो तो** भिखारी को तांबे का सिक्का दान देना ठीक नहीं है। यदि ऐसा करेंगे तो अशुभ समाचार मिलेंगे और बच्चों की मृत्यु हो जाए। ● **गुरु 10वें हो और चन्द्रमा 4 में हो तो** धर्म स्थल बनवाना या धार्मिक कार्य करने पर

निर्दोष होने पर भी प्राण दण्ड या सजा मिले। शुक्र नौवें भाव में हो तो लोगों को मुफ्त सहायता या अनाथ बच्चों की सहायता न करें। यदि करेंगे तो निर्धन या कंगाल हो जायेंगे। ● **चन्द्रमा बारहवें भाव में हो तो** पंडित या धार्मिक प्रवचन या कथा वाचक को भोजन कराना या मुफ्त शिक्षा देने का प्रबन्ध करना अशुभ होगा। कहने का तात्पर्य है कि अन्तिम अवस्था (मरते समय) में कोई पानी पिलाने वाला भी नहीं होगा। मृत्यु के समय शान्ति नहीं मिलेगी। ● गुरु सातवें भाव में हो तो पुजारी को मुफ्त कपड़े न दें। यदि देंगे तो निर्धनता और निस्संतान होने का व्यर्थ में कारण बनेंगे। ● **शनि छठे अशुभ हो तो** जब भतीजे या भतीजी का विवाह होगा तो वे निस्सन्तान, निर्धन व दुःखी होंगे। यदि चाचा अपनी आय से उनका विवाह करे तो फल शुभ हो। अशुभ समय में शनि की वस्तुओं का दान सहायता देगा परन्तु दत्तक से दान कराने पर अशुभ व हानि हो।

इस अध्याय में आय-व्यय की लालकिताब के अनुसार चर्चा की है जिसे भली-भांति समझकर जन्मकुण्डली में उपयोग में लाना चाहिए।

19 मिश्रित प्रकरण

इस अध्याय में लालकिताब संबंधी विभिन्न आवश्यक विषयों को संकलित करके दे रहे हैं। यह ज्ञान भली-भांति समझ लें। कुण्डली का विश्लेषण करते समय यह सब उपयोगी होगा।

भाग्य और उसका प्रभाव

सबका भाग्य लक्ष्मी के नाम से प्रसिद्ध है। बारह वर्ष के पूर्व और सत्तर वर्ष के बाद भाग्य का कोई भरोसा नहीं है। भाग्य वह वस्तु है जो सांसारिक कार्यों में न हाथों की सहायता लेती है और न आँखों को कार्य करना पड़ता है। भाग्य हो तो प्रत्येक कार्य का स्वतः शुभ परिणाम मिले। गुरु दूसरे हो तो उसके समस्त कार्य प्रभु करे अथवा यह समझ ले धन्ना भक्त की गाय प्रभु चराए। गुरु नौवें हो तो भक्त सुदामा भाग्य से अपने आप उपहार और धन प्राप्त कर ले और पहले गुरु हो तो दूसरों को देने के लिए अच्छी वस्तुएँ जो अकेली चली जायेंगी और धन के लिए अधिक श्रम व प्रयास करने पड़ेंगे।

भाव दो और छह का निर्णय भाव आठ के सहयोग से करते हैं। भाग्य का प्रारम्भ भाव 9 से करते हैं। जन्मकुण्डली के बाद के भावों के ग्रहों के जगाने के दिन से भाग्योदय होगा।

केन्द्र (1, 4, 7, 10) भाव के ग्रह अनेक हों तो परस्पर सहायक होंगे। सर्वोत्तम भाग्य गुरु का होगा। गुरु 2रे भाव, नौ में बुध, शुक्र राहु या गुरु के शत्रु न हों और न नौवां भाव अशुभ हो।

उच्च ग्रह जो हर प्रकार से शुभ हो और किसी भी तरह का अशुभ प्रभाव न पड़ रहा हो तो भाग्य का ग्रह होगा। बाद में स्थायी व कारक भाव का ग्रह, भाव का स्वामी ग्रह, और मित्र ग्रहों का मित्र भाग्य का ग्रह होना।

सर्वप्रथम 12 राशियों के उच्च फल देने वाले ग्रहों की खोज करें, बाद में नवग्रहों में से जो सर्वोत्तम हो उसे लें, बाद में 1, 4, 7, 10वें भाव में जो उत्तम हो उसे लें। उच्च ग्रहों में जो सर्वोत्तम हो उसे पहले लें। भावों के स्वामी ग्रहों में से जो बली हो उसे लें। केन्द्र भाव (1, 4, 7,

10) रिक्त हो तो नौवें भाव के ग्रह लें। 9 रिक्त हो तो 3, 3 रिक्त हो तो 11, 11 रिक्त हो 6, 6 रिक्त तो 12, 12 रिक्त हो तो 8 को ढूंढे और यह विचारें कि भाग्य का ग्रह कहीं नष्ट तो नहीं हो गया। भाग्य ग्रह की खोज जन्म व चन्द्र कुण्डली दोनों में करनी चाहिए।

ग्रह और व्यक्ति

जो ग्रह सर्वाधिक बली हो उसका प्रभाव व्यक्ति, उसकी बनावट, व्यवहार एवं प्रकृति पर पड़ता है। अब यहाँ पर नवग्रहों से सम्बन्धित व्यक्तियों के विषय में बतायेंगे।

1. **सूर्य प्रभावी व्यक्ति**—अंगहीन न होगा। रंग गंदमी, आँखें शेर सदृश चमकीली पर डरावनी नहीं। लम्बा कद, छरछरा बदन पर कमजोर नहीं। प्रत्येक कष्ट व परेशानी को सहन करने वाला और शक्तिशाली होगा। चेहरा लम्बा, माथा चौड़ा व शरीर का दायां भाग चलाने वाला होगा। देखने में भोला पर अन्दर से क्रोधी स्वभाव वाला होगा। शराब न पीने वाला। हर कार्य में भाग लेने वाला, परिश्रमी, दृढ़ इच्छा शक्ति से मुक्त, जिस बात पर अड़ जाए उससे पीछे न हटे। चौड़ा हाथ, अंगुलियों के जोड़ मोटे व सिरे गोल होंगे।
2. **चन्द्र प्रभावी व्यक्ति**—शान्त स्वभाव, रंग दूध सदृश, चौड़ा चेहरा और अश्व सदृश आँखों वाला होता है। नम्र, दूजों की हाँ में हाँ मिलाकर अपना बना लेने वाला होता है। श्वेत रंग के कपड़े पसन्द करने वाला होता है। शरीर में नाभि से निचला भाग भारी व भद्दा तो होगा पर बेडोल नहीं होगा। तराशी हुई अंगुलियां व छोटे अंगूठे से युक्त हाथ होता है। पशु पालन का शौकीन व पशुओं से लाभ उठाता है।
3. **मंगल प्रभावी व्यक्ति—मंगल शुभ हो तो** व्यक्ति के दोनों होठ एक समान, लाल आँखें सिंह सदृश डरावनी और हिंसक, गुरु और सूर्य के लक्षण भी मिलें, ऊपर से गुम्बद की तरह उभरा हुआ पर नीचे से पतला शरीर, चौकोर हाथ, अंगुलियों के सिरे भी चौकोर, पक्के इरादे वाला और शासन करने का इच्छुक होता है। **मंगल अशुभ हो तो** व्यक्ति झगड़ा करने वाला कसाई की तरह हिंसक, आँखें सिंह सदृश लाल होते हुए भी मृग सदृश पीलापन लिए होती हैं। कहने

का तात्पर्य यह निर्णय करना कठिन हो जाए कि मृग से मिलती हैं या सिंह से; कभी-कभी ऐसा लगे मानों मिली-जुली हों। शरीर से स्वस्थ, बलिष्ट, दीर्घायु, स्वयं न जले पर जहाँ पैर रखे वहाँ वर्ष की दोनों फसलें नष्ट हो जाएं। आवाज में सिंह के दहाड़नें जैसी गूंज का भारीपन हो। स्वयं ही मृत्यु का यमराज बनकर चले। लम्बा अंगूठा व अंगुलियों के सिरे चौकोर हों तो जातक झगड़ालू हो।

4. **बुध प्रभावी व्यक्ति**—डरपोक, कबूतर सदृश नेत्रों वाला, चाल बिल्ली जैसी, युवा मासूम लड़कियों जैसा, दाँत चमकीले, शक्ति जादू जैसी, नकल करने में माहिर, जीभ होंठों पर फिराने की आदत, हवाई किले बनाने वाला, तेज-तेज बातें करने वाला, बकवास या गप्प नहीं हांकता, चटोरा होते हुए खुराक कम, सौन्दर्य का उपासक और अधिक परवाह न करने वाला होता है। अंगूठा लम्बा, अंगुलियों मे जोड़ उभरे व मोटे, हथेली का कनिष्ठका से नीचे का सिरा बाहर निकला हुआ होता है। किसी भी बात की जड़ में पहुँचने की आदत हो।

5. **गुरु प्रभावी व्यक्ति**—माथा तंग न होगा, दमे का रोगी नहीं होगा व नाक कटी नहीं होगी। बोल-चाल में गंभीर और अच्छी व गहन बातें करने वाला, हाथ की तर्जनी अंगुली लम्बी, फटी हुई व भद्दी नहीं होगी, अंगुलियों में जोड़ मालूम नहीं होंगे और अंगुलियों के सिरे नुकीले होंगे। स्वभाव में प्यार की बू नहीं, धर्म पर मर मिटने वाला, रूखा नहीं, भाग्य जो करेगा देखा जायेगा, किसी को लाभ न पहुँचाने वाला, लापरवाह, मध्यम धनी और आध्यात्मिक प्रकृति होगी।

6. **शुक्र प्रभावी व्यक्ति**—दही जैसे रंग वाला, गोल व चमकदार बैल की तरह सुन्दर, मस्त और रंगीले स्वभाव वाला, ऐयाश, सजने-सँवरने का शौकीन, अंगुलियाँ नोकदार, जोड़ मोटे व विपरीत लिंगी की ओर खिंचने वाला, आराम करना पसन्द करता है।

7. **शनि प्रभावी व्यक्ति**—सर्प की तरह स्वभाव, सर्प सदृश गोल नेत्र, श्यामल रंग, भौहों में बाल कम, आँखें देर से झपकाने वाला, बात करे भी और असली बात पता ही न लगने दे, चहुँ ओर घूम जाने वाला, सहायता को तत्पर हो तो अपना सब कुछ निछावर करके

दूजे का काम करे, हठधर्मी, मुकाबला करने वाले को नष्ट कर दे, काम बने या न बने तमाशा अधिक करे, एकान्त पसन्द करने वाला, दूजों को भयभीत करने वाला तथा आँखों से अधिक कार्य ले।

8. **राहु प्रभावी व्यक्ति**—काला रंग, राहु उच्च हो तो रंग काला न हो, काना, काला व निस्संतान हो, टेढ़ा चलने वाला हाथी की तरह शरीर व नेत्र वाला हो। स्वभाव में कच्चे धुएँ की तरह बेआरामी, बेपेंदी का लोटा जिसकी ओर लुढ़क जाए उसका हो जाए और दूजे का नाश करे। सदैव शरारत और अहित करने की सोचे, शरारती, अन्न अधिक होने पर भी खाने में रुचि न हो। वस्तुएँ एकत्र करे पर उनकी परवाह न करे, उड़ने के लिए पंख मिल जाते तो चिड़ियों के अण्डे नष्ट कर देता, बिल्ली की तरह उसे घर से प्रेम होगा पर उसके स्वामी के प्राणों से कोई लगाव न होगा।

9. **केतु प्रभावी व्यक्ति**—भौहों के मध्य का भाग उठा हुआ, बड़े कानों वाला, ऊपर से बाहर की ओर उभरा हुआ शरीर, शक्तिशाली, टांगे भारी, नीचे से मोटा ऊपर से पतला शरीर, स्वभाव कुत्ते, सूअर व साधू का मिश्रण होगा।

नवग्रह प्रभावी भवन

सूर्य प्रभावी भवन—प्रकाश के मार्ग अनेक होंगे। द्वार पूर्व में, बरामदा भवन के मध्य और अग्नि का संबंध इससे होगा, जल स्थान भवन से बाहर आते हुए दाएँ हाथ में होगा।

चन्द्र प्रभावी भवन—चन्द्र भूमि, धन-सम्पत्ति का स्वामी है और सूर्य से मिलता है। भवन के सम्मुख, चार-दीवारी के पास या साथ में या जातक के भवन से 24 कदम तक हैंडपम्प, तालाब या कुँआ या बहता हुआ पानी अवश्य होगा।

मंगल प्रभावी भवन—शुभ मंगल हो तो भवन के दायें-बायें चौकीदार या सुरक्षा संबंधी वस्तुएँ होंगी, भवन का द्वार उत्तर-दक्षिण होगा, पर कच्चा-पक्का होना आवश्यक नहीं, जीवितों और स्त्री-पुरुष के आवागमन में वृद्धि करेगा। **अशुभ मंगल हो तो** भवन का द्वार दक्षिण में, भवन पर वृक्ष की छाया पड़े, अग्नि, हलवाई की दुकान व भट्टी का साथ हो, भवन के आसपास श्मशान या कब्रिस्तान हो, निस्सन्तानों

का साथ या स्वयं काना व निस्संतान हो, यदि भाग्यशाली होगा तो उसमें रहने का अवसर न मिले।

बुध प्रभावी भवन—भवन के चारों ओर खुला स्थान, चौडे पत्तों के वृक्ष का साथ हो, गुरु या चन्द्र के वृक्ष का साथ न होगा या यदि होगा तो वह भवन बुध की शत्रुता का प्रमाण है। पीपल गुरु का वृक्ष, बरगद गुरु-चन्द्र का वृक्ष, शहतूत या लसूड़ा बुध का वृक्ष है।

गुरु प्रभावी भवन—हवादार, बरामदा कोने में हो मध्य में न हो, द्वार उत्तर-दक्षिण न होगा, हो सकता है भवन के साथ या पास में पीपल का वृक्ष, धर्म स्थान या गुरुद्वारा हो।

शुक्र प्रभावी भवन—यह भवन सूर्य के विपरीत होगा। शहतीर उत्तर-दक्षिण हो, भवन में कच्चा भाग अवश्य हो, द्वार उत्तर-दक्षिण हो, सफेद चूना, कली व पलस्तर हो।

शनि प्रभावी भवन—बड़ा द्वार पश्चिम में, भवन की अन्तिम कोठरी प्रवेश करते समय दायें पड़ेगी और प्रकाशहीन होगी, कोठरी में प्रकाश आते ही घर में अनिष्ट होने लगेगा। भवन में पत्थर गड़ा होगा। पहली दहलीज पुरानी लकड़ी या शीशम, कीकर, बेर आदि की हो, छत पर पुरानी लकड़ी या आम की लकड़ी का साथ हो। भवन में स्तम्भ या मीनार का साथ हो।

राहु प्रभावी भवन—द्वार की दहलीज के नीचे से भवन का पानी बाहर निकले, पडोस सन्तानहीन हो, ऐसा भी हो सकता है भवन में कोई न रहता हो, छत कई बार बनवाई हो, पर दीवार न बदली हो, भवन के पास गंदा पानी का गड्ढ़ा या भड़भूजे की भट्टी हो।

केतु प्रभावी भवन—कोने का भवन होगा, भवन एक ओर या तीन ओर खुला हो, लड़के या पोते तीन से अधिक न हो अर्थात् एक लड़का तो तीन पोते या तीन लड़के तो एक पोता जीवित रहे। भवन के दोनों ओर मार्ग हो। पड़ोस का भवन गिरा हुआ या आने-जाने या कुत्ते के आने-जाने का मार्ग बना होगा। भवन संबंधी अन्य ज्ञान के लिए अध्याय बारह पढ़ें।

ग्रहों की वस्तुएँ, व्यापार और संबंधी

1. सूर्य—विष्णु जी, सोना (मतान्तर से तांबा), गन्दम, गुड़, बाजरा,

शिलाजीत, लाल (माणिक्य), स्वयं (अपना शरीर) दायीं आँख, हड्डी राजदरबार से सम्बन्धित काम, सेहरा, कलगी, क्षत्रिय राजपूत, नारंगी रंग, भूरा रीछ, भूरा नेवला, भूरी चींटी, इकलौता लड़का, तेज फल का वृक्ष, नमक सफेद।

2. **चन्द्र—शिव जी,** चांदी, मोती, चावल, दूध, पानी (पानी के स्रोत) पानी के काम, सफेद रंग (दूध रंग) दिल, बायीं आँख, बजाजी (कपड़ा) के काम, सफेद चीज़ें, पुंज (जैन धर्म), घोड़ा, खरगोश, धोती, परना (तौलिया-अंगोच्छा), माता, मौसी, नानी और दादी, चिरायता (जड़ी-बूटी), दूध वाले वृक्ष।

3. **मंगल**—तांबा, लाल मंगा, शहद, मीठा (गुड़-चीनी) दाल, मसूर, लाल मिर्च, सिन्दूर, खून, चीता, हिरण, सफेद सुरमा, वास्कट। मंगल शुभ हो तो हनुमान जी, लाल रंग, लड़ाई का सामान (बारुद शस्त्रादि), अग्नि कार्य, नीम, साला। मंगल अशुभ हो तो जिन्न, सूत, चाकलेटी रंग, नाई, कसाई, दर्जी, जर्राह, सर्जन, भाई।

4. **बुध—दुर्गा जी,** कलई (रांगा), पारा, पन्ना, फिटकरी, अण्डा, मूंग की दाल साबुत, दिमाग, दांत, नाड़ियां स्टेशनरी का काम, लेखक, पत्रकार, प्रकाशक, छापाखाना, वकील, लेखाकार, हरा रंग, ठठेरा, ठप्पा या ढांचा, दलाल, व्यापारी, तोता, चमगादड़, बुआ, मौसी, साली, लड़की, बहन, कन्या, मिट्टी का घड़ा, रेत, शहतूत, लहसूड़ा, बांस, ढाक (पलाश) का वृक्ष, पेटी (Belt) तड़ागी (कमर पर वस्त्र बांधने वाला)।

5. **बृहस्पति-ब्रह्मा जी,** सोना, पीतल, पुखराज (पीला), दाल चना, हल्दी, केसर, कस्तूरी, नाक, ब्राह्मण, धर्म के काम (धर्म मन्दिर का पुजारी), सफेद बालों वाला व्यक्ति, कुल पुरोहित, चलता साधु, जौहरी, सर्राफ (सुनार), पीला रंग बब्बर शेर, मेंढक (नीच बृहस्पति) पीपल, धर्म स्थान (मन्दिर, मस्जिद, गुरुद्वारा, चर्च), पिता, दादा।

6. **शुक्र—लक्ष्मी जी,** हीरा, कर्पूर, अभ्रक, घी, दही, आलू, जमींकन्द, कपास, चरी (ज्वार), चेहरा, सुगन्धित द्रव्यों या चीजों के काम, स्त्रियों के सम्बन्धित काम, नाटककार, सफेद रंग (दही रंग), गाय,

स्त्री, प्रेमिका, कुम्हार, वैश्य, कृषक (जमींदार), कच्ची मिट्टी, बीज, कमीज।

7. **शनि—भैरों जी,** लोहा, फौलाद (स्टील), कोयला, पत्थर, नमक काला, सुरमा काला, काली मिर्च, उड़द की दाल साबुत, सरसों का तेल, स्पिरिट, शराब, बाल नजर (दृष्टि), कनपटी, मशीनरी, सीमेंट, प्लास्टिक, चमड़ा, लौहार, बढ़ई, मोची, काला रंग भैंसा, मगरमच्छ, मछली, सांप-बिच्छु, कौवा-चील, ताया-चाचा, जादू-मन्त्र देखने-दिखाने की कला, कीकर का वृक्ष, आक (मदार), खजूर का वृक्ष, जूता व जुराब।

8. **राहु—सरस्वती जी,** सीसा (Lead), गोमेद, कच्चा कोयला, जौ (अनाज), सरसों, मूली, स्मरण शक्ति, बिजली के यन्त्र, नीला रंग, हाथी, सीढ़ियां, शौचालय, चिमनी, ननिहाल, ससुराल, नारियल, सिंघाड़ा, पजामा, पतलून।

9. **केतु—गणेश जी,** लहसुनिया, दो रंग का पत्थर, इमली, केला (फल), पीला नींबू, तिल (काले-सफेद), पांव, सांसारिक कार्य, दोरंग (काला-सफेद), चूहा, कुत्ता, सूअर, गधा, छिपकली, दुपट्टा, कम्बल, ओढ़ना (शरीर ढांपने वाला वस्त्र) लड़का, भतीजा, दोहता, भांजा, चारपाई (पलंग), तख्ता (मुर्दे को शमशान ले जाने वाला)।

कुण्डली के भावों से क्या विचारें

लग्न—शरीर, स्वास्थ्य, चेहरा, चेहरे की रंगत, मनोस्थिति, मान-सम्मान, प्रसिद्धि, धर्म-कर्म, आयु, जाति, सुख-दुःख, प्रकृति, योग्यता और स्मरण शक्ति आदि।

द्वितीय भाव—धन-दौलत, परिवार, ससुराल, आर्थिक दशा, विद्या वाक् शक्ति, धन कमाने के साधन, स्वतन्त्रता, सच्चाई, शक्ति, खाना-पीना, धातुएं (सोना, चांदी आदि), रत्न (हीरा-पन्ना आदि) आदि।

तृतीय भाव—छोटे बहन-भाई, परिवार, पराक्रम, पढ़ना-लिखना, भक्ति, भाषण देना, जमीन की यात्रा, दवाईयां, कर्जा, दूसरों से मदद, पड़ोसी, राग-विद्या, नाचना-गाना, भक्ति, चिट्ठी-पत्र, दूरभाष (Telephone) फैक्स (Fax), टैलैक्स (Talx) आदि।

चतुर्थ भाव—माता, मकान, जमीन-जायदाद, सुख के साधन,

सवारी के साधन (मोटर-कार, बस, टांगा-बग्गी आदि), दूध वाले पशु, जमीन में गढ़ा हुआ धन, चरित्र, सभ्याचार, उत्तर दिशा की यात्रा, बुढ़ापा, दवाइयां आदि।

पंचम भाव—संतान, विद्या, बुद्धि, शिष्टाचार, शिष्य और गुरु, दिल बहलाने के काम व साधन, ऐश्वर्य, प्रेम, रोमांस, प्रियतमा, प्रतिस्पर्धात्मक विद्या, कृतियां, काव्य, कला, मन्त्र-यन्त्र, योगाभ्यास, आने वाला जन्म, नीति-न्याय, सन्देश वाहक, जुआ-सट्टा, लाटरी, रेस, जासूसी आदि।

षष्ठ भाव—रोग, ऋण, लड़ाई-झगड़ा, भाईचारा, दुःख, नौकर-सेवक, घाव, कैद, जहरीले जानवर, आग का भय, शत्रु का भय, नुकसान, अन्याय, पाप, मांसाहारी भोजन आदि।

सप्तम भाव—विवाह, पति-पत्नी, व्यवहार, व्यापार में भागीदारी, रोजगार, पिता के धन का झगड़ा, सामने खड़ा शत्रु, बिना मेहनत के लाभ, दूसरी स्त्रियों से सन्तान, घमंड़ अहंकार, पड़ोसी, कर्जा आदि।

अष्टम भाव—आयु-मृत्यु, मृत्यु का कारण ऊंचाई से गिरना, दहेज, अचानक धन मिलना, दुर्घटना, निराशा, अपमान, चोरी गया माल-धन, चुगली-निन्दा, समुद्र-नदी के पार यात्रा, यात्रा में कष्ट, कार्य के भागीदार लम्बी बीमारी, कारावास आदि।

नवम भाव—पिता, गुरु, दान, धर्म, तीर्थ यात्रा, आत्मिक शक्ति, भविष्यवाणी, स्वप्न, बुद्धि, आहार, मित्र, पहाड़ में रहना, भाग्य, लम्बी समुद्री यात्रा, नम्रता, धार्मिक विचार या काम, रस्मों-रिवाज, ईश्वरी सहायता, कृतियां, साईंस आदि।

दशम भाव—व्यवसाय, राजदरबार/सरकार, राज्य करने की इच्छा, मान-सम्मान, प्रसिद्धि, सामाजिक कार्य, कृषि भूमि, पहनावा, इनाम और उपाधियां, भलाई के काम, धर्म के काम, रिश्वत, बिना मेहनत के लाभ, वैद्य-डाक्टर आदि।

एकादश भाव—आय और लाभ, बड़े बहन-भाई, पिता की जायदाद, खजाना, उच्च पद आसीन होना, पहनावा, इच्छाओं की पूर्ति, क्रय-विक्रय, विद्या, राग-विद्या, आयु, सुलेख, राजकीय पुरस्कार, प्रसन्नता, हाथी-घोड़े, सोना-चांदी आदि।

द्वादश भाव—अपव्यय या हानि, सरकारी दण्ड या जुर्माना, शत्रु, बदनामी, असभ्य बातें, दुर्भावना, कारावास, देश निकाला, दान, मुसीबत, चोरी का सामान जो न मिल सके, सवारी वाला जानवर, चोर-डाकू से भय, विदेश यात्रा, सोने का कमरा आदि।

इस अध्याय में मिश्रित विषयों का ज्ञान करा दिया है जोकि जन्मकुण्डली का विश्लेषण करने में सहायक हैं। इस ज्ञान को प्रयोग में लाने पर फल कहने में आसानी रहेगी।

लेज़र टाइप सैटिंग : सरस्वती कम्प्यूटर्स, मेरठ